上市公司年报

编制与披露指南

（2020年版）

史多丽 主编

立信会计出版社
LIXIN ACCOUNTING PUBLISHING HOUSE

上市公司年报编制与披露指南(2021年版)

(本书由小多金服定期报告研究小组编写)

主　　编：史多丽

副 主 编：彧　见　范志鹏　吴　平　林晓辉

编写组成员：程雯婕　王凯莉　薛　朝　陈　功
　　　　　　陈莹莹　保　莹　薛　旎　李玥莹
　　　　　　陈镜羽　周欣欣　卓春艺　夏文超
　　　　　　史　蓉　詹佳敏

修订组主要成员：范志鹏、林晓辉、王凯莉、程雯婕、薛朝、陈莹莹

前　言

上市公司年度报告是公司上市后持续信息披露阶段最重要的公告之一。上市公司通过年报，可以全面总结过去一年的生产经营、公司治理、投资融资、内部控制及未来计划，展现公司价值，提示投资风险；上市公司股东通过年报，可以全面获取公司信息，方便投资决策并行使股东权利；其他投资者可以通过年报挖掘价值洼地，规避投资风险。

目前，从年报使用者角度解读、分析上市公司财务报告的书籍和文章很多，但很少有资料能从年报提供者角度，归纳、总结上市公司编制和披露年报的经验教训。小多金服作为一家提供上市公司合规咨询服务的机构，经常为客户的年报编制与披露提供专业支持。2017年3月，我们曾通过微信公众号，发布了一共6集的《年报编制排雷手册》系列短文，重点介绍了上市公司年报编制和披露中的常见错误。此举得到了不少上市公司和业界专家、朋友的肯定与鼓励。此后，结合沪深交易所上市公司2016年年报披露情况，进一步梳理、挖掘相关案例及审核意见函件，我们编著了本书。

本书定位于实务操作，以上市公司信息披露体系、年报规则体系和基本要求为铺垫，融合代表性案例，从年报准则规定的内容与格式要求，行业信息披露指引规定的年报披露要求两个维度，梳理和归纳了上市公司年报编制与披露的主要规则、问题与改进建议，并介绍了年报制作软件及系统的实际操作，希望能为上市公司提升年报信息披露质量和效率提供有价值的参考。

三个多月的写作时间，感谢全体参编成员的努力和坚持，更要感谢庄江波、袁同济、张程、赵志刚、金祥慧、陈露蓉、杨评博等领导、专家和朋友在过程中给予的指导和关心。

囿于我们自己的水平，书中的错误甚至谬误在所难免，敬请各位读者批评指正。

2017年10月31日

2020 年版说明

《上市公司年报编制与披露指南》第一版出版后得到了很多读者的支持,也收到了不少反馈,感谢大家对小多金服、对本书的厚爱!

时隔两年,市场环境、监管要求和上市公司的经营实际都发生了一些变化,基于此,我们对年报披露的相关情况进行了梳理与总结,并对本书内容进行了修订。结合新动向,本次修订主要体现在以下几个方面:

一是通过梳理近两年沪深交易所上市公司年报披露与监管问询、处罚的实际情况,突出了市场与监管的新动向,对一些新的关注点进行了总结与提示,同时更新了部分披露实例与监管案例。

二是针对科创板上市公司这一新的市场群体,增加了科创板上市公司的年报披露要求,突出其科创属性下对行业信息与经营风险的披露。

三是结合企业会计准则修订情况,对新准则适用过程中出现的一些新问题进行了说明。

四是新增了沪深交易所新出台或修订的行业信息披露指引的要求。

五是对第一版中表述不够清晰、容易导致歧义的内容,进行了修改和完善。

希望本次修订,能进一步协助上市公司了解年报编制与披露的要求、内容框架、披露重点、需要关注的风险点以及技术层面的实务操作,为提升年报信息披露质量和效率尽一份绵薄之力。

不当之处敬请大家继续批评指正,交流微信群:shalldovx,填写认证信息:姓名+行业+地区。

2020 年 1 月

目　录

第一章　上市公司年度报告编制基础知识 ················· 1
　第一节　上市公司信息披露体系 ······················ 1
　　一、定期报告和临时报告 ························· 1
　　二、信息披露的基本原则 ························· 2
　　三、影响信息披露质量的主要因素 ···················· 6
　第二节　上市公司年报规则体系 ······················ 8
　　一、信息披露规则体系 ·························· 9
　　二、会计准则体系 ···························· 14
　　三、审计准则体系 ···························· 14
　第三节　上市公司年报编制与披露的基本要求 ················ 17
　　一、披露年报的时间要求 ························· 17
　　二、年报编制和披露的工作机制 ····················· 17
　　三、年报编制中可能遇到的重要问题 ···················· 19

第二章　上市公司年度报告内容与格式 ···················· 28
　第一节　重要提示、目录和释义 ······················ 28
　　一、重要提示 ······························· 28
　　二、目录和释义 ······························ 34
　第二节　公司简介和主要财务指标 ····················· 34
　　一、公司简介 ······························· 34
　　二、主要会计和财务指标 ························· 35
　第三节　公司业务概要 ·························· 40
　　一、从事的主要业务 ··························· 41
　　二、主要资产发生重大变化 ························ 41

三、核心竞争力 ··· 42

第四节　经营情况讨论与分析 ·· 44
　　一、经营情况讨论与分析的基本要求 ································ 44
　　二、报告期内的主要经营情况分析 ·································· 48
　　三、未来发展的讨论与分析 ·· 75

第五节　重要事项 ·· 81
　　一、利润分配 ·· 82
　　二、承诺事项 ·· 83
　　三、非经营性资金占用（如适用） ·································· 85
　　四、会计相关事项说明 ·· 86
　　五、年度报告审计会计师事务所情况 ································ 87
　　六、暂停上市、终止上市公司（如适用） ···························· 88
　　七、破产重整相关事项（如适用） ·································· 89
　　八、重大诉讼、仲裁事项（如适用） ································ 90
　　九、公司及其董事、监事、高管、控股股东、实际控制人、收购人违法违规
　　　　情形（如适用） ·· 92
　　十、公司及其控股股东、实际控制人的诚信状况（如适用） ············ 92
　　十一、股权激励、员工及持股计划（如适用） ························ 92
　　十二、重大关联交易 ·· 93
　　十三、重大合同及其履行情况 ······································ 96
　　十四、社会责任的工作情况 ·· 99
　　十五、其他重大事件 ·· 99

第六节　普通股股份变动及股东情况 ···································· 100
　　一、普通股股份变动表 ·· 100
　　二、证券发行与上市情况 ·· 101
　　三、股东和实际控制人情况 ·· 103

第七节　优先股相关情况 ·· 107
　　一、近3年优先股的发行与上市情况 ································· 107
　　二、优先股股东情况 ·· 108
　　三、优先股利润分配情况 ·· 108

四、优先股回购或转换情况 　　108
　　五、优先股恢复表决权情况 　　109
　　六、对优先股采取的会计政策及理由 　　109
第八节　董事、监事、高级管理人员和员工情况 　　110
　　一、董事、监事和高级管理人员的情况 　　110
　　二、母公司和主要子公司的员工情况 　　111
第九节　公司治理 　　115
　　一、公司治理相关情况说明 　　115
　　二、股东大会情况 　　116
　　三、独立董事履职情况 　　116
　　四、董事会专门委员会的情况 　　117
　　五、监事会情况 　　117
　　六、对高管的考评及激励情况 　　118
　　七、内部控制自我评价报告和审计 　　118
第十节　公司债券相关情况 　　119
　　一、债券信息 　　120
　　二、发行人偿债能力 　　124
　　三、保证人 　　126
第十一节　财务报告 　　126
　　一、财务报告所反映的上市公司问题 　　126
　　二、财务报告编制要求 　　129
第十二节　备查文件目录 　　174

第三章　上市公司分行业年报披露　　177
第一节　分行业信息披露的总体要求 　　178
　　一、分行业信息披露所涉及的行业 　　179
　　二、分行业信息披露的总体框架 　　181
第二节　金融行业的年报信息披露 　　185
　　一、商业银行年度报告特殊披露要求 　　185
　　二、证券公司年度报告特殊披露要求 　　189

三、保险公司年度报告特殊披露要求 …………………………………… 191
第三节　非金融行业的年报信息披露 …………………………………… 195
　　一、房地产行业 ……………………………………………………… 195
　　二、煤炭及固体矿产资源行业 ……………………………………… 201
　　三、电力行业 ………………………………………………………… 206
　　四、零售行业 ………………………………………………………… 209
　　五、汽车制造行业 …………………………………………………… 216
　　六、医药制造行业 …………………………………………………… 220
　　七、石油和天然气开采行业 ………………………………………… 227
　　八、钢铁行业 ………………………………………………………… 232
　　九、建筑行业 ………………………………………………………… 236
　　十、光伏行业 ………………………………………………………… 244
　　十一、服装行业 ……………………………………………………… 250
　　十二、新闻出版行业 ………………………………………………… 254
　　十三、酒制造行业 …………………………………………………… 257
　　十四、广播电视传输服务行业 ……………………………………… 261
　　十五、环保服务行业 ………………………………………………… 265
　　十六、水的生产与供应行业 ………………………………………… 272
　　十七、化工行业 ……………………………………………………… 274
　　十八、航空运输行业 ………………………………………………… 280
　　十九、农林牧渔行业 ………………………………………………… 285
　　二十、集成电路行业 ………………………………………………… 292
　　二十一、航空、船舶、铁路运输设备制造行业 …………………… 298
　　二十二、医疗器械行业 ……………………………………………… 301
　　二十三、食品制造行业 ……………………………………………… 307
　　二十四、黄金珠宝饰品行业 ………………………………………… 311
　　二十五、影视行业 …………………………………………………… 316
　　二十六、家具制造行业 ……………………………………………… 322
　　二十七、有色金属行业 ……………………………………………… 327
　　二十八、工程机械行业 ……………………………………………… 332

二十九、快递服务行业 ... 335
三十、民用爆破行业 ... 339
三十一、软件与信息技术服务行业 ... 341
三十二、非金属建材行业 ... 344
三十三、互联网游戏、互联网视频、电子商务、互联网营销及数据服务行业 ... 346
三十四、LED产业链相关行业 ... 354
三十五、工业机器人产业链相关行业 ... 357
三十六、锂离子电池产业链相关行业 ... 359

第四章 上市公司年度报告制作软件及系统 ... 362
第一节 上交所公告编制软件 ... 363
一、上交所公告编制软件介绍 ... 363
二、系统安装、升级与启动 ... 363
三、编制软件报告编制功能介绍 ... 365
四、创建年度报告文件 ... 366
五、编制年度报告 ... 369
六、提交年度报告 ... 380
七、使用编制软件编制年度报告的技巧 ... 380

第二节 深交所上市公司定期报告制作系统 ... 383
一、深交所上市公司定期报告制作系统介绍 ... 383
二、填报系统安装、升级 ... 383
三、填报系统窗口功能介绍 ... 387
四、填报系统主要数据类型介绍 ... 388
五、编制年度报告 ... 391
六、提交年度报告 ... 408
七、填报系统使用技巧及常见问题 ... 411

更正的公告》称,根据最新的情况重新评估,冲回 2016 年度对 A 公司确认的收入,同时对相关存货及 2016 年初应收款项计提减值准备。上述事项,导致公司 2016 年年报虚增营业收入 9 648.69 万元,虚增金额占当期披露营业收入的 9.24%,并导致其后续在 2017 年半年报、第三季度报告中披露的信息不准确。

(二) 准确

信息披露准确是指上市公司及相关信息披露义务人披露的信息应当使用明确、贴切的语言和简明扼要、通俗易懂的文字,不得含有任何宣传、广告、恭维或者夸大等性质的词句,不得有误导性陈述。

需要注意的是,信息披露准确并不是要求披露出来的信息本身是确定不变的。例如业绩预告,或是年报披露中有关下一年度经营计划的预测性披露,这些内容受到各种不确定因素影响,都有可能在信息披露后发生变化。如果上市公司在事前不能充分披露预测结果所依据的各项前提条件和不确定性,一旦事后情况发生变化,就可能导致信息披露不准确。

【例】上市公司监管措施节选

某上市公司于 2019 年 1 月 31 日披露《2018 年年度业绩预告》,预计 2018 年度归属于母公司股东的净利润为亏损 56 000 万~56 500 万元。2019 年 2 月公司发布的《2018 年业绩快报》预计 2018 年度营业收入和归属于上市公司股东净利润分别为 7.68 亿元和-5.65 亿元。2019 年 4 月 29 日,公司披露《2018 年年度业绩预告修正公告》并于次日 2019 年 4 月 30 日披露《2018 年年度报告》,将 2018 年营业收入和归属于上市公司股东净利润分别向下修正为 3.72 亿元和-9.27 亿元,与业绩预告、业绩快报中披露的金额差异较大,违反信息披露准确原则,该公司及其董事、高管收到了证监局的警示函。

针对业绩预告不准确问题,上交所[①]在《上市公司信息披露监管问答》中明确提示:

实践中,上市公司在业绩预告发布前,还有重大交易、资产处置、会计准则适用等重大事项尚未最终确定,或者出现往年按惯例能收到的收入和补助当年尚未收到等尚不确定的情况,可能对业绩预告的准确性产生一定影响。如果存在此类情况,为审慎起见,公司仍然应当作出业绩预告,并对尚不确定的事项作出相应的

---

① 上海证券交易所简称为上交所;深圳证券交易所简称为深交所。

风险提示。上市公司不能仅以个别事项具有不确定性,或者统计汇总事项比较复杂为由,不履行及时披露年度业绩预告的义务。

在具体程序上,如果上市公司在预计全年业绩时发现有些事项尚不确定,公司财务总监及审计委员会召集人应当予以充分关注,及时向董事长、总经理汇报,尽快确定相关事项,并和董事会秘书充分沟通信息披露事宜。同时,财务总监及审计委员会召集人还应当和年审会计师就相关事项的会计处理及其可能对业绩的影响进行充分沟通。确有必要的,应当取得会计师对相关事项的书面意见。不确定事项涉及其他方的,例如相关收入和补助涉及第三方的,还应当及时与其保持沟通,取得确认意见。

公司在披露业绩预告公告时,应当充分、具体地揭示此类不确定性事项的风险。例如,对于资产处置收益的确认存在不确定性的情形,公告中不能只简单地提及存在不确定性,而是需要充分、具体地说明资产处置的相关情况和存在不确定的具体原因,尤其需要提示如果相关事项最终不能确认收益,对全年业绩实际影响的大小。

(三) 完整

信息披露完整是指上市公司及相关信息披露义务人披露的信息应当内容完整、文件齐备,格式符合规定要求,不得有重大遗漏。

中国证监会(以下简称"证监会")发布的《公开发行证券的公司信息披露内容与格式准则第 2 号——年度报告的内容与格式(2017 年修订)》(以下简称《年报准则》)、沪深交易所发布的行业信息披露指引都对上市公司年报披露的内容与格式提出了具体要求。实践中,上市公司应当根据交易所的编报系统编制年报,确保重要内容不缺失。部分表格如不适用,也应将不适用的表格及时删除,不可留空。上市公司如果借助交易所提供的年报编制软件来编制年报,则年报做到内容完整、文件齐备、格式符合规定要求的技术难度就不大了。

与非上市公司比较,上市公司因为其公众性而必须遵守更加严格的透明度要求。有些上市公司年报披露出现问题,主要是公司管理层顾虑年报披露可能会泄露公司商业秘密,或者担心披露出来万一做不到需要承担责任,故意遗漏所致。这些担心可以理解,但绝不是违规免责的理由。上市公司可以通过合理使用信息披露豁免条款,以及增加对不确定性风险的提示内容等方法,防范相关风险。

【例】上市公司监管措施节选

某上市公司于 2017 年 8 月 4 日披露的《首次公开发行 A 股股票招股说明

书》中将某专利诉讼作为重大诉讼事项披露,并于 2018 年 1 月 3 日发布《关于诉讼结果的公告》,上述诉讼已经结案。而公司未在其 2017 年报中披露该重大诉讼概述,亦未提供 2018 年 1 月 3 日《关于诉讼结果的公告》临时报告披露网站的查询索引。公司上述行为违反了信息披露完整性的原则,证监局对其出具了警示函。

(四)及时

根据上市规则,及时披露临时报告是指自起算日起或者触及披露时点的 2 个交易日内公告。至于定期报告,上市规则规定:公司应当在法律、行政法规、部门规章、其他规范性文件以及本规则规定的期限内完成编制并披露定期报告。其中,年报应当在每个会计年度结束之日起 4 个月内,中期报告应当在每个会计年度的上半年结束之日起 2 个月内,季度报告应当在每个会计年度前 3 个月、9 个月结束后的 1 个月内编制完成并披露。第一季度季度报告的披露时间不得早于上一年度年报的披露时间。

上市公司无法在规定期限内披露年报,也是一项十分严重的违规行为,将引发证监会立案稽查,超过最长规定期限仍无法披露的,还会导致终止上市。一方面,公司预计不能在 4 月 30 日前披露年报的,应当及时向交易所报告,并公告不能按期披露的原因、解决方案以及延期披露的最后期限;另一方面,未能在规定期限内披露年报的公司,公司股票及其衍生品种将停牌,直至公司披露年报的当日开市时复牌。公告披露日为非交易日的,则在公告披露后的第一个交易日开市时复牌(停牌期限不超过两个月)。对于创业板公司,若未能在规定期限内披露年报,交易所将于法定披露期限届满后次一交易日,对该公司股票及其衍生品种实施停牌一天后复牌。如果主板、中小板公司无法在 10 月 31 日前,科创板公司无法在 8 月 31 日前,创业板公司无法在 7 月 31 日前披露上一年度年报,交易所将启动终止上市程序。

【例】上市公司行政处罚节选

2018 年 4 月 28 日,某上市公司发布公告称,因相关项目的法律结论尚未取得,导致应收款减值计提数额无法确定,公司无法在 2018 年 4 月 28 日披露 2017 年年度报告和 2018 年第一季度报告。5 月 3 日,公司披露年报和一季报。由于违反了信息披露及时性规定,证监会对上市公司及相关责任人给予了行政处罚。

(五) 公平

信息披露公平是指上市公司应当同时向所有投资者公开披露重大信息,确保所有投资者可以平等地获取同一信息,不得私下提前向特定对象单独披露、透露或者泄露。

上市公司年报信息的不公平披露行为主要有两种情况:

一是上市公司提前向控股股东、实际控制人单独披露年报信息。对此情况,沪深交易所明确规定:①除法律、行政法规另有规定外,控股股东、实际控制人不得通过直接调阅、要求上市公司向其报告等方式获取公司未公开重大信息。②控股股东、实际控制人为履行法定职责要求上市公司提供有关对外投资、财务预算数据、财务决算数据等未披露信息时,应当做好内幕信息知情人的登记备案工作,并承担保密义务。如果控股股东、实际控制人无法完成前款规定的登记和保密工作,应督促上市公司按照公平披露原则,在提供信息的同时进行披露。

二是上市公司召开年报业绩说明会或接待投资者调研时,相关人员介绍的情况超出了已披露信息范围。

【例】上市公司监管措施节选

某上市公司董事长兼总裁在2019年1月12日召开的"2019中国制造论坛"上发表了公司2018年预计税前利润超过260亿元的言论,而公司在2019年1月15日才发布了公司2018年度业绩预告。因为上述违规行为,公司董事长兼总裁被证监局出具警示函。

为防范此类风险,有经验的公司一般都会由董事会秘书牵头对投资者关心的问题提前准备书面答复口径,并对参会或接待人员予以事前提醒。

另外,对于在境内和境外证券市场同时上市的公司如A+H股公司等,在境外市场公开披露的信息应该在境内市场同步披露,否则也是不公平披露行为。

三、影响信息披露质量的主要因素

影响上市公司信息披露质量的因素可以分为内部影响因素和外部影响因素。内部影响因素主要有公司治理、内部控制、审计委员会等;外部影响因素包括外部审计机构、监管环境等。

(一) 内部影响因素

1. 公司治理

公司治理主要由公司股权结构、董事会特征、高管激励约束机制、公司规模等方面构成。良好的公司治理有助于提高信息披露质量。以董事会构成为例,如果董事会成员和经理人合二为一,在公司决策和运营时形成一枝独大的局面,将使得公司更容易对外部股东隐瞒不利消息。反过来,如果董事会成员中有适当比例的独立董事,他们的专业知识越丰富,越尽责,对上市公司信息披露质量就越能起到正面影响。还有,公司信息产生于日常运营中,管理层的表现会直接影响到公司信息的产生过程、披露的内容与方式。因此,恰当的高管激励约束机制能够有效缓解股东和管理层之间的委托代理问题,并提高上市公司信息披露质量。

2. 内部控制

1992年9月,全美反舞弊性财务报告委员会下属的发起人委员会(简称"COSO委员会")发布《内部控制——整体框架》报告,提出了企业内部控制所包含的内控环境、风险评估、风险控制、信息与沟通、监督五要素。结合年报工作,从收集公司及其子公司应披露信息,到编制财务报告、撰写非财务信息分析,再到审议年报,乃至经营业绩和利润分配方案的保密等,都需要以公司良好的内部控制作为制度基础。

3. 审计委员会

审计委员会的基本职责是审核公司所有需要披露的财务信息,重点是关注上市公司财务报告中的重大会计问题、审计问题和其他需要披露的与财务信息相关的重大事项,如关联交易等。审计委员会可以通过监督、沟通、控制和报告等,影响管理层、董事会及内外部审计机构的行为,进而影响公司的信息披露质量。例如,审计委员会通过指导公司内部审计工作,可以及时了解公司内部控制的有效性以及财务信息的真实性和可靠性,及时纠正重大财务问题,从而提高信息披露质量。审计委员会还可以在审计过程中,与外部审计机构讨论和沟通审计范围、审计计划、审计方法及在审计中发现的重大事项。通过监督及评估外部审计机构的工作来进一步提高外部审计质量。

(二) 外部影响因素

1. 外部审计机构

根据《上市公司章程指引》规定,公司聘用取得从事证券相关业务资格的会计师事务所进行会计报表审计、净资产验证及其他相关的咨询服务等业务,聘期1年,可以续聘。

外部审计机构按照审计准则要求审核公司的财务报表,对财务报表是否不存在重大错报提供合理保证,以积极方式提出意见,以增强除管理层之外的预期使用者对财务报表信赖的程度。审计工作的目的是发现公司的财务报表是否存在由于舞弊或错误导致的重大错报。这不仅仅是审计工作的基础性要求,也是信息披露的基本要求。因此,外部审计机构的专业能力越强、独立性越高,就越能发现财务报表中可能存在的问题,财务报告的可信度也就更高。

2. 监管环境

近年来,在"依法监管、全面监管、从严监管"的监管导向下,证监会、交易所进一步细化和完善了上市公司年报披露要求,并采取分行业监管、监管公开等举措,不断强化事中和事后监管力度,提高信息披露违规成本,对于上市公司信息披露质量产生了积极作用。

根据《聚焦上市公司质量 上交所做好年报审核重点工作》[1]《深交所新闻发言人就上市公司2018年年报审核工作答记者问》[2]等报道,截至2019年6月初,上交所共对定期报告和临时公告发出各类监管问询函389份,而2018年和2017年同期则分别为358份和407份;深交所发出年报问询函近千份,问询问题累计超过万个。对年报中反映的情况和发现的问题,交易所将实事求是,区分问题大小轻重,把握分寸,分类处置。对于绝大多数属于信息披露不到位、不充分、不准确的问题,督促公司做好补充披露及更正,帮助投资者全面、客观了解公司情况。对于发现的财务造假和重大违法违规线索,将坚持从严监管,严肃查处,维护好资本市场的良好生态和投资者的合法权益。

第二节　上市公司年报规则体系

上市公司年报规则体系是指导和规制上市公司编制、披露年报规则的有序集合,主要包括信息披露规则体系、会计准则体系和审计准则体系。

---

[1] 链接地址:https://mp.weixin.qq.com/s/C1KdvuEUpSgeTmOAvWdxig。
[2] 链接地址:https://mp.weixin.qq.com/s/UTTtkkgLF4iZMA6PxbeIAQ。

一、信息披露规则体系

信息披露规则按效力层级,可以依次分为法律法规、证监会部门规章及规范性文件、交易所自律性规则三个层次,其中法律法规效力最强。相关规则发生冲突时,应按照上位法优于下位法、特别法优于普通法、新法优于旧法的原则予以适用。

(一)法律法规

全国人民代表大会颁布实施的《中华人民共和国公司法》(以下简称《公司法》)、《中华人民共和国证券法》(以下简称《证券法》)等法律中都有涉及年报的规定,如《公司法》第一百六十四条、第一百六十五条,《证券法》第六十六条。这些原则性和纲领性的条款是上市公司编制和披露年报的最基本要求。

(二)证监会部门规章及规范性文件

证监会发布的与年报编制和披露相关的部门规章及规范性文件主要包括《上市公司信息披露管理办法》《年报准则》《公开发行证券的公司信息披露内容与格式准则第5号——公司股份变动报告的内容与格式》(以下简称《格式准则》)、"公开发行证券的公司信息披露编报规则"第4、第9、第11、第14、第15、第19、第21、第22、第24、第26号(以下简称"编报规则"),"公开发行证券的公司信息披露解释性公告"第1至第5号(以下简称"解释性公告")和"公开发行证券的公司信息披露规范问答"第3、第6、第7号(以下简称"规范问答")。上述规定中,《年报准则》是最重要的一份可以具体指导上市公司年报工作的规范性文件,其他如编报规则侧重于财务信息编制,解释性公告和规范问答是对上市公司年报编制和披露实践中遇到的具体问题的回复,这些文件都是对《年报准则》的补充和细化。

需要说明的是,证监会有时候还会在一些专项规范性文件中制定有关上市公司年报披露的具体要求,如《上市公司监管指引第3号——上市公司现金分红》和《关于进一步落实上市公司现金分红有关事项的通知》,就对上市公司年报披露中的利润分配事项作出了具体规定。绝大多数情况下,这些散见于专项规范性文件中的规定,都会在此后的《年报准则》修订中被统一纳入。相关文件如表1-2-1所示。

表1-2-1 与年报编制和披露相关的证监会规范性文件

公开发行证券的公司信息披露内容与格式准则	第2号——年报的内容与格式
	第5号——公司股份变动报告的内容与格式

续表

公开发行证券的公司信息披露编报规则	第4号——保险公司信息披露特别规定
	第9号——净资产收益率和每股收益的计算及披露
	第11号——从事房地产开发业务的公司财务报表附注特别规定
	第14号——非标准无保留审计意见及其涉及事项的处理
	第15号——财务报告的一般规定
	第19号——财务信息的更正及相关披露
	第21号——年度内部控制评价报告的一般规定
	第22号——创新试点红筹企业财务报告信息特别规定(试行)
	第24号——科创板创新试点红筹企业财务报告信息特别规定
	第26号——商业银行信息披露特别规定
公开发行证券的公司信息披露解释性公告	第1号——非经常性损益
	第2号——财务报表附注中政府补助相关信息的披露
	第3号——财务报表附注中可供出售金融资产减值的披露
	第4号——财务报表附注中分步实现企业合并相关信息的披露
	第5号——财务报表附注中分步处置对子公司投资至丧失控制权相关信息的披露
公开发行证券的公司信息披露规范问答	第3号——弥补累计亏损的来源、程序及信息披露
	第6号——支付会计师事务所报酬及其披露
	第7号——新旧会计准则过渡期间比较财务会计信息的编制和披露
其他	关于规范上市公司与关联方资金往来及上市公司对外担保若干问题的通知
	上市公司监管指引第3号——上市公司现金分红
	关于进一步落实上市公司现金分红有关事项的通知
	上市公司监管指引第4号——上市公司实际控制人、股东、关联方、收购人以及上市公司承诺履行
	证券公司年度报告内容与格式准则

(三) 交易所自律性规则

交易所自律性规则包括业务规则和业务指南两个类别,上市规则、《行业信息披露指引》《规范运作指引》等属于业务规则,监管问答、信息披露工作备忘录和年报工作通知等属于业务指南。这些业务规则和业务指南是交易所履行上市公司信息披露一线监管职责时发布的具体规定,是对上位法规定的再次汇总、细化和补充,对上市公司年报编制和披露具有极强的指导作用。相关业务规则和业务指南如表1-2-2所示。

表1-2-2 与年报编制和披露相关的交易所自律性规则

上市规则	上交所股票上市规则
	上交所科创板股票上市规则
	深交所股票上市规则
	深交所创业板股票上市规则
规范运作指引	深交所主板上市公司规范运作指引
	深交所中小板上市公司规范运作指引
	深交所创业板上市公司规范运作指引
上交所行业信息披露指引	上交所上市公司行业信息披露指引第一号——一般规定
	上交所上市公司行业信息披露指引第二号——房地产
	上交所上市公司行业信息披露指引第三号——煤炭
	上交所上市公司行业信息披露指引第四号——电力(2018年修订)
	上交所上市公司行业信息披露指引第五号——零售
	上交所上市公司行业信息披露指引第六号——汽车制造
	上交所上市公司行业信息披露指引第七号——医药制造(2018年修订)
	上交所上市公司行业信息披露指引第八号——石油和天然气开采
	上交所上市公司行业信息披露指引第九号——钢铁
	上交所上市公司行业信息披露指引第十号——建筑
	上交所上市公司行业信息披露指引第十一号——光伏(2018年修订)
	上交所上市公司行业信息披露指引第十二号——服装(2018年修订)
	上交所上市公司行业信息披露指引第十三号——新闻出版
	上交所上市公司行业信息披露指引第十四号——酒制造
	上交所上市公司行业信息披露指引第十五号——广播电视传输服务
	上交所上市公司行业信息披露指引第十六号——环保服务
	上交所上市公司行业信息披露指引第十七号——水的生产与供应
	上交所上市公司行业信息披露指引第十八号——化工
	上交所上市公司行业信息披露指引第十九号——航空运输
	上交所上市公司行业信息披露指引第二十号——农林牧渔

续表

上交所行业信息披露指引	上交所上市公司行业信息披露指引第二十一号——集成电路
	上交所上市公司行业信息披露指引第二十二号——航空、船舶、铁路运输设备制造
	上交所上市公司行业信息披露指引第二十三号——医疗器械
	上交所上市公司行业信息披露指引第二十四号——食品制造
	上交所上市公司行业信息披露指引第二十五号——黄金珠宝饰品
	上交所上市公司行业信息披露指引第二十六号——影视
	上交所上市公司行业信息披露指引第二十七号——家具制造
	上交所上市公司行业信息披露指引第二十八号——有色金属
深交所行业信息披露指引	深交所行业信息披露指引第1号——上市公司从事畜禽、水产养殖业务（2019年修订）
	深交所行业信息披露指引第2号——上市公司从事固体矿产资源相关业务（2019年修订）
	深交所行业信息披露指引第3号——上市公司从事房地产业务（2019年修订）
	深交所行业信息披露指引第4号——上市公司从事种业、种植业务
	深交所行业信息披露指引第5号——上市公司从事工程机械相关业务（2019年修订）
	深交所行业信息披露指引第6号——上市公司从事装修装饰业务（2019年修订）
	深交所行业信息披露指引第7号——上市公司从事土木工程建筑业务（2019年修订）
	深交所行业信息披露指引第8号——上市公司从事零售相关业务（2019年修订）
	深交所行业信息披露指引第9号——上市公司从事快递服务业务（2019年修订）
	深交所行业信息披露指引第10号——上市公司从事民用爆破相关业务
	深交所行业信息披露指引第11号——上市公司从事珠宝相关业务
	深交所行业信息披露指引第12号——上市公司从事软件与信息技术服务业务
	深交所行业信息披露指引第13号——上市公司从事非金属建材相关业务
深交所创业板行业信息披露指引	深交所创业板行业信息披露指引第1号——上市公司从事影视业务（2019年修订）
	深交所创业板行业信息披露指引第2号——上市公司从事药品、生物制品业务（2019年修订）
	深交所创业板行业信息披露指引第3号——上市公司从事光伏产业链相关业务（2019年修订）
	深交所创业板行业信息披露指引第4号——上市公司从事节能环保服务业务（2019年修订）
	深交所创业板行业信息披露指引第5号——上市公司从事互联网游戏业务（2019年修订）

第一章 上市公司年度报告编制基础知识 | 13

续表

深交所创业板行业信息披露指引	深交所创业板行业信息披露指引第 6 号——上市公司从事互联网视频业务（2019 年修订）
	深交所创业板行业信息披露指引第 7 号——上市公司从事电子商务业务（2019 年修订）
	深交所创业板行业信息披露指引第 8 号——上市公司从事互联网营销及数据服务相关业务（2019 年修订）
	深交所创业板行业信息披露指引第 9 号——上市公司从事 LED 产业链相关业务（2019 年修订）
	深交所创业板行业信息披露指引第 10 号——上市公司从事医疗器械业务（2019 年修订）
	深交所创业板行业信息披露指引第 11 号——上市公司从事工业机器人产业链相关业务
	深交所创业板行业信息披露指引第 12 号——上市公司从事集成电路相关业务
	深交所创业板行业信息披露指引第 13 号——上市公司从事锂离子电池产业链相关业务
信息披露业务备忘录	上交所上市公司定期报告工作备忘录第一号——年度内部控制信息的编制、审议和披露
	上交所上市公司定期报告工作备忘录（2011 年年度报告）第三号——上市公司非经营性资金占用及其他关联资金往来的专项说明
	上交所上市公司定期报告工作备忘录（2011 年年度报告）第四号——关于做好上市公司年报内幕信息知情人档案登记及报送工作的通知
	上交所上市公司定期报告工作备忘录第五号——独立董事年度报告期间工作指引
	上交所上市公司定期报告工作备忘录第六号——XBRL 实例文档的编制和报送
	上交所上市公司定期报告工作备忘录第七号——关于年报工作中与现金分红相关的注意事项
	上交所科创板上市公司信息披露工作备忘录第七号——年度报告相关事项
	上交所科创板创新试点红筹企业财务报告信息披露指引
	深交所主板信息披露业务备忘录第 1 号——定期报告披露相关事宜
	深交所中小企业板信息披露业务备忘录第 2 号——定期报告披露相关事项
	深交所创业板信息披露业务备忘录第 10 号——定期报告披露相关事项
其他	上交所上市公司现金分红指引
	关于做好上市公司年报披露工作的通知

二、会计准则体系

我国现行的企业会计准则体系是规范公司会计确认、计量和报告行为,保证会计信息质量的法规体系,由基本准则、四十二项具体准则、三十八项应用指南与十二项解释组成。

基本准则规范了包括财务报告目标、会计基本假设、会计信息质量要求、会计要素的定义及其确认、计量原则、财务报告等在内的基本问题,是制定具体准则的基础,对各具体准则起着统驭的作用。此外,基本准则也为会计实务中出现的、具体准则尚未作出规范的新问题提供了会计处理依据,从而确保企业会计准则体系对所有会计实务问题起到规范作用。具体准则是根据基本准则的原则和要求对有关业务和报告作出的具体规定,分为一般业务准则、对特殊行业的特殊业务准则和报告准则三类。应用指南是对具体准则相关条款的细化和对重点难点问题提供的操作性指南,包括具体准则解释和会计科目、主要账务处理等。解释是对具体准则实施过程中出现的问题、具体准则条款规定不清楚或尚未规定的问题作出的补充说明。

三、审计准则体系

(一)我国审计准则体系的分类

我国的审计准则根据审计主体和作用范围的不同,可以分为国家审计准则、注册会计师审计准则和内部审计准则三类,其中和上市公司年报编制相关的主要是注册会计师审计准则。

(二)注册会计师审计准则

注册会计师审计准则适用于注册会计师对任何单位会计报表及其相关资料进行的以发表审计意见为目的的独立审计。在年报编制过程中,注册会计师需要按照审计准则的要求对年报中的财务报表进行审计,对财务报表是否不存在重大错报提供合理保证,以积极方式提出意见,增强除管理层之外的预期使用者对财务报表信赖的程度。

我国现行的注册会计师审计准则体系包括四十五项审计具体准则及其应用指南,还有十五项准则问题解答,涵盖了审计一般原则与责任、风险评估与应对、审计证据、利用其他主体的工作、审计结论与报告、特殊领域审计六大部分。具体如表1-2-3所示。

第一章 上市公司年度报告编制基础知识

表 1-2-3 注册会计师审计准则体系

一般原则与责任	第 1101 号注册会计师的总体目标和审计工作的基本要求
	第 1111 号就审计业务约定条款达成一致意见
	第 1121 号对财务报表审计实施的质量控制
	第 1131 号审计工作底稿
	第 1141 号财务报表审计中与舞弊相关的责任
	第 1142 号财务报表审计中对法律法规的考虑
	第 1151 号与治理层的沟通
	第 1152 号向治理层和管理层通报内部控制缺陷
	第 1153 号前任注册会计师和后任注册会计师的沟通
风险评估与应对	第 1201 号计划审计工作
	第 1211 号通过了解被审计单位及其环境识别和评估重大错报风险
	第 1221 号计划和执行审计工作时的重要性
	第 1231 号针对评估的重大错报风险采取的应对措施
	第 1241 号对被审计单位使用服务机构的考虑
	第 1251 号评价审计过程中识别出的错报
审计证据	第 1301 号审计证据
	第 1311 号对存货、诉讼和索赔、分部信息等特定项目获取审计证据的具体考虑
	第 1312 号函证
	第 1313 号分析程序
	第 1314 号审计抽样
	第 1321 号审计会计估计（包括公允价值会计估计）和相关披露
	第 1323 号关联方
	第 1324 号持续经营
	第 1331 号首次审计业务涉及的期初余额
	第 1332 号期后事项
	第 1341 号书面声明
利用其他主体的工作	第 1401 号对集团财务报表审计的特殊考虑
	第 1411 号利用内部审计人员的工作
	第 1421 号利用专家的工作

续表

审计结论与报告	第1501号对财务报表形成审计意见和出具审计报告
	第1502号在审计报告中发表非无保留意见
	第1503号在审计报告中增加强调事项段和其他事项段
	第1504号在审计报告中沟通关键审计事项
	第1511号比较信息：对应数据和比较财务报表
	第1521号注册会计师对其他信息的责任
特殊领域审计	第1601号对按照特殊目的编制基础编制的财务报表审计的特殊考虑
	第1602号验资
	第1603号对单一财务报表和财务报表特定要素审计的特殊考虑
	第1604号对简要财务报表出具报告的业务
	第1611号商业银行财务报表审计
	第1612号银行间函证程序
	第1613号与银行监管机构的关系
	第1631号财务报表审计中对环境事项的考虑
	第1632号衍生金融工具的审计
	第1633号电子商务对财务报表审计的影响
中国注册会计师审计准则问题解答	第1号——职业怀疑
	第2号——函证
	第3号——存货监盘
	第4号——收入确认
	第5号——重大非常规交易
	第6号——关联方
	第7号——会计分录测试
	第8号——重要性及评价错报
	第9号——项目质量控制复核
	第10号——集团财务报表审计
	第11号——会计估计
	第12号——货币资金审计
	第13号——持续经营
	第14号——关键审计事项
	第15号——其他信息

第三节 上市公司年报编制与披露的基本要求

一、披露年报的时间要求

根据规定,上市公司应当在每个会计年度结束之日起4个月内披露年报。年报中的财务会计报告应当经具有证券、期货相关业务资格的会计师事务所审计。

同时在境内和境外证券市场上市的公司,应当遵循报告内容从多不从少、报告要求从严不从宽的原则进行编制和披露。例如香港联交所要求上市公司必须在有关会计年度结束后3个月内刊登有关业绩,故A+H股公司需要按此时点要求同步披露年报。H股公司的年度财务报告需要由具备核数师资格的执业会计师或会计师行审计,而内地会计师事务所若符合财政部、证监会相关要求并已获认可适宜担任核数师或申报会计师,也可以从事H股公司的审计工作。

二、年报编制和披露的工作机制

董事长是公司年报信息披露的第一责任人,董事会全体成员承担连带责任,董事会秘书和财务总监(总会计师)具体负责年报的编制工作。

年报内容涉及面广,时间跨度长,又有明确的披露时间限制,建议上市公司可以在年底即启动当年的年报工作计划,结合最新监管规则与公司实际,制定详细的年报内容框架,理清报备及其他应披露文件清单,确定时间进度安排,明确分工和各部门具体联系人。董事会办公室通常为年报工作的牵头部门,公司财务部门、业务部门、法律事务部门、人力资源部门、总裁办公室、监事会办公室、内部审计部门、市场部门等职能部门为年报工作小组成员单位。在布置年报编制工作时,牵头部门应当明确监管要求及其变化,强调时间安排,对业务概览等经营性信息的披露重点和难点进行充分的讨论,统一认识,做好工作对接。由于参与年报编制的人员较多,相关人员在年报编制和审议期间均负有保密义务,防止泄露内幕信息、内幕交易等违法违规行为发生。

另外,上市公司的年度财务会计报告应当经具有执行证券、期货相关业务资格的会计师事务所审计。因此,在年报的编制过程中,上市公司还应当注意与年审会计师的沟通,及时了解审计中发现的重大事项,确认相关信息。另外,对于处于持续督导期的上市公司注意与保荐机构等其他中介机构保持沟通。

一般而言,年报编制、审核流程及相关信息披露如图1-3-1所示。

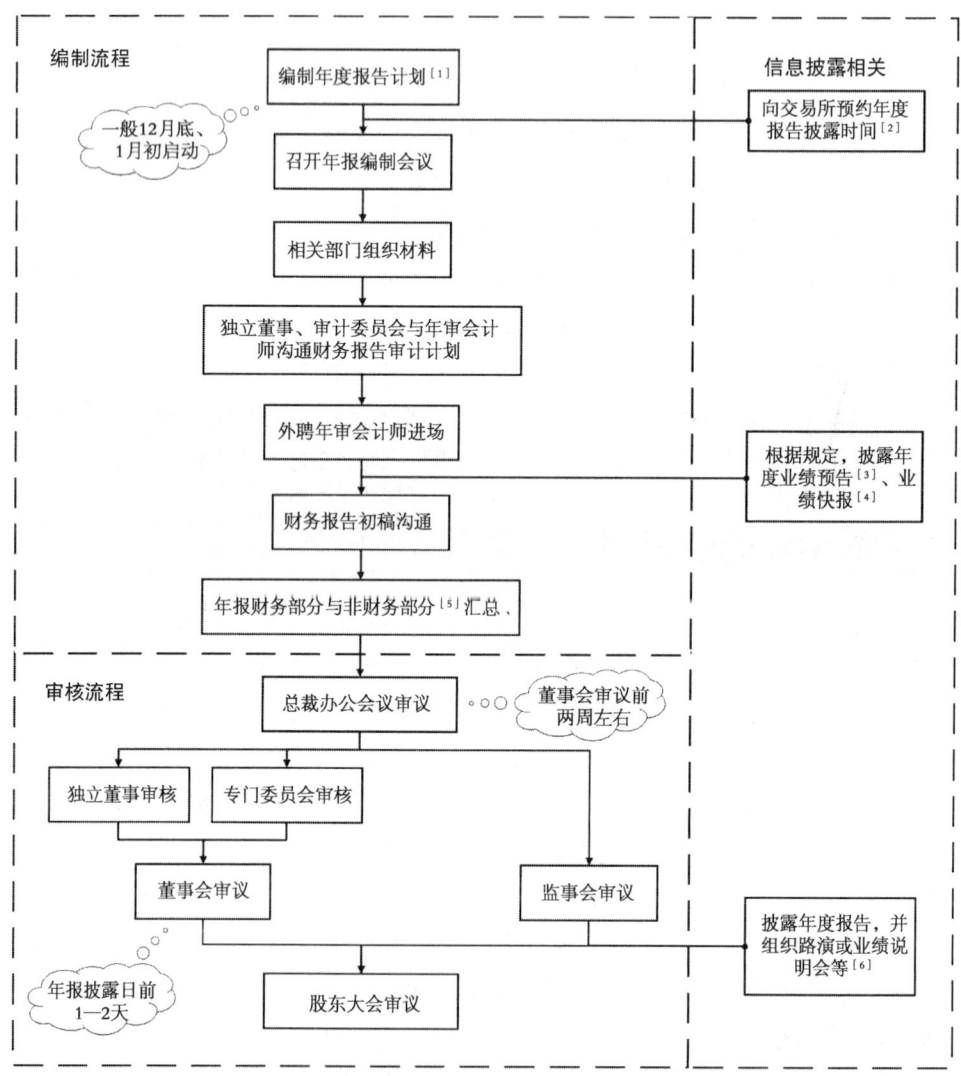

图1-3-1　年报编制、审核流程及相关信息披露

注:

[1] 年报计划一般包含内容框架和时间计划的详细工作方案,一般由董事会秘书和财务总

监审核并报总裁和董事长批准后,布置实施。

［2］在披露年报前,上市公司应当根据定期报告预约通知要求,于规定日期前自助预约年报披露时间。如上市公司未能按期完成预约,系统将会自动分配披露日期。

［3］对于上市公司,如预计本报告期经营业绩将出现下列情形时,就需要进行年度业绩预告:①净利润为负值;②净利润与上年同期相比上升或者下降50%以上;③实现扭亏为盈。

对于科创板公司而言,因《科创板股票上市规则》第12.4.2条规定的情形,其股票被实施退市风险警示的,应当于会计年度结束之日起1个月内进行业绩预告,预告数据包括营业收入、净利润、扣除非经常性损益后的净利润、净资产;对于深主板公司而言,预计本年末净资产为负值,或者年度营业收入低于一千万元,需要进行年度业绩预告;创业板公司均需进行年度业绩预告。

披露时间方面,符合条件的上市公司均需在1月31日前披露年度业绩预告。

［4］在定期报告披露前业绩被提前泄漏,或者因业绩传闻导致公司股票及其衍生品种交易异常波动的,上市公司应当根据规定及时披露包括本报告期相关财务数据在内的业绩快报。

对于深主板、中小板公司而言,拟发布第一季度报告业绩预告但其上年年报尚未披露的,应当在发布业绩预告的同时披露其上年度的业绩快报;对于科创板、创业板公司而言,预计不能在会计年度结束之日起2个月内披露年度报告的,应当在2月底之前披露年度业绩快报。此外,《科创板股票上市规则》还明确规定,上市公司在定期报告披露前向国家有关机关报送未公开的定期财务数据,预计无法保密的,应当及时发布业绩快报。

［5］年报非财务章节初稿形成后,公司管理层各分管领导对重点经营性信息进行审核把关,确保在合规的前提下,充分展示公司业务经营发展的现状。

［6］年报披露后,上市公司可以集中组织业绩沟通会或一对一的投资者沟通等路演活动,及时与主要投资者和分析师就公司的经营、财务情况进行沟通交流。而深交所中小板、创业板公司则应当在年报披露后10个交易日内通过互联网举办年报说明会,并至少提前两个交易日披露召开年报说明会的通知。

三、年报编制中可能遇到的重要问题

(一)行业信息和经营风险

根据《年报准则》第二十八条规定,"公司应当对未来发展进行展望。应当讨论和分析公司未来发展战略、下一年度的经营计划以及公司可能面对的风险,鼓励进行量化分析,主要包括但不限于:(一)行业格局和趋势。……(四)可能面对的风险。……"此外,沪深交易所针对部分行业发布了行业信息披露指引,符合条件的公司还需依据对应的行业指引进行年报的编制,详见第三章"上市公司分行业年报披露"。

对于科创板上市公司,在强调要真正落实以信息披露为核心的证券发行注册制的背景下,其定期报告的编制还需重点关注相关行业信息和经营风险的披露。根据《科创板股票上市公司规则》,行业信息方面,上市公司应当在年度报告中,结合其所属行业的政策环境和发展状况,披露所处行业的基本特点、主要技术门槛、核心竞争优势、研发支出相关情况、在研产品或项目的进展或阶段性成果、研发项目预计总投资规模、应用前景以及可能存在的重大风险等其他有助于投资者决策的行业信息。经营风险方面,上市公司应当在年度报告中,遵循关联性和重要性原则,识别并披露可能对公司核心竞争力、经营活动和未来发展产生重大不利影响的风险因素,包括核心竞争力风险、经营风险、行业风险、宏观环境风险等其他重大风险。

(二)发现应该及时披露而未披露的重大事项

年报是对公司一个年度经营情况的回顾、总结,以及对未来发展趋势的判断。年度中发生的重大事项对公司财务状况的影响,都将在年度财务报告中予以体现。因此,一些应该及时披露而未披露的重大事项,往往会在年报编制过程中被发现,如果确实存在,公司应当尽早研判并立即披露。主要涉及以下几类。

1. 出售资产

公司在进行交易时,往往更多关注交易金额,对交易对财务报表产生的影响分析不足,经常是留待出报表时才进行确认。因此,当财务报告显示公司年度投资收益超过上年度净利润10%时,公司就需要分析这些投资收益的具体来源,是某个重大事项形成的,还是一系列事项累计形成的收益;如果是一系列事项形成的,还需要判断这些事项是各自独立的,还是标的相关的。通过分析,确认是否存在投资收益达到标准的重大事项。

2. 政府补助

政府补助是指企业从政府无偿取得货币性资产或非货币性资产,但不包括政府作为企业所有者投入的资本。主要的形式为财政拨款、财政贴息、税收返还、无偿划拨非货币性资产等。多数上市公司都会有所涉及,也是上市规则规定的重大影响事项。根据《企业会计准则第16号——政府补助》,政府补助分为与资产相关的政府补助和与收益相关的政府补助。与资产相关的政府补助,是指企业取得的、用于购建或以其他方式形成长期资产的政府补助。与收益相关的政府补助,是指除与资产相关的政府补助之外的政府补助。对于同时包含与资产相关部分和与收益相关部分的政府补助,应当区分不同部分分别进行会计处理;难以区分的,应当整体归类为与收益相关的政府补助。

而年报披露中,政府补助是否计入非经常性损益则需要根据《公开发行证券的公司信息披露解释性公告第 1 号——非经常性损益》进行判断。非经常性损益通常包括计入当期损益的政府补助,但与公司正常经营业务密切相关,符合国家政策规定、按照一定标准定额或定量持续享受的政府补助除外。根据规则,要将政府补助计入经常性损益有两大要点:一是与公司正常经营业务密切相关,二是有可持续性。一个典型的与公司正常经营业务密切的补助类型是软件产品的税收优惠政策。根据现有政策,软件企业销售其自行开发生产的软件产品,按 17% 的法定税率征收增值税后,享受增值税实际税负超过 3% 的部分实行即征即退的优惠政策,为与日常经营活动相关的经常性损益。

在具体计算政府补助是否达到临时公告披露标准时,需要区别政府补助对公司资产或收益的不同影响,分别适用资产指标和利润指标。

对上交所上市公司而言,对于与收益相关的政府补助,因其直接影响公司收入和损益,适用上市规则中关于净利润指标的规定,即达到公司最近一个会计年度经审计净利润的 10%,且金额超过 100 万元的,进行披露。对于与资产相关的政府补助,因其影响的是公司净资产或总资产,适用上市规则的总资产和净资产指标,即达到公司最近一期经审计总资产的 10%,或者净资产的 10% 且金额超过 1 000 万元的,进行披露(科创板公司还需考虑市值指标)。另外,根据上交所《上市公司信息披露监管问答》,公司还应当区分影响利润和影响资产两种情况,分别累计其 12 个月内收到的政府补助,确认是否达到信息披露标准。政府补助为非货币性资产的,应当按照公允价值计量;公允价值不能可靠取得的,按照名义金额计量。

深交所主板、中小板的上市公司收到与收益相关的政府补助占上市公司最近一个会计年度经审计的归属于上市公司股东的净利润 10% 以上且绝对金额超过 100 万元,或者收到的与资产相关的政府补助占最近一期经审计的归属于上市公司股东的净资产 10% 以上且绝对金额超过 1 000 万元时需要进行披露,没有明确的累计计算的要求。

深交所创业板上市公司收到与收益相关的政府补助占上市公司最近一个会计年度经审计的归属于上市公司股东的净利润 10% 以上且绝对金额超过 100 万

元，或者收到的与资产相关的政府补助占最近一期经审计的归属于上市公司股东的净资产10%以上且绝对金额超过500万元时需要进行披露。同一会计年度内收到的各类政府补助累计达到上述比例及绝对金额标准2倍的，应及时予以披露。

从实践情况看，政府通常会对补助相关事项发文确认或依据相关法规支付补助资金。根据时点优先原则，上市公司应当在获悉相关政府补助事项、收到政府部门相关函件或者收到政府发放资金等事实最先发生的时点，及时公告。

此外，部分政府补助与公司的日常经营紧密相关，相关补助金额的确认具有连续性、不确定性，平时难以准确及时地累计计算。对此类政府补助，公司可以在定期报告中披露，其累计计算与披露的时点以公司相应定期报告的披露时点为准。但是对于其他政府补助，不得以定期报告来代替临时公告的披露。

3. 日常关联交易

各类日常关联交易数量较多的上市公司，一般采取申请年度额度的方式进行审批和披露，即公司按类别对年度将发生的日常关联交易总金额进行合理预计，根据预计结果提交董事会或者股东大会审议并披露。在年度中间，公司应当对日常关联交易的实际发生额进行监控，实际执行超出预计总金额的，应当根据超出金额重新提交董事会或者股东大会审议并披露。对于预计范围内的日常关联交易，公司应当在年报中进行披露。因此，如果日常监控不到位，导致实际发生额超出年度预计额又没有履行相应程序的，在年报编制过程中就会反映出来。

（三）会计政策或会计估计变更

为遵守会计准则和制度新要求，或为提供更可靠、更相关的会计信息，上市公司有时会依据相关规定、自身经验等变更会计政策或会计估计。这种变更可能会对同一企业不同期间和同一期间不同企业的财务报表可比性产生较大影响，是上市规则规定应及时披露的事项，并需要独立董事、监事会和会计师事务所发表结论性意见。

在年报编制过程中，上市公司应首先关注是否需适用新修订的会计准则，在此基础上，如计划进行其他会计政策或会计估计的变更，还需要对照会计准则确认本次变更的合规性，搞清楚是会计政策变更还是会计估计变更甚至是会计差错更正，是适用追溯调整法还是未来适用法等基本问题。通常情况下，会计政策变更适用追溯调整法,会计估计变更适用未来适用法。

其次,公司应当将此事项与会计师事务所、公司审计委员会充分沟通,结合最新情况、自身经验、同行业惯常做法等信息,确认本次变更的合理性,并分析本次变更对上市公司财务数据的定量化影响。

最后,上市公司应确认本次变更需要履行的审议程序,董事会审议会计政策或会计估计变更的时间,不得晚于当期定期报告的审议时间。

(四) 资产减值

对相关资产进行减值测试,判断是否需要计提资产减值准备是编制年度财务报告过程中的一项重要工作。根据《企业会计准则》,企业应当在资产负债表日判断资产是否存在可能发生减值的迹象。应收账款、存货、采用公允价值模式计量的投资性房地产、消耗性生物资产、建造合同形成的资产、递延所得税资产等不同的资产减值分别适用不同的《企业会计准则》。但不管是哪一类的资产,当其可收回金额低于账面价值时,就应当计提相应的资产减值准备,并确认资产减值损失,计入当期损益。

鉴于确认资产减值损失对公司业绩的直接影响,上市规则将"计提大额资产减值准备"列为"重大风险情形之一",不仅要在定期报告财务报告附注部分加以说明,还应当按照"应当披露的交易"的标准进行临时公告,即:计提资产减值准备占上市公司最近一个会计年度经审计净利润的10%以上,且绝对金额超过100万元时应当及时披露。披露资产减值公告,应当说明计提资产减值的基本情况、依据及测算方法,相应的审议程序和审计委员会、监事会的审核意见(如有)以及对公司的影响等要点。

决策程序方面,深交所中小板上市公司计提资产减值准备达到以下标准之一的需提交董事会审议:

(1) 对单项资产计提的减值准备金额占公司最近一个会计年度经审计的净利润绝对值的比例在30%以上且绝对金额超过人民币1 000万元的。

(2) 对全部资产计提的减值准备总额占公司最近一个会计年度经审计的净利润绝对值的比例在50%以上且绝对金额超过人民币2 000万元的。

(3) 对全部资产计提的减值准备总额占年初至报告期末扣除本次所计提减值准备后净利润(即净利润与本次所计提减值准备总额之和)绝对值的比例在100%以上。

需要特别提醒的是,中小板上市公司计提资产减值准备达到标准的,应当在次年的二月底前提交董事会审议,并在董事会审议通过后两个交易日内履行信息披露义务,且披露时间不得晚于公司年度报告披露时间。

实践中,有些中小板公司由于在审议及披露时间上不符合"二月底前"的要求,而被出具监管函,大家应当引以为鉴,避免犯类似的错误。另外,中小板公司在董事会审议的同时,监事会应当对计提减值准备是否符合《企业会计准则》提出专门意见。

除中小板公司外的上市公司计提资产减值准备可根据自己的公司制度判断是否需经董事会、股东大会审议。但考虑到资产减值测试是财务报告编制过程中必不可少的一项工作,其得出的资产减值结果直接影响到公司业绩,因此,对于重大的资产减值事项,建议还是按照财务报告审议的程序,单独提交董事会、监事会进行审议,确认资产减值计提的谨慎性和合理性。

此外,对于商誉减值事项,上市公司需遵循证监会《会计监管风险提示第8号——商誉减值》有关内容,合理判断并识别资产减值的迹象,及时进行商誉减值测试,对企业合并形成的商誉,至少在每年年度终了进行减值测试。公司董事会应审慎评估进行减值测试的合理性,并严格按照公司章程等规定及内部授权,履行相关内部审批流程,及时进行信息披露,必要时可以聘请专家协助工作。商誉减值测试中应重点关注测算过程和相关会计处理,包括商誉减值测试的规定步骤、相关资产组和资产组组合的认定、可回收金额的估计、商誉账面价值的分摊、利用资产评估机构的工作成果等。同时,公司应做好商誉减值相关信息披露工作,充分、准确、如实、及时地披露与商誉减值相关的重要信息,包括商誉所在资产组或资产组组合的相关信息、减值测试的过程与方法、业绩承诺的完成情况及其对减值测试的影响(如适用)等。公司应当会同年报审计机构及相关中介机构,对商誉相关信息披露的真实、准确、完整性进行核实,并根据交易所要求编制商誉减值测试报告向交易所报备。

【例】上市公司监管措施节选

2019年4月19日,某中小板上市公司披露对公司2018年度计提资产减值准备16 566.64万元,其中对应收款项计提的坏账准备金额为16 541.09万元,占公司2017年经审计净利润的37.03%,但未按规定在2019年2月底前提交董事会审议并及时披露,后被深交所出具监管函。

（五）利润分配

首先提醒大家注意，上市公司决定不进行利润分配，也是一种分配方案，同样需要履行决策程序，并在年报的"普通股利润分配或资本公积金转增预案"一栏中披露。其次，上市公司利润分配，既要符合法律法规及相关监管规定的要求，也要符合公司章程、公司自行制定的股东回报规划等的要求。

证监会在《关于进一步落实上市公司现金分红有关事项的通知》中规定，上市公司应当在公司章程中明确公司的利润分配政策尤其是现金分红政策的具体内容、利润分配的形式、利润分配尤其是现金分红的期间间隔、现金分红的具体条件、发放股票股利的条件、各期现金分红最低金额或比例（如有）等。

上交所上市公司在特殊情况下无法按照既定的现金分红政策或最低现金分红比例确定当年利润分配方案的，或者年度报告期内盈利且累计未分配利润为正，但未进行现金分红或拟分配的现金红利总额（包括中期已分配的现金红利）与当年归属于上市公司股东的净利润之比低于30%的，除应披露具体原因、独董意见外，还应当在年报披露之后、年度股东大会股权登记日之前，在业绩发布会中或单独召开现金分红说明会就现金分红方案相关事宜予以重点说明。

实践中，上市公司在进行利润分配时还要特别注意以下情形：

一是对于上交所及科创板上市公司，单独或合计持有公司3%以上的股东及其一致行动人提议高送转的，公司应当立即召开董事会审议股东提出的高送转预案，并同时披露股东提议和董事会决议。

二是注意可供分配利润的口径。根据财政部及交易所有关规则，上市公司在确定可供分配利润时应当以母公司口径为依据。有的上市公司董事会审议通过分红转增预案后，又取消了该项预案，原因就是该公司在确定可供利润分配基数时，虽然合并报表口径的可供分配利润满足分红条件，但是母公司报表口径的可供分配利润为负，不满足分红条件。另外，根据深交所各板块《上市公司规范运作指引》规定，上市公司制定利润分配方案时，应当以母公司报表中可供分配利润为依据。同时，为避免出现超分配的情况，公司应当以合并报表、母公司报表中可供分配利润孰低的原则来确定具体的利润分配比例。

三是注意安排好利润分配与再融资的节奏。《证券发行与承销管理办法》第十八条规定，"上市公司发行证券，存在利润分配方案、公积金转增股本方案尚未提交股东大会表决或者虽经股东大会表决通过但未实施的，应当在方案实施后发行"。公司在讨论利润分配方案时,一定要关注是否有正在进行中的再融资事项,协调安排好具体步骤,避免因利润分配影响再融资的实施。

(六) 关联交易

上市公司的关联交易是监管机构十分关注的事项,但是基于不同的立法目的,会计准则和上市规则有关关联方的认定标准并不一致。总体而言,会计准则认定的关联方范围要大于上市规则认定的关联方范围,这种差异有时候会给一些上市公司的披露带来困扰。对此,《年报准则》中明确,本准则所称"控股股东""实际控制人""关联方""关联交易""高级管理人员""重大""累计"等的界定,按照《公司法》《证券法》等法律法规以及《上市公司信息披露管理办法》《优先股试点管理办法》等相关规定执行。上市公司在年报披露时要注意区分。

(七) 财务信息与非财务信息的匹配

随着证券监管机构分行业监管的不断深入,年报中非财务信息披露的重要性日益提高。但是实践中往往存在对行业趋势、同行业竞争情况、客户市场情况等非财务信息的描述与财务数据支撑有偏差,业务统计数据与财务数据口径不一致等问题,也有部分公司存在夸大宣传粉饰经营业绩的情况。因此,非财务信息和财务信息的一致性,是年报审核中监管关注的重点。对此,上市公司应注意做好两项工作。

一是要提前梳理数据口径,分析现有业务统计数据与财务数据的口径差异,能够统一的,在年报编制工作开始前尽快进行调整;确实难以统一的,应对口径差异进行分析,判断数据的适用性,并在年报中加以说明。

二是要注意各项信息的关联、勾稽关系。各业务板块的年度经营信息初步归集后,可以通过职能部门初审与复核、交由财务部门审阅是否存在冲突信息、公司分管领导确认等措施,来保证数据的准确性及表述的合理性。财务数据基本形成后,也要及时回过头来再梳理各项经营信息是否存在偏差,避免非财务信息与财务数据不匹配甚至存在冲突的情况。

(八) 关键审计事项

根据《中国注册会计师审计准则第 1504 号——在审计报告中沟通关键审计事项》的要求,上市公司需特别关注审计报告中的关键审计事项,即注册会计师根据职业判断认为对本期财务报表审计最为重要的事项。关键审计事项是从注册会计师与治理层沟通过的事项中选取,上市公司在编制年报时注意不要与之冲突。

第二章　上市公司年度报告内容与格式

董事、监事、高级管理人员异议声明

姓名	职务	内容和原因
×××	独立董事	×××复合材料集团股份有限公司独立董事关于2018年年度报告和2019年一季度报告的共同异议：三位独立董事同意披露×××复合材料集团股份有限公司（以下简称"×××"）2018年年度报告和2019年1季度报告，但对报告内容共同表示异议如下：鉴于以下事实：①×××及其子公司账面显示其在北京银行西单支行的存款余额共计12 210 067 986.20元，我们对此强烈质疑，原因是这笔存款既不能用于支付也无法执行，并且北京银行西单支行曾经口头回复"可用余额为零"，注册会计师就此笔存款向北京银行西单支行发出询证函，对方至今没有回复。我们从任职的第一天起就反复要求管理层采取一切手段弄清这笔存款是否存在，但很遗憾至今才启动投诉程序，并准备进行诉讼。②×××与大股东××投资集团和北京银行西单支行违规签订了《现金管理合作协议》，使得上市公司与控股股东在资金管理和使用上产生了混同，为控股股东占用上市公司资金开启了方便之门。③截至2018年12月31日，×××应收账款账面余额为人民币609 354.28万元，相应计提坏账准备人民币122 813.55万元，目前审计机构尚未完成对客户的走访和核实。从应收账款的历史数据和回款情况分析，我们认为这些应收账款全额或大部分收回的可能性不大，进而对营业收入的真实性表示存疑。④从2018年6月开始，×××全资子公司张家港××新光电材料有限公司与中国化学赛鼎宁波工程有限公司签订的一系列委托采购设备协议，并使用募集资金向中国化学赛鼎宁波工程有限公司预付款项21.74亿元，至今却连一个包装盒也没有见到。我们质疑：为什么要委托采购而不直接采购？为什么要预付这么大一笔资金，这还叫预付款吗？合同中为什么没有约定交货日期？预付款项后对方一直没有交货，前管理层为什么没有采取措施？从注册会计师通过天眼查获得的信息看，这是实质性的关联交易，并构成控股股东占用上市公司资金。⑤公司账面显示可供出售金融资产4 227 669 966.67元，大部分系不具有控制权的对外股权投资，这些被投资单位具体情况如何，投资是否安全、能否收回，存在很大的不确定性。⑥募集资金存在被冻结、被划走的情形，2018年末账面余额是否真实存在？是否影响到项目的后续实施？需要向广大投资者作个交代。为此我们一致认为：①×××2018年度报告中的财务报告在很大程度上已不能真实反映×××2018年12月31日的财务状况和2018年度的经营业绩及现金流量。②年度报告中对大股东占用上市公司资金的事实披露不充分。③以往的×××，在很大程度上失去独立性，在治理结构上存在缺陷。④因为独立性和治理结构方面的问题，导致重要内部控制失效。⑤募集资金的使用和保管存在严重违反监管法规的情形。⑥鉴于2018年年度报告无法真实表达×××真实的财务状况和经营业绩，在这些问题查清之前，我们对2019年1季度报告也相应表示异议。此外，×××因信息披露违规被证监会立案调查，同时存在大笔债务到期不能支付本息的违约事项，大部分银行账户及重要资产被司法冻结，因此×××的持续经营能力受到严重威胁。
×××	独立董事	本人同意按期公布××复合材料集团及股份有限公司2018年年度报告，但不保证报告的真实性，准确性和完整性，并与另两名独立董事共同发表异议声明，不同意承担个别及连带的法律责任。
×××	独立董事	本人同意按期公布2018年年度报告，但不保证报告的真实性，准确性和完整性，并与另外两名独立董事共同发表了异议声明，不同意承担个别及连带法律责任。

续表

姓名	职务	内容和原因
×××	独立董事	本人同意按期公布×××复合材料集团股份有限公司 2018 年度报告,但不保证报告的真实性、准确性和完整性,并与另两名独立董事共同发表异议声明,不同意承担个别及连带的法律责任。 (1) 对于北京银行的百亿存款余额的真实存在强烈质疑。 (2) 对于×××全资子公司与中国化学赛鼎宁波有限公司的 20 余亿元的预付款委托采购交易的实质和关联交易至今没有任何合理的解释康得新光电材料有限公司至今也没见到一个包装盒或一台采购设备进来。
×××	副总裁	本人同意 2018 年度报告的披露,但无法保证报告内容的真实准确完整,并不承担个别和连带责任。
×××	董事	本人同意按期公布 2018 年年度报告,但由于瑞华会计师事务所出具了无法表示意见的审计报告,且监管机构对公司的立案调查事项尚未有结论,本人无法保证报告的真实性、准确性和完整性,无法保证不存在虚假记载、误导性陈述或重大遗漏,不同意承担个别和连带的法律责任。
×××	董事	由于处于监管部门立案调查,以及会计师事务所出具非标准意见,无法保障表达意见的完整、准确性。特此说明。
×××	监事	同意披露年报,但无法保证其真实、准确、完整。
×××	监事	同意披露年报,但无法保证其真实、准确、完整。
×××	职工监事	同意披露年报,但无法保证其真实、准确、完整。
×××	董事会秘书/副总经理	(1) 公司 2018 年度财务报告,被瑞华会计师事务所出具了非标准无保留意见的审计报告。 (2) 公司因涉嫌信息披露违规被中国证监会立案调查,目前尚无结论。 鉴于以上原因,为保证公司信息披露的真实、准确、完整,特向投资者充分提示以上风险,由于以上事项可能导致公司财务报告和年报部分内容存在不确定性,本人也无法保证年报内容的真实、准确、完整,无法确定不存在虚假记载,误导性陈述或重大遗漏。

【例】上市公司年报披露节选

更正前

A、B、C(3 位独立董事)无法保证本报告内容的真实、准确和完整,理由是:因为 2016 年 3 月 18 日公司发生了款项划拨事宜,他们无法确认 2015 年年度报告中是否还存在类似的资产失控事项,对报告中关于资金往来情况的部分内容无法确认。请投资者特别关注。

更正后

A、B、C(3 位独立董事)无法保证本报告内容的真实、准确和完整,理由是:

因为 2016 年 3 月 18 日公司发生了款项划拨事宜,他们无法确认 2015 年年度报告中是否还存在类似的资产失控事项,对报告中关于资金往来情况的部分内容无法确认。其他董事、监事及高级管理人员保证 2015 年年度报告内容的真实、准确、完整,不存在虚假记载、误导性陈述或重大遗漏,并承担个别和连带法律责任。请投资者特别关注。

【提示】

根据《年报准则》第十六条规定,公司董事会、监事会和所有董监高应当保证公司年度报告的内容的真实、准确、完整。在本例中,该公司只披露了独立董事无法对年度报告做出保证,却遗漏了其他董监高的意见。

(二)董事出席会议的情况

如果全部董事出席了会议,应当披露公司全体董事出席董事会会议。

如果有董事缺席或未亲自出席,应当单独列示相关董事姓名及原因。

【例】上市公司年报披露节选

除下列董事外,其他董事亲自出席了审议本次年报的董事会会议。

未亲自出席董事姓名	未亲自出席董事职务	未亲自出席会议原因	被委托人姓名
×××	董事长	因公	××

(三)公司被出具非标准意见审计报告的重要提示

公司年度财务报告需要聘请会计师事务所审计。如执行审计的会计师事务所对公司出具了非标准意见审计报告,公司需在重要提示中予以说明并披露。根据证监会公布的统计数据,截至 2019 年 4 月 30 日,除 5 家公司外,沪深两市共有 3 622 家公司披露了经审计的 2018 年年度财务报告。按期披露年度财务报告的公司中,219 家公司年度财务报告被出具非标准审计意见的审计报告,其中,38 家被出具无法表示意见,82 家被出具保留意见,99 家被出具带强调事项段及其他事项段的无保留意见。对于上述几类被出具非标准意见审计报告的上市公司,均应当在年报重要提示部分载明这一信息。

【例】上市公司年报披露节选

重要提示

一、本公司董事会、监事会及董事、监事、高级管理人员保证年度报告内容的真实、准确、完整,不存在虚假记载、误导性陈述或重大遗漏,并承担个别和连带的法律责任。

二、公司全体董事出席董事会会议。

三、四川华信(集团)会计师事务所(特殊普通合伙)为本公司出具了无法表示意见的审计报告,本公司董事会、监事会对相关事项已有详细说明,请投资者注意阅读。

详见公司董事会、监事会对相关事项的说明。

(四)利润分配预案或公积金转增股本预案

有关利润分配预案,需要特别说明以下两点:

第一,不分配利润也是一项利润分配预案。即使公司董事会审议拟不进行利润分配的,也需要在重要提示中完整披露该项董事会决议议案。

第二,上市公司在确定可供分配利润时应以母公司报表口径为依据。

【例】上市公司年报披露节选

更正前

××会计师事务所为公司 2015 年度财务报告出具了标准无保留意见的审计报告,本公司 2015 年度实现净利润人民币 2 002 795 622 元,归属于上市公司股东的净利润为人民币 1 528 651 062 元。

截至 2014 年 12 月 31 日本集团累计未分配利润为 4 915 155 558 元;截至 2015 年 12 月 31 日,本集团累计未分配利润为 6 466 803 025 元;然而,截至 2015 年 12 月 31 日,本公司承接 A 公司账面累计亏损 585 630 735 元,该累计亏损将由境外子公司分红弥补。

本公司亦会在本公司可供分配利润达到公司章程、证监会及上交所相关指引和政策规定的分红条件后即适时提出利润分配预案。

更正后

经××会计师事务所审计,本集团 2015 年度合并财务报表实现净利润 2 002 795 622 元,其中归属于上市公司股东的净利润为 1 528 651 062 元。截至 2015 年 12 月 31 日,本集团合并财务报表累计可供分配利润为 6 466 803 025 元。然而,截至 2015 年 12 月 31 日,本公司账面累计亏损 585 630 735 元。

基于以上情况,公司拟定 2015 年度公司利润分配方案为不进行利润分配,也不进行资本公积转增股本。本议案经董事会审议通过后,尚需提交公司股东大会审议。

待公司收到境外控股子公司的利润分配、累计未分配利润转正,即公司在满足分红条件后即适时提出利润分配预案。

【提示】

根据有关规定,上市公司在确定可供分配利润时应以母公司报表口径为依据。在本例中,该上市公司未能准确披露"本公司"与"本集团"的财务数据,造成母公司有盈利的错觉。更正后的年报指出母公司账面累计亏损,因此不进行利润分配。

(五)与前瞻性陈述相应的警示性陈述

公司应当声明年度报告所陈述的未来计划等前瞻性内容,不构成公司对投资者的实质承诺,并提醒投资者及相关人士对此保持足够的风险认识,理解计划、预测与承诺之间的差异。

【例】上市公司年报披露节选

更正前

无

更正后

年报中涉及的未来经营计划是公司基于目前的行业、市场环境制定的公司战略发展规划及业绩预测,并不构成业绩承诺,敬请投资者保持足够的风险意识。

(六)需要投资者特别关注的重大风险

与公司应当在年报第四节经营情况讨论与分析中披露可能面对的风险这一要求相比,重要提示部分的风险提示更加强调所提示风险的重大性。公司应当结合自身情况,在正文所披露的各类风险中选出需要投资者特别关注的重大风险进行提示。

【例】上市公司年报披露节选

公司已在本报告中详细描述因被立案调查、涉及诉讼纠纷、对外提供担保等事项引发的潜在风险及可能面临的因移动游戏业务拓展未达预期、市场竞争加剧等引发的经营风险,敬请查阅第四节"经营情况讨论与分析"中"三、公司关于公司未来发展的讨论与分析"中"(四)可能面对的风险"的相关内容。公司经营管理层将审慎评估相关风险,科学合理决策,优化资源配置,提高经营效率,全面加强公司的成本和风险控制能力,争取把相关风险控制在合理范围之内,保证公司的平稳运行和健康可持续发展。

二、目录和释义

年度报告目录应当标明各章、节的标题及其对应的页码。

【例】上市公司年报披露节选

目录

第一节	释义 ……………………………………………………	5
第二节	公司简介和主要财务指标 ……………………………	7
第三节	公司业务概要 …………………………………………	11
第四节	经营情况讨论与分析 …………………………………	16
第五节	重要事项 ………………………………………………	40
第六节	普通股股份变动及股东情况 …………………………	55
第七节	优先股相关情况 ………………………………………	64
第八节	董事、监事、高级管理人员和员工情况 ……………	65
第九节	公司治理 ………………………………………………	78
第十节	公司债券相关情况 ……………………………………	81
第十一节	财务报告 ……………………………………………	82
第十二节	备查文件目录 ………………………………………	203

公司应当对可能造成投资者理解障碍以及具有特定含义的术语作出通俗易懂的解释。年度报告的释义应当在目录次页排印。

第二节 公司简介和主要财务指标

一、公司简介

公司简介包括公司基本信息、股票信息和相关中介机构信息三部分。

基本信息包括公司的中文名称及简称、外文名称及缩写(如有)、公司的法定代表人、董事会秘书及证券事务代表的姓名、联系地址、电话、传真、电子信箱,公司注册地址,公司办公地址及其邮政编码,公司网址、电子信箱等。

股票信息包括公司股票上市交易所、股票简称和股票代码,公司选定的信息披露媒体名称,登载年度报告的证监会指定网站的网址,公司年度报告备置地等。

相关中介机构信息包括公司聘请的会计师事务所名称、会计师事务所办公地址及签字会计师姓名;公司聘请的报告期内履行持续督导职责的保荐机构或财务顾问的名称、办公地址以及签字的保荐代表人或财务顾问主办人的姓名,以及持续督导的期间。

【提示】

(1)公司通过选定的信息披露媒体发布公告,对于降低投资者信息获取成本具有重要意义。因此,无论公司如何选择,都应当完整披露选定的结果。

(2)同时发行人民币普通股及境内上市外资股或(和)境外上市外资股的公司,应当同时披露 A 股以外的其他股票信息。

【例】上市公司年报披露节选

公司股票简况

公司股票简况				
股票种类	股票上市交易所	股票简称	股票代码	变更前股票简称
A股	上海证券交易所			—
H股	香港联合交易所			—

(3)报告期内履行持续督导职责的保荐机构或财务顾问,不限于公司于报告期内聘任的;公司曾经聘任保荐机构或财务顾问,但其在整个报告期内已无持续督导职责的,不需要披露。

二、主要会计和财务指标

上市公司应当采用数据列表方式,提供截至报告期末公司近 3 年的主要会计数据和财务指标,包括但不限于:总资产、营业收入、归属于上市公司股东的净利润、归属于上市公司股东的扣除非经常性损益的净利润、归属于上市公司股东的净资产、经营活动产生的现金流量净额、净资产收益率、每股收益。

公司在披露主要会计数据和财务指标时应当注意：

（1）因会计政策变更及会计差错更正等追溯调整或重述以前年度会计数据的，应当披露会计政策变更的原因及会计差错更正的情况，并应当同时披露调整前后的数据。有的公司在"财务报告"一节披露了变更前后的明细数据，但在本节却遗漏了。

（2）净资产收益率和每股收益的确定和计算应当遵守《公开发行证券的公司信息披露编报规则第9号——净资产收益率和每股收益的计算及披露》（2010年修订）的规定。

（3）编制合并财务报表的公司应当以合并财务报表数据填列或计算以上数据和指标。

（4）财务数据按照时间顺序自左至右排列，左起为报告期的数据，向右依次列示前一期的数据。如公司成立未满3年，应当披露公司成立后完整会计年度的上述会计数据和财务指标。

（5）为增强财务数据的可读性和有效性，公司可以根据自身情况主动披露其他指标。如科创板上市规则即明确，科创板上市公司可以在《企业会计准则》规定范围外，披露息税前利润、自由现金流等反映公司价值和行业核心竞争力的参考指标。

【例】上市公司年报披露节选

（一）主要会计数据

单位：百万元

	2018年	2017年	2018年比2017年增减	2016年
营业收入	264 101	248 746	6.2%	183 127
利润总额	70 069	70 333	(0.4%)	38 896
归属于本公司股东的净利润	43 867	45 037	(2.6%)	22 712
归属于本公司股东的扣除非经常性损益的净利润	46 065	45 104	2.1%	23 374
经营活动产生的现金流量净额	88 248	95 152	(7.3%)	81 883
剔除神华财务公司影响后经营活动产生的现金流量净额	77 588	87 931	(11.8%)	92 564

续表

	2018 年末	2017 年末	2018 年末比 2017 年末增减	2016 年末
归属于本公司股东的净资产	327 763	301 487	8.7%	312 357
资产总计	587 239	567 124	3.5%	571 664
负债合计	182 789	192 497	(5.0%)	191 760
期末总股本	19 890	19 890	0.0	19 890

【提示】

在本例中,该上市公司主营业务是煤炭、电力的生产和销售,铁路、港口和船舶运输,煤制烯烃等,与其下属财务公司业务有明显差异,为了便于投资者理解主营业务经营活动产生的现金流量净额,公司就在年度报告主要会计数据表格中添加了"剔除财务公司影响后经营活动产生的现金流量净额"这项指标。

(6) 对于同时发行人民币普通股及境内上市外资股或(和)境外上市外资股的公司,若按不同会计准则计算的净利润和归属于上市公司股东的净资产存在重大差异的,应当列表披露差异情况并说明主要原因。

【例】上市公司年报披露节选

境内外会计准则下会计数据差异

(一) 同时按照国际会计准则与按中国会计准则披露的财务报告中净利润和归属于上市公司股东的净资产差异情况

☑适用 □不适用

单位:元 币种:人民币

	净利润		归属于上市公司股东的净资产	
	本期数	上期数	期末数	期初数
按中国会计准则	875 730 869.22	1 137 423 812.13	21 620 2222 656.96	16 324 338 267.66
按国际会计准则调整的项目及金额:				
商誉初始确认差异	−59 683 002.53	−18 504 086.13	92 662 387.57	143 085 972.34
按国际会计准则	816 047 866.69	1 118 919 726.00	21 712 885 044.53	16 467 424 240.00

(二) 同时按照境外会计准则与按中国会计准则披露的财务报告中净利润和归属于上市公司股东的净资产差异情况

☐ 适用　☑ 不适用

（三）境内外会计准则差异的说明：

☑ 适用　☐ 不适用

公司收购子公司合并成本大于合并中取得的被购买方可辨认净资产公允价值份额的差额，作为一项资产确认为商誉并按成本进行初始计量，在合并财务报表中单独列报。商誉在每年年度终了进行减值测试，并按照成本扣除累计减值准备后的金额计量。

公司按照国际财务报告准则编制在香港联合交易所披露财务报表时，按并购资产价值分摊报告将商誉分摊至相关资产价值中，导致相关资产每年度的折旧、摊销金额不同，因此形成一项差异。

（7）公司应当采用数据列表方式，分季度提供营业收入、归属于上市公司股东的净利润、归属于上市公司股东的扣除非经常性损益后的净利润、经营活动产生的现金流量净额。如上述财务指标或其加总数与公司已披露季度报告、半年度报告相关财务指标存在重大差异的，应当说明主要原因。

在披露分季度财务数据时，部分上市公司出现下列问题。

A. 将分季度数据披露成了报告期末数据。

【例】上市公司年报披露节选

更正前

单位：元

	第一季度	第二季度	第三季度	第四季度
经营活动产生的现金流量净额	-83 723 999.56	-95 031 347.53	-73 204 577.73	458 088 078.51

更正后

单位：元

	第一季度	第二季度	第三季度	第四季度
经营活动产生的现金流量净额	-83 723 999.56	-11 307 347.97	21 826 769.80	279 332 731.42

B. 未说明分季度财务数据变化趋势不一致，财务数据季度波动较大的原因。

【例】上市公司年报披露节选

年度报告披露：

2018 年分季度主要财务数据

单位:元　币种:人民币

	第一季度 (1~3月份)	第二季度 (4~6月份)	第三季度 (7~9月份)	第四季度 (10~12月份)
营业总收入	176 543 156.00	151 122 603.11	123 699 109.08	132 915 189.35
营业收入	168 586 474.95	142 633 197.95	112 944 360.05	122 304 381.07
归属于上市公司股东的净利润	10 465 326.54	7 428 087.62	5 504 086.09	-864 678 136.35
归属于上市公司股东的扣除非经常性损益后的净利润	-3 126 424.12	-7 618 709.18	2 124 054.23	-965 501 075.76
经营活动产生的现金流量净额	-65 651 730.50	22 850 052.23	36 372 635.08	-66 546 263.07

季度数据与已披露定期报告数据差异说明
□适用　☑不适用

年报审核问询:

关于分季度财务数据匹配性。根据年报,2018 年 1~4 季度分别实现营业总收入 1.77 亿元、1.51 亿元、1.23 亿元和 1.33 亿元,实现扣非归母净利润分别为 -312.64 万元、-761.87 万元、212.41 万元和 -96 550.11 万元,经营活动产生的现金流净额分别为 -6 565.17 万元、2 285.01 万元、3 637.26 万元和 -6 654.63 万元,公司收入变化趋势与净利润、经营性现金流变化趋势不相一致。请公司补充披露:(1)营业收入、净利润大幅下滑的具体原因;(2)结合公司主营业务的盈利模式、季度特性和收入确认政策说明季度财务数据波动的原因及合理性。请公司年审会计师发表意见。

【提示】

在本例中,该上市公司各项分季度财务数据变化趋势不一致,财务数据季度波动较大,因此于年报问询中被要求进一步说明。分季度各财务数据变化趋势不一致、季节波动大、较上年差异大、较同行业差异大等现象是监管关注的重点之一,建议上市公司结合具体经营情况充分予以披露原因及合理性。

(8) 公司在披露"归属于上市公司股东的扣除非经常性损益后的净利润"时,应当同时说明报告期内非经常性损益的项目及金额。

证监会《公开发行证券的公司信息披露解释性公告第 1 号——非经常性损益

（2008 年修订）》对非经常性损益的定义和确定予以了规范。

【例】上市公司年报披露节选

非经常性损益项目和金额

☑适用　□不适用

单位：元　币种：人民币

非经常性损益项目	2018 年金额	2017 年金额	2016 年金额
非流动资产处置损益	-2 516 833.66	60 221 821.65	86 123 142.24
计入当期损益的政府补助，但与公司正常经营业务密切相关，符合国家政策规定、按照一定标准定额或定量持续享受的政府补助除外	44 452 074.81	99 907 553.96	16 295 708.51
企业取得子公司、联营企业及合营企业的投资成本小于取得投资时应享有被投资单位可辨认净资产公允价值产生的收益	1 098 083.79		
除同公司正常经营业务相关的有效套期保值业务外，持有交易性金融资产、交易性金融负债产生的公允价值变动损益，以及处置交易性金融资产、交易性金融负债和可供出售金融资产取得的投资收益	12 214 140.55		
除上述各项之外的其他营业外收入和支出	193 630 759.11	143 038.06	1 468 386.98
少数股东权益影响额		262 720.60	-1 108 901.88
所得税影响额	-65 596 665.14	-39 580 216.49	-6 458 955.19
合计	183 281 559.46	120 429 476.58	96 319 380.66

在披露非经常性损益具体项目时，应特别关注资产处置损益、政府补助、计提/冲回减值等内容的披露。这些项目是否存在未履行决策程序或信息披露义务的情况，均是监管机构关注的重点。因此，公司在日常工作中就应做好信息统计，及时履行相关决策程序和信息披露义务。如果等到编制年报时才发现问题，为时已晚。

第三节　公司业务概要

公司业务概要涉及公司生产经营、组织管理、行业情况及未来发展等重要内容，反映了影响公司业绩的因素及未来趋势，揭示了公司盈利能力和可持续经营能力面临的重大不确定性因素,对投资者的价值判断和投资决策具有重要影响。公司在这一节中,应当简要介绍报告期内从事的主要业务、主要资产发生的重大变化和核心竞争力三项内容。

一、从事的主要业务

公司应当从自身和所处行业两个方面介绍主要业务,如报告期内公司的主要业务、主要产品及其用途、经营模式、主要的业绩驱动因素、所属行业的发展阶段、周期性特点,以及公司所处的行业地位等。

同时,科创板上市公司应当在年度报告中,结合其所属行业的政策环境和发展状况,披露所处行业的基本特点、主要技术门槛,报告期内新技术、新产业、新业态、新模式的发展情况和未来发展趋势等有助于投资者决策的行业信息。需要注意的是,前述信息发生重大变化的,上市公司也应当及时在临时公告中进行披露。

近年来,证监会和沪深交易所陆续出台了一系列行业信息披露指引,针对不同行业的年报披露要求详见本书第三章。

二、主要资产发生重大变化

公司应当简要介绍报告期内公司主要资产发生的重大变化,包括但不限于股权资产、固定资产、无形资产、在建工程等。通常情况下,公司都会在第四节"经营情况讨论与分析"中对上述主要资产情况进行详细说明,因此可以在本处简略描述后直接指向第四节。

若境外股权资产、固定资产、无形资产、在建工程等占比较高的,应当披露相关资产的具体内容、形成原因、资产规模、所在地、运营模式、保障资产安全性的控制措施、收益状况、境外资产占公司资产比重、是否存在重大减值风险等。

对于重大变化的标准,《年报准则》没有明确界定,可比照上市规则中关于重大事项的规定,以及《年报准则》中有关会计数据和财务指标同比变动超过30%,应当披露产生变化的主要原因的规定。公司通常都将变动比例超过10%作为披露标准,同时会对其中变动比例超过30%的项目进一步说明变化的原因,可供参考。

【例】上市公司年报披露节选

报告期内公司主要资产发生重大变化情况的说明

报告期内,公司货币资金、应收票据、应收账款、应收利息、其他流动资产、固定资产清理、开发支出、长期待摊费用、其他非流动资产同比变动较大,具体变动原因详见第四节第二条第三款"资产、负债情况分析"所述。

除此之外,公司主要资产未发生重大变动。其中:境外资产73 882.12(单位:万元　币种:人民币),占总资产的比例为3.29%。

三、核心竞争力

公司应当披露报告期内核心竞争力(包括核心管理团队、关键技术人员、专有设备、专利、非专利技术、特许经营权、土地使用权、水面养殖权、探矿权、采矿权、独特经营方式和盈利模式、允许他人使用自己所有的资源要素或作为被许可方使用他人资源要素等)的重要变化及对公司所产生的影响。如发生因核心管理团队或关键技术人员离职、设备或技术升级换代、特许经营权丧失等导致公司核心竞争力受到严重影响的,公司应当详细分析,并说明拟采取的相应措施。

对公司核心竞争力的披露,一是要与公司生产经营模式相匹配,尤其是轻资产类的上市公司,有关核心管理团队、关键技术人员、专利、非专利技术、特许经营权、独特经营方式和盈利模式等信息都是投资者最为关注的信息。二是要重点分析核心竞争力在报告期内所发生的重要变化及其影响。对于重要变化,虽然规则并无类似应披露交易一样的定量标准,但公司应从信息披露的一致性和连续性角度,对前期已披露的核心竞争力在报告期内发生的变化进行充分的说明。

【例】上市公司年报及监管函回复节选

某上市公司的主营业务为有色金属服务业,年度报告披露后监管部门要求其结合业务开展的主要区域、同行业竞争对手情况等,分析说明有色金属服务业务的核心竞争力。

公司回复:

公司有色金属服务业务开展的主要区域在白银本地及周边以及青藏地区。同行业竞争对手情况:白银有色非金属材料有限公司拥有白银本地唯一的一座石灰石矿山,在本地区无竞争对手;甘肃铜城工程建设有限公司不仅生产商砼,而且具有房屋建筑工程施工总承包一级资质、钢结构工程专业承包一级资质。既有工程施工收入，又有外销商砼收入，同时通过自产自用商砼降低工程成本，同业竞争优势明显；白银有色铁路运输物流有限责任公司是白银地区唯一一家具有铁路运输资质的地方企业，通过创新多式联运物流供应链模式，构建白银工业、兰州新区和青藏区域物流基地，开展全国性物流业务，具有铁路运输资质及区位优势；白银本地供水企业现有白银有色动力有限公司和白银市动力公司两家，其供水区域在城市规划布局中已有划分，白银市动力公司负责西区供水，本公司负责东区及银东工业园供水，本地工业主要集中在东区及银东工业园区，竞争优势明显。

核心竞争力：白银有色非金属材料有限公司拥有本地区最大的石灰石开采能力。甘肃铜城工程建设有限公司拥有自身的商品混凝土供应站，同时，具有房屋建筑工程施工总承包壹级资质、钢结构工程专业承包壹级资质，工程范围包括市政公用工程施工总承包、矿山工程施工总承包、起重设备安装工程、机电设备安装工程、防腐保温工程。白银有色铁路运输物流有限责任公司一是利用区位和资源打造竞争优势；二是用全新的服务理念来引导物流一体化和个性化服务，创新多式联运物流供应链模式，物流业务不断向上下游环节延伸；三是开展物流联盟合作，利用在全国联盟的150个物流网点体系，构建白银工业、兰州新区和青藏区域物流基地，开展全国性物流业务；四是积极探索物流信息化平台引领多元化物流增值新业务。白银有色动力有限公司作为白银市本地的主要供水企业，其所供给的生产水和生活水均符合国家标准的各项要求，主要负责东区及银东工业园的生产、生活水供应，供水市场稳定，随着银东工业园区入户企业的增加，供水量逐步扩大。

在上海证券交易所设立科创板并试点注册制是实施创新驱动发展战略、深化资本市场改革的重要举措，增强了资本市场对科技创新企业的包容性，着力支持关键核心技术创新，提高服务实体经济能力。基于科创板的定位，科创板上市公司有关核心竞争力的披露对于投资者了解公司相关情况至关重要。

因此，在年度报告中，科创板上市公司应当结合其所属行业的政策环境和发展状况，披露核心竞争优势，核心经营团队和技术团队的竞争力分析，以及报告期内获得相关权利证书或者批准文件的核心技术储备。科创板上市公司尚未盈利的，应当在年度报告显著位置披露公司核心竞争力。

第四节 经营情况讨论与分析

本节是年度报告中最重要的章节之一,围绕公司报告期内的经营情况以及未来展望这两个部分展开充分讨论与分析,涵盖了公司对自身所处行业和市场环境等外部因素的看法、年度经营情况的总结与回顾、经营成果和财务数据的整体解析以及未来规划与展望等内容。本节可以算是年度报告的"制高点",从统筹全局的视角,回顾过往并展望未来,也是年度报告中最"亲民"的部分,通过简明易懂的语言将业务与财务有机结合,以实现全方位展现公司投资价值。

编制本节内容时需要报告编制者对上市公司所处的行业情况、战略发展、日常经营、对外投资、主要业务和财务状况等较为熟悉,日常注意积累相关数据和材料,并按照一定的逻辑来组织,最终形成报告。

一、经营情况讨论与分析的基本要求

公司在经营情况讨论与分析中应当对财务报告的数据和其他必要的统计数据,以及报告期内发生和未来将要发生的重大事项,进行讨论与分析,以帮助投资者了解其经营成果、财务状况和未来可能的变化。公司可以运用逐年比较、数据列表或其他方式对相关事项进行列示。

披露应当遵守的原则如表2-4-1所示。

表2-4-1 披露原则

披露原则	相关要求
内容充分可靠	引用的数据、资料应当有充分的依据,如果引用第三方的数据、资料作为讨论与分析的依据,应当注明来源,并判断第三方的数据、资料是否具有足够的权威性。
内容充分相关	充分考虑并尊重投资者的投资需要,披露的内容应当能够帮助投资者更加充分地理解公司未来变化的趋势;重点讨论和分析重大的投资项目、资产购买、兼并重组、在建工程、研发项目、人才培养和储备等方面在报告期内的执行情况和未来的计划。
内容充分关联	分析与讨论公司的外部环境、市场格局、风险因素等内容时,所述内容应当与公司的经营成果、财务状况具有足够的关联度,应当充分考虑公司的外部经营环境(包括但不限于经济环境、行业环境等)和内部资源条件(包括但不限于资产、技术、人员、经营权等),结合公司的战略和营销等管理政策,以及公司所从事的业务特征,进行有针对性的讨论与分析,并且保持逻辑的连贯性。

续表

披露原则	相关要求
鼓励使用个性化关键指标	鼓励公司披露管理层在经营管理活动中使用的关键业绩指标。可以披露指标的假定条件和计算方法以及公司选择这些指标的依据,重点讨论与分析指标变化的原因和趋势。关键业绩指标由公司根据行业、自身特点,选择对业绩敏感度较高且公司有一定控制能力的要素确定。
充分解释变化和趋势	讨论与分析应当从业务层面充分解释导致财务数据变动的根本原因及其反映的可能趋势,而不能只是重复财务报告的内容。
数据统计口径一致、可比	保持业务数据统计口径的一致性、可比性,如确需调整的,应当披露变更口径的理由,并同时提供调整后的过去1年的对比数据。
语言简明易懂	语言表述平实,清晰易懂,力戒空洞、模板化。

实践发现,部分公司本节的披露过于简略、笼统,决策有效性不足。例如,有公司仅对宏观环境、行业发展进行简单描述,内容较为宽泛和空洞,未能进一步说明对公司自身经营的影响,甚至存在与公司现有业务相关性不大的问题;又如,有公司仅罗列财务数据,对重大的财务数据变化,未能结合经营模式、市场环境、客户情况等作深入的解释说明,内容空泛,让投资者无法追寻变化的原因;再如,有公司业务模式、竞争优劣势等信息阐述不清,针对性不足,并且在业务已发生变化的前提下,相关表述却未更新。

公司在披露时,不应停留在对财务数据变化原因的表层分析,应结合非财务数据,定量和定性分析相结合,深入揭示财务数据变化背后所反映的公司生产经营方面的变化,从业务层面充分解释导致财务数据变动的根本原因及其反映的可能趋势;在概括性的回顾报告期内公司的外部环境、市场格局、风险因素等内容时,应与公司的经营成果、财务状况等具备关联性,充分考虑公司的外部环境、内部资源、管理政策和业务特征等。

此外,除遵守上述七大披露原则外,还应特别注意分析内容的逻辑性。在全面回顾分析报告期内公司的生产经营情况时,注意财务与非财务信息的相互印证以及财务指标之间的勾稽关系,避免前后矛盾。

【例】上市公司年报披露节选

经营情况讨论与分析

2018年对于光伏行业来说是极不平常的一年。报告期内,国家发展改革委、财政部和国家能源局联合下发了《关于2018年光伏发电有关事项的通知》,加剧了光伏市场化竞争,行业部分落后产能遭到淘汰,国内需求和光伏产品价格快速下跌,行业资源向优质企业集中。根据国家能源局的数据,2018 年国内光伏发电新增装机 44.26 GW,同比下降 16.58%,与此同时,虽然"5·31 新政"对国内市场造成了冲击,但也加速了光伏系统造价成本的下降,由于海外光伏装机非技术性成本较低,进一步刺激海外市场需求增长,带动主流光伏企业纷纷转战海外市场,光伏的经济性逐步成为全球光伏市场需求增长的主要动力。根据全球领先的财经资讯公司 Bloomberg NEF 预计,2018 年全球新增光伏装机需求将较 2017 年装机量略有增长。

回顾 2018 年,受行业产品价格下跌影响,公司主要产品的价格和毛利率均有明显下降。在面临行业政策出现较大程度调整的情况下,公司审时度势,秉承坚持稳健的经营原则,单晶硅片和组件出货量同比大幅增长,市场占有率不断提升。报告期内,公司实现营业收入 219.88 亿元,同比增长 34.38%;实现归属于母公司的净利润 25.58 亿元,同比下降 28.24%;基本每股收益 0.93 元,同比下降 27.91%;实现扣非后的加权平均净资产收益率 15.31%,同比减少 13.98 个百分点。2018 年公司主要做了如下工作:

(一)积极顺应政策变化和市场变化,坚持以客户价值为核心,加大海外市场拓展力度,单晶全球市场占有率不断提升

……

(二)深化产品领先战略,持续加大研发投入,产品品质和性能不断提升,保持产品创新力和竞争力

……

(三)加速产能扩建项目进度,保障市场高效单晶产能供应,稳定市场供给

……

(四)不断提升公司治理水平,强化风险管控,推进精益管理

……

【提示】

在本例中,该上市公司首先结合国家政策、行业及市场环境概述了公司报告期内的主要经营情况,而后从业务布局、产品研发、产能建设、公司治理四个方面进行了逐项说明和报告,使得公司的年度报告内容更加丰富、有效性更强。

经营情况讨论与分析并非财务数据的简单堆砌,不应仅停留在对经营数据变

化原因的表层分析,正所谓"隔行如隔山",公司宜使用简明易懂的描述,结合各方面的影响为投资者准确呈现公司的生产经营全貌,有效传递公司价值。

【例】上市公司年报披露节选

治疗领域	项目名称	注册类别	研发阶段	项目特点
抗肿瘤类	SPH1188-11	化药1类新药	临床Ⅰ期	新一代肺癌靶向药物,对EGFR敏感突变、耐药突变、部分罕见突变及野生型均有效,肺组织和脑组织分布浓度高。
	人源化CD20抗体	治疗用生物制品2类		具有自主知识产权的人源化抗体药物,与国外同靶点已上市药物相比,疗效相当且拥有更高的安全性,用于治疗血液肿瘤和某些自身免疫性罕见病,有望填补国内该罕见病无药可医的现状,成为其一线标准治疗药物。
	Her2复方抗体	治疗用生物制品1类		中国第一个复方抗体制剂,优于国外同靶点抗体药物的单药疗效,与药物联用相比,又拥有实用性优势,上市后,在与同靶点抗体药物单用或联用疗法的市场竞争中处于优势地位。
	T-DM1	治疗用生物制品2类		应用于抗肿瘤领域的抗体偶联药物,针对的是治疗过程中产生抗体耐药性的难治/复发型肿瘤患者,其作用机制决定了其不会产生继发耐药性问题,有望成为二线治疗的标准药物。
	SPH3348	化药1类新药		新型肺癌和胃癌靶向药物。同类活性最优,治疗窗宽,毒性低。
	CD30-DM1	治疗用生物制品1类		具有自主知识产权的抗体偶联药物,应用于血液肿瘤领域,对其中的罕见病类别具有显著疗效,国内无相同产品上市。
消化代谢类	SPH4480	化药1类新药	临床受理	新型糖尿病药物。减重、降糖、胰岛素增敏,改善糖尿病三联症,全球尚无此靶点的药物上市。
免疫抑制剂	雷腾舒	化药1类新药	临床Ⅱ期	在类风关和AIDS患者免疫异常激活适应症方面,国内和国际的同类研究均处于临床探索阶段,尚无同类产品上市。
心脑血管类	注射用丹酚酸A	中药1类新药	临床Ⅰ期	中药1类新药,临床前药理毒理研究呈现出广泛而显著的药理作用且安全范围、起效时间等都明显优于同类产品。
	SPH3127	化药1类新药	临床Ⅱ期	新型降压药。在药效、生物利用度和安全窗等方面明显优于同靶点产品,Ⅰ期临床试验中,耐受性良好。有best in class潜力。

【提示】

在本例中,该上市公司对公司研发项目基本情况和新年度的研发重点项目及进展情况和所处的阶段进行了披露,便于投资者了解公司新技术、新产品的开发计划及进展情况。

二、报告期内的主要经营情况分析

对于主要经营情况的分析,公司应当至少从七个方面披露已对报告期产生重要影响以及未对报告期产生影响但对未来具有重要影响的事项,即公司可以运用逐年比较、数据列表或其他方式就公司报告期内的主要经营业务、非主要经营业务、资产及负债状况、投资状况、重大资产和股权出售、主要控股参股公司分析、公司控制的结构化主体情况进行列示。若相关数据发生较大变化,公司应当解释说明原因。

(一)主要经营业务

公司应当在此部分披露与经营相关的各项财务数据,包括但不限于收入、成本、费用、研发投入、现金流等项目,并且需要提示变化并分析变化的原因。若公司业务类型、利润构成或利润来源发生重大变动,还应当详细说明。

(1)公司应分别按行业、产品及地区说明报告期内公司营业收入构成情况。对于占公司营业收入或营业利润10%以上的行业、产品或地区,应当分项列示其营业收入、营业成本、毛利率,并分析其变动情况。

【例】上市公司年报披露节选

营业收入整体情况

单位:元

	2018年		2017年		同比增减
	金额	占营业收入比重	金额	占营业收入比重	
营业收入合计	8 008 573 954.58	100%	5 962 845 559.96	100%	34.31%
分行业					
医疗行业	7 997 293 143.47	99.86%	5 956 330 830.52	99.89%	34.27%
其他业务收入	11 280 810.86	0.14%	6 514 729.44	0.11%	73.16%
分产品					
屈光项目	2 812 046 612.19	35.11%	1 931 446 359.21	32.39%	45.59%

续表

	2018年		2017年		同比增减
	金额	占营业收入比重	金额	占营业收入比重	
白内障项目	1 544 753 914.11	19.29%	1 417 077 265.36	23.77%	9.01%
眼前段项目	982 594 551.42	12.27%	786 597 358.12	13.19%	24.92%
眼后段项目	542 405 921.42	6.77%	477 588 472.58	8.01%	13.57%
视光服务项目	1 476 923 262.20	18.44%	1 171 797 336.80	19.65%	26.04%
其他项目	638 568 882.38	7.97%	171 824 038.45	2.88%	271.64%
其他业务收入	11 280 810.86	0.14%	6 514 729.44	0.11%	73.16%
分地区					
华中地区	2 689 247 129.56	33.58%	1 887 445 005.70	31.65%	42.48%
东北地区	660 800 361.89	8.25%	564 826 767.24	9.47%	16.99%
西南地区	1 115 083 917.30	13.92%	974 084 872.11	16.34%	14.48%
华东地区	877 704 837.14	10.96%	830 882 945.87	13.93%	5.64%
华北地区	631 611 851.18	7.89%	516 744 532.96	8.67%	22.23%
华南地区	768 028 524.26	9.59%	544 305 261.73	9.13%	41.10%
西北地区	205 335 652.55	2.56%	174 882 045.97	2.93%	17.41%
台港澳地区	146 723 794.56	1.83%	134 043 652.75	2.25%	9.46%
美国地区	58 786 638.62	0.73%	50 796 511.33	0.85%	15.73%
欧洲地区	855 251 247.52	10.68%	284 833 964.30	4.78%	200.26%

主营业务收入变动说明：

（1）报告期内营业收入同比增长34.31%，一方面各医院核心医疗服务项目增长强劲，优势项目进一步巩固，市场占有率稳步提升；另一方面，报告期内公司省会级医院的龙头带动能力进一步提升，收入增长稳定。

（2）报告期内屈光项目收入同比增长45.59%，一方面是境内各医院手术量快速增长的同时全飞秒、ICL等高端手术占比进一步提高，形成量价齐升的局面；另一方面是欧洲ClínicaBaviera.S.A经营规模扩大所致。

（3）报告期内白内障项目服务收入同比增长9.01%，主要是受高端多焦晶体、飞秒白内障术式等应用增加所致。受国家实施城镇居民与农村合作医疗的医保政策整合调整过渡,以及部分省区医保优化调整支出结构影响,白内障业务手术量增长率出现阶段性放缓。

(4)报告期内华中地区营业收入同比增长42.48%,主要是报告期内长沙医院、武汉医院等成熟医院的稳定增长以及医疗材料的销售增长所致。

(5)报告期内华南地区营业收入同比增长41.10%,主要是报告期内华南地区广州爱尔、东莞爱尔、深圳爱尔等医院的快速增长所致。

(6)报告期内欧洲营业收入同比增长200.26%,一方面是由于CB同期从2017年9月开始纳入合并范围;另一方面是由其屈光手术的快速增长所致。

【提示】

在本例中,该医疗行业上市公司对公司的营业收入情况分行业、分产品、分地区进行了细化列示。此外,该公司在解释说明变动原因时,并非仅简单陈述会计科目的变化,而是结合公司业务的开展以及行业大环境进行说明,清晰呈现了公司报告期内的营收情况。

对实物销售收入大于劳务收入的公司,还应当按行业口径,披露报告期内的生产量、销售量和库存量情况。

【例】上市公司年报披露节选

公司实物销售收入是否大于劳务收入

☑是 □否

行业分类	项目	单位	2018年	2017年	同比增减
通信产品销售	销售量	台	14 524 786	15 248 983	-4.75%
	库存量	台	683 672	1 440 042	-52.52%
彩票设备	销售量	台	14 677	6 302	132.89%
	生产量	台	14 461	9 675	49.47%
	库存量	台	0	216	-100.00%

相关数据同比发生变动30%以上的原因说明

☑适用 □不适用

(1)通信产品库存量减少主要系代理品牌新品上市不及预期,销量减少,库存相应减少。

(2) 彩票设备本期无库存是因为现在以销代产,生产设备尽可能发出,期末无余额。

(3) 2018年穗彩投注机销售合同增多,销量、生产量增加。

(2) 公司应当披露本年度营业成本的主要构成项目,如原材料、人工工资、折旧、能源和动力等在成本总额中的占比情况。如果涉及商业秘密的,公司可以仅披露占比最高或最主要的单个项目。

【例】上市公司年报披露节选

成本分析表

单位:元

分行业	成本构成项目	本期金额	本期占总成本比例	上年同期金额	上年同期占总成本比例	本期金额较上年同期变动比例
有限服务型酒店运营及管理业务	餐饮	551 415 635.85	36.08%	513 628 352.42	39.65%	7.36%
	商品销售	772 778 621.56	50.56%	574 687 827.06	44.37%	34.47%
	租赁	63 606 911.08	4.16%	64 972 915.12	5.02%	-2.10%
	其他	30 704 420.00	2.01%	19 343 850.78	1.49%	58.73%
	小计	1 418 505 588.49	92.81%	1 172 632 945.38	90.53%	20.97%
食品及餐饮业务	连锁餐饮	14 037 353.97	0.92%	38 457 142.60	2.97%	-63.50%
	团体用膳	75 538 402.50	4.94%	68 068 436.17	5.26%	10.97%
	食品销售	20 387 106.84	1.33%	15 009 270.06	1.16%	35.83%
	其他	0.00	0.00	1 064 895.49	0.08%	不适用
	小计	109 962 863.31	7.19%	122 599 744.32	9.47%	-10.31%
其他业务		0.00	0.00	61 776.72	0.00	不适用
合计		1 528 468 451.80	100.00%	1 295 294 465.82	100.00%	18.00%

成本分析其他情况说明

☑适用 □不适用

如前所述,本公司主要从事有限服务型酒店营运及管理、食品及餐饮等业务,营业成本主要为食品原料成本和商品销售成本等。于2018年度,公司有限服务型酒店营运及管理业务成本和食品及餐饮业务成本分别占公司当年度全部营业成本的比重为92.81%和7.19%,分别比上年同期增加2.28个百分点和减少2.28个百分点。

2018年度,本公司合并营业成本1 528 468 451.80元,比上年同期增加233 173 985.98元,增长18.00%。其中,有限服务型酒店营运及管理业务成本1 418 505 588.49元,比上年同期增加245 872 643.11元,增长20.97%,主要原因:随着有限服务型酒店营运及管理业务收入和铂涛集团采购平台销售收入的增加,营业成本同比增加。食品及餐饮业务成本109 962 863.31元,比上年同期减少12 636 881.01元,下降10.31%。该等业务成本的减少,主要原因:一是随着业务收入减少,连锁餐饮成本比上年同期相应减少24 419 788.63元;二是随着业务收入增长,团体用膳营业成本同比增加7 469 966.33元。

如果因子公司股权变动导致合并范围变化的,因涉及会计主体的变化,需提供上年同口径的数据供投资者参考。若报告期内业务、产品或服务发生重大变化或调整,公司应当介绍已推出或宣布推出的新产品及服务,并说明对公司经营及业绩的影响。对重要事项的披露应当完整全面,不能有选择地披露。

近年来,监管部门更加强调非财务信息披露的质量,对照财务数据要求公司进一步从行业和自身实际情况角度,补充披露非财务信息。对此,公司应当特别注意"10%"和"30%"两个比例。所谓"10%",是指对于占公司营业收入或营业利润10%以上的行业、产品或地区,应当分项列示其营业收入、营业成本、毛利率;"30%"则是指若相关数据同比变动在30%以上的,应当说明原因。

【例】上市公司年报披露节选

年度报告披露:

主营业务分行业、分产品、分地区情况

单位:元 币种:人民币

主营业务分行业情况						
分行业	营业收入	营业成本	毛利率	营业收入比上年增减	营业成本比上年增减	毛利率比上年增减
农业	595 054 245.33	548 592 519.00	1.61%	21.86%	19.77%	增加1.61个百分点
工业	239 937 170.22	198 140 420.00	10.19%	9.58%	-2.4%6	增加10.19个百分点
商贸业	188 432 016.35	176 309 280.78	3.34%	-32.13%	-34.47%	增加3.34个百分点

续表

主营业务分产品情况						
分产品	营业收入	营业成本	毛利率	营业收入比上年增减	营业成本比上年增减	毛利率比上年增减
皮棉	518 109 524.01	476 016 194.62	8.12%	34.46%	31.56%	增加 2.02 个百分点
棉籽	115 085 215.79	114 219 791.55	0.75%	30.15%	34.10%	减少 2.92 个百分点
食用油	41 373 096.38	37 981 996.35	8.20%	115.01%	103.29%	增加 5.29 个百分点
棉粕	20 400 887.17	20 280 737.81	0.59%	100.90%	80.29%	增加 11.37 个百分点
棉纱	4 042 794.87	3 960 682.88	2.03%	-87.47%	-89.71%	增加 21.39 个百分点
玻璃	168 981 432.93	135 635 920.47	19.73%	22.93%	17.71%	增加 3.56 个百分点
氧化钙	31 964 302.96	24 136 119.98	24.49%	71.10%	32.27%	增加 22.17 个百分点
副产品及其他	123 466 177.69	110 810 776.12	10.25%	-57.91%	-60.61%	增加 6.15 个百分点

主营业务分地区情况						
分地区	营业收入	营业成本	毛利率	营业收入比上年增减	营业成本比上年增减	毛利率比上年增减
疆内	693 455 785.13	609 644 699.64	12.09%	-8.83%	-13.14%	增加 4.37 个百分点
疆外	329 967 646.67	313 397 520.14	5.02%	47.11%	37.26%	增加 6.81 个百分点

主营业务分行业、分产品、分地区情况的说明
□适用　☑不适用

年度报告补充公告：

2017 年年报披露中"第四节 经营情况讨论与分析——二、报告期内主要经营情况——（一）主营业务分析——1.'收入与成本'（1）、（2）、（3）显示相关数据同比变动在 30%以上的，按照《公开发行证券的公司信息披露内容与格式准则第 2 号——年度报告的内容与格式》（2017 年修订）的要求应当说明原因而公司该项下多个数据同比变动在 30%以上的均未说明原因"，现更正如下：

主营业务分行业、分产品、分地区情况如下：

单位:元　币种:人民币

主营业务分行业情况						
分行业	营业收入	营业成本	毛利率	营业收入比上年增减	营业成本比上年增减	毛利率比上年增减
农业	595 054 245.33	548 592 519.00	1.61%	21.86%	19.77%	增加1.61个百分点
工业	239 937 170.22	198 140 420.00	10.19%	9.58%	-2.46%	增加10.19个百分点
商贸业	188 432 016.25	176 309 280.78	3.34%	-32.13%	-34.47%	增加3.34个百分点
主营业务分产品情况						
分产品	营业收入	营业成本	毛利率	营业收入比上年增减	营业成本比上年增减	毛利率比上年增减
皮棉	518 109 524.01	476 016 194.62	8.12%	34.46%	31.56%	增加2.02个百分点
棉籽	115 085 215.79	114 219 791.55	0.75%	30.15%	34.10%	减少2.92个百分点
食用油	41 373 096.38	37 981 996.35	8.20%	115.01%	103.29%	增加5.29个百分点
棉粕	20 400 887.17	20 280 737.81	0.59%	100.90%	80.29%	增加11.37个百分点
棉纱	4 042 794.87	3 960 682.88	2.03%	-87.47%	-89.71%	增加21.39个百分点
玻璃	168 981 432.93	135 635 920.47	19.73%	22.93%	17.71%	增加3.56个百分点
氧化钙	31 964 302.96	24 136 119.98	24.49%	71.10%	32.27%	增加22.17个百分点
副产品及其他	123 466 177.69	110 810 776.12	10.25%	-57.91%	-60.61%	增加6.15个百分点
主营业务分地区情况						
分地区	营业收入	营业成本	毛利率	营业收入比上年增减	营业成本比上年增减	毛利率比上年增减
疆内	693 455 785.13	609 644 699.64	12.09%	-8.83%	-13.14%	增加4.37个百分点
疆外	329 967 646.67	313 397 520.14	5.02%	47.11%	37.26%	增加6.81个百分点

数据同比变动在30%以上的情况说明:

① 商贸业营业收入和营业成本较上年减少32.13%和34.47%,主要是本期公司从事的商贸业业务量较上年减少所致。

② 皮棉营业收入和营业成本较上年增加34.46%和31.56%,棉籽营业收入和

营业成本较上年增加30.15%和34.1%,主要是本年度国内的棉花现货市场价格相对稳定,产品毛利率提高,公司加大棉花产品的生产经营,籽棉收购较上年相比有较大提高,导致棉花产品的收入、成本较上年同时增加所致。

③ 食用油营业收入和营业成本较上年增加115.01%和103.29%,棉粕营业收入和营业成本较上年增加100.9%和80.29%,主要是公司油脂产业萎缩,上年油脂产品经营量较小,本年度公司现有的油脂生产企业少量经营的同时开展了油脂产品的贸易业务,致食用油及棉粕的收入成本均较上年增加。

④ 棉纱营业收入和营业成本较上年减少87.47%和89.71%,主要是2017年度公司上半年棉纱经营采取代加工方式,棉纱销售收入大幅降低,导致营业收入和营业成本较上年减少。

⑤ 氧化钙营业收入和营业成本较上年增加71.1%和32.27%,主要是本年度公司氧化钙产品供不应求,公司氧化钙生产量创历史新高,销售速度快,库存水平低,致氧化钙营业收入和营业成本较上年增加。

⑥ 副产品及其他营业收入和营业成本较上年减少57.91%和60.61%,主要是本年度公司从事的商贸业业务量较上年减少所致。

⑦ 疆外营业收入和营业成本较上年增加47.11%和37.26%,主要是本年度公司产品的疆外销售量增加所致。

(3) 公司应当披露主要销售客户和主要供应商的情况,以汇总方式披露公司前5名客户销售额占年度销售总额的比例,前5名供应商采购额占年度采购总额的比例,以及前5名客户销售额中关联方销售额占年度销售总额的比例和前5名供应商采购额中关联方采购额占年度采购总额的比例。

公司应当说明前5名供应商、客户是否与公司存在关联关系,公司董事、监事、高级管理人员、核心技术人员、持股5%以上股东、实际控制人和其他关联方在主要客户、供应商中是否直接或者间接拥有权益等。

交易所鼓励公司分别披露前5名客户名称和销售额,前5名供应商名称和采购额,以及其是否与上市公司存在关联关系。属于同一控制人控制的客户或供应商应当视为同一客户或供应商合并列示,受同一国有资产管理机构实际控制的除外。

【例】上市公司年报披露节选

年度报告披露:

主要销售客户及主要供应商情况

☑适用 □不适用

前5名客户销售额58 221.42万元,占年度销售总额52.8%;其中前5名客户销售额中关联方销售额0万元,占年度销售总额0%。

前5名供应商采购额24 240.9万元,占年度采购总额15.6%;其中前5名供应商采购额中关联方采购额0万元,占年度采购总额0%。

其他说明

公司前5名销售客户情况

序号	销售客户	销售金额(元)	占全部营业收入的比例
1	××××××××××公司	179 658 246.30	16.29%
2	×××××××公司	63 082 159.58	5.72%
3	中纺棉新疆有限公司	40 623 096.68	3.68%
4	××××××××有限公司	31 498 085.90	2.86%
5	中纺棉国际贸易有限公司	30 053 189.14	2.73%

年度报告补充公告:

2017年年报披露中"第四节经营情况讨论与分析——二、报告期内主要经营情况——(一)主营业务分析——1.(4)'主要销售客户及主要供应商情况'中纺棉新疆有限公司、中纺棉东营棉花有限公司均为中纺棉国际贸易有限公司的子公司,按照将前5名客户和供应商中的关联方进行合并计算的要求,我们重新整理了公司2017年前五名客户及前五名供应商情况",现更正如下:

前5名客户销售额为36 365.93万元,占年度销售总额的32.98%;其中前5名客户销售额中关联方销售额为0万元,占年度销售总额的0%。

前5名供应商采购额为19 735.26万元,占年度采购总额的12.71%;其中前5名供应商采购额中关联方采购额为0万元,占年度采购总额的0%。

其他说明

前5名客户情况:

序号	销售客户	销售金额(元)	占全部营业收入的比例
1	××××××××××公司	179 658 246.30	16.29%
2	×××××××公司	63 082 159.58	5.72%

续表

序号	销售客户	销售金额(元)	占全部营业收入的比例
3	中纺棉国际贸易有限公司	64 610 313.49	5.86%
4	×××××××××有限公司	31 498 085.90	2.86%
5	新疆奎屯云森纺织有限公司	24 810 519.91	2.25%
	合计	363 659 235.18	32.98%

【提示】

在本例中，该上市公司在披露主要销售客户及主要供应商情况时，披露口径有误，属于同一控制人控制的未合并列示，后在补充公告中进行更正。

（4）若报告期内公司销售费用、管理费用、财务费用等财务数据同比发生重大变动的，应当结合业务模式和费用构成，说明产生变化的主要驱动因素。

【例】上市公司年报披露节选

费用

☑适用 □不适用

单位：元

项目	2018年	2017年	同比增减	变动说明
销售费用	1 177 189 197.62	947 170 018.58	24.28%	公司业务持续发展，大力开拓市场，导致了广告费以及工资薪酬费用大幅增加。
管理费用	772 336 577.73	616 949 227.51	25.19%	由于职工薪酬增加以及生产基地投入使用折旧费用、办公费用增加导致。
财务费用	-31 841 795.19	2 785 583.86	-1 243.09%	由于利息收入大幅增加以及汇兑损益的影响导致。

（5）公司应当说明本年度所进行的研发项目的目的、项目进展和拟达到的目标，并预计对公司未来发展的影响。

【例】上市公司年报披露节选

补充前

无

补充后

项目名称	研发目的	项目进展	项目拟达到的目标
连续脱泡工艺对粘胶温度的影响的研究	研究连续脱泡对粘胶胶温的变化,制定合适的粘胶工艺。	完成	制定不同季节的粘胶胶温,满足可纺性要求。
116D 粘胶长丝的开发	满足客户要求,降低纤度。	完成	丰富公司的产品系列。
玻璃纸计长、报警装置的研究	借鉴造纸业计长经验,开展玻璃纸计长和报警装置的研究。	完成	保证玻璃纸长度的一致性。
玻璃纸新型再生浴过滤器的开发	借鉴酸浴过滤器进行新型再生过滤器的研究。	完成	开发出满足生产需求的再生过滤器,其清洁度指标满足工艺要求。
经线用 75D 粘胶长丝的开发	从设备、操作、工艺的方面重新制定产品生产要求,研发出高端长丝产品。	预计 2016 年底完成	生产出高端经线使用的 75D 长丝。

公司应当披露研发人员的数量、占比及其变动情况;说明本年度研发投入总额及占营业收入的比重,如数据较上年发生显著变化,还应当解释变化的原因;披露研发投入资本化的比重及变化情况,并对其合理性进行分析。

对于科创板上市公司,应当注意结合所属行业的政策环境和发展状况,披露当期研发支出金额及占销售收入的比例、研发支出的构成项目、费用化及资本化的金额及比重以及在研产品或项目的进展或阶段性成果;研发项目预计总投资规模、应用前景以及可能存在的重大风险等信息,以帮助投资者进一步判断。

(6)结合公司现金流量表相关数据,说明公司经营活动、投资活动和筹资活动产生的现金流量的构成情况,若相关数据同比发生重大变动,公司应当分析主要影响因素。

【例】上市公司年报披露节选

现金流

☑适用　☐不适用

单位:元

科目	本期数	上年同期数	变动比例	情况说明
经营活动产生的现金流量净额	-7 427 812 398.92	-16 227 729 027.49	不适用	主要系公司经营性支出减少导致

续表

科目	本期数	上年同期数	变动比例	情况说明
投资活动产生的现金流量净额	-5 016 552 729.53	-20 029 913 587.80	不适用	收并购业务支出减少所致
筹资活动产生的现金流量净额	-6 490 338 770.01	57 098 322 810.76	-111.37%	归还到期债务所致

现金流与其他数据的关系与公司的经营模式是否一致，可以反映公司是否具备真实的盈利能力。因此监管机构非常关注上市公司财务报表数据之间的逻辑关系，例如现金流与营业收入、净利润、存货、应收应付之间的关系。《年报准则》规定，若报告期公司经营活动产生的现金净流量与净利润存在重大差异的，公司应当解释原因。

【例】上市公司年报披露及监管函回复节选

年度报告披露：

现金流

☑适用 □不适用

公司报告期经营活动产生的现金流量净额较上期减少主要系公司本期因医改政策调整，销售增长及医院销售占比增加所致；

公司报告期投资活动产生的现金流量净额较上期减少主要系公司本期支付南京医药南京物流中心项目款项同比增加所致；

公司报告期筹资活动产生的现金流量净额较上期增加主要系公司本期完成非公开发行股票募集资金所致。

年度报告审核问询：

年报显示，2018年度公司经营活动产生的现金流量净额为-3.67亿元，较2017年调整后数据同比下降214.66%，主要系公司本期因医改政策调整，销售增长及医院销售占比增加所致。请公司补充披露：(1)量化分析本期销售增长及医院销售占比增加幅度是否与经营活动产生的现金流量净额的下降比例相匹配；(2)本期经营性现金流量净额与净利润存在较大差异的合理性，是否符合公司实际经营情况及行业惯例。

年报审核问询回复：

(1)量化分析本期销售增长及医院销售占比增加幅度是否与经营活动产生

的现金流量净额的下降比例相匹配。

2018年度公司经营活动产生的现金流量净额为-3.67亿元,较2017年调整后数据同比下降6.87亿元,主要原因为:

① 受两票制等医改政策调整影响,公司医院销售占比同比上升7%;医药商业、零售连锁销售占比同比下降7%。

② 因两票制及新一轮招标政策实施,带来部分采购渠道及结算方式变化,由原从商业公司采购变更为直接从生产厂家采购,原以账期结算变更为预付和现款结算,平均应付周转天数减少3天左右。

③ 公司报告期主要经营业务为批发业务,销售模式分为对医院销售和对医药商业、零售连锁销售,信用政策主要为账期赊销。其中:医院销售账期平均130天左右;医药公司、零售连锁账期平均40天左右。

④ 销售增长及医院销售占比增加导致应收账款及运营周期增长,影响经营活动产生的现金流量净额,具体情况见下表:

单位:万元

销售结构	批发收入		销售占比		运营周转天数(天)		对经营现金流的影响			
	2018年	2017年	2018年	2017年	2018年	2017年	运营天数增加影响额	销售增长影响额	保理影响因素	影响金额合计
医院纯销	2 313 355.62	1 970 910.91	77%	70%	108	100	-51 244	-113 258		
商业分销	675 421.28	847 073.32	23%	30%	14	19	13 765	8 073	66 000	-76 664
批发合计	2 988 776.90	2 817 984.24	100%	100%	87	76	-37 479	-105 185		

2018年度销售增长及医院销售占比增加幅度与经营活动产生的现金流量净额的下降比例相匹配,符合行业特点及公司的实际经营状况,具有合理性。

(2)本期经营性现金流量净额与净利润存在较大差异的合理性,是否符合公司实际经营情况及行业惯例。

2017年度及2018年度公司净利润调节为经营活动产生的现金流量净额见下表:

单位：万元

项目	2018 年	2017 年
净利润	34 583.20	28 448.44
加：资产减值准备	983.28	6 838.84
固定资产和投资性房地产折旧	8 139.74	7 123.15
无形资产摊销	1 596.62	1 621.82
长期待摊费用摊销	2 961.95	3 057.83
处置固定资产、无形资产的(损)/益	-3 387.34	-8 802.51
其他收益	-95.99	-97.19
财务费用	31 425.69	29 009.39
投资收益	424.15	-167.97
递延所得税资产减少/(增加)	532.86	-4 431.00
递延所得税负债增加/(减少)	22.49	-0.23
存货的增加	-9 122.41	-1 642.45
经营性应收项目的增加	-190 302.16	-63 975.47
经营性应付项目的增加	85 547.76	35 016.11
经营活动(使用)/产生的现金流量净额	-36 690.15	31 998.78

通过分析，2017 年度、2018 年度公司经营活动产生的现金净流量分别为 31 998.78 万元和-36 690.15 万元，净利润分别为 28 448.44 万元和 34 583.20 万元，两年差异分别为-68 688.93 万元和 6 134.76 万元，差异主要原因为经营性应收项目的增加所致。此情况主要因公司顺应国家医改政策变化，公司销售结构相应调整，前述已做详细分析，具有合理性。

同行业上市公司经营活动现金流与净利润情况如下：

单位：万元

序号	公司名称	2017 年度		2018 年度	
		净利润	经营活动产生的现金流量净额	净利润	经营活动产生的现金流量净额
1	南京医药	23 244.24	31 998.78	26 429.38	-36 690.15
2	九州通	144 551.01	-101 204.56	134 057.88	122 202.32
3	英特集团	8 349.05	15 845.82	9 385.14	16 631.42
4	重药控股	110 626.62	-110 198.29	69 066.73	-170 576.23

续表

序号	公司名称	2017 年度		2018 年度	
		净利润	经营活动产生的现金流量净额	净利润	经营活动产生的现金流量净额
5	嘉事堂	26 364.16	-37 403.84	32 763.32	-29 175.65
6	中国医药	129 852.44	50 917.88	154 451.98	25.78
7	国药股份	114 148.49	107 449.14	140 409.54	98 165.41
8	人民同泰	25 419.60	13 907.46	25 785.94	36 645.18
9	上海医药	352 064.56	264 880.89	388 106.29	313 511.38
10	柳药股份	40 138.00	-33 259.45	52 818.53	2 230.02
11	国药一致	105 779.19	128 529.19	121 074.24	132 260.64
12	海王生物	63 637.58	-243 291.40	41 469.18	-113 517.55
13	浙江震元	6 108.25	5 172.18	7 088.41	2 548.90
14	鹭燕医药	13 057.89	-44 716.38	18 032.46	12 677.02

注：数据来源为同花顺 iFinD，各上市公司年报。

医药流通行业属于资金密集型行业，受所处行业业务特点的影响，医药流通公司需要大量持续稳定的资金以满足下游客户与上游供应商的应收账款与应付账款信用期存在的差异和存货周转对资金的需求。因公司下游客户中多以等级医院为主，账期较长，经营性现金流更为紧张。经与同行业上市公司的经营活动现金流量比较，影响现金流综合因素较多，部分同行业上市公司经营性现金流正负情况并存，公司经营性现金流符合公司实际经营情况及行业惯例。

（7）深交所主板规定，公司存在主营业务相关产品的按揭销售、融资租赁、先租后售等销售模式的，且公司来源于该等业务收入的净利润影响达到10%以上的，应当披露其业务模式和主要流程，报告期销售金额及占营业收入的比例，审议程序和信息披露管理的具体情况。相关合同中存在回购、垫付保证金（或月供、租金）、承担追偿责任等条款导致公司现金流出或承担其他风险条款的，公司应当结合合同条款的设置情况，说明销售收入确认标准及其合理性，说明预计风险损失的情况及其会计处理。应当披露报告期内触发上述条款承担义务的情况（包括但不限于会计处理、涉及金额、对主要财务指标的影响等），评估下一报告期的风险情况,披露应对的措施并作出相应风险提示。对于此要求,其他板块上市公司可参考适用。

(二) 非主要经营业务

公司利润构成是反映盈利持续性的重要指标。若本期公司利润构成或利润来源的重大变化源自非主要经营业务,包括但不限于投资收益、公允价值变动损益、资产减值、营业外收支等,应当详细说明涉及金额、形成原因、是否具有可持续性。

需要注意的是,自2019年1月1日起,全体境内上市企业施行中华人民共和国财政部于2017年修订发布的《企业会计准则第22号——金融工具确认和计量》(财会〔2017〕7号)、《企业会计准则第23号——金融资产转移》(财会〔2017〕8号)、《企业会计准则第24号——套期会计》(财会〔2017〕9号)、《企业会计准则第37号——金融工具列报》(财会〔2017〕14号)(以下统称"新金融工具准则")。执行新金融工具准则下,若存在划分为"以公允价值计量且其变动计入当期损益"的金融资产,公司应关注报告期公允价值变动损益情况。

【例】上市公司年报披露节选

非主营业务导致利润重大变化的说明

☑适用 □不适用

资产减值损失变动原因说明:报告期内,资产减值损失人民币201.10万元,较2017年减少98.57%。主要系2017年计提商誉和无形资产减值损失本报告期内未发生,及报告期内本集团开始执行新金融工具准则,将坏账损失重分类至信用减值损失。

信用减值损失变动原因说明:报告期内,公司信用减值损失为人民币1 052.12万元。主要系报告期内本集团开始执行新金融工具准则,将坏账损失重分类至信用减值损失。

投资收益变动原因说明:报告期内,公司投资收益为人民币7 963.65万元,较2017年增加100.12%。主要系报告期内确认的被投企业WuXi Healthcare Ventures III.P.持有收益增加所致。

公允价值变动损益变动原因说明:报告期内,公司公允价值变动损益为人民币60 643.68万元,较2017年增加89 402.28%。主要系报告期内本集团开始执行新金融工具准则,公司所投资标的公允价值变动中归属于当期的部分计入本期损益人民币 61 562.94 万元。该收益主要来自投资的已上市公司 Unity Biotechnology, Inc. 以及 Hua Medicine 等被投企业的价值变动。

资产处置损益变动原因说明：报告期内，公司资产处置损益为人民币 133.15 万元。主要系报告期内固定资产处置减少所致。

营业外收入变动原因说明：报告期内，公司营业外收入为人民币 1 008.71 万元，较 2017 年下降了 92.58%。主要系报告期内政府补助减少所致。

营业外支出变动原因说明：报告期内，公司营业外支出为人民币 1 396.64 万元，较 2017 年增加 253.54%。主要系报告期内设备报废，更新换代增加所致。

（三）资产及负债状况

报告期内公司资产构成（货币资金、应收款项、存货、投资性房地产、长期股权投资、固定资产、在建工程、短期借款、长期借款等占总资产的比重）同比发生重大变动的，应当说明产生变化的主要影响因素。交易所鼓励公司结合各项营运能力和偿债能力的财务指标进行分析。

公司应当披露截至报告期末的主要资产被查封、扣押、冻结或者被抵押、质押，必须具备一定条件才能变现、无法变现、无法用于抵偿债务的情况，以及该等资产占有、使用、受益和处分权利受到限制的情况和安排。如相关事项已在临时报告披露且无后续进展的，仅需披露该事项概述，并提供临时报告披露网站的相关查询索引。

【例】上市公司年报及问询函回复节选

年度报告披露：

截至报告期末主要资产受限情况

☑适用　□不适用

截至 2018 年 12 月 31 日，公司及子公司共有如下资产已被浙江省嘉兴市中级人民法院执行了财产保全：

（1）本公司子公司九龙山开发持有的平湖国用（2007）字第 21—325 号等 13 宗土地使用权、九龙山赛车的全部股权（即人民币 13 500 000.00 元出资额）、房地产开发的全部股权（即人民币 124 000 000.00 元出资额）、九龙山赛马的全部股权（即人民币 300 000.00 元出资额）、房亿置业的全部股权（即人民币 1 000 000.00 元出资额）、房尔置业的全部股权（即人民币 1 000 000.00 元出资额）、半岛置业的全部股权（即人民币 1 000 000.00 元出资额）。

(2) 本公司子公司九龙山开发名下圣马可公寓及商业街397套房屋所有权及土地使用权及游艇湾别墅15栋房屋所有权及土地使用权。

(3) 要求管委会协助扣留本集团应收管委会土地回收款。

年度报告审核问询：

关于资产受限情况。年报披露，截至2018年12月31日，公司及子公司持有的包括13宗土地使用权、九龙山赛车全部股权、房地产开发全部股权、397套房屋所有权及土地使用权等资产被浙江省嘉兴市中级人民法院执行财产保全。请公司:(1)分项列示上述受限资产的账面价值、资产占比、受限时间、受限类型及原因;(2)说明上述资产受限涉及事项报告期内是否存在相关进展;(3)说明上述资产受限对上市公司盈利及持续经营的后续影响;(4)核实除上述资产外，目前是否存在其他资产处于受限状态，并充分提示风险。请年审会计师发表意见。

年度报告审核问询回复：

(1) 分项列示上述受限资产的账面价值、资产占比、受限时间、受限类型及原因。

受限资产	账面价值（人民币元）	总资产占比	受限起止时间	受限类型
13宗土地使用权	162 064 318.94	6.80%	2016年3月至2022年3月	诉讼冻结
九龙山赛车的全部股权90%	13 500 000.00	0.57%	2016年3月至2022年3月	诉讼冻结
房地产开发的全部股权	124 000 000.00	5.20%	2016年3月至2022年3月	诉讼冻结
九龙山赛马的全部股权30%	300 000.00	0.01%	2016年3月至2022年3月	诉讼冻结
房亿置业的全部股权	1 000 000.00	0.04%	2016年3月至2022年3月	诉讼冻结
房尔置业的全部股权	1 000 000.00	0.04%	2016年3月至2022年3月	诉讼冻结
半岛置业的全部股权	1 000 000.00	0.04%	2016年3月至2022年3月	诉讼冻结
圣马可公寓及商业街397套房屋所有权及土地使用权	13 074 292.47	0.55%	2016年3月至2022年3月	诉讼冻结

续表

受限资产	账面价值（人民币元）	总资产占比	受限起止时间	受限类型
游艇湾别墅15栋房屋所有权及土地使用权	198 491 254.90	8.33%	2016年3月至2022年3月	诉讼冻结
小计	514 429 866.31	21.59%		

(2) 说明上述资产受限涉及事项报告期内是否存在相关进展。

上述资产受限涉及事项报告期内未有最新相关进展。公司一直在清理诉讼等历史遗留问题，以主动积极的态度，推动历史遗留问题的解决。

(3) 说明上述资产受限对上市公司盈利及持续经营的后续影响。

公司部分资产遭法院查封，会对公司的后续正常生产经营产生一定影响。因上述受限资产涉及诉讼尚在审理阶段，公司暂时无法预计对公司本期利润或后期利润产生的影响，上述资产受限情况对上市公司持续经营可能产生的影响已在公司编制2018年度财务报表的过程中予以充分考虑。公司管理层在转型拓展经营业务的同时，也在多渠道寻求解决办法，减少受限资产对生产经营带来的不利影响，恢复并拓展新的景区业务。

【提示】

在本例中，该上市公司在主要资产受限情况部分结论性地披露了资产受限结果，交易所要求补充披露分项受限资产的账面价值、资产占比、受限时间、受限类型及原因，说明资产受限涉及事项相关进展及对公司盈利及持续经营的后续影响等。

另外，部分上市公司除了披露报告期内公司资产构成分析和资产受限情况外，还披露了相关的资本结构情况（包括负债率、利息保障倍数、资本比例等）、公允价值计量资产、贷款及借款情况、或有负债情况等。

【例】上市公司年报披露节选

2. 截至报告期末主要资产受限情况

☑适用 □不适用

2016年12月31日，公司账面价值为247 626 768.54元（原价：347 273 111.86元）的房屋及建筑物和机器设备以及12 031 829.65平方米土地使用权（原价为112 276 852.95元、账面价值为94 281 593.60元）作为人民币328 400 000.00元的短期借款、人民币6 504 544.00元的长期借款和人民币9 000 000.00元的一年内到期长期借款的抵押物。

2016年12月31日,公司将应收账款215 033 342.90元质押给银行作为取得184 956 467.91元短期借款的担保。

2016年12月31日,本集团受限货币资金余额为987 080 418.44元,主要为向银行申请开具银行承兑汇票及信用证的保证金存款。

3. 其他说明

(1) 资本结构情况。

2016年12月31日,××资产负债率(总负债/总资产)为55.48%(2015年12月31日:54.52%),同比上升0.96个百分点。利息保障倍数(息税前利润/利息支出)为8.19倍(2015年:7.80倍)。本公司资本比例(债务净额除以总资本)为25.30%。

(2) 公允价值计量资产、主要资产计量属性变化相关情况说明。

报告期内,××除对交易性金融资产和部分可供出售金融资产采用公允价值计量外,其他资产均以历史成本计量,公允价值按活跃市场的价格计量。

(3) 贷款及借款的资料。

报告期内,××资金流动性及财政资源良好。于2016年12月31日,本公司银行借款余额为104.78亿元,本公司应付债券余额19.99亿元,其中,美元贷款余额折合人民币0亿元,港币贷款余额折合人民币0亿元,新西兰币贷款余额折合人民币2.38亿元,按固定利率的贷款及应付债券的余额约为人民币85.50亿元。于2016年12月31日,本公司应收账款及应收票据,净额为288.79亿元(2015年12月31日:253.48亿元),同比增加13.93%。经营规模扩大及合并范围增加是导致应收账款增加的主要原因。于2016年12月31日,本公司应付账款及应付票据余额为259.85亿元(2015年12月31日:244.37亿元),同比增加6.34%。经营规模扩大及合并范围增加是导致应付账款增加的主要原因。本公司之借贷详情载于按中国企业会计准则编制的财务报表附注四(26)、(36)、(37),按香港财务报告准则编制的财务报表附注25。

(四) 投资状况

公司应当介绍本年度投资情况,分析报告期内公司投资额同比变化情况。

(1) 对报告期内获取的重大的股权投资,公司应当披露被投资公司名称、主要业务、投资份额和持股比例、资金来源、合作方、投资期限、产品类型、预计收益、本期投资盈亏、是否涉诉等信息。

(2) 对报告期内正在进行的重大的非股权投资,公司应当披露项目本年度和累计实际投入情况、资金来源、项目的进度及预计收益。若项目已产生收益,应当说明收益情况;未达到计划进度和收益的,应当说明原因。

(3) 对报告期内持有的以公允价值计量的境内外股票、基金、债券、信托产品、期货、金融衍生工具等金融资产的初始投资成本、资金来源、报告期内购入或售出及投资收益情况、公允价值变动情况等进行披露。

公司在组织编写相关内容时,可从"整体""具体"两个方面入手。"整体"的方面即介绍公司整体投资情况,并分析较上年度同比变化情况。"具体"的方面可关注公司临时报告披露过的投资事项、前文经营情况讨论与分析中提及的投资事项以及其他公司认为重要的投资事项,保证信息披露的持续性、完整性和一致性。

【例】上市公司年报披露节选

年度报告披露:

重大的股权投资

☑适用 □不适用

2018年7月,公司与全资子公司苏州麦迪斯顿投资管理有限公司参与注册成立苏州麦迪安挚医疗投资并购基金合伙企业(有限合伙),其认缴出资总额为30 000万元,其中公司认缴出资额4 800万元、苏州麦迪斯顿投资管理有限公司认缴出资额200万元,截至报告期末公司及子公司未实缴出资。

年报审核问询:

年报披露,2018年7月,公司和全资子公司苏州麦迪斯顿投资管理有限公司参与注册成立苏州麦迪安挚医疗投资并购基金合伙企业(有限合伙),该合伙企业总认缴出资额为3亿元,其中公司和子公司分别认缴出资额4 800万元和200万元,截至报告期末公司及子公司均未实缴出资额。请公司:(1)说明投资主要考虑、基金目前进展、是否与关联方相关,公司及子公司尚未实缴的原因及影响;(2)评估风险敞口,是否存在为相关方提供担保或财务资助,是否存在差额补偿义务等其他利益安排;(3)2018年公司另进行了多项股权投资且实缴比例较低,请说明主要考虑及未足额实缴的原因及影响。

【提示】

在本例中,该上市公司在重大股权投资情况中仅结论性地披露了报告期内的股权投资情况,因此在年报审核问询回复中被要求进行补充说明。

对于投资事项的披露，若已通过临时公告披露了相关信息，上市公司可概述性说明情况并附上相关公告索引。同时注意结合事项的最新动态，对重大进展或变化予以说明，方便投资者和监管机构全面了解情况。

（五）重大资产和股权出售

公司应当简要分析重大资产和股权出售事项对公司业务连续性、管理层稳定性的影响。公司应当说明上述事项是否按计划如期实施，如已实施完毕，应当说明其对财务状况和经营成果的影响，以及所涉及的金额及其占利润总额的比例；如未按计划实施，应当说明原因及公司已采取的措施。

【例】上市公司年报披露节选

出售重大股权情况

☑适用　□不适用

交易对方	被出售股权	出售日	交易价格（万元）	本期初起至出售日该股权为上市公司贡献的净利润（万元）	出售对公司的影响	股权出售为上市公司贡献的净利润占净利润总额的比例	股权出售定价原则	是否为关联交易	与交易对方的关联关系	所涉及的股权是否已全部过户	是否按计划如期实施，如未按计划实施，应当说明原因及公司已采取的措施	披露日期	披露索引
北京尘寰科技有限公司、深圳市秉瑞信科技有限公司	总计北京易天新动网络科技有限公司51%股权	2018年12月28日	28 820	-1 938.53	公司本次转让易天新动，是基于公司战略规划和经营发展的需要，公司聚焦主业发展手机分销和彩票业务。本次交易实现后将增加公司2018年度净利润，出售资产所得的资金对公司的现金流将产生积极影响。	166.44%	按照收益途径、采用现金流折现方法（DCF）估算易天新动的权益资本价值	否	不适用	是	不适用	2018年12月20日	巨潮资讯网

（六）主要控股参股公司分析

公司应当详细介绍主要子公司的主要业务、注册资本、总资产、净资产、净利润，本年度取得和处置子公司的情况，包括取得和处置的方式及对公司整体生产经营和业绩的影响。主要子公司或参股公司经营情况的披露应当参照上市公司经营情况讨论与分析的要求。

（1）如来源于单个子公司的净利润或单个参股公司的投资收益对公司净利润影响达到10%以上，应当介绍该公司主营业务收入、主营业务利润等数据。

（2）若单个子公司或参股公司的经营业绩同比出现大幅波动，且对公司合并经营业绩造成重大影响的，公司应当对其业绩波动情况及其变动原因进行分析。

若主要子公司或参股公司的经营业绩未出现大幅波动，但其资产规模、构成或其他主要财务指标出现显著变化，并可能在将来对公司业绩造成影响的，也应当对变化情况和原因予以说明。

（3）对于与公司主业关联较小的子公司，应当披露持有目的和未来经营计划；对本年度内投资收益占净利润比例达50%以上的公司，应当披露投资收益中占比在10%以上的股权投资项目。

【例】上市公司年报披露节选

主要子公司情况　　　　　　　　　　　　　　　　　　　　　　　单位：百万元

序号	公司	注册资本	总资产	净资产	归属于母公司股东的净利润			主要变动原因
		于2018年12月31日			2018年	2017年	变动	
1	××××集团	4 989	37 516	24 945	15 397	15 587	(1.2%)	
2	××××公司	5 880	42 270	35 544	7 492	7 596	(1.4%)	
3	××××	2 278	10 402	8 624	3 241	3 014	7.5%	
4	××××公司	7 102	38 451	30 942	3 146	3 283	(4.2%)	
5	××××集团	1 889	18 852	9 288	2 850	1 772	60.8%	外购煤销量及毛利率上升
6	××××公司	1 169	7 608	4 784	1 274	936	36.1%	煤炭销售价格上涨
7	××××公司	6 790	15 136	9 962	1 213	1 513	(19.8%)	
8	××××公司	2 633	6 088	5 052	1 165	742	57.0%	煤炭销售量增长
9	××××公司	4 803	21 993	7 390	965	1 079	(10.6%)	
10	××××公司	5 000	95 823	9 032	947	858	10.4%	

注：（1）以上披露的主要子公司的财务数据（合并前未经评估调整）根据企业会计准则编制，未经审计或审阅。

（2）神东煤炭集团2018年营业收入为59 714百万元，营业利润为18 277百万元。

（3）朔黄铁路公司2018年营业收入为19 748百万元，营业利润为10 095百万元。

第二章　上市公司年度报告内容与格式

【例】上市公司年报披露节选

年度报告披露：

主要控股参股公司分析

☑ 适用　□ 不适用

1. 江阴澄星日化有限公司

该公司注册资本为 19 000 万元，本公司持有其 100% 股份，主要从事化工原料、日用化工生产、销售。2017 年 12 月 31 日，该公司总资产 67 608.71 万元，报告期内实现净利润 -501.06 万元。

2. 云南弥勒磷电化工有限责任公司

该公司注册资本为 5 200 万元，本公司持有其 55% 股份，主要从事磷化工原料、产品生产、销售。2017 年 12 月 31 日，该公司总资产 99 457.52 万元，报告期内实现净利润 3 510.31 万元。

3. 云南宣威磷电有限责任公司

该公司注册资本为 62 365.4 万元，本公司持有其 100% 股份，主要从事煤、电、磷化工产品生产、销售。2017 年 12 月 31 日，该公司总资产 196 962.43 万元，报告期内实现净利润 1 043.29 万元。

4. 江苏兴霞物流配送有限公司

该公司注册资本为 2 000 万元，本公司持有其 100% 股份，主要从事危险品运输；化工原料及其他材料的销售。2017 年 12 月 31 日，该公司总资产 73 729.54 万元，报告期内实现净利润 -1 751.08 万元。

5. 江阴澄星国际贸易有限公司

该公司注册资本为 1 000 万元，本公司持有其 100% 股份，主要从事商品和技术贸易。2017 年 12 月 31 日，该公司总资产 96 289.33 万元，报告期内实现净利润 -2 227.96 万元。

6. 广西钦州澄星化工科技有限公司

该公司注册资本为 20 000 万元，本公司持有其 100% 股份，主要从事食品添加剂、危险化学品无机产品的生产、销售；塑料容器生产、销售；化工原料及化工产品销售。2017 年 12 月 31 日，该公司总资产 123 707.43 万元，报告期内实现净利润 971.41 万元。

7. 无锡澄泓微电子材料有限公司

该公司注册资本为 4 000 万元，本公司持有其 61% 股份，主要从事微电子化学材料,其他化工原料及产品、危险化学品的批发及进出口业务;2017年12月31日,该公司总资产11 015.30万元,报告期内实现净利润2 167.54万元。

年报审核问询:

年报显示,公司主要子公司近两年业绩波动较大,例如,2017年弥勒磷电净利润3 510.31万元,同比增加241%;钦州澄星化工由亏转盈;兴霞物流由盈转亏等。请公司补充披露:(1)主要子公司业务情况;(2)子公司单体报表的主要财务指标,包括但不限于总资产、净资产、营业收入、营业成本、净利润、经营活动产生的现金流量净额,并具体列示合并后各子公司对合并报表净利润的贡献情况;(3)结合母公司及各子公司盈利情况综合说明公司本期盈利的主要来源;(4)结合公司及子公司的经营模式、业务分工情况说明本期主要子公司业绩变动的原因。请会计师发表意见。

【提示】

在本例中,该上市公司子公司业绩波动较大,但公司未充分披露子公司财务指标,亦未说明子公司业绩波动的情况及变动原因,而后在年度报告审核问询中被要求补充披露。

(七)公司控制的结构化主体情况

根据《企业会计准则第41号——在其他主体中权益的披露》,公司存在其控制下的结构化主体时,应当介绍控制权方式和控制权内容,并说明从中可以获取的利益和对其所承担的风险。另外,公司还应当介绍结构化主体对其提供融资、商品或劳务以支持自身主要经营活动的相关情况。

【例】上市公司年报披露节选

年度报告披露:

公司控制的结构化主体情况

☑适用 □不适用

单位	控制权方式	控制权内容	公司从中可获取的收益	公司对其承担的风险	特殊目的公司提供融资	特殊目的公司提供商品或服务
云南融城股权投资基金管理有限公司	公司持有60%的股权,实质控制公司的经营管理	控制公司的经营活动	取得基金投资项目的收益	承担投资项目亏损的风险		项目投资、投资管理

续表

单位	控制权方式	控制权内容	公司从中可获取的收益	公司对其承担的风险	特殊目的公司提供融资	特殊目的公司提供商品或服务
云南融城投资合伙企业(有限合伙)	执行事务合伙人为云南融城股权投资基金管理有限公司	控制公司的经营活动	取得基金投资项目的收益	承担投资项目亏损的风险		项目投资、投资管理
云南安盛创享投资管理有限公司	公司实际享有100%的股权,实质控制公司的经营管理	控制公司的经营活动	取得基金投资项目的收益	承担投资项目亏损的风险		项目投资、投资管理
云南安盛创享旅游产业投资合伙企业(有限合伙)	执行事务合伙人为云南安盛创享投资管理有限公司	控制公司的经营活动	取得基金投资项目的收益	承担投资项目亏损的风险、且需定期支付信托资金优先受益		项目投资、投资管理
国寿云城(嘉兴)健康养老产业投资合伙企业(有限合伙)	次级享有剩余收益	控制公司的经营活动	取得基金投资项目的收益	承担投资项目亏损的风险、且需定期支付信托资金优先受益	15亿元	项目投资、投资管理

年报审核问询:

年报显示,公司控制5家结构化主体,皆为基金投资项目。请公司补充披露:(1)公司对结构化主体的相关会计处理是否合理;(2)结构化主体投资相关基金项目时的具体投融资安排。

年报审核问询回复:

(1) 公司对结构化主体的相关会计处理是否合理。

① 公司与鼎新绿碳(天津)股权投资基金合伙企业(有限合伙)(下称"鼎新绿碳")分别出资1 000万元和1 000万元,于2012年12月6日成立云南安盛创享投资管理有限公司(下称"安盛创享公司"),公司持有其50%股权,管理机构董事会由5名董事组成,公司占3名。2016年度,鼎新绿碳自愿放弃在安盛创享公司之股东权利,包括无条件放弃除知情权、收回对安盛公司股权投资本金1 000万元外其他依据《中华人民共和国公司法》和《云南安盛创享投资管理有限公司章程》所享有的全部股东权利。公司实际持有安盛创享公司100%股权,将其纳入合并

范围。

②安盛创享公司持有云南安盛创享旅游产业投资合伙企业(有限合伙)(下称"安盛创享合伙企业")0.64%的股权,该企业全体合伙人的认缴出资总额为人民币31.2亿元,其中:安盛创享公司作为普通合伙人(GP),认缴出资份额为人民币2 000万元;中航信托·天启330号云南城投旅游产业投资集合资金信托计划作为有限合伙人(LP),认缴份额为人民币30亿元;云南省水务产业投资有限公司(下称"水务投资")作为有限合伙人(LP),认缴份额为人民币1亿元。该合伙企业投资决策委员会组成成员5人,安盛创享公司委派3人,持有表决权比例60%。出资人协议约定有限合伙企业由普通合伙人执行合伙事务,执行事务合伙人负责企业日常运营,对外代表有限合伙企业。2016年度,安盛创享合伙企业提前归还中航信托股份有限公司30亿元及水务投资出资款1亿元。因实质控制该合伙企业,纳入合并范围。

③公司与北京东瑞龙腾投资管理有限公司分别出资1 000万元和800万元,于2011年12月12日成立云南融城股权投资基金管理有限公司(下称"融城投资公司"),公司持有其60%股权,管理机构董事会由5名董事组成,公司占3名,因能实际控制,将其纳入合并范围。

④融城投资公司持有云南融城投资合伙企业(有限合伙)(下称"融城投资合伙企业")1.00%的股权,该企业全体合伙人的实缴出资总额为人民币626 880 000.00元,其中:融城投资公司作为普通合伙人(GP),认缴出资份额为人民币7 080 000.00元;中投·云城保障房建设基金集合资金信托计划作为有限合伙人(LP),认缴份额为人民币619 800 000.00元。出资人协议约定有限合伙企业由普通合伙人执行合伙事务,执行事务合伙人负责企业日常运营,对外代表有限合伙企业。本期该合伙企业已进行分配清算,但尚未办理注销手续,因实质控制该合伙企业,纳入合并范围。

⑤公司持有国寿云城30%的股权,该企业全体合伙人的实缴出资总额为人民币50亿元,其中中吉金投公司作为普通合伙人,认缴出资份额为人民币1 000万元,尚未出资;中国人寿保险股份有限公司作为优先级有限合伙人,认缴出资份额为人民币35亿元;公司作为次级有限合伙人,认缴出资份额为人民币15亿元,因公司本金及收益的收回及分配顺序处于劣后位置,且享有合伙企业进行上述分配后的剩余清算资产,故公司将其纳入合并范围。《企业会计准则第33号——合并

财务报表》规定,合并财务报表的合并范围应当以控制为基础予以确定。母公司应当将其全部子公司(包括母公司所控制的被投资单位可分割部分、结构化主体)纳入合并范围。以上5家公司本公司都能实质性控制控制,纳入合并范围,会计处理合理。

(2) 结构化主体投资相关基金项目时的具体投融资安排。

① 国寿云城。国寿云城成立于2017年12月27日,为公司合并范围内的结构化主体,实缴规模为50亿元。该基金的资金用途为:在符合国家法律法规和中国保监会保险资金运用规定前提下,综合运用股权和股债结合等多种方式,对运营健康医疗、养老养生以及与之相关的高原农业、生物制药、旅游文化等健康养老休闲旅游行业的企业进行投资。国寿云城投资了西双版纳云城置业有限公司、满江康旅、七彩云南、云南城投洱海置业有限公司四个项目公司,投资金额分别为17.99亿元、20亿元、7亿元、5亿元。

② 安盛创享公司、安盛创享合伙企业。安盛创享公司成立于2012年12月6日,为安盛创享合伙企业的普通合伙人及管理人。安盛创享合伙企业成立于2012年12月13日,资金总规模为31.2亿元。2016年9月及11月,安盛创享合伙企业提前归还中航信托股份有限公司30亿元及水务投资出资款1亿元,已于2016年全部退出。

③ 融城投资公司、融城投资合伙企业。融城投资公司成立于2011年12月12日,为融城投资合伙企业的普通合伙人及管理人。融城投资合伙企业成立于2012年6月6日,资金总规模7.070 8亿元。合伙企业以股权及债权方式投资于昆明城海房地产开发有限公司,已于2014年全部退出。

三、未来发展的讨论与分析

公司应当讨论和分析公司未来发展战略、下一年度的经营计划以及公司可能面对的风险,鼓励进行量化分析,结合投资者关注较多的问题,以及公司现阶段所面临的特定环境、公司所处行业及所从事业务特征进行披露。

主要包括但不限于以下几个方面。

(一) 行业格局和趋势

公司应当结合自身的业务规模、经营区域、产品类别以及竞争对手等情况,介绍与公司业务关联的宏观经济层面或行业环境层面的发展趋势,以及公司的行业地位或区域市场地位的变动趋势。公司应当结合主要业务的市场变化情况、营业成本构成的变化情况、市场份额变化情况等因素,分析公司的主要行业优势和困难,并说明变化对公司未来经营业绩和盈利能力的影响。

【例】上市公司年报披露节选

行业格局和趋势

☑适用 □不适用

医药行业受相关政策如两票制全面落地、进口药品关税调整、抗癌药降价、4+7带量采购、医保控费、分级诊疗推进及落实等影响,行业整体增速呈现放缓趋势。2018年药品流通市场规模稳定增长,增幅略有回落。据商务部统计系统数据显示,2018年1~3季度全国七大类医药商品销售总额16 020亿元(含税),扣除不可比因素,同比2018年年度报告26/265增长7.34%,增速较同期下降1.06个百分点,其中药品零售市场3 204亿元,同比增长8.91%,增速下降0.09个百分点。

医药批发、零售市场行业集中度持续提升。据商务部统计系统数据显示,2018年1~3季度药品批发企业主营业务收入前100位占同期全国药品流通市场总规模的70.38%,同比上升2.00个百分点。其中,4家全国龙头企业占38.53%,同比上升1.22个百分点;30家区域龙头企业占24.22%,同比上升1.14个百分点。药品零售企业销售额前100位占零售市场总额的31.19%,同比上升3.60个百分点。其中,6家全国龙头企业占13.01%,同比上升1.67个百分点;30家区域零售连锁企业占12.21%,同比上升1.04个百分点。

2019年医药行业发展趋势将主要体现在几方面:①在医改相关政策的影响下,医药市场整体增长将保持放缓趋势。②国家对药品价格管控将持续,药品价格调整将持续进行。另外,随着全国推开带量采购,药品价格联动将进一步抑制医药行业总体增速。③随着带量采购、医保控费和分级诊疗等政策推进,势必促进医院改革以及用药结构变化,创新药物将加速进入医保,包括罕见病在内的各类创新药物将有助于患者得到更好的诊疗服务,随着国家政策对中药扶持,中药饮片和配方颗粒也将呈现较好增长。④医改政策将持续推进医药企业业务结构调整,企业更加重视直销业务拓展,其中DTP、院边店将会有更多的发展空间。⑤随着国家政策对创新药研发的支持、新药审批的提速,以及一致性评价的持续推进,创新药、新药将不断增多,为医药行业发展注入新的动力。同时,促使企业组建和拓展研发团队和营销团队,医药行业人才竞争更加凸显。

(二)公司发展战略

公司应当围绕行业壁垒、核心技术替代或扩散、产业链整合、价格竞争、成本波动等方面向投资者提示未来公司发展机遇和挑战,披露公司发展战略,以及拟开展的新业务、拟开发的新产品、拟投资的新项目等。若公司存在多种业务的,还应当说明各项业务的发展规划。分析和讨论应当提供数据支持,并说明数据来源。

公司对未来发展战略的披露,应当结合投资者关注较多的问题,以及公司现阶段所面临的特定环境、公司所处行业及所从事业务特征来进行。重点对公司未来主要经营模式或业务模式是否会发生重大变化,新技术、新产品的开发计划及进展,产能扩张、资产收购等重大投资计划,投资者回报安排等发展战略、发展步骤进行有针对性的描述,以帮助投资者了解公司未来发展方向及经营风格。

【例】上市公司年报披露节选

发展战略

当前我国通用航空业仍处发展初创期,虽然制约行业发展的瓶颈还没有得到根本解决,然而挑战与机遇并存,此时正是引领业内发展方向,占领行业制高点的最佳时期。公司坚持稳中求进总基调,围绕转型发展、品牌建设、信息化发展等方面,致力于打造国内领先、国际知名的通用航空综合服务提供商。公司已提出以"四化(运营业务综合化、海油业务国际化、地方合作产业化、经营模式平台化)+融合"为目前发展方向,以市场需求为导向,深入挖掘原有五大业务板块优势和潜力,同时逐步探索构建维修集群、海外市场、机场设计运营、通航城市综合服务等新业务体系,加深各业务间的互联互通和协同效应,共同促进公司不断实现稳中提质,稳中有进。2019年公司已经着手制定未来三年发展规划。

目前公司各细分业务战略规划大致如下:

海上石油:加大精力投入,深化服务意识,深入发掘海上石油市场潜力。在国内海上石油市场保存量、促增量、提质量;践行国际化发展战略,进一步深化与合作伙伴的互利合作,继续围绕"一带一路"加强对外开放合作,探寻更多的海外合作资源,提升公司国际竞争力,提升海外市场收入比重。

港口引航:着力提高港口引航作业量及拓宽业务范围,重点巩固现有港口引航业务的优势地位。

陆上通航：聚焦航空护林、直升机代管、极地科考、电力巡线等重点业务的同时，保持敏锐的市场嗅觉，丰富服务产品和服务对象。

通航维修：以市场为主导，拓展并深化多项新业务；融合升级维修集群平台，对内获取互补资源，对外强化竞争优势，全面提升通航维修综合实力。

培训业务：注重完善培训管理制度和体系，以培育、壮大优秀的讲师队伍为切入点，开发多元化的具有通航特色的专业课程。

机场运营：扎实、稳步推进直升机场迁建项目，做好新机场建设工作，提升公司运营环境，为公司未来发展打下基础。适时组建机场建设咨询设计公司，为推动公司快速发展增添后劲。

资本运营：在强化风险管控措施的同时探索精细化、差异化发展模式，借助金融的力量撬动公司新增长。

其他业务：整合城市通航新资源，培育公共服务新市场，继续推进航空医疗救助服务业务，推动空中旅游服务业务；开展互联网+直升机应用探索，推进共享平台项目建设。

（三）经营计划

公司应当回顾总结前期披露的发展战略和经营计划在报告期内的进展，对未达到计划目标的情况进行解释。若公司实际经营业绩低于或高于曾公开披露过的本年度盈利预测20%以上的，应当从收入、成本、费用、税负等相关方面说明造成差异的原因。公司应当披露下一年度的经营计划，包括（但不限于）收入、费用、成本计划，以及下一年度的经营目标，如销售额的提升、市场份额的扩大、成本下降、研发计划等，为达到上述经营目标拟采取的策略和行动。公司应当披露维持公司当前业务并完成在建投资项目所需的资金需求，对公司经营计划涉及的投资资金的来源、成本及使用情况进行简要说明。

《年报准则》同时指出，公司在披露经营计划时应当说明该经营计划并不构成公司对投资者的业绩承诺，提示投资者对此保持足够的风险意识，并且应当理解经营计划与业绩承诺之间的差异。需要特别提醒关注的是，经营计划如涉及收入和利润指标的，需注意是否涉及盈利预测。

【例】上市公司年报披露节选
2019年度经营目标

项目	单位	2019年目标	2018年实际	增减
商品煤产量	亿吨	2.9	2.966	(2.2%)
煤炭销售量	亿吨	4.27	4.609	(7.4%)
售电量	亿千瓦时	1 431	2 675.9	(46.5%)
营业收入	亿元	2 212	2 641.01	(16.2%)
营业成本	亿元	1 249	1 555.02	(19.7%)
销售、管理(含研发)、财务费用合计	亿元	229	251.44	(8.9%)
自产煤单位生产成本变动幅度	/	同比增长不超过5%	同比增长4.5%	/

本公司与国电电力以各自持有的相关火电公司股权及资产("标的资产")共同组建合资公司的交易已于2019年1月31日交割。自交割日起，上述本公司投出的标的资产不再纳入本公司合并财务报表范围。因此，本集团2019年的经营目标不包含该部分资产的相关数据。

以上经营目标会受到合并财务报表范围变化、风险、不明朗因素及假设等因素的影响，实际结果可能与该等陈述有重大差异。该等陈述不构成对投资者的实质承诺。投资者应注意不恰当信赖或使用此类信息可能造成投资风险。

（四）可能面对的风险

公司应当针对自身特点，遵循关联性原则和重要性原则披露可能对公司未来发展战略和经营目标的实现产生不利影响的风险因素(例如政策性风险、行业特有风险、业务模式风险、经营风险、环保风险、汇率风险、利率风险、技术风险、产品价格风险、原材料价格及供应风险、财务风险、单一客户依赖风险、商誉等资产的减值风险，以及因设备或技术升级换代、核心技术人员辞职、特许经营权丧失等导致公司核心竞争能力受到严重影响等)，披露的内容应当充分、准确、具体，应当尽量采取定量的方式分析各风险因素对公司当期及未来经营业绩的影响，并介绍已经或计划采取的应对措施。

对于本年度较上一年度的新增风险因素，公司应当对其产生的原因、对公司的影响以及已经采取或拟采取的措施及效果等进行分析。若分析表明相关变化趋势已经、正在或将要对公司的财务状况和经营成果产生重大影响的，公司应当提供管理层对相关变化的基本判断，尽可能定量分析对公司的影响程度。

【例】上市公司年报披露节选

年度报告披露：

商誉减值风险

公司 2015 年至今进行了两次涉及收购的重大资产重组和一次重大股权收购，收购之后公司形成了较大金额的商誉。根据《企业会计准则》规定，重大资产重组形成的商誉不作摊销处理，但需在未来每年年度终了做减值测试。如果未来经营状况恶化，将有可能出现商誉减值，从而造成公司合并报表利润不确定风险。

年报审核问询：

年报显示，博雅立方、云克科技在本年度业绩承诺完成率均不达标，但累计业绩承诺完成率达标；亿美汇金首年业绩承诺完成率为 103.01%。请公司补充披露：(1) 博雅立方、云克科技自收购以来业绩承诺完成率逐年下滑的原因；(2) 结合并购标的资产近年来的盈利情况与前期商誉减值评估数据进行比较，若存在差异则说明原因；(3) 分年度列示从收购以来，商誉减值测试中各并购标的资产主要测试参数，并进行前后期的比较，若存在差异则说明原因；(4) 本期商誉减值测试过程中是否发现减值迹象，并充分提示商誉减值风险。请财务顾问核查并发表意见。

年报审核问询回复：

商誉减值风险提示

上市公司从 2015 年至今进行了四次涉及收购的资产重组，收购之后公司形成了较大金额的商誉，截至 2018 年末，上市公司投资博雅立方形成商誉 78 190.18 万元，投资云克科技形成商誉 84 880.73 万元，投资亿美汇金形成商誉 51 317.18 万元，投资泛观数据形成商誉 1 199.96 万元，合计商誉账面价值 215 588.04 万元，占总资产比例较高，为 57.79%。根据《企业会计准则》规定，重大资产重组形成的商誉不作摊销处理，但需在未来每年年度终了做减值测试。如果未来期间标的公司所处行业的技术或者国家政策等环境以及所处的市场发生重大不利变化或企业内部管理不善等因素对企业经营产生不利影响，从而导致企业未来经营状况恶化，将有可能出现商誉减值，从而造成公司合并报表利润不确定风险。

【提示】

近年来，上市公司借助并购重组提质增效，交易所也密切关注公司在重组后能否有效整合、产生协同效应。除关注整合效果、强化重组标的业绩承诺履行监

第二章 上市公司年度报告内容与格式

另外,如公司资产或项目存在盈利预测,且报告期仍处在盈利预测期间内,公司董事会、相关股东和负责持续督导的中介机构应当就资产或项目是否达到原盈利预测及其原因作出说明。同时,公司应当提供原盈利预测的相关披露查询索引。

【例】上市公司年报补充更正节选

第五节 重要事项 二、承诺事项履行情况 (一)公司实际控制人、股东、关联方、收购人以及公司等承诺相关方在报告期内或持续到报告期内的承诺事项补充如下:

报告期内履行完毕的承诺事项:

报告期内,深圳 SSJJ 股权投资合伙企业(有限合伙)作出的承诺已于 2017 年 6 月 1 日履行完毕,详情见公司于 2017 年 5 月 25 日披露的《关于部分限售股上市流通的提示性公告》,编号 2017-038。TJTYY2017 年度实现归属于母公司股东的扣除非经常性损益净利润 53 193.55 万元,已达到 TJT 控股作出的 2017 年度业绩承诺 52 900 万元数额,详情见公司于 2018 年 4 月 24 日披露的《大信会计师事务所关于 TJT 业绩承诺完成情况审核报告》。

三、非经营性资金占用(如适用)

2003 年 8 月,为进一步规范上市公司与控股股东及其他关联方的资金往来,证监会发布了《关于规范上市公司与关联方资金往来及上市公司对外担保若干问题的通知》,开展有关整治非经营性占用上市公司资金的专项活动,有效解决了当时存在的一些实际控制人、控股股东严重侵害上市公司和其他股东利益的问题。此后,监管部门一直把资金占用作为红线,在再融资、并购重组等行政许可和日常监管中予以重点关注。

在年报披露中,本部分并非必备内容,但公司存在控股股东及其关联方非经营性占用资金情况时,需充分披露相关的决策程序,以及占用资金的期初金额、发生额、期末余额、占用原因、预计偿还方式及清偿时间,还应当同时披露会计师事务所对资金占用的专项审核意见。情节严重的,沪深交易所将对公司股票进行特别处理。

根据沪深交易所规则,非经营性资金占用的表现形式主要有七种:①为实际控制人、控股股东及其附属企业垫付工资、福利、保险、广告等费用和其他支出。

②代实际控制人、控股股东及其附属企业偿还债务而支付的资金。③有偿或者无偿直接或者间接拆借给实际控制人、控股股东及其附属企业的资金。④为实际控制人、控股股东及其附属企业承担担保责任而形成的债权。⑤要求上市公司通过银行或者非银行金融机构向实际控制人、控股股东提供委托贷款。⑥要求上市公司委托实际控制人、控股股东进行投资活动。⑦要求上市公司为实际控制人、控股股东开具没有真实交易背景的商业承兑汇票。(注:第5至第7项行为均是深交所上市公司规范运作指引中列举的情形)

实践中,非经营性资金占用的表现形式可能更加复杂多样,但本质上都是上市公司在没有商品和劳务对价的情况下提供给实际控制人、控股股东及其附属企业使用资金的一种行为。建议大家从严遵守相关规定。

四、会计相关事项说明

本部分内容都与会计事项相关,主要有三项:

一是公司年度财务报告被会计师事务所出具非标准意见审计报告的,公司应当按照编报规则第14号的要求,就所涉及事项作出说明。所谓非标准意见即非标准无保留审计意见,是指注册会计师出具的除标准无保留审计意见外的其他所有类型审计意见,包括带有解释性说明的无保留意见、保留意见(含带解释性说明的保留意见)、无法表示意见和否定意见四种情况。

二是公司作出会计政策、会计估计变更或重大会计差错更正的,公司不仅应当披露变更、更正的原因及影响还应当根据股票上市规则的要求在报送年度报告同时向交易所提交包括董事会、监事会和独立董事意见的书面报告。

涉及追溯调整或重述的,应当披露对以往各年度经营成果和财务状况的影响金额。涉及更换会计师事务所的,应当披露是否就相关事项与前任会计师事务所进行了必要的沟通。

公司因会计差错被监管部门责令改正或主动更正的,应按照编报规则第19号和交易所要求进行临时公告。

【例】上市公司年报披露节选

公司对会计政策、会计估计变更或重大会计差错更正原因和影响的分析说明

公司对会计政策、会计估计变更原因及影响的分析说明
☑适用　□不适用

财政部于 2017 年度颁布了《企业会计准则第 22 号——金融工具确认和计量》(财会〔2017〕7 号)、《企业会计准则第 23 号——金融资产转移》(财会〔2017〕8 号)、《企业会计准则第 24 号——套期会计》(财会〔2017〕9 号)、《企业会计准则第 37 号——金融工具列报》(财会〔2017〕14 号)(以下统称"新金融工具准则"),于 2018 年度颁布了《关于修订印发 2018 年度一般企业财务报表格式的通知》(下称"财会〔2018〕15 号文件")。财政部于 2018 年 6 月 15 日发布财会〔2018〕15 号文件,要求执行企业会计准则的非金融企业按照修订后的一般企业财务报表格式编制财务报表。适用于 2018 年度及以后期间的财务报表。

根据新金融工具准则的衔接规定,公司无需重述前期可比数,比较财务报表列报的信息与新准则要求不一致的无需调整。首日执行新准则和转准则的差异调整计入 2019 年期初留存收益或其他综合收益,因此,上述会计政策变更预计不会对 2018 年度财务报告产生重大影响。

根据《关于修订印发 2018 年度一般企业财务报表格式的通知》(财会〔2018〕15 号),公司按照修订后的一般企业财务报表格式编制 2018 年度及以后期间财务报表,同时对相关项目列报进行调整。

三是同时适用境内外会计准则的公司应当对产生差异的情况进行详细说明。

五、年度报告审计会计师事务所情况

公司应当按照《公开发行证券的公司信息披露规范问答第 6 号——支付会计师事务所报酬及其披露》的要求,披露年度财务报告审计聘任、解聘会计师事务所的情况,报告期内支付给聘任会计师事务所的报酬情况,以及目前的审计机构和签字会计师已为公司提供审计服务的连续年限,年限从审计机构与公司首次签订审计业务约定书之日起开始计算。

公司报告期内若聘请了内部控制审计会计师事务所、财务顾问或保荐人,应当披露聘任内部控制审计会计师事务所、财务顾问或保荐人的情况,报告期内支付给内部控制审计会计师事务所、财务顾问或保荐人的报酬情况。

【例】上市公司年报披露节选

补充前

聘请内部控制审计会计师事务所、财务顾问或保荐人情况

☑适用　□不适用

内部控制审计会计师事务所为立信会计师事务所（特殊普通合伙），费用20万元。

补充后

聘请内部控制审计会计师事务所、财务顾问或保荐人情况

☑适用　□不适用

公司在2015年实施了重大资产重组，聘请中信证券股份有限公司担任发行股份购买资产并募集配套资金项目的独立财务顾问，期间共支付财务顾问费1 000万元整。

内部控制审计会计师事务所为立信会计师事务所（特殊普通合伙），费用20万元。

【提示】

上市公司年度财务报告需要经过会计师事务所审计，所以年报中忘记披露会计师事务所及其报酬的情况基本没有，但的确有公司可能会忽略在年度报告中披露报告期内聘请的财务顾问或保荐人的相关情况。

六、暂停上市、终止上市公司（如适用）

年度报告披露后面临暂停上市情形的公司，应当披露导致暂停上市的原因以及公司拟采取的应对措施。年度报告披露后面临终止上市情形的公司、因重大违法面临暂停上市或终止上市风险的公司和已披露主动退市方案的公司，应当单独披露退市情况专项报告，并提醒投资者予以关注。

【例】上市公司年报披露节选

十四、面临暂停上市风险的情况

（一）导致暂停上市的原因

☑适用　□不适用

公司由于最近三年连续亏损，A股股票已被实施退市风险警示，股票简称

前增加*ST。公司A股股票将于2016年度报告披露后之日起停牌并被暂停上市。

（二）公司拟采取的应对措施

☑适用 □不适用

公司已开展对前述缺陷所涉事项的自查，并根据自查结果于2016年年度报告及财务报告中对2013—2016年的会计差错做出纠正。公司将积极配合相关监管机构开展调查工作，主动及时提供公司所掌握的涉事相关信息，力争在最短时间内完成调查工作并对涉事事项进行认定，并接受相关监管机构可能的处罚。

......

公司将努力采取措施提高员工队伍稳定性，特别是核心岗位人员的稳定性，同时严格执行岗位人员变动工作交接制度，避免人员流动导致的流程执行方面的缺失。同时......

十五、面临终止上市的情况和原因

☑适用 □不适用

公司涉嫌财务违规，已于2017年3月22日收到中国证券监督管理委员会调查通知书，根据调查结果，公司如触发股票上市规则重大违法强制退市条件，公司A股股票将被强制退市，请广大投资者注意投资风险。

七、破产重整相关事项（如适用）

公司应当披露报告期内发生的破产重整相关事项，包括向法院申请重整、和解或破产清算，法院受理重整、和解或破产清算，以及公司重整期间发生的法院裁定结果及其他重大事项。执行重整计划的公司应当说明计划的具体内容及执行情况。如相关破产事项已在临时报告披露且后续实施无变化的，仅需披露该事项概述，并提供临时报告披露网站的相关查询索引。

【例】上市公司年报披露节选

2015年12月22日，××银行股份有限公司×××支行以母公司不能清偿到期债务并且资产不足以清偿全部债务为由向江苏省南京市中级人民法院（以下简称"南京中院"）申请对母公司进行重整。

2016年10月24日，管理人收到南京中院送达的(2015)宁商破字第26号之四《民事裁定书》，南京中院裁定批准重整计划，终止公司重整程序。具体内容可见公司于2016年10月25日刊登在《上海证券报》和巨潮资讯网上的《管理人关于法院裁定批准重整计划的公告》(公告编号:2016-235)

......

2016年12月31日，公司向管理人提交了《关于执行完毕的报告》。2016年12月31日，管理人向南京中院提交了《关于××股份有限公司重整计划执行情况的监督报告》，报告了管理人监督债务人执行重整计划的有关情况，认定《重整计划》已经执行完毕。具体内容可见公司于2017年1月4日刊登在《上海证券报》和巨潮资讯网上的《关于重整计划执行完毕的公告》(公告编号:2017-001)。

【提示】

在本例中，该公司在年报中对破产重整的执行进展披露较为完整，包含了申请、法院受理、债权人会议、法院裁定和执行结果整个流程，条理清晰、描述清楚，在其他类似进展事项的披露中也可以参考。

八、重大诉讼、仲裁事项(如适用)

公司应当披露报告期内重大诉讼、仲裁事项。已在上一年度报告中披露，但尚未结案的重大诉讼、仲裁事项，公司应当披露案件进展情况、涉及金额、是否形成预计负债，以及对公司未来的影响。对已经结案的重大诉讼、仲裁事项，公司应当披露案件执行情况。创业板上市公司还应汇总披露未达到重大诉讼披露标准的其他诉讼的涉案总金额及预计总负债情况。

如以上诉讼、仲裁事项已在临时报告披露且无后续进展的，仅需披露该事项概述，并提供临时报告披露网站的查询索引。如报告期内公司无重大诉讼、仲裁，应当明确说明"本年度公司无重大诉讼、仲裁事项"。

【例】上市公司年报披露节选

《2018年年度报告全文》中"第五节 重要事项/十二、重大诉讼、仲裁事项"

补充说明内容：

诉讼(仲裁)判决执行情况:2016年2月16日，公司向重庆市第五中级人民法院申请执行重庆仲裁委员会的裁决,请求依法强制执行重庆仲裁委员会(2015)渝仲字第 595 号裁决书,具体为:(1)强制被执行人遵义市侨盛欣房地产开发有限公司立即给付申请执行人购房款 1 500 万元、购房价差损失 1 688.2 万元、律师费 10 万元、仲裁费 32.24 万元,以上共计 3 230.44 万元;(2)如果被执行人遵义市侨盛欣房地产开发有限公司未能给付或未能足额给付前述款项,则申请通过拍卖、变卖或协商抵债等方式,对被执行人钟伟拥有的湄潭金华房地开发有限公司 31% 股权进行强制处置,至申请执行人债权实现为止。同时公司向重庆市第五中级人民法院申请财产保全,请求查封、扣押、冻结被申请人遵义市侨盛欣房地产开发有限公司价值 3 230.44 万元的财产。重庆市第五中级人民法院已于 2016 年 2 月 18 日立案受理。公司已要求法院评估拍卖钟伟质押在我公司的 31% 股权,并在法院主持下选定了评估机构,目前评估公司正收集资料进行股权估价阶段。因湄潭金华房地开发有限公司拒不配合提交法院选定评估机构所需评估资料,2019 年春节前,为进一步完善评估资料,经办法官、经办律师、评估公司人员一同前往湄潭金华房地开发有限公司,向该公司当面送达了要求提供资料的清单(对方当场签收),但至今该公司仍然拒绝提交相关资料。下一步,经办律师就本案实际情况再与法院进行沟通,力争在现有资料基础上要求评估机构对股权进行估值,以便早日对股权进行处置。

【提示】

上市公司披露重大诉讼、仲裁事项时容易犯三类错误:一是持续披露问题。对本年尚未结案或已结案但未执行完毕的诉讼或仲裁,有的公司以为上一年度已经披露了,今年就不用披露;二是就重大诉讼、仲裁对公司经营可能造成的重大风险披露不充分;三是以定期报告代替临时公告。对于重大诉讼、仲裁在报告期内的重大进展,有的公司认为在年报中披露就行了,用不着发布临时公告。防范第一种错误,对照规则执行就能避免。避免第二种错误,需要充分发挥律师和法务、财务、业务等部门的作用,结合公司生产经营特点,做好相关风险因素的梳理和总结。至于避免第三种错误,请大家牢记"定期报告不能代替临时公告"这一基本原则。定期报告是上市公司对报告期内经营情况和重大事项及其进展的回顾、总结,它与临时公告及时向投资者传递信息的定位有着重要区别。通过定期报告披露一件本应在事发时就要及时公告的事项,属于信息披露不及时的典型违规行为。因此受到处罚的案例屡见不鲜。

九、公司及其董事、监事、高管、控股股东、实际控制人、收购人违法违规情形（如适用）

公司及其董事、监事、高级管理人员、控股股东、实际控制人、收购人在报告期内如存在被有权机关调查，被司法机关或纪检部门采取强制措施，被移送司法机关或追究刑事责任，被证监会立案调查或行政处罚、被市场禁入、被认定为不适当人选，被环保、安监、税务等其他行政管理部门给予重大行政处罚，以及被证券交易所公开谴责的情形，应当根据相关决定或通知，如实、充分地说明原因及结论。

报告期内公司被证监会及其派出机构采取行政监管措施并提出限期整改要求的，应当披露整改责任人、整改期限、整改措施，以及整改报告书的指定披露网站及日期。

十、公司及其控股股东、实际控制人的诚信状况（如适用）

公司应当披露报告期内公司及其控股股东、实际控制人的诚信状况，包括但不限于：是否存在未履行法院生效判决、所负数额较大的债务到期未清偿等情况。如相关事项已在临时报告披露且无后续进展的，仅需披露该事项概述，并提供临时报告披露网站的相关查询索引。

公司不存在上述情况的，可以勾选不适用或者参考下例。

【例】上市公司年报披露节选

本公司及本公司控股股东、实际控制人诚信状况良好，不存在重大失信情况，包括但不限于未履行法院生效判决、未按期偿还大额债务、未履行承诺、被证监会采取行政监管措施或受到证券交易所纪律处分的情况等。

十一、股权激励、员工及持股计划（如适用）

公司应当披露股权激励计划、员工持股计划或其他员工激励措施在本报告期的具体实施情况。如相关事项已在临时报告披露且后续实施无进展或变化的，仅需披露该事项概述，并提供临时报告披露网站的相关查询索引。

【例】上市公司年报披露节选

相关激励事项已在临时公告披露且后续实施无进展或变化的

☑适用　□不适用

事项概述	查询索引
2018年6月13日,公司召开了第二届董事会第二十次会议,审议通过了《关于调整限制性股票回购价格的议案》《关于回购注销部分限制性股票的议案》。	相关事项详见公司于2018年6月13日在《中国证券报》《上海证券报》《证券时报》《证券日报》及上海证券交易所网站(www.sse.com.cn)上刊登的公告。
2018年6月29日,公司召开了2018年第一次临时股东大会,审议通过了《关于调整限制性股票回购价格的议案》《关于回购注销部分限制性股票的议案》,并发布《关于回购注销部分限制性股票减资暨通知债权人的公告》。	相关事项详见公司于2018年6月30日在《中国证券报》《上海证券报》《证券时报》《证券日报》及上海证券交易所网站(www.sse.com.cn)上刊登的公告。
2019年3月22日,公司发布了《关于注销已回购股权激励股份的公告》。	相关事项详见公司于2019年3月22日在《中国证券报》《上海证券报》《证券时报》《证券日报》及上海证券交易所网站(www.sse.com.cn)上刊登的公告。

十二、重大关联交易

公司应当披露报告期内发生的重大关联交易事项。若对于某一关联方,报告期内累计关联交易总额高于3 000万元(创业板公司披露标准为1 000万元)且占公司最近一期经审计净资产值5%以上,应当按照与日常经营相关的关联交易、资产或股权收购、出售发生的关联交易、公司与关联方共同对外投资、公司与关联方存在债权债务往来或担保等事项和其他重大关联交易这五种类型分别披露。特别提醒,科创板上市公司上述标准为占上市公司最近一期经审计总资产或市值1%以上且超过3 000万元的交易。

在该部分年报的具体编制中,依据沪深交易所年报模版,上交所公司还可以将上述五种交易类型进一步区分为"已在临时公告披露且后续实施无进展或变化的事项""已在临时公告披露,但有后续实施的进展或变化的事项"和"临时公告未披露的事项"这三种情况来披露,对应适用详略不同的披露要求,以减少重复披露。

需要特别注意的是,此部分关联人及关联交易的披露应当遵守上市规则和

《年报准则》的规定,而财务报告部分则是遵守《企业会计准则第 36 号——关联方披露》的规定,两者有所不同。

【例】上市公司年报披露节选

重大关联交易

(一)与日常经营相关的关联交易

1. 已在临时公告披露且后续实施无进展或变化的事项

☑适用　□不适用

事项概述	查询索引
2018 年度日常关联交易预计	上交所网站、中国证券报、上海证券报、证券时报、证券日报 公司公告 临 2018-002 号
增加 2018 年度日常关联交易额度	上交所网站、中国证券报、上海证券报、证券时报、证券日报 公司公告 临 2018-025 号

2. 已在临时公告披露,但有后续实施的进展或变化的事项

□适用　☑不适用

3. 临时公告未披露的事项

□适用　☑不适用

深交所公司则使用表格方式披露重大关联交易信息。

【例】上市公司年报披露节选

与日常经营相关的关联交易

☑适用　□不适用

关联交易方	关联关系	关联交易类型	关联交易内容	关联交易定价原则	关联交易价格	关联交易金额(万元)	占同类交易金额的比例	获批的交易额度(万元)	是否超过获批额度	关联交易结算方式	可获得的同类交易市价	披露日期	披露索引
××零部件有限公司	同一最终控制方	商品采购	车用零部件	市场定价	市场定价	800.96			否	现金	800.96		
××有限公司	最终控制方	商品采购	车用零部件	市场定价	市场定价	484.12			否	现金	484.12		

续表

关联交易方	关联关系	关联交易类型	关联交易内容	关联交易定价原则	关联交易价格	关联交易金额（万元）	占同类交易金额的比例	获批的交易额度（万元）	是否超过获批额度	关联交易结算方式	可获得的同类交易市价	披露日期	披露索引
××有限公司	同一最终控制方	商品采购	车用零部件	市场定价	市场定价	360.88			否	现金	360.88		
合计			—	—	1 645.96	—	0	—	—	—	—	—	—
大额销货退回的详细情况		无											
按类别对本期将发生的日常关联交易进行总金额预计的，在报告期内的实际履行情况（如有）		因今年关联交易数额较小，公司没有进行预计											
交易价格与市场参考价格差异较大的原因（如适用）		无											

（1）与日常经营相关的关联交易至少应当披露以下内容：关联交易方、交易内容、定价原则、交易价格、交易金额、占同类交易金额的比例、结算方式；可获得的同类交易市价，如实际交易价与市价存在较大差异，应当说明原因。大额销货退回需披露详细情况。公司按类别对报告期内发生的日常关联交易进行总额预计的，应当披露日常关联交易事项在报告期内的实际履行情况。

（2）资产或股权收购、出售发生的关联交易，至少应当披露以下内容：关联交易方、交易内容、定价原则、资产的账面价值、评估价值、交易价格、结算方式及交易对公司经营成果和财务状况的影响情况，交易价格与账面价值或评估价值差异较大的，应当说明原因。如相关交易涉及业绩约定的，应当披露报告期内的业绩实现情况。

（3）公司与关联方共同对外投资发生关联交易的，应当至少披露以下内容：共同投资方、被投资企业的名称、主营业务、注册资本、总资产、净资产、净利润、重大在建项目的进展情况。

（4）公司与关联方存在债权债务往来或担保等事项的，应当披露形成原因、债权债务期初余额、本期发生额、期末余额，以及其对公司的影响。

十三、重大合同及其履行情况

本部分涉及的重大合同主要包括托管、承包、租赁合同,重大担保合同,委托理财合同和其他重大合同。

(一)托管、承包、租赁合同

在报告期内发生或以前期间发生但延续到报告期的托管、承包、租赁其他公司资产,或其他公司托管、承包、租赁公司资产的事项,且该事项为公司带来的损益额达到公司当年利润总额的 10% 以上时,应当详细披露有关合同的主要内容,包括但不限于有关资产的情况,涉及金额、期限、损益及确定依据,同时应当披露该损益对公司的影响。

(二)重大担保合同

有关重大担保合同的年报披露要求主要有三:

(1)披露范围覆盖报告期内履行的及尚未履行完毕的担保合同。报告期之前已经履行完毕的担保合同无需披露。

(2)披露的内容包括担保金额、担保期限、担保对象、担保类型(一般担保或连带责任担保)、担保的决策程序等。其中,担保金额需披露三项指标,分别是报告期内发生额、报告期末担保余额和担保总额及其占公司净资产的比例。

报告期内发生额和报告期末担保余额需要按照公司及其子公司对外担保(不含对子公司的担保)和公司及其子公司对子公司提供担保两类列示。

公司担保总额及其占公司净资产的比例的披露,一是要注意统计口径包括报告期末公司及其子公司对外担保余额(不含对子公司的担保)和公司及其子公司对子公司的担保余额,其中子公司的担保余额为该子公司对外担保总额乘以公司持有该子公司的股权比例;二是要注意分别列示:公司及其子公司为股东、实际控制人及其关联方提供担保的余额,公司及其子公司直接或间接为资产负债率超过70%的被担保对象提供的担保余额,以及公司及其子公司担保总额超过公司净资产50%部分的金额。

(3)对于未到期担保合同,如果报告期内发生担保责任或有证据表明有可能承担连带清偿责任,应当明确说明。

【例】上市公司年报披露节选

本报告期末,本公司及其子公司对子公司的担保及本公司及子公司对外担保的余额合计 11 140.89 百万元。包括:

本报告期末,公司持股 56.61% 的控股子公司 SBNY 对外担保情况为:……SBNY 已累计向 LY 铁路公司增资 11.82 百万元。截至本报告期末,SBNY 已按股比累计代 LY 铁路公司偿还借款本金 10.374 百万元。SBNY 已对其持有的 LY 铁路公司 14.22% 股权及代偿金额全额计提减值准备。SBNY 将与其他股东一起继续督促 LY 铁路公司改善经营管理。2016 年 12 月 31 日,LY 铁路公司资产负债率为 119%。

【提示】

重大担保事项的决策合规性、披露及时性和或有风险揭示的充分性是监管部门事后审核的重点,上市公司在对照沪深交易所年报披露模版逐项填写信息时应特别留意。在本例中,该公司在交易所模版表格之外酌情增加了补充说明,值得借鉴。

(三)委托理财合同

公司应当按照银行理财产品、券商理财产品、信托理财产品、其他类(如公募基金产品、私募基金产品)等类型分别披露报告期内委托理财的资金来源、发生额、未到期余额及逾期未收回金额情况。

对于单项金额重大的委托理财,或安全性较低、流动性较差、不保本的高风险委托理财,应披露委托理财发生额、未到期余额及逾期未收回金额的具体情况,包括:资金来源、受托机构名称(或受托人姓名)及类型、金额、产品期限、资金投向、报酬确定方式、参考年化收益率、预期收益(如有)、当年度实际收益或损失和实际收回情况;公司还应说明该项委托是否经过法定程序,未来是否还有委托理财计划。公司若就该项委托计提投资减值准备的,应当披露当年度计提金额。

【例】上市公司年报披露

委托理财情况

☑适用 □不适用

报告期内委托理财概况

单位：万元

具体类型	委托理财的资金来源	委托理财发生额	未到期余额	逾期未收回的金额
银行理财产品	闲置的自有资金	36 078	0	0
券商理财产品	闲置的自有资金	17 147	0	0
合计		53 225	0	0

单项金额重大或安全性较低、流动性较差、不保本的高风险委托理财具体情况

□适用　☑不适用

委托理财出现预期无法收回本金或存在其他可能导致减值的情形

□适用　☑不适用

若委托理财出现预期无法收回本金或存在其他可能导致减值的情形，预计对公司具有较大影响的，公司应当说明对财务状况或当期利润的影响。

若公司存在委托贷款事项，也应当比照上述委托行为予以披露。

【例】上市公司年报披露及监管函回复节选

某公司年报披露称无委托理财和委托贷款情况，但在财务报告附注部分又列示了委托贷款收益，因此引发交易所问询。公司回复：2016年对外委托贷款取得收益为281.80万元，该笔委托贷款实际发生于2015年，……已于2016年2月25日到期……其中按照权责发生制计入2016年度的利息收入为281.80万元。

【提示】

在本例中，该公司的披露主要存在两个问题：一是只要报告期内有存续的委托理财、委托贷款事项，即使报告期内没有新增委托理财、委托贷款，也需要披露；二是年报正文披露内容与财务报告附注不匹配。

（四）其他重大合同

本部分作为兜底性规定，公司应从合同对公司资产、负债、权益和经营成果产生重大影响的角度进行判定，列表披露相关合同订立双方的名称、签订日期、合同标的所涉及资产的账面价值、评估价值、相关评估机构名称、评估基准日、定价原则以及最终交易价格等，并披露截至报告期末合同的执行情况。临时报告已经披露过的情况，公司应当提供相关披露索引。

十四、社会责任的工作情况

社会责任工作情况的披露分为强制和自愿两种情况。

上交所"上证公司治理板块"样本公司、境内外同时上市的公司及金融类公司,深交所纳入"深证100指数"的上市公司应当按照规定披露社会责任报告;科创板上市公司应当在年度报告中披露履行社会责任的情况,并视情况编制和披露社会责任报告、可持续发展报告、环境责任报告等文件;鼓励其他公司披露积极履行社会责任的工作情况。公司已专项披露社会责任报告全文的,仅需提供相关查询索引。

根据《国务院关于印发"十三五"脱贫攻坚规划的通知》(国发〔2016〕64号)、《中国证监会关于发挥资本市场作用服务国家脱贫攻坚战略的意见》(证监会公告〔2016〕19号),上市公司应在年度报告中充分披露报告期内公司履行扶贫社会责任的具体情况,包括报告期内精准扶贫规划、年度精准扶贫概要、精准扶贫成效、后续精准扶贫计划等。

属于环境保护部门公布的重点排污单位的公司及其子公司,应当根据法律、法规及部门规章的规定披露主要污染物及特征污染物的名称、排放方式、排放口数量和分布情况、排放浓度和总量、超标排放情况、执行的污染物排放标准、核定的排放总量,以及防治污染设施的建设和运行情况等环境信息。重点排污单位之外的公司可以参照上述要求披露其环境信息,或就不需要披露的有关情况进行说明。鼓励公司自愿披露有利于保护生态、防治污染、履行环境责任的相关信息。

十五、其他重大事件

公司应当披露其他在报告期内发生的《证券法》《上市公司信息披露管理办法》所规定的重大事件,以及公司董事会判断为重大事件的事项。如重大事项已作为临时报告在指定网站披露,仅需说明信息披露指定网站的相关查询索引及披露日期。

【例】上市公司年报披露节选

其他重大事项的说明

☑适用 □不适用

（一）CDSW 拟发行境外上市外资股（H 股）并申请在香港联合交易所有限公司主板挂牌上市

公司控股子公司 CDSW 拟发行境外上市外资股（H 股）并申请在香港联合交易所有限公司（以下简称"香港联交所"）主板挂牌上市。相关事项已经公司第九届董事会第二次（临时）会议、第九届监事会第二次会议、2018 年第二次临时股东大会审议通过。截至目前，香港联交所上市委员会已召开会议审议了 CDSW 的上市申请，CDSW 已收到了香港联交所聆讯后的行政安排通知。

相关内容详见公司在上海证券交易所网站发布的相关公告。

第六节　普通股股份变动及股东情况

本节内容包括上市公司普通股股份变动、证券发行与上市情况、股东和实际控制人情况三大部分。有关优先股的信息披露属于下一节内容，但应注意在普通股的各项统计中，还应包括表决权恢复的优先股。

一、普通股股份变动表

公司应当按照《公开发行证券的公司信息披露内容与格式准则第 5 号——公司股份变动报告的内容与格式（2007 年修订）》规定的格式，就表 2-6-1 中各要素进行逐项披露。

（1）有限售条件股份是指股份持有人依照法律、法规规定或按承诺有转让限制的股份，包括因股权分置改革暂时锁定的股份、内部职工股、机构投资者配售股份、董事、监事、高级管理人员持有股份等。

（2）国家持股是指有权代表国家投资的机构或部门（如国有资产授权投资机构）持有的上市公司股份。例如财政部、汇金公司和全国社会保障基金理事会等持有的股份就属于国家持股。

（3）国有法人持股是指国有企业、国有独资公司、事业单位以及第一大股东为国有及国有控股企业且国有股权比例合计超过 50% 的有限责任公司或股份有限公司持有的上市公司股份。

表 2-6-1　普通股股份变动情况表　　　　　　　　　　单位:股

	本次变动前		本次变动增减(+,-)					本次变动后	
	数量	比例	发行新股	送股	公积金转股	其他	小计	数量	比例
一、有限售条件股份 1. 国家持股 2. 国有法人持股 3. 其他内资持股 其中: 境内非国有法人持股 境内自然人持股 4. 外资持股 其中: 境外法人持股 境外自然人持股									
二、无限售条件股份 1. 人民币普通股 2. 境内上市的外资股 3. 境外上市的外资股 4. 其他									
三、股份总数									

（4）其他内资持股是指境内非国有及国有控股单位(包括民营企业、中外合资企业、外商独资企业等)及境内自然人持有的上市公司股份。

（5）外资持股是指境外股东,包括境外法人和境外自然人持有的上市公司股份。这里的境外包括了港澳台,例如香港中央结算有限公司持有的股份属于境外法人股。

二、证券发行与上市情况

公司应当披露报告期内证券发行(不含优先股)情况,包括股票、可转换公司债券、分离交易的可转换公司债券、公司债券及其他衍生证券的种类、发行日期、发行价格(或利率)、发行数量、上市日期、获准上市交易数量、交易终止日期等。

另外,报告期内因送股、转增股本、配股、增发新股、非公开发行股票、权证行权、实施股权激励计划、企业合并、可转换公司债券转股、减资、内部职工股上市、债券发行或其他原因引起公司股份总数及股东结构的变动、公司资产和负债结构的变动,以及现存内部职工股的发行日期、发行价格、发行数量等,公司也应当进行说明。

【例】上市公司年报披露节选

截至报告期内证券发行情况

☑适用 □不适用

单位:股 币种:人民币

股票及其衍生证券的种类	发行日期	发行价格(或利率)	发行数量	上市日期	获准上市交易数量	交易终止日期
普通股股票类						
可转换公司债券、分离交易可转债、公司债类						
×××股份有限公司2018年非公开发行公司债券(第一期)(品种一)	2018年9月27日至2018年10月9日	100	1 000 000	2018年10月22日	1 000 000	2021年9月21日
×××股份有限公司2018年非公开发行公司债券(第一期)(品种二)	2018年9月27日至2018年10月9日	100	2 400 000	2018年10月22日	2 400 000	2021年9月27日
其他衍生证券						

截至报告期内证券发行情况的说明如下(存续期内利率不同的债券,请分别说明):

☑适用 □不适用

×××股份有限公司2018年非公开发行公司债券(第一期)(品种一)发行总额1亿元,票面年利率为7.50%;安通控股股份有限公司2018年非公开发行公司债券(第一期)(品种二)发行总额2.4亿元,票面年利率为7.00%。

三、股东和实际控制人情况

公司应当在本部分按照股东、控股股东、实际控制人的顺序依次披露相关信息。

（一）公司普通股股东情况

（1）截至报告期末以及年度报告披露日前上一月末的普通股股东总数、表决权恢复的优先股股东总数（如有）。

【例】上市公司年报披露节选

"第六节　股份变动及股东情况/三、股东和实际控制人情况/1. 公司股东数量及持股情况"部分

原公告内容为：

年度报告披露日前上一月末普通股股东总数：760 664 166

现更正为：

年度报告披露日前上一月末普通股股东总数：11 569

【提示】

注意区分股东总数和总股数。

（2）截至报告期末持有本公司5%以上股份的股东的名称、报告期内股份增减变动的情况、报告期末持股数量、所持股份类别及所持股份质押或冻结的情况。如持股5%以上的股东少于10人，则应当列出至少前10名股东的持股情况。

对前10名股东的披露是本部分内容的难点，需要注意的有：

一是要披露公司前10名股东和前10名无限售流通股股东的名称全称、年末持有股份的数量和种类（A、B、H股或其他）。如所持股份中包括无限售条件股份（或已上市流通股份）、有限售条件股份（或未上市流通股份），应当分别披露其数量。所持股份被质押、冻结的情况，应与登记公司提供的股东名册进行核对。

二是投资者通过客户信用交易担保证券账户持有的股票不应计入证券公司自有证券数量，应与投资者通过普通证券账户持有的同一家上市公司的证券数量合并计算。即最终在年报中披露的股东名称不应该出现"客户信用交易担保证券账户"，而应该按股份实际持有人进行统计和披露。

【例】上市公司年报披露节选

更正前

前10名无限售条件股东持股情况			
股东名称	报告期末持有无限售条件股份数量	股份种类	
		股份种类	数量
华泰证券股份有限公司客户信用交易担保证券账户	77 500	人民币普通股	77 500

更正后

前10名无限售条件股东持股情况			
股东名称	报告期末持有无限售条件股份数量	股份种类	
		股份种类	数量
中国石油天然气集团公司企业年金计划—中国工商银行股份有限公司	8 528	人民币普通股	8 528

三是前10名股东之间存在关联关系或属于《上市公司收购管理办法》规定的一致行动人的,应当予以说明。对于无法核实的情况,公司可以披露为"未知其他股东之间是否存在关联关系或者属于一致行动人"。

四是有战略投资者或一般法人因配售新股成为前10名股东的,应当予以注明,并披露约定持股期间的起止日期。

五是股东性质包括国家、国有法人、境内非国有法人、境内自然人、境外法人、境外自然人等,标准与股份变动表的要求一致。

(3)公司应当披露其他持股在10%以上的法人股东的名称、单位负责人或法定代表人、成立日期、注册资本、主要经营业务或管理活动等情况。

(二)公司控股股东情况

若控股股东为法人的,应当披露名称、单位负责人或法定代表人、成立日期、主要经营业务等。若控股股东为自然人的,应当披露其姓名、国籍、是否取得其他国家或地区居留权、主要职业及职务。如报告期内控股股东发生变更,应当列明披露相关信息的指定网站查询索引及日期。

公司应当披露控股股东报告期内控股和参股的其他境内外上市公司的股权情况。

如不存在控股股东,公司应当予以特别说明。

(三)实际控制人情况

公司应当参照有关控股股东披露的要求,披露公司实际控制人的情况,并以方框图及文字的形式披露公司与实际控制人之间的产权和控制关系。实际控制人应当披露到自然人、国有资产管理机构,或者股东之间达成某种协议或安排的其他机构或自然人,包括以信托方式形成实际控制的情况。

【例】上市公司年报披露节选

更正前

实际控制人性质:地方国资管理机构

实际控制人类型:法人

实际控制人名称	法定代表人/单位负责人	成立日期	组织机构代码	主要经营业务
××××资产管理集团有限公司	×××	2002年02月02日	统一社会信用代码:××××800G	省政府授权范围内的国有资产经营、管理、转让、投资、企业托管、资产重组以及经批准的其他业务,房屋租赁。(依法须经批准的项目,经相关部门批准后方可开展经营活动)
实际控制人报告期内控制的其他境内外上市公司的股权情况	××××××资产管理集团有限公司持有××证券股份有限公司(股票代码:×××)17.46%股权;持有江苏省××××有限公司(股票代码:×××)95%股权。			

更正后

实际控制人性质:地方国资管理机构

实际控制人类型:法人

实际控制人名称	法定代表人/单位负责人	成立日期	组织机构代码	主要经营业务
××人民政府国有资产监督管理委员会	×××		×××	管理×××国有资产
实际控制人报告期内控制的其他境内外上市公司的股权情况	×××人民政府国有资产监督管理委员会控制××省多家省属国资上市公司股权,包括:××× ××× ×××等上市公司。			

【提示】

在本例中,该公司将国有资产管理机构控制的下属资产管理集团有限公司披露为实际控制人,不符合实际控制人需追溯至国有资产管理机构或自然人的要求,因此发布了更正公告。

对实际控制人为自然人的,上市公司应当披露其过去 10 年曾控股的境内外上市公司情况。

实际控制人通过信托或其他资产管理方式控制公司的,应当披露信托合同或者其他资产管理安排的主要内容,包括信托或其他资产管理的具体方式,信托管理权限(包括公司股份表决权的行使等),涉及的股份数量及占公司已发行股份的比例,信托或资产管理费用,信托资产处理安排,合同签订的时间、期限及变更、终止的条件,以及其他特别条款等。例如某省人民政府作为上市公司实际控制人,是通过信托有限责任公司以信托计划受托人方式持有公司 25.58%的股份,公司即按照上述要求进行了披露。

公司认定不存在实际控制人的,应当就认定依据予以特别说明。如公司最终控制层面存在多位自然人或自然人控制的法人共同持股的情形,且其中没有一人的持股比例(直接或间接持有下一级控制层面公司的股份比例)超过 50%,各自的持股比例比较接近,公司无法确定实际控制人的,应当披露最终控制层面持股比例在 10%以上的股东情况;如公司没有持股 10%以上的股东,则应当披露持股比例 5%以上的股东情况。

【例】上市公司年报披露节选

报告期内,自 2018 年 7 月 6 日限制性股票激励计划实施完毕之后,公司股权结构发生变化,公司单一股东持有股份的比例均未超过公司总股本的 30%,同时,公司任何股东均无法单独通过实际支配公司股份表决权决定公司董事会半数以上成员选任以及公司重大事项。基于上述情况,依据《公司法》和证券监管相关规定,公司经审慎判断,目前公司无实际控制人,无控股股东,详情请见公司于 2018 年 7 月 6 日在巨潮资讯网披露的《关于公司无实际控制人的提示性公告》。

【提示】

有关不存在控股股东或实际控制人的认定需要十分谨慎,公司应当从股东持股比例差异、董事会席位分配以及一致行动人等方面,说明不存在能够对公司股东大会决议产生决定性影响,或实际支配公司行为的股东。

此外,还需注意,报告期间,上市公司首次公开发行股票、再融资或者构成重组上市的重大资产重组申请或者相关披露文件存在虚假记载、误导性陈述或者重大遗漏,被中国证监会立案稽查的,应当披露控股股东、实际控制人、重组方及其他承诺主体股份限制减持情况。

第七节 优先股相关情况

发行优先股的公司应当在年度报告中以单独章节披露优先股情况,具体包括优先股近3年的发行与上市情况、股东情况、利润分配情况、回购或转换情况、恢复表决权情况和相关会计政策及理由这六个方面。

一、近3年优先股的发行与上市情况

公司应当披露截至报告期末近3年优先股公开发行或非公开发行的发行日期、发行价格和票面股息率、发行数量、上市日期、获准上市交易数量、终止上市日期、募集资金使用及变更情况等。符合《上市公司重大资产重组管理办法》规定的条件发行优先股购买资产的,参照上述规定披露。

如果公司报告期内多次发行优先股,可以通过列表加附注的形式进行披露,更为简明。

【例】上市公司年报披露节选

截至报告期末近3年优先股的发行与上市情况

单位:万股

优先股代码	优先股简称	发行日期	发行价格(元)	票面股息率	发行数量	上市日期	上市交易数量	终止上市日期
××	××优1	2016-3-23	100	4.20%	20 000	2016-4-20	20 000	—

注:
1. 根据《中国银监会关于××银行非公开发行优先股及修改章程的批复》(银监复〔2015〕×号)和证监会《关于核准××银行股份有限公司非公开发行优先股的批复》(证监许可〔2016〕×号),本公司于2016年3月23日非公开发行2亿股优先股,并自2016年4月20日起在上海证券交易所综合业务平台挂牌转让。
2. ××优1首五年票面股息率4.20%,包括本次优先股发行缴款截至日前20个交易日(不含当日)5年期的国债收益率算术平均值2.59%及固定溢价1.61%。票面股息率根据基准利率变化每五年调整一次。
3. 募集资金使用情况:经证监会核准,本公司于2016年3月23日非公开发行2亿股优先股,每股面值100元。扣除发行费用后实际募资金净额为199.78亿元,全部用于补充一级资本。

二、优先股股东情况

对优先股股东情况的披露要求和普通股股东基本相同,主要差异有三:

(1) 股东所持优先股在除股息分配和剩余财产分配以外的其他条款上具有不同设置的,应当分别披露其持股数量。

(2) 对股东间关联关系或一致行动人关系的说明,既包括前 10 名优先股股东之间的,也包括前 10 名优先股股东与前 10 名普通股股东之间的。

(3) 以上列出的优先股股东情况中应当注明代表国家持有股份的单位和外资股东。

三、优先股利润分配情况

与普通股相比,优先股股东对股息分配更加敏感,因此,优先股利润分配情况的披露要求也比普通股部分更加详细。

公司应当披露报告期内优先股的利润分配情况,包括股息率及分配金额、是否符合分配条件和相关程序、股息支付方式、股息是否累积、是否参与剩余利润分配等。同时,列表披露近 3 年(含报告期)优先股分配金额与分配比例,对于因本会计年度可分配利润不足而累积到下一会计年度的差额或可参与剩余利润分配的部分应当单独说明。

优先股的利润分配政策调整或变更的,公司应当披露原因和变更的程序。报告期内盈利且母公司未分配利润为正,但未对优先股进行利润分配的,公司应当详细披露原因以及未分配利润的用途和使用计划。

如公司章程中涉及优先股分配的其他事项,公司应当予以说明。

四、优先股回购或转换情况

报告期内公司进行优先股回购或商业银行发行的优先股转换成普通股的,应当按照以下要求披露相关的回购或转换情况:

(1) 优先股的回购情况,包括回购期间、回购价格和定价原则、回购数量和比例、回购的资金总额以及资金来源、回购股份的期限、回购选择权的行使主体、对公司股本结构的影响等,并披露相关的程序。

（2）优先股的转换情况，包括转股条件、转股价格、转换比例、转换选择权的行使主体，对公司股本结构的影响等，并披露相关的程序。

五、优先股恢复表决权情况

公司累计3个会计年度或连续2个会计年度未按约定支付优先股股息的，优先股股东有权出席股东大会，每股优先股股份享有公司章程规定的表决权。报告期内存在优先股表决权恢复的，公司应当按照以下要求披露相关情况：

（1）公司应当披露相关表决权的恢复、行使情况，包括恢复表决权的优先股数量、比例、有效期间、对公司股本结构的影响等，并披露相关的决议与程序。如果存在公司章程规定的优先股表决权恢复的其他情形，应当予以说明。

（2）如前10名股东、持有5%以上股份的股东或实际控制人所持股份中包含表决权恢复的优先股，公司应当按照《年报准则》第四十八条的规定单独披露表决权恢复的优先股涉及的股东和实际控制人情况。

六、对优先股采取的会计政策及理由

公司应当披露对优先股采取的会计政策及理由，财务报表及附注中的相关内容应当按照证监会制定的有关财务报告规定进行编制。

【例】上市公司年报披露节选

根据财政部颁布的《企业会计准则第22号——金融工具确认和计量》《企业会计准则第37号——金融工具列报》（2014年修订）及《金融负债与权益工具的区分及相关会计处理规定》等要求以及本次优先股发行方案，本公司本次发行的优先股将作为权益工具核算。权益工具是指能证明拥有本公司在扣除所有负债后的资产中的剩余权益的合同。在同时满足下列条件的情况下，本公司将发行的金融工具分类为权益工具：(1)该金融工具应当不包括交付现金或其他金融资产给其他方，或在潜在不利条件下与其他方交换金融资产或金融负债的合同义务；(2)将来须用或可用本公司自身权益工具结算该金融工具。如为非衍生工具，该金融工具应当不包括交付可变数量的自身权益工具进行结算的合同义务；如为衍生工具，本公司只能通过以固定数量的自身权益工具交换固定金额的现金或其他金融资产结算该金融工具。……综上，本公司根据本次发行优先股的合同条款及经济实质,确认为其他权益工具。

【提示】

优先股依条款设置不同,既可以偏股也可以偏债,对应适用不同的会计处理并直接影响发行人的资产负债表。该公司将其发行的优先股认定为其他权益工具,并充分说明了认定条件,可以借鉴。

第八节 董事、监事、高级管理人员和员工情况

本节需要披露的内容包括董事、监事和高级管理人员情况以及母公司和主要子公司的员工情况两部分。

一、董事、监事和高级管理人员的情况

年报需要披露的董事、监事和高管包括现任和报告期内离任的人员。如果存在报告期末至年报披露日之间董事、监事、高管变动的,公司同样需要披露现任及离职人员情况,必要时还应作出单独说明。

(一) 基本情况

现任及报告期内离任董事、监事、高级管理人员的姓名、职务、性别、年龄、任期起止日期、年初和年末持有本公司股份年度内股份增减变动量、增减变动的原因、报告期内从公司获得的税前报酬总额及是否在公司关联方获取报酬。如为独立董事,需单独注明。

(1) 公司在披露董事、监事、高管任期起止日期时,连任的从首次聘任日起算。若任期终止日期不明,可以在对应位置标识"/"或"—"。

(2) 披露前述人员的持股变动原因,情形简单的可以直接在表格中填写,复杂或可能多次重复的原因也可以采取加"注"方法,在表格最后说明,更加简洁。

(3) 报告期如存在任期内董事、监事离任和高级管理人员解聘的,应当说明原因。

(4) 存在股权激励的,应当说明报告期内公司董事、监事和高管被授予的股票期权、限制性股票情况,包括年初持有股票期权数量、报告期新授予股票期权数

量、可行权股份、已行权股份、行权价、期末持有股票期权数量及报告期末市价等,并且单独列示。

此部分内容有一个常见错误是公司以上一年度年报为基础,忘记更新董事、监事和高管的年龄。

(二) 现任及报告期内董事、监事、高管的任职情况

无论是在任董事、监事、高管,还是报告期内退休、离职的董事、监事、高管,公司都应当披露其在股东单位的所任职务和任职期间,以及在其他单位的任职、兼职情况。

上市公司应当披露现任及报告期内离任董事、监事和高管近3年受证券监管机构处罚的情况。

(三) 董事、监事、高管报酬情况

(1) 公司应当披露董事、监事和高管报酬的决策程序、报酬确定依据以及实际支付情况。

(2) 公司应当披露报告期末全体董事、监事和高管在报告期内从公司实际获得的报酬总额(包括基本工资、奖金、津贴、补贴、职工福利费和各项保险费、公积金、年金以及以其他形式从公司获得的报酬)。

国企、央企高管薪酬如在报告披露日尚未确定,可以在基本情况表格后加以说明。

【例】上市公司年报披露节选

某央企旗下上市公司年报披露:根据国资委有关规定,中央企业负责人年度薪酬实行"先考核、后兑现"原则,截至本报告公告时,2018年度中央企业负责人经营业绩考核工作仍在进行中,国资委尚未对A同志2018年度薪酬进行核定,因此无法予以披露。另经国资委核定,A同志2017年薪酬总额为×××万元。

二、母公司和主要子公司的员工情况

公司应当披露母公司和主要子公司的员工情况,包括在职员工的数量、专业构成(如生产人员、销售人员、技术人员、财务人员、行政人员)、教育程度、员工薪酬政策、培训计划以及需公司承担费用的离退休职工人数。对于劳务外包数量较

大的,公司应当披露劳务外包的工时总数和支付的报酬总额。

这一部分内容看似简单,但却是本节披露中最容易发生错误的地方。

一是根据专业构成,分别列示母公司和主要子公司员工情况时,应当统一明确分类标准,避免统计口径不同导致的错误。

【例】上市公司年报披露节选

更正前

员工数量、专业构成及教育程度

母公司在职员工的数量(人)	1 943
主要子公司在职员工的数量(人)	354
在职员工的数量合计(人)	2 297
当期领取薪酬员工总人数(人)	2 297
母公司及主要子公司需承担费用的离退休职工人数(人)	0
专业构成	
专业构成类别	专业构成人数(人)
生产人员	1 378
销售人员	129
技术人员	387
财务人员	36
行政人员	367
合计	2 297

更正后

员工数量、专业构成及教育程度

母公司在职员工的数量(人)	1 943
主要子公司在职员工的数量(人)	354
在职员工的数量合计(人)	2 297
当期领取薪酬员工总人数(人)	2 297
母公司及主要子公司需承担费用的离退休职工人数(人)	0

续表

专业构成	
专业构成类别	专业构成人数(人)
生产人员	1 338
销售人员	129
技术人员	618
财务人员	36
行政人员	176
合计	2 297

【提示】

在本例中,该公司发生错误的原因是对技术人员的统计与实际情况存在差异。该公司在前期披露中只将公司研发中心的研发人员纳入技术人员范围,而未将测试、产品支持、网络安全工程、信息化技术等技术人员统计其中,导致统计数据错误。

二是只披露了总体情况,但没有分别披露母公司和主要子公司的情况。

【例】上市公司年报披露节选

更正前

截至2015年年末,公司总人数为1 114人,其中行政人员364人,财务人员197人,销售/业务人员344人,技术人员209人;其中博士/硕士33人,本科学历390人,大专学历490人,高中/中专/技校学历201人。

更正后

1. 员工数量、专业构成及教育程度

母公司在职员工的数量(人)	464
主要子公司在职员工的数量(人)	650
在职员工的数量合计(人)	1 114
当期领取薪酬员工总人数(人)	1 174
母公司及主要子公司需承担费用的离退休职工人数(人)	0

2. 劳务外包情况

□适用　☑不适用

三是统计疏忽,存在遗漏情况。

【例】上市公司年报披露节选

更正前

原《2018年年度报告》"第八节 董事、监事、高级管理人员和员工情况"中"六、母公司和主要子公司的员工情况"中"(一)员工情况"为:

母公司在职员工的数量	556
主要子公司在职员工的数量	2 902
在职员工的数量合计	3 458
母公司及主要子公司需承担费用的离退休职工人数	0

更正后

经核查,因统计疏忽,上表数据未包含全资子公司衢州市清泰环境工程有限公司和浙江衢州巨泰建材有限公司在职员工数量441人,现更正如下:

母公司在职员工的数量	556
主要子公司在职员工的数量	3 343
在职员工的数量合计	3 899
母公司及主要子公司需承担费用的离退休职工人数	0

四是员工人数与其他相关财务信息不匹配。监管部门在年报事后审核中,经常会询问职工薪酬、管理费用、销售费用等与公司员工数量、销售人员数量之间的勾稽关系。对于一些特殊情况,建议公司立即核实,并予以详细说明。

【例】上市公司年报披露节选

某上市公司年报披露,公司在职员工的数量为468人,较上一年减少12.03%,销售人员共16人,较上年增加12人。销售费用中职工薪酬本期发生额为2 130万元,较上年同期下降16.25%;管理费用中职工薪酬本期发生额为1 088万元,较上年同期增加8.99%。交易所要求公司说明销售费用、管理费用中职工薪酬的具体构成及合理性,并解释销售费用中职工薪酬下降的原因及合理性。

【例】上市公司年报披露节选

某上市公司年报显示,公司员工中生产人员2人,销售人员12人,技术人员26人,财务和行政人员合计88人。交易所要求公司结合生产经营情况、公司规模及分支机构的数量、销售费用和管理费用的计提情况、本年员工数变动情况,说明是否处于停产状态、财务和行政人员占比大的原因及合理性、销售费用和管理费用计提的合理性、应付职工薪酬金额变动及会计处理的合理性,并请独立董事发表明确意见。

第九节 公司治理

本节对公司治理的披露要求主要包括七项内容。

一、公司治理相关情况说明

公司应当说明公司治理的实际状况与证监会发布的有关规范性文件是否存在重大差异,如有重大差异,应当说明具体情况及原因。

公司应当就其与控股股东在业务、人员、资产、机构、财务等方面存在不能保证独立性、不能保持自主经营能力的情况进行说明。存在同业竞争的,应当披露相应的解决措施、工作进度及后续工作计划。

【例】上市公司年报披露节选

公司治理与证监会相关规定的要求是否存在重大差异;如有重大差异,应当说明原因。

☑适用 □不适用

公司已基本完成现阶段可以解决的治理问题,但公司尚未完成股权分置改革,同时存在关联交易和同业竞争的情况。具体情况说明如下:

(1)股权分置改革:目前尚未有合适的股改方案,公司将与控股股东等保持沟通,争取解决股改问题。

(2)关联交易与同业竞争:公司与控股股东及其关联方存在同业竞争,且关联交易金额巨大。关于同业竞争问题,本公司已在2014年8月就关于解决本公司同业竞争问题作出的相关承诺及其履行情况进行了公告,通过采取划分市场、产品或优先销售等方法,本公司与JTLT在产品销售上已避免产生竞争性投标,从而避免了同业竞争的问题,详情可参见临时公告内容。

关于关联交易问题，关联交易是为了保障本公司与控股子公司的日常经营需要，选择通过关联方采购和销售，可在优化资源配置、发挥规模效益等方面取得优势，提升经营效率。为减少关联交易可能对公司造成的影响，公司将继续加强关联交易管理，严格执行关联交易报告、审批和披露程序，跟踪管理日常关联交易执行情况，聘请外部机构对公司关联交易执行情况进行审核。

【提示】

公司可以对照《公司治理准则》，参照上交所《上市公司控股股东、实际控制人行为指引》和深交所三个板块的《上市公司规范运作指引》，就自身的公司治理现状进行自查。

二、股东大会情况

公司应当介绍报告期内召开的年度股东大会、临时股东大会的有关情况，包括会议届次、召开日期及会议决议刊登的指定网站的查询索引及披露日期，以及表决权恢复的优先股股东请求召开临时股东大会、召集和主持股东大会、提交股东大会临时提案的情况（如有）。

【例】上市公司年报披露节选

会议届次	召开日期	决议刊登的指定网站的查询索引	决议刊登的披露日期
2017年年度股东大会	2018年5月9日	上海证券交易所网站 www.sse.com.cn，在网站首页输入"600×××"后，点击"搜索"	2018年5月10日
2018年第一次临时股东大会	2018年12月12日		2018年12月13日
2018年第二次临时股东大会	2018年12月27日		2018年12月28日

股东大会情况说明　☑适用　□不适用

上述股东大会的议案全部审议通过，不存在否决议案的情况。

三、独立董事履职情况

公司应当披露报告期内每位独立董事履行职责的情况，包括但不限于：独立董事的姓名、独立董事出席董事会的次数、方式，独立董事曾提出异议的有关事项及异议的内容,出席股东大会的次数,独立董事对公司有关建议是否被采纳的说明。实践中,有公司在已经发布了临时公告的前提下,会在此处披露相关索引而不再重复。

四、董事会专门委员会的情况

公司应当披露董事会下设专门委员会在报告期内提出的重要意见和建议。存在异议事项的,应当披露具体情况。

【例】上市公司年报披露节选

(一)审计委员会

审计委员会由2名独立董事和1名董事组成,其中主任委员由具有专业会计资格的独立董事担任。报告期内审计委员会召开了7次会议……

(二)薪酬与考核委员会

公司第九届董事会薪酬与考核委员会由5名董事组成,其中独立董事3名,根据中国证监会有关规定及《公司章程》《×××股份有限公司董事会薪酬与考核委员会实施细则》开展工作。薪酬与考核委员会在报告期内召开2次工作会议……

【提示】

依据《上市公司治理准则》,上市公司董事会应当设立审计委员会,并可以根据需要设立战略、提名、薪酬与考核等相关专门委员会。专门委员会对董事会负责,依照公司章程和董事会授权履行职责,其运作情况是衡量公司治理水平的一项重要内容。公司日常披露董事会决议等公告时,虽然会涉及专门委员会的一些信息,但并不完整。通过年报梳理并汇总披露各专门委员会的履职情况,有助于投资者更加全面地了解公司治理的实际运行状况。

五、监事会情况

监事会在报告期内的监督活动中发现公司存在风险的,公司应当披露监事会就有关风险的简要意见、监事会会议召开时间、会议届次、参会监事以及指定披露网站的查询索引及披露日期等信息;否则,公司应当披露监事会对报告期内的监督事项无异议,实践中直接勾选"否"或"不适用"即可。

六、对高管的考评及激励情况

鼓励公司详细披露报告期内对高管的考评机制,以及激励机制的建立、实施情况。需要注意的是,没有实施股权激励不代表没有激励,各种形式的高管奖励基金同样属于激励。另外,如果公司存在频繁人事变动、管理层不稳定的情况,监管部门通常会要求公司披露具体采取的包括管理层激励在内的保持管理层稳定的措施。

【例】上市公司年报披露节选

上市公司对高级管理人员的考评与公司的绩效管理紧密相连。每年年初,集团董事局向每位高管人员下达当年的目标任务并将其分解到每个季度。年终,高管人员对本人全年的目标完成情况自评后,在董事局薪酬与考核委员会领导下,由集团绩效考评委员会进行评分,最后由董事局主席核定,得出年终考核分数。

公司对高管人员的激励机制体现在以下几方面:
①基本工资。②年终加薪。③奖励基金。④特别贡献奖励。

七、内部控制自我评价报告和审计

根据规定,除以下情形外,上市公司应当与年报同时编制并披露董事会对公司内部控制的自我评价报告:

(1) 上市公司因进行破产重整、借壳上市或重大资产重组,原则上应当在相关交易完成后的下一个会计年度年报披露的同时,披露内控评价报告。

(2) 新上市的上市公司在上市的下一年度年报披露的同时,披露内控评价报告。

对于披露内部控制自我评价报告的上交所、深交所主板和 A+H 上市公司,应当同步披露内控审计报告;深交所中小板其他上市公司,每两年披露一次内控审计或鉴证报告;深交所创业板上市公司则没有内控审计或鉴证的强制要求。

公司若按要求披露内部控制自我评价报告,以及对内部控制进行审计或鉴证的,应当提供相应的查询索引。

报告期内若发现公司内部控制存在重大缺陷的,应当在年报中披露具体情况,包括缺陷发生的时间、对缺陷的具体描述、缺陷对财务报告的潜在影响、已实施或拟实施的整改措施、整改时间、整改责任人及整改效果。上交所公司还需遵守《上市公司定期报告工作备忘录第一号——年度内部控制信息的编制、审议和披露》(2015年12月修订)的要求。

若会计师事务所出具非标准意见的内部控制审计报告或者内部控制审计报告与董事会的自我评价报告意见不一致的,公司应当解释原因。

【例】上市公司年报披露节选

是否披露内部控制自我评价报告

☑适用 □不适用

是

报告期内部控制存在重大缺陷情况的说明

☑适用 □不适用

公司存在为控股股东及关联方提供担保未履行审议程序及信息披露义务、关联方违规占用公司巨额资金、公司未及时披露多起重大诉讼和仲裁、公司控股子公司×××内控失效等内部控制重大缺陷被中准会计师事务所出具了否定意见的内部控制审计报告。

公司于2018年10月15日选举了新的董事会并经2018年第二次临时股东大会审议通过。新的董事会和管理层针对公司内控存在问题,完善了机构设置,改进了相关内部控制制度的设计和执行,强化了对公司和子公司风险控制和管理。通过自查和现场核查的方式检查公司及子公司内控管理情况取得良好效果,对发现问题及时整改,公司将根据《上海证券交易所股票上市规则》等履行信息披露义务。

第十节 公司债券相关情况

公司应当在本节披露所有公开发行(可以分为面向公众投资者和面向合格投资者)并在证券交易所上市,且在年度报告批准报出日未到期或到期未能全额兑付的公司债券情况,内容包括债券、发行人偿债能力和保证人情况三部分。实践中,公司有关本节的披露质量都比较高。如果公司发行多只公司债券的,披露本节相关事项时应当指明与公司债券的对应关系。

【例】上市公司年报披露节选

债券名称	债券简称	债券代码	发行日	到期日	债券余额（万元）	利率	还本利息方式
江苏××股份有限公司2016年面向合格投资者公开发行公司债券（第一期）	16××01	112 367	2016年03月28日	2021年03月28日	50 000	5.30%	本期公司债券按年付息，到期一次还本。利息每年支付一次，最后一期利息随本金一起支付。本期债券本息支付将按照债券登记机构的有关规定来统计债券持有人名单，本息支付的具体事项按照债券登记机构的相关规定办理。
江苏××股份有限公司2016年面向合格投资者公开发行公司债券（第二期）	16××02	112 389	2016年05月16日	2021年05月16日	40 000	5.38%	本期公司债券按年付息，到期一次还本。利息每年支付一次，最后一期利息随本金一起支付。本期债券本息支付将按照债券登记机构的有关规定来统计债券持有人名单，本息支付的具体事项按照债券登记机构的相关规定办理。

由于年度报告其他章节与本节规定要求披露的部分内容可能相同，公司可以建立相关查询索引，避免重复。

【例】上市公司年报披露节选

公司债券其他情况的说明

☑适用 □不适用

请参见本报告"第六节 普通股股份变动及股东情况"之"二、证券发行与上市情况"之"（一）截至报告期内证券发行情况"的相关内容。

一、债券信息

公司对债券自身信息的披露主要包括债券基本情况、债券受托管理人和评级机构基本情况、债券募集资金相关情况、资信评级、增信情况、债券持有人会议情况及受托管理人履职情况等。

（一）债券基本情况

公司债券名称、简称、代码、发行日、到期日、债券余额、利率、还本付息方式，公司债券上市或转让的交易场所，投资者适当性安排，报告期内公司债券的付息兑付情况。公司债券附发行人或投资者选择权条款、可交换条款等特殊条款的，公司应当披露报告期内相关条款的执行情况。

【例】上市公司年报披露节选

公司债券付息兑付情况

☑适用　□不适用

本期发行的债券期限为5年，债券存续期第3年末附设发行人调整票面利率选择权及投资者回售选择权，报告期内未执行相关条款。

（二）债券受托管理人和评级机构情况

债券受托管理人名称、办公地址、联系人及联系电话；报告期内对公司债券进行跟踪评级的资信评级机构名称、办公地址。

报告期内公司聘请的债券受托管理人、资信评级机构发生变更的，应当披露变更的原因、履行的程序、对投资者利益的影响等。

（三）债券募集资金相关情况

公司债券募集资金使用情况及履行的程序、年末余额、募集资金专项账户运作情况，并说明是否与募集说明书承诺的用途、使用计划及其他约定一致。

【例】上市公司年报披露节选

公司债券募集资金使用情况

☑适用　□不适用

××××债券：公司严格按照募集说明书的约定及内部决策流程使用募集资金，截至2015年12月31日，本期公司债券募集资金已全部使用完毕，用于偿还公司银行贷款和补充流动资金。

××××债券：公司严格按照募集说明书的约定及内部决策流程使用募集资金，截至报告期期末，本期公司债券募集资金已全部使用完毕，用于偿还借款、补充流动资金。

（四）资信评级

公司应当披露资信评级机构根据报告期情况对公司及公司债券作出最新跟踪

评级的时间（预计）、评级结果披露地点，提醒投资者关注。

报告期内资信评级机构对公司及公司债券进行不定期跟踪评级的，公司应当披露不定期跟踪评级情况，包括但不限于评级机构、评级报告出具的时间、评级结论及标识所代表的含义等，并重点说明与上一次评级结果的对比情况。如评级发生变化，公司还应当披露相关变化对投资者适当性的影响。

报告期内资信评级机构因公司在中国境内发行其他债券、债务融资工具对公司进行主体评级的，应当披露是否存在评级差异情况。

【例】上市公司年报披露节选

公司债券评级情况

☑适用　□不适用

2018年06月05日，鹏元资信评估有限公司出具了《××××有限公司2014年公司债券2018年跟踪信用评级报告》。根据跟踪信用评级报告，本期债券信用等级维持为AA，公司主体长期信用等级维护为AA，评级展望维持为稳定。

2018年8月17日，中诚信证券评估有限公司出具《××××有限公司公开发行2018年公司债券（第一期）信用评级报告》（信评委函字〔2018〕G416-1号）。根据前述信用评级报告，发行人主体信用等级为AA，本期公司债券信用等级为AA，评级展望稳定。

（五）增信情况

报告期内公司债券增信机制、偿债计划及其他偿债保障措施发生变更的，公司应当参照《公开发行证券的公司信息披露内容与格式准则第23号——公开发行公司债券募集说明书》第五节的有关规定披露增信机制、偿债计划及其他偿债保障措施的相关情况，说明变更原因，变更是否已取得有权机构批准，以及相关变更对债券持有人利益的影响。

公司债券增信机制、偿债计划及其他偿债保障措施未发生变更的，公司应当披露增信机制、偿债计划及其他偿债保障措施在报告期内的执行情况、变化情况，并说明相关变化对债券持有人利益的影响：

（1）提供保证担保的，如保证人为法人或者其他组织，应当披露保证人报告期末的净资产额、资产负债率、净资产收益率、流动比率、速动比率等主要财务指标（并注明相关财务报告是否经审计）、保证人资信状况、累计对外担保余额以及累计对外担保余额占其净资产的比例。

【例】上市公司年报披露节选

报告期内公司债券增信机制、偿债计划及其他相关情况

☑适用　□不适用

报告期内公司债券增信机制、偿债计划及其他偿债保障措施未发生变更，公司就充分维护债券持有人权益，安排专门部门与人员为公司债券的按时足额偿付做出相应计划安排，制定严格的资金管理计划，保障债券安全付息、兑付。

鲁信创业投资集团股份有限公司2012年公司债券（第二期）由公司控股股东鲁信集团提供全额无条件不可撤销连带责任保证担保。保证人主体长期信用等级为AAA，诚信情况良好，不存在未按期偿还大额债务、未履行承诺或被证券监管机构处罚的情形。

报告期末保证人主要财务指标及财务报表、资信状况、累计对外担保余额以及累计对外担保余额占其净资产的比例；保证人所拥有的除发行人股权外的其他主要资产，以及该部分资产的权利限制及是否存在后续权利限制安排等信息详见上海证券交易所网站(www.sse.com.cn)鲁信集团公司债券2018年年度报告（债券简称"16鲁信01""13鲁信投""16鲁信债"，债券代码"136836.SH""124251.SH""127399.SH"）。

如保证人为自然人，应当披露保证人资信状况、代偿能力、资产受限情况、对外担保情况以及可能影响保证权利实现的其他信息；保证人为发行人控股股东或实际控制人的，还应当披露保证人所拥有的除发行人股权外的其他主要资产，以及该部分资产的权利限制及是否存在后续权利限制安排。公司应当着重说明保证人情况与上一年度（或募集说明书）披露情况的变化之处。

（2）提供抵押或质押担保的，应当披露担保物的价值（账面价值和评估值，注明评估时点）变化情况，已经担保的债务总余额以及抵/质押顺序，报告期内担保物的评估、登记、保管等情况。

（3）采用其他方式进行增信的，应当披露报告期内相关增信措施的变化情况等。

（4）公司制定偿债计划或采取其他偿债保障措施的，应当披露报告期内相关计划和措施的执行情况，与募集说明书的相关承诺是否一致等。

（5）公司设置专项偿债账户的，应当披露该账户资金的提取情况，与募集说明书的相关承诺是否一致等。

（六）债券持有人会议情况

公司应当披露报告期内债券持有人会议的召开时间、地点、召开原因、形成的决议等。

【例】上市公司年报披露节选

公司债券持有人会议召开情况

☑ 适用　□ 不适用

公司于 2019 年 3 月 20 日召开了"19××01"2019 年第一次债券持有人会议，审议通过了《关于××××股份公司回购注销部分股权激励限制性股票并减少部分注册资本的议案》。

（七）债券受托管理人履职情况

公司应当披露报告期内债券受托管理人履行职责的情况。受托管理人在履行职责时可能存在利益冲突情形的，公司应当披露采取的相关风险防范、解决机制。公司应当说明受托管理人是否已披露报告期受托管理事务报告，以及披露（或预计披露）地址，提醒投资者关注。

【例】上市公司年报披露节选

公司债券受托管理人履职情况

☑ 适用　□ 不适用

中泰证券股份有限公司作为公司"12××"的债券受托管理人，依据相关规定，受托管理人持续关注公司经营情况、财务状况及资信状况，积极履行受托管理人职责，维护债券持有人的合法权益。

中泰证券股份有限公司 2018 年 6 月 28 日向市场发布了《×××投资集团股份有限公司 2012 年公司债券（第二期）受托管理事务 2017 年度报告》，报告刊登在上海证券交易所网站（www.sse.com.cn）。

二、发行人偿债能力

（1）采用数据列表方式披露截至报告期末公司近 2 年的下列会计数据和财务指标。相关会计数据和财务指标同比变动超过 30% 的，还应当披露产生变化的主要原因。

主要指标	报告期	上一年度	本期比上年同期增减(%)	变动原因
息税折旧摊销前利润				
流动比率				
速动比率				
资产负债率				
EBITDA 全部债务比				
利息保障倍数				
现金利息保障倍数				
EBITDA 利息保障倍数				
贷款偿还率				
利息偿付率				

EBITDA 全部债务比 = 息税折旧摊销前利润／全部债务

利息保障倍数 = 息税前利润／(计入财务费用的利息支出 + 资本化的利息支出)

现金利息保障倍数 = (经营活动产生的现金流量净额 + 现金利息支出 + 所得税付现)／现金利息支出

EBITDA 利息保障倍数 = 息税折旧摊销前利润／(计入财务费用的利息支出 + 资本化的利息支出)

贷款偿还率 = 实际贷款偿还额／应偿还贷款额

利息偿付率 = 实际支付利息／应付利息

(2) 公司发行其他债券和债务融资工具的,应当披露报告期内对其他债券和债务融资工具的付息兑付情况。

(3) 报告期内获得的银行授信情况、使用情况以及偿还银行贷款的情况(包括按时偿还、展期及减免情况等)。

(4) 报告期内执行公司债券募集说明书相关约定或承诺的情况,并分析相关情况对债券投资者利益的影响。

(5) 报告期内发生的《公司债券发行与交易管理办法》第四十五条列示的重大事项,说明该事项的最新进展以及对公司经营情况和偿债能力的影响。

如相关重大事项已在临时报告披露且无后续进展的,仅需披露该事项概述,并提供临时报告披露网站的相关查询索引。

【例】上市公司年报披露节选

报告期内发生的重大事项

公司因资金周转困难,致使部分到期债务未能清偿。公司已在指定信息披露媒体(http://www.cninfo.com.cn/new/index)上披露,详见《关于公司债务到期未能清偿的公告》(公告编号:2018-63、2018-81、2018-106、2018-113)、《关于新增债务到期未能清偿的公告》(公告编号:2018-148、2018-182、2018-222、2019-8、2019-23、2019-32)。

三、保证人

公司债券的保证人为法人或者其他组织的,应当在每个会计年度结束之日起4个月内单独披露保证人报告期财务报表(并注明是否经审计),包括资产负债表、利润表、现金流量表、所有者权益(股东权益)变动表和财务报表附注,并指明保证人所担保公司债券的全称。

第十一节 财务报告

财务报告是年报中最为重要的一节。一方面,它全面系统地揭示了企业一定时期的财务状况、经营成果和现金流量,有助于投资者进行分析和投资决策;另一方面,它也有助于经管部门了解和掌握各行业、各地区的经济发展情况,以便监督企业经营管理、进行宏观调控经济运行和优化资源配置。

一、财务报告所反映的上市公司问题

财务报告的披露内容由两大部分构成:经审计的财务报表以及财务报表附注。根据编报规则第15号,财务报表附注共分为十五小节。除了《年报准则》和编报规则第15号外,上市公司还应遵守各项具体会计准则(以下合称《企业会计准则》)等规范的要求。

财务报告具有向投资者传递公司价值和提示风险的重要作用功能,历来是监管部门在年报事后审核过程中最为关注的部分。实践中,有的上市公司违反会计准则的基本规定,披露的财务信息难以真实反映公司的经营现状和业绩水平,不仅会误导投资者,还可能加剧投机炒作,积累市场风险。对此,沪深交易所往往前移年报监管端口,采用"实质问询"和"事前约谈"的方式,预判风险,提前行动,从严监管年报财务信息披露。

另外,为掌握上市公司执行会计准则、企业内部控制和财务信息披露规范的情况,证监会会计部也会组织专门力量抽样审阅上市公司年度报告,并将年报审核结果在会计监管简报和每年的上市公司年报会计监管报告中公布。同时,还会通过建议专项核查等方式及时处理发现的问题,并向有关各方传递关于会计准则、内部控制规范执行和财务信息披露等方面的监管标准。

经整理发现,上市公司在财务信息披露中主要存在如下问题。

(一)利用会计准则进行不当盈余管理

1. 会计估计变更

部分公司(适用新金融工具准则前)对坏账准备计提比例进行调整,在账龄分析法不变的情况下,减少计提比例,从而增厚利润;对固定资产折旧年限政策进行调整,延长固定资产使用年限,从而增厚利润。

随意变更会计估计,往往会被监管机构关注会计估计变更原因、变更的合理性,是否与同行业可比上市公司的相关政策保持一致。

2. 会计核算方式变更

部分上市公司仅通过派驻董事或通过表决权暂时委托等方式,改变对股权投资的核算方法从而确认大额投资收益;通过表决权委托或协议安排,在持股比例不变的情况下,变更公司的合并范围。

对于此类事项,监管部门会关注是否具有重大影响的判断依据,公司的经营实质及变更会计核算方式的合理性。

3. 计提和转回资产减值

部分上市公司在子公司业绩明显下滑、未实现业绩承诺等出现明显商誉减值迹象时,少确认甚至不确认商誉减值损失;收购的子公司在承诺期内业绩不达标或踩线达标时,不计提商誉减值,承诺期满后大幅计提商誉减值;甚至有公司利用商誉减值进行"大洗澡"。

部分上市公司在原有坏账计提方法的基础上,新增"低信用风险组合",转回大额坏账损失;在当年盈利无望时,对按单项计提的应收账款确认大额坏账损失,存在业绩"大洗澡"的嫌疑。

集中大额计提资产减值的公司,往往会被要求补充商誉减值测试的具体情况及其合理性,以前年度计提资产减值是否充分;转回坏账准备的公司,会被要求补充转回的原因及合理性并说明以往年度计提坏账准备是否充分。

4. 提前或延后确认收入

部分上市公司的商品销售对价中包含来自政府的补贴,该补贴的取得需要满足一定条件,公司在发出商品时即全额确认收入,而未考虑商品销售价款收回的不确定性;部分公司未按实际完工进度确认收入及成本、已完工项目成本未及时结转的情况;部分公司在出售商品是仍需提供未来服务时,公司在未来服务未履行是提前确认收入。

该类公司往往会被要求补充具体收入确认政策、收入确认依据。

(二)构造交易

1. 构造没有商业实质的交易

部分上市公司通过小幅增加或减少对子公司的持股比例,认为该子公司的控制权发生变更,便对持有的股权进行重估并确认收益。

监管部门会关注该类交易的商业合理性以及认定控制权发生变更的依据和公司经营实质。

2. 关联方交易定价不公允

部分公司将房屋、土地使用权等非流动资产高溢价转让给关联方;与关联方签订定价不公允的购销合同;部分公司在与关联方签订服务合同时,人为改变市场价格明确的费用标准。

与关联方的交易,交易价格的公允性和交易的合理性往往会引起监管关注和市场热议。

3. 突击交易

部分上市公司在临近年末挂牌出售土地并确认处置收益;在年末挂牌转让子公司股权,签订相应资产转让协议并于当年确认处置收益。

通常情况下,短时间内公司较难满足搬迁、解除抵押等土地交付条件或完成控制权的转移,这类因业绩压力而进行的突击交易合理性存疑。

（三）选择性会计确认

1. 延迟计提预计负债

部分上市公司在收到判决通知书后,以上诉为由不确认相关损失和预计负债,在实际赔偿时计入当期损益;部分上市公司需承担资产弃置等义务,公司在被要求开展环境恢复治理等特定事项时才确认上述义务所导致的负债。

对于计提预计负债事项,公司往往会被补充说明关于预计负债最佳估计数的判断依据及其是否符合会计准则的规定,公司支付能力以及是否存在流动性风险。

2. 集中确认存货跌价准备

部分上市公司当期确认大额存货跌价准备或者将存货大规模结转成本,金额远高于历史水平;部分上市公司通过自查确认内控存在重大缺陷,导致存货盘亏。

该类上市公司以前年度往往存在存货结转不及时、少计营业成本导致存货不实等问题,以往年度的成本核算方法是否发生变化,公司内部控制缺陷是否会影响公司的经营情况往往会引起关注。

二、财务报告编制要求

本节除了介绍财务报告编制的基本要求之外,还将通过相关案例和规则梳理,参考近年沪深交易所的年报事后审核情况答记者问,证监会发布的《上市公司年报会计监管报告》《上市公司执行企业会计准则案例解析》《会计监管工作通讯》,会计师事务所专业技术问题的研讨情况通报等,以及中注协和各地注协的审计风险提示,总结年报中受到监管机构关注的会计处理问题和财务信息披露重点,以期为上市公司提供参考。

（一）公司的基本情况

公司应简要披露基本情况,包括注册地、总部地址、业务性质、主要经营活动以及财务报告批准报出日。需要编制合并财务报表的公司,应说明本期的合并财务报表范围及其变化情况。由于合并财务报表范围及变化情况在"合并财务报表项目附注"和"合并范围的变动"中会详细阐释,因此多数公司在此只是简要总结并提示参考其他小节内容。例如采用如下用语:

本期合并财务报表范围及其变化具体情况详见本财务报表附注"八、合并范围的变更"和"九、在其他主体中的权益"。

(二) 财务报表的编制基础

公司应披露财务报表的编制基础，并应评价自报告期末起至少12个月的持续经营能力。例如：

公司以持续经营为基础，根据实际发生的交易和事项，按照财政部颁布的《企业会计准则——基本准则》和各项具体会计准则、企业会计准则应用指南、企业会计准则解释及其他相关规定（以下合称"企业会计准则"），以及中国证券监督管理委员会《公开发行证券的公司信息披露编报规则第15号——财务报告的一般规定》的披露规定编制财务报表。

注意，如果公司对持续经营能力的评价结果表明对持续经营能力产生重大怀疑，应披露导致对持续经营能力产生重大怀疑的因素，以及公司拟采取的改善措施。

【例】上市公司年报及监管函回复节选

1. 编制基础

本公司根据实际发生的交易和事项，按照财政部颁布的《企业会计准则——基本准则》和具体企业会计准则、企业会计准则应用指南、企业会计准则解释及其他相关规定（以下合称"企业会计准则"）进行确认和计量，在此基础上，结合中国证券监督管理委员会《公开发行证券的公司信息披露编报规则第15号——财务报告的一般规定》（2014年修订）的规定，编制财务报表。

2. 持续经营

☑适用　□不适用

2018年度，受应收债权投资事件影响，债权方申请法院冻结、查封本公司及子公司资产、股权、银行账户等，以致公司正常经营受到较大影响。现重庆警方正积极追讨本公司资产、重庆医疗板块供应链业务正在重整、本公司债权人正在与本公司商讨债务重组事宜，以维持本公司的持续经营，因此本财务报表系在持续经营假设的基础上编制。

一些上市公司营业收入逐年下降、成本上升、出现亏损，甚至被出具涉及持续经营能力的非标审计意见，依然以持续经营为财务报表编制基础，较容易受到监管机构问询,要求公司分析未来持续经营能力是否存在重大不确定性,乃至拟采取的进一步措施等。

【例】上市公司年报问询函及回复节选

问:你公司年报显示,公司 2018 年度净利润为-16.01 亿元,扣除 15.19 亿元资产减值损失后,你公司依然亏损,且经营活动产生的现金流量净额为-1.49 亿元(净流出)。此外,你公司基本银行账户及多个一般银行账户被司法冻结,已逾期的短期借款余额 2 亿元、已逾期的长期借款余额 9 921 万元,逾期借款余额合计占公司净资产的 54%。

请你公司结合上述情况,说明你公司持续经营能力是否已存在重大不确定性,以持续经营假设作为年报编制基础是否合理。请年审会计师核查并发表意见。

答:2018 年度,公司净利润为 -1 601 003 480.22 元,扣除资产减值损失 1 518 813 934.24 元之后,造成公司净利润为负的其他原因为公司于报告期确认了对联营企业河北卫视传媒有限公司投资损益-5 457 万元,公司控股子公司华彩天地 2018 年度亏损。

2019 年度,公司进一步加强投资风险管控,参与改善联营企业的经营状况,加强子公司管控,通过对影院的统一管理,输出标准化的经营模式,加强提升影院资产的经营效率,并处置不良资产,集中优势资源在经济发达地区布局投资影院,集中力量在特定区域进行多家影院布局。截至本年报问询函回复之日,公司拥有 33 家影院,银幕数共计 187 块。而以公司核心影院管理团队管控的多家影院位于人流密集的商业繁华地段,影院的运营具有良好的现金流,且实现了稳定的盈利。

……

为了解决逾期债务风险,公司已启动应收账款催收流程,包括但不限于提起诉讼,处置非核心资产以回收资金,拓宽融资渠道(公司非公开发行股份事宜正在推进中),积极与债权人协商沟通还款计划。

综上所述,公司未来 12 个月内能够正常经营,以持续经营假设作为年报编制基础是合理的。

【提示】

在本例中,该公司于 2018 年已经出现大额亏损,且公司的基本银行账户及多个一般账户被司法冻结,日后的日常经营活动必然受到负面影响。在这种情况下公司仍然以持续经营作为财务报表编制基础,受到交易所的关注。在问询函的回复中,公司分别解释了净利润和经营活动产生的现金流量净额为负的原因,同时回复了公司为扭转亏损和解决逾期债务风险拟采取的措施。

(三) 重要会计政策及会计估计

公司应制定与实际生产经营特点相适应的具体会计政策,并充分披露报告期内采用的重要会计政策和会计估计。公司根据实际生产经营特点制定的具体会计政策和会计估计,应在本节部分对相关事项进行提示。

【例】上市公司年报披露节选

1. 遵循企业会计准则的声明

本公司所编制的财务报表符合企业会计准则的要求,真实、完整地反映了公司的财务状况、经营成果、股东权益变动和现金流量等有关信息。

2. 会计期间

本公司会计年度自公历1月1日起至12月31日止。

3. 营业周期

☑适用　□不适用

本集团的营业周期为12个月。

4. 记账本位币

本公司及境内子公司以人民币为记账本位币。本公司之境外子公司根据其经营所处的主要经济环境自行决定其记账本位币,编制财务报表时折算为人民币。本集团编制本财务报表时所采用的货币为人民币。

5. 同一控制下和非同一控制下企业合并的会计处理方法

【提示】

编报规则第15号罗列了三十三项重要会计政策及会计估计,实践中,公司应按照自身业务模式以及生产经营特点,正确理解和使用会计准则,提升信息披露质量。

经整理证监会的年报会计监管报告、沪深交易所关于年报审核工作的新闻发布以及年报问询函,发现对于本节内容,监管部门最关注的包括新会计准则的执行是否规范、重要会计准则的披露是否符合实际,以及会计估计变更是否符合未来适用法等。

1. 新会计准则的执行

2017年财政部先后发布修订的《企业会计准则第22号——金融工具确认和计量》(财会〔2017〕7号)、《企业会计准则第23号——金融资产转移》(财会〔2017〕8号)、《企业会计准则第24号——套期会计》(财会〔2017〕9号)、《企业会计准则第37号——金融工具列报》(财会〔2017〕14号)和《企业会计准则第14号——收入》(财会〔2017〕22号,以下简称"新收入准则"),规定境内外同时上市的企业以及在境外上市并采用国际财务报告准则或企业会计准则编制财务报告的企业自2018年1月1日起施行上述准则,其他境内上市企业自2019年1月1日起施行新金融工具准则(保险公司除外)、自2020年1月1日起施行新收入准则,并允许部分企业提前执行。

2018年12月13日,财政部发布修订的《企业会计准则第21号——租赁》(财会〔2018〕35号,以下简称"新租赁准则"),规定在境内外同时上市的企业以及在境外上市并采用国际财务报告准则或企业会计准则编制财务报表的企业,自2019年1月1日起施行;其他执行企业会计准则的企业自2021年1月1日起施行。

证监会发布的《2018年上市公司年报会计监管报告》显示,2018年共计111家A+H公司首次适用新收入准则和新金融工具准则。新旧准则平稳过渡的同时,也出现了一些共性问题。随着2019年A股上市公司全部适用新金融工具准则、A+H股公司适用新租赁准则,在2019年年报事后审核中,新会计准则执行的规范性将依然是监管部门的重点关注问题。

(1) 新收入准则的相关问题。和原收入准则相比,新收入准则不再区分销售商品、提供劳务和建造合同等不同的业务类型,而是要求所有与客户之间合同产生的收入采用统一的确认标准和计量方法,同时对于收入相关信息的披露也提出了更高要求。

(2) 新金融工具准则相关问题。与原金融工具准则相比,新金融工具准则按照企业持有金融资产的业务模式和金融资产合同现金流量特征将金融资产分类由"四分类"改为"三分类",新的分类标准充分考虑金融工具特点,同时与企业对金融工具的管理和运营模式相结合;将金融资产减值会计由"已发生损失法"改为"预期损失法",更加及时、足额地计提金融资产减值准备;同时进一步优化信息披露相关要求。

【例】上市公司年报披露节选

重要会计政策和会计估计变更

(1) 重要会计政策变更。

☑适用 □不适用

……

经本公司第八届董事会第十一次会议于 2018 年 10 月 25 日决议通过,本公司按照财政部的要求时间开始执行前述五项会计准则。

在新金融工具准则下所有已确认金融资产其后续均按摊余成本或公允价值计量。在新金融工具准则施行日,以本公司该日既有事实和情况为基础评估管理金融资产的业务模式、以金融资产初始确认时的事实和情况为基础评估该金融资产上的合同现金流量特征,将金融资产分为三类:按摊余成本计量、按公允价值计量且其变动计入其他综合收益及按公允价值计量且其变动计入当期损益。其中,对于按公允价值计量且其变动计入其他综合收益的权益工具投资,当该金融资产终止确认时,之前计入其他综合收益的累计利得或损失将从其他综合收益转入留存收益,不计入当期损益。在新金融工具准则下,本公司以预期信用损失为基础,对以摊余成本计量的金融资产、以公允价值计量且其变动计入其他综合收益的债务工具投资、租赁应收款、合同资产及财务担保合同计提减值准备并确认信用减值损失。本公司追溯应用新金融工具准则,但对于分类和计量(含减值)涉及前期比较财务报表数据与新金融工具准则不一致的,本公司选择不进行重述。为执行新收入准则,本公司重新评估主要合同收入的确认和计量、核算和列报等方面。

根据新收入准则的规定,本公司选择仅对在 2018 年 1 月 1 日尚未完成的合同的累积影响数进行调整首次执行的累积影响金额调整首次执行当期期初(即 2018 年 1 月 1 日)的留存收益及财务报表其他相关项目金额,对 2017 年度财务报表不予调整。由于执行新收入准则对公司收入的确认和计量并无实质影响,只有预收的货款需要调整列示。

……

(3) 首次执行新金融工具准则或新收入准则调整首次执行当年年初财务报表相关项目情况。

☑适用 □不适用

A. 执行新金融工具准则前后金融资产确认和计量对比表

金融资产类别	2017年12月31日(变更前)		2018年1月1日(变更后)	
	计量类别	账面价值	计量类别	账面价值
应收票据及应收账款	贷款和应收款	7 886 097 430.59	摊余成本	7 886 097 430.59
可供出售金融资产	可供出售金融资产	2 453 000 000.00	以公允价值计量且其变动计入当期损益的金融资产	2 453 000 000.00
			以公允价值计量且其变动计入其他综合收益的金融资产	

B. 首次执行日,金融工具分类和账面价值调节表

项目	2017年12月31日(变更前)	重分类	重新计量	2018年1月1日(变更后)
资产:				
以公允价值计量且其变动计入当期损益的金融资产	94 000 000.00	-94 000 000.00		
交易性金融资产		94 000 000.00		94 000 000.00
可供出售金融资产	2 453 000 000.00	-2 453 000 000.00		
其他非流动金融资产		2 453 000 000.00		2 453 000 000.00

C. 执行新收入准则对公司的影响

变更内容	报表项目	2018年1月1日(变更后)金额	2017年12月31日(变更前)金额
预收货款	合同负债	243 182 891.22	
预收货款	预收账款		243 182 891.22

(4)首次执行新金融工具准则追溯调整前期比较数据的说明
□适用 ☑不适用

【提示】

在本例中,该公司为A+H股公司,已于2018年1月1日施行新金融工具准则

和新收入准则。

对于新收入准则,公司进行收入确认时不再区分业务类型,而是根据"五步法"进行收入确认,即同时满足以下五项必要条件:"合同已被批准,双方承诺将履行各自的义务""已明确各方的权利和义务""有明确的支付条款""具有商业实质""很可能收回对价"。需要明确的是,有些合同会产生收入,但应该按其他准则确认收入,比如租赁、金融资产转移等。此外,新收入准则规定了首次执行新收入准则的企业应根据累积影响数仅调整当年年初的留存收益及财务报表其他相关项目金额,而不调整可比期间信息。且企业可选择仅对在首次执行日尚未完成的合同的累积影响数进行调整。

新金融工具准则相较于原金融工具准则发生了颠覆性的变化。根据新金融工具的衔接要求:在该准则施行日,企业应当按照准则的规定对金融工具进行分类和计量(含减值),涉及前期比较财务报表数据与本准则要求不一致的,无需调整。金融工具原账面价值和在准则施行日的新账面价值之间的差额,应当计入本准则施行日所在年度报告期间的期初留存收益或其他综合收益。企业如果调整前期比较财务报表数据,应当能够以前期的事实和情况为依据,且比较数据应当反映新金融工具准则的所有要求。

(3)新租赁准则相关问题。和原租赁准则相比,新租赁准则的核心变化在于完善了租赁的定义,增加了租赁识别、分拆和合并等内容;取消承租人关于融资租赁与经营租赁的分类,要求承租人对所有租赁(选择简化处理的短期租赁和低价值资产租赁除外)确认使用权资产和租赁负债;改进承租人后续计量,增加选择权重估和租赁变更情形下的会计处理。在出租人方面,丰富了出租人的信息披露,如要求出租人披露对其在租赁资产中保留的权利进行风险管理的情况、为降低相关风险所采取的措施等。

鉴于租赁准则新旧变动较大,新准则为承租企业提供两种衔接方法:一是允许企业采用追溯调整;二是根据首次执行本准则的累积影响数,调整首次执行本准则当年年初留存收益及财务报表其他相关项目金额,不调整可比期间信息。同时,在第二种方法下提供了多项简化处理安排。

2. 会计政策与会计估计的披露问题

一方面,上市公司适用会计准则的准确性关系着财务报表能否准确、可靠地反映公司的年度经营成果;另一方面,上市公司结合自身生产经营特点充分披露所适用的会计准则也是投资者从财务报表中获取有用决策信息的重要手段。实践中,部分上市公司只在"重要会计政策与会计估计"小节机械地罗列原则性的会计准则,没有结合行业特点和自身经营状况进行充分披露,这类情况往往会受到交易所的关注。这里以最受监管部门关注的收入、成本的确认和计量为例,来看会计政策、会计估计的披露要求。

收入、成本的确认和计量是和企业经营最相关、最重要的会计政策和会计估计。收入和成本是判断公司经营发展、行业地位、市场竞争力的重要因素,是否准确确认和计量收入与成本决定了公司的年度财务报告能否准确反映公司的年度业绩,进而影响投资者的决策,因此是监管部门年报审核的重点。

现有准则和规范对于收入和成本的确认、计量和信息披露仅有原则性规定。随着市场上新兴行业的不断发展,业务模式不断创新,交易安排日趋复杂,一些业务的会计处理需要大量判断。收入确认时点、成本结转时点、收入与成本的配比问题、创新型业务以及特殊业务的收入确认的判断及会计处理等问题成为监管部门的关注重点。

根据编报规则第 15 号的第十六条规定,公司应结合实际生产经营特点制定收入确认会计政策,披露具体收入确认时点及计量方法,准确、真实地反映企业财务与经营状况。一些特殊业务的经营模式使得收入确认有多种方式,需要根据合同等仔细辨别。以网络游戏行业为例,由于涉及多方参与者提供服务,对网游业务责任人、代理人的判断影响收入确认采用总额法还是净额法。由于会计准则未作出明确规定,实务中绝大多数网络游戏公司采用总额法确认收入。而对于仅提供通道和平台业务的企业,总额法确认收入很可能夸大业务规模,误导投资者决策。此外,网络游戏的不同结算方式也影响到了收入的确认时点。

【例】上市公司年报及监管函回复节选

补充前

互联网移动手机游戏类,销售商品收入的确认标准及确认时间的具体判断:联合运营指公司有条件地与其他游戏运营商合作运营,销售虚拟货币,推广游戏产品。一般联合运营:公司与游戏平台联合运营游戏在与合作方核对数据确认无误后确认营业收入。代理授权金加分成联合运营:公司将一次性收取的版权金列为递延收益……

补充后

授权金收入是 X 将游戏产品的某个地区、某个时段的独家经营权让渡给当地的营销商，X 一次性收取不可退回的版权授权金。此类型收入在收到后，按照合同签署期间进行收入确认。

联合运营收入是根据结算的时间分为 N+1 月结算和 N+2 月结算（N 指收入产生的月份），后延的月数根据合同约定。此类型收入在当月按照公司平台数据先行确认收入。

【提示】

在本例中，该公司联合运营游戏业务的结算方式分为一次性收取和按月收取两种类型，因此应分别披露收入确认方式。但是原年报中披露内容过于笼统与模糊，难以说明其收入的真实性与准确性。

会员费的收取也要根据不同结算方式确定收入确认时间。根据企业会计准则及相关规定，会员费确认收入分为取得会员费时确认收入和在整个受益期内分期确认收入两种情况。

随着国内城镇化速度的不断加快，基础设施建设快速发展，地方政府不断加大招商引资力度，全国范围内的基础设施建设出现 BOT、BT、TBT、PPP 等多种模式，参与这类项目的公司也呈现出多样化的会计处理。

【例】上市公司年报及监管函回复节选

某上市公司在 2016 年年报中披露，公司完成了镇江水投 BT 项目、宜兴隔湖东路 BT 项目、吉林东八路 BT 项目等，公司在其中的职能分工为提供融资，然后按期收取资金使用费。其投资收益情况如下：

单位：元

	金额	占利润总额比例	形成原因说明	是否具有可持续性
投资收益	70 161 359.12	167.28%	BT 项目投资收益	是

交易所发函要求说明公司参与 BT 项目方式、本报告期内 BT 项目确认的收入及成本，并请会计师发表核查意见。公司答复道：

公司参与 BT 项目方式，公司子公司具体负责实施，其从事 BT 项目经营一般与施工企业合作，组成项目联合体。在联合体中，公司子公司为 BT 项目融资方，负责项目的融资并且委派项目管理人员负责项目的管理，施工企业负责项目工程的实际施工。

公司对于BT项目确认收入及成本的会计处理：……公司按照未提供建造服务的方式确认BT项目投资收益，计入投资收益科目，未按照提供建造服务的方式按完工百分比法确认相关的收入和成本，符合相关规定。

【提示】

在本例中，该上市公司的子公司作为BT业务的项目公司并未提供建造服务，故未确认相关收入与成本符合会计准则的要求。BT业务本身相对一般的合同有一定的特殊性，企业会计准则对此也有相应原则性的要求。《上市公司执行企业会计准则监管问题解答》对上市公司采用BT（建设—移交）模式参与公共基础设施建设业务、项目公司同时提供建造服务的，以及项目公司未提供建造服务，将基础设施建造发包给其他方等情况作了不同规定。上市公司参与BT项目应当充分披露其参与方式、确认收入及成本的会计处理等信息，使得投资者对于其业务模式和盈利模式有更清晰的认识和理解。

3. 会计估计变更是否严格采用未来适用法

【例】上市公司年报及监管函回复节选

五、公司对会计政策、会计估计变更或重大会计差错更正原因和影响的分析说明

（一）公司对会计政策、会计估计变更原因及影响的分析说明

☑适用　□不适用

……

（2）会计估计变更。

① 本次会计估计变更经本公司第六届董事会2018年第八次会议决议批准并于2018年12月20日召开的第二次临时股东大会通过。变更内容如下：

变更前采用账龄分析法计提坏账准备的组合计提比例。

账龄	应收账款计提比例	其他应收款计提比例
1年以内(含1年,下同)	3%	3%
1—2年	5%	5%
2—3年	15%	15%

续表

账龄	应收账款计提比例	其他应收款计提比例
3—4 年	30%	30%
4—5 年	40%	40%
5 年以上	50%	50%

变更后的采用账龄分析法计提坏账准备的组合计提比例。

账龄	应收账款计提比例	其他应收款计提比例
1 年以内(含 1 年,下同)	5%	5%
1—2 年	10%	10%
2—3 年	30%	30%
3—4 年	50%	50%
4—5 年	80%	80%
5 年以上	100%	100%

变更原因:为了客观、公允地反映本公司的财务状况及经营成果,为投资者提供更可靠、更准确的会计信息,根据《企业会计准则第 28 号——会计政策、会计估计变更和差错更正》的相关规定,合理反映坏账准备计提,结合本公司货款回收情况、其他应收款的款项性质及信用风险特征,更加客观、公允地反映本公司各项业务的实际情况,本公司对应收款项计提坏账准备的会计估计进行变更。

执行日期:2018 年 12 月 20 日开始执行。

监管函节选:

请结合销售情况、信用政策、汇款情况、应收账款历史出现坏账的情况、同行业可比公司情况等,说明会计估计变更的原因及合理性,变更执行时点及比例选取是否符合《企业会计准则》的相关规定。

【提示】

上市公司信息披露常见问题(第二期)[①]中规定,会计估计变更应自该估计变更被正式批准后生效,为方便实务操作,新会计估计最早可以自最近一期尚未公布的定期报告开始使用,原则上不能追溯到更早会计期间。

---

① 上市公司信息披露常见问题(第二期),http://www.valueonline.cn/laws/view/96348475687454570.html#

这里应重点注意"尚未公布"和"最近一期"这两个限定语。"尚未公布"是指,按照未来适用法,新会计估计只能适用于尚未公布的定期报告,已经公布的不得适用;"最近一期"是指,不是所有尚未公布的定期报告都可以适用新的会计估计,而只是最近一期的才可以。

在本例中,该公司的本次会计估计变更在2018年12月20日经第二次临时股东大会通过即生效,应采用未来适用法处理。为方便实务操作,最早可以自最近一期尚未公布的定期报告开始适用,即2018年10月1日起执行该会计估计。

(四)税项

公司应按税种分项说明报告期执行的税率。存在执行不同企业所得税税率纳税主体的,应按纳税主体分别披露。公司应披露重要的税收优惠政策及依据。

【例】上市公司年报披露节选

1. 主要税种及税率

主要税种及税率情况

☑适用 □不适用

税种	计税依据	税率
增值税	销售货物或提供应税劳务	3%、5%、6%、10%、11%、16%、17%
城市维护建设税	应缴流转税税额	7%
企业所得税	应纳税所得额	15%、25%
教育费附加	应缴流转税税额	3%
地方教育附加	应缴流转税税额	2%
房产税	从价计征的,按房产原值一次减除30%后余值的1.2%计缴;从租计征的,按租金收入的12%计缴	1.2%、12%

存在不同企业所得税税率纳税主体的,披露情况说明

☑适用 □不适用

纳税主体名称	所得税税率
本公司	详见本财务报表附注四(二)
A房地产开发有限公司	25%

2. 税收优惠

☑适用　□不适用

根据《财政部、海关总署、国家税务总局关于深入实施西部大开发战略有关税收优惠政策问题的通知》（财税〔2011〕58号），自2011年1月1日至2020年12月31日，对设在西部地区的鼓励类产业企业减按15%的税率征收企业所得税，上述鼓励类产业企业是指以《西部地区鼓励类产业目录》中规定的产业项目为主营业务，且其主营业务收入占企业收入总额70%以上的企业。经主管国家税务局审核批准，本公司享受上述优惠政策，2017年度按15%税率缴纳企业所得税；2018年度，由于本公司主营业务收入占企业收入总额的比例低于70%，暂按25%税率申报缴纳企业所得税。

3. 其他

□适用　☑不适用

【提示】

根据编报规则第15号的第十七条规定，公司应按税种分项说明报告期执行的税率。存在执行不同企业所得税税率纳税主体的，应按纳税主体分别披露。本案例中，上市公司下属某房地产开发公司为不同企业所得税税率纳税主体，该公司将其列示。此外，如高新技术企业或境外子公司等也常为执行不同企业所得税税率纳税主体，上市公司应注意分别披露其所得税税率。

此外，税收优惠项不仅包括所得税优惠，享受的增值税优惠也需要在此披露。

（五）合并财务报表项目附注

这一节对资产负债表、利润表、现金流量表下具体科目的附注编写要求进行了详细的规定，是对财务报表的补充与说明，在编写时需要对照条规一一披露。这一节的难点在于，其内容涉及许多财务会计判断问题。本书主要就会计分类和减值准备作详细分析。

1. 会计分类的确认

会计科目的准确分类和确认有利于投资者对公司资产负债、营收利润作出精确的判断。在上市公司年报编制过程中，因为对相关概念把握不精准，对相关会计处理规则理解不准确，不少公司存在未能按照准则要求进行分类确认的情况。其中，难以准确区分各类金融资产的问题较为严重，例如金融资产分类问题、权益工具与金融负债的区分、长期股权投资与金融资产的区分、复合金融工具的会计处理与信息披露等。因此,每年的年报审核中监管部门都会对此予以重点关注。

下文主要梳理与金融工具相关的会计分类问题相关监管规则及案例,以供企业参考并做好披露工作。

(1) 新金融工具准则下金融资产分类相关问题。根据新金融工具准则,对于具备与基本借贷安排相一致的合同现金流量特征的金融资产,如果公司管理该金融资产的业务模式既以收取合同现金流量又以出售为目标,则该项金融资产应分类为以公允价值计量且其变动计入其他综合收益的金融资产。《2018年上市公司年报会计监管报告》指出:"部分上市公司出于资金压力或者其他原因,将应收票据以贴现或背书等形式转让并终止确认,且该类业务发生较为频繁、涉及金额也较大。在这种情况下,上市公司管理该应收票据的业务模式可能不是以收取合同现金流量为目标,导致其持有的应收票据不应被划分为以摊余成本计量的金融资产。"

(2) 新金融工具准则下权益工具与金融负债的区分。目前的会计准则对权益工具和金融负债这两个科目的定义较为抽象和晦涩,除非是经验丰富的会计师,否则很难透彻地理解和精确地把握,因此实践中不少上市公司在财务报告中会将两者相混淆。例如,中国证监会会计部主办的"会计监管工作通讯"2017年第4期提示:个别上市公司仍基于法律形式进行分类,如某公司引入国家发展基金有限公司对其子公司增资,并约定投资期限届满后由该公司回购股权并给予特定的投资回报,合并财务报表中依然将该笔款项作为其他权益工具处理。

因此,上市公司需要仔细分析发行的金融工具的具体合同条款,按照《企业会计准则第37号——金融工具列报》等规定,确定相应的会计科目。

【例】上市公司年报披露节选

某上市公司于2015年11月19日完成优先股非公开发行,面值总额为人民币48.5亿元,每股面值为人民币100元,发行数量为48 500 000股,票面股息率4.60%,发行的优先股的股东按照约定的票面股息率获得分配后,不再同普通股股东一起参加剩余利润分配,且此优先股采取非累积股息支付方式,在出现约定的强制转股触发事件的情况下,报银监会审查并决定,该公司上述优先股将全额或部分强制转换为普通股。

在2016年年度报告中,该公司将优先股发行所募集的资金在扣除发行费用后，全部列示为其他权益工具，详见如下：

2016 年，本集团的其他权益工具变动列示如下：

	2016 年 1 月 1 日		本年增加		本年减少		2016 年 12 月 31 日	
	数量	账面价值	数量	账面价值	数量	账面价值	数量	账面价值
2016 年境内优先股	4 850 万股	48.25 亿元	—	—	—	—	4 850 万股	48.25 亿元

2015 年，本集团的其他权益工具变动列示如下：

	2015 年 1 月 1 日		本年增加		本年减少		2015 年 12 月 31 日	
	数量	账面价值	数量	账面价值	数量	账面价值	数量	账面价值
2015 年境内优先股	—	—	4 850 万股	48.25 亿元	—	—	4 850 万股	48.25 亿元

【提示】

根据《企业会计准则第 37 号——金融工具列报》的规定，如果企业发行的金融工具合同条款中包括向其他方交付现金或其他金融资产的合同义务，该金融工具为金融负债。该公司发行的优先股要求每年按 4.6% 的股息率支付优先股股息，因此公司承担了支付未来每年 4.6% 股息的合同义务，应当就该强制付息的合同义务确认金融负债。

【例】上市公司年报披露节选

2013 年 12 月 11 日，某上市公司发布公告称，将通过簿记建档、集中配售的方式在全国银行间债市公开发行面值共计 10 亿元人民币中期票据。该中票赎回权设于第五年及其后每个付息日，发行人有权按面值加应付利息赎回，票面利率每五年重置一次。如果发行人不行使赎回权，从第六个计息年度开始票面利率调整为当期基准利率加上初始利差，再加上 300 个基点。此后每五年重置票面利率，以当期基准利率加上初始利差，再加上 300 个基点确定。在 2013 年的年报中，该公司将永续中票计入了资本公积：

资本公积

单位：元

项目	年初数	本年增加	本年减少	年末数
资本溢价	5 467 540 796.22	228 617.53	3 543 177 900.01	1 924 591 513.74
其他资本公积	1 832 716 827.58	664 193 679.87		2 496 910 507.45

续表

项目	年初数	本年增加	本年减少	年末数
永续中票		990 000 000.00		990 000 000.00
合计	7 300 257 623.80	1 654 422 297.40	3 543 177 900.01	5 411 502 021.19

【提示】

上市公司发行的永续中票,合同条款里有利息累计但发行方可以递延,同时发行方有赎回选择权,不存在或有结算事项,且无需用企业自身权益工具结算。即发行方可以自主决定是否支付,符合无条件地避免以交付现金或其他金融资产来履行一项合同义务的特点,因此计入权益工具,在该公司的财务报表中列示在"资本公积"项中。

法律形式的债务,可能并不一定是会计上的债务,法律形式上的股权也可能并不一定是会计意义上的权益。在编制财务报表时,应严格按照相关规定对金融负债和权益工具予以区分。在区分金融负债和权益工具需考虑的以下两个因素:①合同所反映的经济实质。在判断一项金融工具是否应划分为金融负债或权益工具时,应当以相关合同条款及其所反映的经济实质而非仅以法律形式为依据。②工具的特征,有些金融工具可能既有权益工具的特征,又有金融负债的特征。例如上面例子中的优先股。因此,企业应当全面细致地分析此类金融工具各组成部分的合同条款,以确定其显示的是金融负债还是权益工具的特征,并进行整体评估,以判定整个工具应划分为金融负债、权益工具,还是既包括金融负债成分又包括权益工具成分的复合金融工具。

在合并财务报表中对金融工具(或其组成部分)进行分类时,企业应考虑集团成员和金融工具的持有方之间达成的所有条款和条件,以确定集团作为一个整体是否由于该工具而承担了交付现金或其他金融资产的义务,或者承担了以其他导致该工具分类为金融负债的方式进行结算的义务。《2018年上市公司年报会计监管报告》指出:"部分上市公司合并范围内的结构化主体为有限寿命的主体(例如明确约定合伙期限的合伙企业),上市公司在合并报表中将该结构化主体其他投资人的出资分类为少数股东权益。对于此类结构化主体其他投资人的出资,在个别报表层面和合并报表层面应当分别考虑。在有限合伙企业个别报表层面,如果其仅在清算时才有义务向投资方按比例交付其净资产,且同时满足特殊金融工具的其他特征,应分类为权益工具。在合并报表层面,企业集团作为一个整体,由于该结构化主体到期清算是确定事件且不受企业集团的控制,在清算时承担了向其他方交付现金的义务,应当将其他方的出资分类金融负债。"

(3) 长期股权投资与金融资产的区分。在实践中,区分长期股权投资与金融资产(新金融工具准则中包括以公允价值计量且其变动计入当期损益的金融资产和以公允价值计量且其变动计入其他综合收益的金融资产),最主要看的还是公司对被投资单位是否能控制、共同控制或者具有重大影响。对是否控制的判断较为容易,但是对是否具有重大的影响的判断却时常引发异议。根据证监会《2016年上市公司年报会计监管报告》,"关于是否对被投资单位具有重大影响,企业会计准则给出了原则性定义,即对一个企业的财务和经营政策有参与决策的权力,但并不能够控制或者与其他方一起共同控制这些政策的制定。实务中应结合直接或间接拥有被投资单位的比例、是否在被投资单位的董事会或类似权力机构中派有代表等因素进行判断"。例如,"当投资方直接或间接持有被投资单位20%以上但低于50%的表决权时,一般认为对被投资单位具有重大影响,除非有明确的证据表明不能参与被投资单位的生产经营决策,不具有重大影响。根据编报规则第15号,对于持有被投资单位20%或以上表决权但不具有重大影响的,公司应披露相关判断和依据"。但是实践中存在部分上市公司持有被投资单位股权比例较高,却认定对被投资单位不具有重大影响,也未披露相关信息,无从辨别其分类是否恰当。

【例】上市公司年报及监管函回复节选

A上市公司在2016年年度报告中,公司持有C企业(有限合伙)41.67%的股权,计入可供出售金融资产。交易所即发函要求公司补充说明将上述投资划分为可供出售金融资产的原因,以及是否符合会计规则的要求。

A公司在回复中声称该合伙企业日常管理由B公司负责,而A公司在B公司投资比例为10%。公司作为合伙企业的有限合伙人,根据合伙协议等文件的约定,对合伙企业的日常经营及投资决策不存在控制或重大影响,根据会计准则的规定,对此类不存在控制或重大影响的股权投资,应计入"可供出售金融资产"核算,该会计处理符合会计规则有关规定。

【提示】

若上市公司对被投资单位持股20%以上,却采用可供出售金融资产列式该部分投资,则需要充分说明判断其对被投资单位不具有重大影响的依据。本案例中,A公司对C企业及其日常管理方B公司都没有控制或者重大影响,所以可以列为可供出售金融资产。如果A公司能对B公司产生重大影响或控制,则把C企业列为可供出售金融资产是不合适的。

由于对"重大影响"仅有原则性定义,部分上市公司在持股比例未发生变化的情况下,通过向被投资企业董事会增减董事等方式,变更会计核算方法。《2018年上市公司年报会计监管报告》举例道:"个别上市公司在对被投资单位持股比例未发生变化的情况下,将所持股权从可供出售金融资产转为以权益法核算的长期股权投资……一般而言,被投资单位股权结构及对被投资单位持股比例等未发生变化的情况下,公司不应在不同的会计期间,就该股权是否对被投资单位存在重大影响,作出不同的会计判断。"

【例】上市公司年报及监管函回复节选

上市公司A原持有B公司4.99%的股权,因A公司向B公司委派一名董事,并且A公司对B公司的持股比例于2018年3月29日由4.99%增加至5.00%,A公司将持有的B公司股权由可供出售金融资产变更为长期股权投资,并以权益法确认损益。交易所随即发函要求公司审慎核实上述会计核算方法变更是否符合企业会计准则的规定,是否符合公司的经营实质。

在收到交易所问询函后,会计师事务所认为上市公司能够对被投资企业施加实质性重大影响的依据不充分,因此不建议上市公司对被投资企业改按权益法核算,主要原因有:首先,上市公司通过在二级市场买入被投资企业0.1万股的方式,从而使对被投资企业的持股比例从4.99%增加至5%。但是,该0.1万股本身并不会实质增加上市公司在被投资企业的影响,也不足以表明上市公司对被投资企业的持有意图从财务投资者转变为重大影响。其次,被投资企业前两大股东持股比例达到78.13%,在被投资企业股东大会的表决权上前两大股东占有绝对优势,因而上市公司持有的5%股份并不能对被投资企业的经营及财务决策施加重大影响。最后,虽然上市公司向被投资企业增派了一名董事,在被投资企业的董事会中仅占1/17的席位,且未在其董事会下的五个委员会(包括审计与风险委员会、提名委员会、薪酬委员会、战略委员会和特别委员会)中担任任何职务,因而对被投资企业实施的影响非常有限。最后,A公司根据会计师事务所的意见,取消此次会计核算方法变更。

(4)嵌入衍生工具的会计处理与信息披露。衍生金融工具通常是独立存在的，但也可能嵌入到非衍生金融工具或其他合同中。

随着全球经济一体化和金融创新的快速发展，衍生金融工具种类越来越繁多，除了标准的衍生金融工具外，场外的非标准化衍生金融工具合约可以就时间、金额、杠杆比率、价格、风险级别等参数进行设计，以满足客户充分保值避险的需要，其创新具有很高的灵活性。这些创新也给会计核算和财务信息披露带来挑战，嵌入衍生工具的分拆和单独计量就是其中之一。

嵌入衍生工具与主合同构成混合工具。例如，可转换债券是持有者可以在一定时期内按一定比例或价格将其转换成一定数量的另一种证券的证券，实质上嵌入了普通股票的看涨期权。此外，我国商业银行发行的可转换为普通股的优先股和某些券商发行的收益凭证，都属于混合工具的范畴。

第一，嵌入衍生工具的分拆并单独计量。2017 年修订的《企业会计准则第 22 号——金融工具确认和计量》规定，衍生工具如果附属于一项金融工具但根据合同规定可以独立于该金融工具进行转让，或者具有与该金融工具不同的交易对手方，则该衍生工具不是嵌入衍生工具，应当作为一项单独存在的衍生工具处理。

与旧金融工具准则相比，新金融工具准则简化了混合金融工具的分类，包含金融资产主合同的混合合同中的嵌入衍生工具，不再单独核算。新金融工具准则对所有金融工具以及带有金融资产主合同的混合合同采用单一分类方法。与其他金融资产相一致，具有金融资产主合同的混合合同应从整体上分类和计量，取消了原准则中运用"紧密相关"来决定一项嵌入衍生工具是否被要求与主合同分离，由此消除金融资产分拆的复杂性。对于混合合同包含的主合同不属于金融工具准则规范的资产，企业需要评估所有合同，以确定应当从混合合同中分拆嵌入衍生工具，将其作为单独存在的衍生工具处理。在证监会近几年的《上市公司年报会计监管报告》中，多次提到嵌入衍生金融工具的分拆和单独计量问题。例如，《2018 年上市公司年报会计监管报告》指出："个别上市公司与被投资公司签订投资协议的同时与其他投资方约定上市公司自其他投资方收取约定收益，不再享有被投资公司的损益。两份协议交易对手不同，应当视为两项单独的工具，分别进行会计处理。具体而言，上市公司对被投资公司的股权投资应当按照长期股权投资准则或金融工具准则进行处理，上市公司与其他投资方之间的安排应当作为衍生工具进行处理。"

第二，对于银行理财产品的财务列报。在没有合适的投资项目的情况下，很多上市公司会将闲置资金用于购买理财产品。据《证券日报》统计，2018年全年先后有1252家上市公司有购买银行理财产品的记录，合计认购金额总额达到1.66万亿元。与此前相比，上市公司对于银行理财产品的申购，无论是上市公司参与的数量还是认购金额总额，均刷新了最近5年来的最高纪录[①]。

银行发行的理财产品按收益类型分为固定收益类（保本保固定收益）、保本浮动收益类（包括保本保固定收益附加浮动收益及保本不保收益）和不保本浮动收益类（不保本不保收益）三种。对于固定收益类理财产品，属于纯债权的非衍生金融资产，其未来回收金额固定或可确定。不保本浮动收益类理财产品往往无活跃市场报价。2018年4月27日，中国人民银行、中国银行保险监督管理委员会、中国证券监督管理委员会和国家外汇管理局联合发布了《关于规范金融机构资产管理业务的指导意见》（以下简称《资管新规》）。《资管新规》颁布后，很多银行主动分批下架了"保本型"银行理财产品，也有一些银行加快出售"假结构性存款"，以实现高息揽储目的。针对这一问题，银保监会于2019年10月18日制定并发布施行《关于进一步规范商业银行结构性存款业务的通知》，对结构性存款业务进行规范。

根据新金融工具准则规定，企业应当根据其管理金融资产的业务模式和金融资产的合同现金流量特征，区分理财产品属于哪一类金融资产。结构性存款结构性存款产品结构复杂，收益率与利率、汇率、贵金属或大宗商品行情挂钩，收益存在不确定性，风险程度较高。在旧金融工具准则下，上市公司的通常做法是分拆为一项普通定期存款（本金+保底收益部分）和一项衍生工具（浮动收益部分），后者作为"以公允价值计量且其变动计入损益的金融资产"。新金融工具准则下，结构性存款整体指定为"以公允价值计量且其变动计入损益的金融资产"，不再有可列入"货币资金"的金额。

【例】上市公司重要会计政策变更

本集团持有的某些结构性存款，其收益与黄金、外汇等变量挂钩。本集团于

[①] 《去年1 252家上市公司委托银行理财 总金额达1.66万亿》，http://www.cs.com.cn/jg/04/201901/t20190114_5914587.html。

2018年1月1日之前将结构性存款中嵌入的衍生工具单独核算,主债务合同列报为货币资金。2018年1月1日之后,本集团分析其合同现金流量代表的不仅仅为对本金和以未偿本金为基础的利息的支付,因此将该等结构性存款重分类为以公允价值计量且其变动计入当期损益的金融资产,列报为交易性金融资产。

第三,带有换股权的公司债或优先股等复合金融工具分类。企业所发行的非衍生工具可能同时包含金融负债成分和权益工具成分,例如带有换股权的公司债或优先股。

【例】上市公司年报披露节选

某银行上市公司发行了触发事件发生时强制转换为普通股的优先股,当满足强制转股触发条件时,仍然存续的优先股将在监管部门批准的前提下以10.96元人民币/股的价格全额或部分转换为A股普通股。这里,带有换股权的优先股包含两个组成部分:一是在未触发强制换股条件时持续支付股息的义务;二是嵌入衍生工具——换股权。

复合金融工具没有统一的定义,合同条款千变万化,因此很难归纳出统一的会计处理方式。如公司债、优先股除了换股权之外,通常还会有其他的带有衍生工具特征的合同条款,例如可回售权、可赎回权、提前还款权等。新金融工具准则规定,对于复合金融工具,发行方应于初始确认时将各组成部分分别分类为金融负债、金融资产或权益工具。

(1) 发行在外的其他权益工具情况表

发行在外的其他权益工具	股息率	发行价格(元)	数量	2015-12-31金额	本年增加	2016-12-31金额	到期日或续期情况	转换情况
××优1	前5年的股息率为6%	100	1.5亿	14 960	—	14 960	无到期日	未发生转换
××优2	前5年的股息率为5.5%	100	1.5亿	14 960	—	14 960	无到期日	未发生转换
				29 920	—	29 920		

2014年11月28日和2015年3月6日,本行向境内投资者发行票面金额合计300亿元的非累积优先股,本行按扣除发行费用后的金额计人民币299.20亿元计入其他权益工具。在优先股存续期间,在满足相关要求的情况下,如得到银监会的批准,本行有权在优先股发行日期满5年之日起于每年的优先股股息支付

续表

(1) 发行在外的其他权益工具情况表
日行使赎回权,赎回全部或部分本次发行的优先股,优先股股东无权要求本行赎回优先股。发行的优先股采用分阶段调整的票面股息率,即在一个 5 年的股息率调整期内以固定股息率每年一次以现金方式支付股息。本行有权全部或部分取消优先股股息的宣派和支付。当本行发生下述强制转股触发事件时,经银监会批准,本行发行并仍然存续的优先股将全部或部分转为本行普通股:1. 当本行核心一级资本充足率降至 5.125%(或以下)时,由本行董事会决定,本次发行的优先股应按照强制转股价格全额或部分转为本行 A 股普通股,并使本行的核心一级资本充足率恢复至 5.125% 以上;2. 当本行发生二级资本工具触发事件时,发行的优先股应按照强制转股价格全额转为本行 A 股普通股。当满足强制转股触发条件时,仍然存续的优先股将在监管部门批准的前提下以 10.96 元人民币/股的价格全额或部分转换为 A 股普通股。在董事会决议日后,当本行发生送红股、转增股本、增发新股(不包括因本行发行的带有可转为普通股条款的融资工具,如优先股、可转换公司债券等转股而增加的股本)和配股等情况时,本行将按上述条件出现的先后顺序,依次对转股价格按照既定公式进行累积调整。
依据适用法律法规和"银监会关于××银行非公开发行优先股及修改公司章程的批复"(银监复〔2014〕564 号),优先股募集资金用于补充本行其他一级资本。在本行清算时,本行优先股股东优先于普通股股东分配,其所获得的清偿金额为票面金额,如本行剩余财产不足以支付的,按照优先股股东持股比例分配。

2. 减值准备的计提

减值准备是在财务报告中经常被监管机构关注和问询的事项,也是年报披露的重点之一。企业应当定期或者至少于每年年度终了,对各项资产进行全面检查,判断资产是否减值。如果资产存在某些可能已经发生减值的迹象,企业需根据谨慎性原则的要求,对其可收回金额进行正式估计,计提减值准备。

《企业会计准则第 8 号——资产减值》规定了要求企业应当在财务报表附注中披露与资产减值有关的信息。

常见的资产减值准备包括应收账款坏账准备、存货跌价准备、商誉的减值准备、在建工程减值准备等。企业所有的资产在发生减值时,原则上都应当对所发生的减值损失及时加以确认和计量。因此,资产减值包括所有资产的减值。但是,由于有关资产特性不同,其减值会计处理有所差别,适用不同的会计准则,例如,存货的减值适用《企业会计准则第 1 号——存货》,应收账款的减值适用《企业会计准则第 22 号——金融工具确认和计量》。

由于资产减值迹象的判断和测试、确定损失都充满了专业判断,导致一些公司在确定减值损失和减值准备时有较大的随意性。例如,根据沪深上市规则,若是上市公司连续两年净利润为负,其股票简称则会被冠以"*ST"字样,其股票报价日涨跌幅不得超过 5%,且公司的融资能力也会受到一定程度的影响。在经营下行压力的大环境下,为避免净利为负给企业造成的压力,一些业绩不佳的上市公司会集中在一年中进行资产减值准备计提,甚至包括往年没有计提的资产减值,从而避免业绩连续亏损,因此减值准备计提成为上市公司调节利润的重要手段,这严重影响了投资者对会计信息的理解,资产减值准备成为监管层关注的焦点之一。

梳理沪深两市交易所对于上市公司近几年年报的问询函,监管部门对于减值准备的关注要点,主要包括计提减值准备前后期的一致性、合理性、充分性以及合规性。

【例】上市公司年报及监管函回复节选

补充前

未披露资产减值损失计提、转回及实际核销情况。

补充后

(1) 本期计提、转回或收回的坏账准备情况。

本期计提坏账准备金额-10 991 496.44元,本期无收回或转回坏账准备金额。

(2) 本期实际核销的应收账款情况:无。

【提示】

根据编报规则第15号的第十九条第(五)项规定,对于应收账款的减值损失,应披露本期计提、收回或转回的坏账准备金额,以及实际核销应收账款的情况。公司应结合自身坏账计提政策、本期变动金额与收入变动的匹配,以及期后回款等情况,充分披露坏账计提、准备回转的合理性和充分性。

另外需要注意的是,新金融工具准则的实施对于应收账款计提坏账准备的会计处理逻辑发生了根本性的变化。相对于原金融工具准则采用"已发生损失法",新金融工具准则采用"预期信用损失法",根据未来可能发生的损失来确认减值准备。

【例】上市公司年报及监管函回复节选

补充前

未披露商誉减值测试。

补充后

根据中瑞国际资产评估(北京)有限公司减值测试的结果,所测试企业股东全部权益的可收回金额均大于账面价值,即本期期末商誉均未发生减值。主要数据如下表:

被投资单位名称	含商誉账面价值（万元）	评估值（万元）	折现率	平均毛利率	永续增长率	D/E
A	12 701.551	13 220.00	11.40%	40.94%	0.00%	0.039 0
B	110 737.72	111 268.00	11.68%	69.10%	0.00%	0.000 0
C	30 000.00	30 357.96	11.70%	61.00%	0.00%	0.095 6
D	16 168.96	16 800.00	11.50%	18.45%	0.00%	0.190 0

【提示】

根据《企业会计准则第 8 号——资产减值》，企业合并所形成的商誉，至少应当在每年年度终了进行减值测试。在信息披露方面，根据编报规则第 15 号的第十九条第（二十三）项规定，公司应当充分披露商誉减值测试过程、参数及商誉减值损失的确认方法。

近年来随着重组并购盛行，日益扩增的商誉已成为市场的热议话题。根据小多数据中心统计，剔除金融行业后，2018 年年度报告，A 股上市公司列报的商誉总额超过 11 900 亿元，占 A 股上市公司净资产的比值也已经超过 5.77%。商誉减值情况可以看作前期并购重组的后续信息披露，即被收购对象是否发生业绩变脸或亏损，是否未达到并购时的业绩承诺，之前的并购估值是否过高？一些被收购公司本身属于轻资产企业，并购时采用收益法估值，产生数亿元商誉，并购之后一旦发生技术替代、丧失独家代理权、市场变化等不确定性问题，商誉减值有极大概率使上市公司亏损。2018 年共有 62 家上市公司因计提商誉减值使净利润由正转负。此外，部分上市公司对企业合并形成的商誉，在会计期末以被并购企业实现当期业绩承诺为由，认为商誉不存在减值迹象，不进行减值测试。根据《企业会计准则第 8 号——资产减值》的规定，因企业合并所形成的商誉和使用寿命不确定的无形资产，无论是否存在减值迹象，每年都应当进行减值测试。公司在披露商誉减值时一定要当心避免雷区，充分披露商誉减值或未发生减值的依据和测试过程。

【例】上市公司年报及监管函回复节选

补充前

存货跌价准备

单位：元

项目	期初余额	本期增加金额		本期减少金额		期末余额
		计提	其他	转回或转销	其他	
原材料	10 910 024.06	2 373 676.54		605 738.43		12 632 962.17

续表

项目	期初余额	本期增加金额		本期减少金额		期末余额
		计提	其他	转回或转销	其他	
在产品	66 949 841.71	36 697 161.51		7 955 911.87		95 691 091.35
库存商品	52 488 294.16	26 393 905.86		23 585 079.41		55 297 120.61
周转材料	802 694.64					802 694.64
自制半成品	8 253 959.28	2 802 864.56		621 296.28		9 715 527.66
合计	139 404 813.85	67 547 608.57		32 813 025.79		174 139 396.43

原因说明：期末存货按照成本高于可变现净值的差额计提存货跌价准备；本期转销数系发出存货结转存货跌价准备。

补充后

2014—2016年存货跌价准备计提分别为3 061.44万元、9 208.47万元、6 754.76万元，均是按一贯性原则、统一的存货跌价准备计提会计政策执行。2015年大额计提存货跌价准备的主要原因是风机投入加大，当期未实现销售；而2016年风机产品随着销售的实现，相应转销其计提的存货跌价准备。

【提示】

2014—2016年，该上市公司存货跌价准备计提分别为3 061.44万元、9 208.47万元、6 754.76万元；而2016年转回或转销金额为3 281.30万元。对于公司2015年大额计提而2016年大额转回或转销，交易所对其存货跌价准备计提会计政策的一致性表示质疑。上市公司对于减值准备的计提方法在前后期应当保持一致性和可比性，不随意更改。一致性要求公司按照相关制度规定计提减值准备，若前后期计提方法发生变化，则应进一步在报表附注中充分、适当披露情况。根据编报规则第15号的第十九条第(九)项规定，除了根据类别列示存货期初余额、期末余额，以及对应的跌价准备的期初余额、期末余额及本期计提、转回或转销金额外，公司还应披露确定可变现净值的具体依据及本期转回或转销存货跌价准备的原因。

需要注意的是，一些上市公司存货出现大额减值或核销的原因可能是以前年度可能未足额结转营业成本。这种现象也引起监管方的关注。《2018年上市公司年报会计监管报告》指出："个别上市公司当期确认大额存货跌价准备或者将存货大规模结转成本，金额远高于历史水平；……这些情况表明上市公司以前年度可能存在存货结转不及时、少计营业成本导致存货不实等问题。"

【例】上市公司年报及监管函回复节选

补充前

(三十七) 资产减值损失

项目	本期数	上年数
坏账损失	85 540 752.03	58 675 134.08
无形资产减值损失	50 000.00	14 305 918.00
可供出售金额资产减值损失		12 556 174.60
合计	85 590 752.03	85 537 226.68

补充后

公司本次计提资产减值准备金额合计为85 590 752.03元,不考虑所得税的影响,对合并利润总额的影响金额为85 590 752.03元,已在2016年度经审计的财务报表中反映。

根据《主板信息披露业务备忘录第1号——定期报告披露相关事宜》的要求,公司已将上述事项提交近期召开的董事会审议,通过后提交2016年年度股东大会审议。

【提示】

在本例中,该公司仅在年报中披露了大量计提坏账损失的情况,此前未披露相关审议履行情况,受到了监管部门关注。根据规定,上市公司计提资产减值准备需要履行相应的程序及披露义务。具体规定见表2-11-1。

表2-11-1 上市公司履行相应程序及披露义务

板块	程序要求		披露要求
上交所	无规则要求,根据公司内部制度履行审议程序。		金额达到《上市规则》9.2条规定。
深主板	无规则要求,根据公司内部制度履行审议程序。		金额占公司最近一个会计年度经审计净利润的比例在10%以上且绝对金额超过100万元。
中小板	董事会	股东大会	金额达到前列标准之一的,应当在次年的2月底前提交董事会审议,并在董事会审议通过后2个交易日内履行信息披露义务,且披露时间不得晚于公司年度报告披露时间。
	年初至报告期末新计提资产减值准备金额达到下列标准之一的,需通过董事会审议: (1) 对单项资产计提的减值准备金额占公司最近一个会计年度经审计的净利润绝对值的比例在30%以上且绝对金额超过人民币1 000万元的。		

板块	程序要求		披露要求
	董事会	股东大会	
中小板	(2) 对全部资产计提的减值准备总额占公司最近一个会计年度经审计的净利润绝对值的比例在50%以上且绝对金额超过人民币2 000万元的。 (3) 对全部资产计提的减值准备总额占年初至报告期末扣除本次所计提减值准备后净利润绝对值的比例在100%以上。		
创业板	无规则要求,根据公司内部制度履行审议程序。		金额占公司最近一个会计年度经审计净利润的比例在10%以上且绝对金额超过100万元。

【例】上市公司年报及监管函回复节选

补充前

在建工程情况

项目	年末余额			年初余额		
	账面余额	减值准备	账面价值	账面余额	减值准备	账面价值
水贝珠宝大厦	343 365 313.46		343 365 313.46	279 056 650.35		279 056 650.35
合计	343 365 313.46		343 365 313.46	279 056 650.35		279 056 650.35

补充后

公司2016年末根据已完成投资以及未完成工程量所需投资预计项目总投资额,经测算和对比,项目预计未来现金流量现值不低于项目总投资额,项目的经济绩效与原预计金额没有发生重大不利变化。从内外部信息来源来看,水贝珠宝大厦在建工程不存在减值的迹象,在建工程不需计提减值准备。

【提示】

根据编报规则第15号的第十九条第(九)项规定,上市公司需披露在建工程账面余额、减值准备累计金额以及账面价值的期初余额、期末余额。对于在建工程减值准备金额,公司需要说明计提原因,披露其合理性。在本例中,该公司所处珠宝行业,因珠宝电商业务市场竞争激烈,珠宝行业景气度下降,并变更了部分募集资金投资项目的用途。而大厦项目亦为募投项目,该公司却并未对此项在建工程计提减值准备,因此受到问询。

(六) 合并范围的变动

由于合并范围的变化会导致财务报表数据的核算口径不一致,使收入、成本、费用等数据发生较大变化,从而降低财务报表可比性,因此,上市公司应披露合并范围变动的情况。这一节的内容包括了报告期内因企业合并或者丧失子公司控制权等原因导致合并范围变动时应披露的信息,具体分为非同一控制下企业合并、同一控制下企业合并、借壳上市或反向购买、丧失子公司控制权等情形。

【例】上市公司年报披露节选

合并范围的变更

(1) 反向购买。

根据《企业会计准则》《企业会计准则讲解》及相关规定,非同一控制下的企业合并,以发行权益性证券交换股权的方式进行的,通常发行权益性证券的一方为收购方。但某些企业合并中,发行权益性证券的一方因其生产经营决策在合并后被参与合并的另一方所控制的,发行权益性证券的一方虽然为法律上的母公司,但其为会计上的被收购方,该类企业合并通常称为"反向购买"。

本次交易完成后,上市公司向标的公司所有股东发行股份购买其持有的标的公司100%股权,同时A公司、自然人B将取得上市公司的控制权,因此本次重组法律意义上的收购方(上市公司)将成为会计上的被收购方,本次重组法律意义上的被收购方(标的公司)将成为会计上的收购方,因此本次重组构成反向购买。

因此根据《企业会计准则》及相关规定将形成非同一控制下企业合并,企业合并成本与取得的上市公司可辨认净资产公允价值份额的差额应当确认为商誉,由于上市公司按发行价折算的市值较上市公司净资产增值较高,在满足确认商誉的条件下预计将确认较高的商誉。

……

(2) 非同一控制下企业合并。

2018年6月,某上市公司全资子公司A与股权转让方B、标的公司C、自然人D签署了《关于标的公司C的股权转让协议》,上市公司全资子公司A以现金方式出资人民币4 550万元收购非关联法人股权转让方B所持标的公司C的70%股权。

本次股权收购是非同一控制下的企业合并,收购完成后上市公司将标的公司C纳入合并财务报表范围,并确认2 262.47万元的商誉。

……

(3) 处置子公司。

报告期内,根据公司 2018 年 4 月 24 日公司第十届董事会第十五次会议和 2018 年 6 月 28 日公司 2017 年年度股东大会审议通过的《关于处置子公司 A 公司股权的议案》,上市公司以 1 元价格对第三方(非关联方)转让所持 A 公司 80% 股权的全部权益,同时收回与 A 公司的往来债权 1 383.36 万元。

2018 年 12 月 28 日和 2019 年 3 月 28 日,公司分别收到交易对方支付的代 A 公司清偿其所欠上市公司债务款项及股权转让价款。同时,上市公司与交易对方在工商行政管理部门就上述股权转让事宜办理工商变更登记。

因本次处置已完成,A 公司将不再纳入公司合并报表范围。

【提示】

重组上市情况下,由于财务报表主体的变化,母公司的资产、负债需按照重组日的公允价值进行确认和计量。因此,重组上市公司需要披露被购买方于重组日的资产和负债情况。公司以发行股份购买资产等方式实现非上市公司或业务借壳上市并构成反向购买的,还应说明构成反向购买的依据、交易之前公司的资产是否构成业务及其判断依据、合并成本的确定方法、交易中确认的商誉或计入当期的损益或调整权益的金额及其计算过程。

非同一控制下企业合并需要披露取得的被合并方的权益比例,合并后取得控制的依据,合并成本的构成,或有对价或有负债以及商誉等信息。

同一控制下企业合并不涉及商誉,除此之外其他披露要求与非同一控制下合并相同。

本期发生丧失子公司控制权交易的,应根据证监会的有关规定披露其对公司财务状况影响等相关信息。

(七) 在其他主体中的权益

在其他主体中的权益形式包括联营、合营、共同控制经营、结构化主体等形式。在这一节中,公司需要披露企业集团结构,重要的子公司少数股东权益的信息,以及联营、合营企业的相关信息等。

联营是企业之间、企业与事业单位之间横向经济联合的一种法律形式。分为法人型联营、合伙型联营和合同型联营。实体型联营,即法人型联营,也就是有限责任公司;合同型联营,是指按照合同的约定各自独立经营,其权利和义务由合同约定,各自承担民事责任;合伙型联营,是指联营者之间共同经营形成一种联营组织,不具备法人的资格,参加联营的各成员相互之间承担连带责任,以自己在本联营单位的所有财产承担无限责任。

合营是指按合同约定对某项经济活动所共有的控制,是指由两个或多个企业或个人共同投资建立的企业,该被投资企业的财务和经营政策必须由投资双方或若干方共同决定。

共同控制经营是指企业使用本企业的资产或其他经济资源与其他合营方共同进行某项经济活动(该经济活动不构成独立的会计主体),并且按照合同或协议约定对该经济活动实施共同控制。共同控制经营的情况下,并不单独成立一个区别于各合营方的企业、合伙组织等(即不构成一个独立的会计主体),为了共同生产一项产品,各合营方分别运用自己的资产并且相应发生自身的费用。

这一部分披露的重点与难点在于合并控制的判断。控制合并的判断是指公司依据企业会计准则判断是否对投资的子公司形成控制,并将其纳入合并报表范围。根据《会计准则第33号——合并财务报表》第七条规定,"控制,是指投资方拥有对被投资方的权力,通过参与被投资方的相关活动而享有可变回报,并且有能力运用对被投资方的权力影响其回报金额"。判断是否合并报表并不能仅仅考虑持股比例的大小,公司还应当根据权力、回报及相互之间的影响综合判断。

近年来新经济、新业态、新产业的发展,对控制合并的判断带来了巨大的挑战。一般而言,上市公司将持有半数以上表决权的公司认定为子公司并纳入合并范围。然而,上市公司在判断合并范围时,容易遇到控制权不太明确而需要综合考虑的情况。介于控制合并的判断往往会影响到上市公司的财务数据,部分公司有意图通过控制合并调节利润,故而公司控制合并判断的合理性和充分性成为监管部门关注的焦点,而上市公司在控制合并时也应当强调实质重于形式,综合考虑被投资单位各股东的相对持股情况、各股东之间的关系、公司治理结构、日常经营管理模式等因素进行判断。

上市公司对于控制合并的披露依据为控制判断三要素,即投资方拥有对被投资方的权力;因参与被投资方的相关活动而享有可变回报;有能力运用对被投资方的权力影响其回报金额。当且仅当投资方具备上述三要素时,才能表明投资方能够控制被投资方。

上市公司控制合并判断的合理性和披露的充分性是监管部门在年报审核过

程中关注的重要内容。常见的问题包括持股比例与纳入合并报表范围的判断、结构化主体纳入合并范围的判断、涉及委托或受托经营时合并范围的判断、清算阶段的子公司纳入合并报表的判断等。

【例】上市公司年报披露节选

补充前

本公司经董事会及股东大会决议，基于本公司现有轻型全地形车业务，以与轻型全地形车业务相关的部分实物及无形资产作为出资，与B、C、D公司共同出资设立有限责任公司A。本公司持有A公司45%股权，拟将其纳入并表子公司范围。

补充后

公司持有A公司45%股权，为单一最大股东。其他出资方均为本公司控股股东的子公司，持股比例较为分散，不参与A公司的生产经营管理。A公司董事长及总经理、财务负责人等关键管理人员均为本公司委派或兼任，其生产经营依赖于本公司。鉴于公司拥有对A公司的权力，公司可以实质性控制A公司，故拟将其纳入并表子公司范围。

【提示】

根据编报规则第15号的第三十一条规定，公司持有其他主体半数或以下表决权但仍控制该主体的以及公司持有其他主体半数以上表决权但不控制该主体的，公司应披露相关判断和依据。在本例中，该公司持有的表决权足以使其目前有能力主导被投资方的相关活动，因此被视为拥有控制权，可以纳入合并范围，但是应在附注中披露原因。

【例】上市公司年报披露节选

补充前

单位：亿元

项目名称	本期期末数	本期期末数占总资产的比例	上期期末数	上期期末数占总资产的比例	本期期末金额较上期期末变动比例	情况说明
发放贷款和垫款	38.94	20.36%	25.43	27.77%	53.12%	因合并结构化主体贷款规模增加
以公允价值计量且其变动计入当期损益的金融负债	11.25	5.88%				因合并结构化主体产生的金融负债

公司仅说明因合并结构化主体增加贷款规模并产生负债。

补充后

公司对结构化主体是否应纳入合并范围进行判断，包括公司作为受托人的结构化主体和公司投资的由其他机构发行的结构化主体。公司补充披露产品总规模、公司认购份额、持有比例及影响。

公司作为受托人的结构化主体由于公司认购了绝大部分信托计划份额，获取绝大部分收益等因素纳入合并范围。

公司投资的由其他机构发行的结构化主体由于设立目的单一明确为参与上市公司非公开发行股票认购项目，公司认购份额占其总体份额的绝大部分，并且按照认购的份额享有收益或亏损，故纳入合并范围。

【提示】

根据编报规则第15号的第三十一条规定，对于纳入合并范围的重要的结构化主体，应披露控制的相关判断和依据。在本例中，对于该公司管理、投资的结构化主体，由于该公司拥有对结构化主体的权利、享有可变回报，并且有能力运用对结构化主体的权利来影响其回报的金额，故而可以纳入合并范围。

对于结构化主体是否纳入合并范围的判断是交易所关注的要点之一。《2018年上市公司年报会计监管报告》指出，部分上市公司仅基于有限合伙人的身份，就认为对其投资的合伙企业不具有控制，未纳入合并报表范围。例如有的上市公司作为有限合伙人持有结构化主体99%份额，剩余1%份额由普通合伙人持有，普通合伙人作为执行事务合伙人负责结构化主体日常事务的管理并收取固定报酬。该结构化主体的设立目的是服务于上市公司的并购或融资需求，上市公司参与并主导其设立。在这种情况下，上市公司依据持有的份额按比例承担和分享了该结构化主体绝大部分的风险和可变回报，并且结合其设立目的，应将其纳入合并报表范围。

总之，上市公司在判断时，不能仅仅根据其在合伙企业中的名义角色（GP或LP）判断是否将结构化主体纳入合并范围，而需要根据合伙协议的具体条款、持有的份额性质（优先级、普通级、劣后级），以及进入与退出机制等相关情况，综合分析其决策权、享有的回报与承担的风险等因素，判断是否对合伙企业具有控制。

【例】上市公司年报披露节选

补充前

合营企业或联营企业名称	主要经营地	注册地	业务性质	持股比例		对合营企业或联营企业投资的会计处理方法
				直接	间接	
A 公司	山东省临沂市	山东省临沂市	生产	51%		权益法

上市公司仅列表阐明对 A 公司持股 51%并以权益法作会计处理。

补充后：

根据 A 公司的公司章程规定，公司董事会由 5 名董事组成，其中上市公司子公司提名 3 名，B 公司提名 2 名，董事会对所议事项作出的决定应当经全体董事五分之四以上的董事同意方为有效。A 公司的日常管理主要由 B 公司派出的人员负责，因此上市公司子公司不能对 A 公司实施控制，未将其纳入合并报表范围，采取权益法核算。

【提示】

根据编报规则第 15 号的第三十六条规定，对于重要的合营企业或联营企业，公司应披露合营企业或联营企业的名称、主要经营地及注册地、业务性质、公司的持股比例。持股比例不同于表决权比例的，应说明表决权比例及差异原因。在本例中，该上市公司虽然持有 A 公司 51%的股份，但由于董事会议事安排并不能主导被投资方的相关活动，故不纳入合并报表范围，上市公司应披露相关说明。

【例】上市公司年报及问询函回复节选

2018 年 3 月 23 日，某上市公司与 A 公司签署《股权转让协议》，转让上市公司持有的 B 公司 18.982%股权，各方理解并同意，通过本次交易上市公司向 A 公司让渡对于 B 公司的实际控制权。上市公司根据本次交易的付款进度以及实际失去的对 B 公司的经营决策权，判断其于 2018 年 03 月 31 日已失去对 B 公司的控制权，其不再纳入公司合并报表范围。截至 2018 年 12 月 31 日，本次股权转让的股份以及关于董事改选尚未进行工商变更登记，且有部分尾款未付清。经公司所聘请的审计机构最终确认，B 公司应纳入上市公司 2018 年度合并报表范围，因此上市公司追溯调整半年报、三季报。

对于上市公司对 B 公司在报告期内出现不同的合并处理，交易所对其进行了问询，要求详细说明造成上述差异的原因。公司回复：

公司年审会计师根据《企业会计准则第 33 号——合并财务报表》中关于"控制"的

相关规定,并结合上市公司对B公司的董事会席位、持股情况,即董事会席位尚未变更,B公司5名董事会席位中公司占3名,且股权未变更,公司持有B公司51.126%股权,以及上述交易尚有部分尾款未付清,判断B公司应纳入公司合并报表范围。

【提示】

《企业会计准则第33号——合并财务报表》规定,合并财务报表的合并范围应当以控制为基础予以确定。控制,是指投资方拥有对被投资方的权力,通过参与被投资方的相关活动而享有可变回报,并且有能力运用对被投资方的权力影响其回报金额。在本例中,该上市公司虽然在2018年3月协议转让了B公司的部分股权,但是截至2018年12月31日,本次股权转让的股份以及关于董事改选尚未进行工商变更登记,且有部分尾款未付清。所以,上市公司实质上仍可对B公司实施控制,应当将B公司纳入合并报表范围。

除了协议转让子公司股权,上市公司当存在协议委托其他企业管理子公司或代理其他公司管理标的公司的情况时,对"控制"关系判断则更为复杂。根据《2016年证监会会计监管报告》,上市公司通过协议将子公司委托其他企业进行管理或接受其他方委托管理标的企业的,应结合委托经营协议条款,综合考虑委托经营的商业目的与经济实质、对被委托单位的经营管理及处置权、是否享有被委托经营标的剩余权益以及享有可变回报(包括委托期间和退出时的可变回报)的重大程度、董事会等类似权力机构成员任命程序、与委托经营交易对手方是否为关联方等因素,判断上市公司与委托经营标的企业是否存在"控制"关系,从而确定是否将其纳入合并报表范围。

【例】上市公司年报披露节选

某上市公司的控股子公司A受市场持续低迷影响,连续多年亏损停产,被国务院国资委认定为"僵尸企业",纳入"处僵治困"范围。上市公司于2018年10月11日召开第八届董事会第二次会议,审议通过了《关于控股子公司拟进行破产清算的议案》。

2018年12月6日,人民法院出具《民事裁定书》和《决定书》,裁定受理申请人上市公司对被申请人控股子公司A的破产清算申请,同时指定破产清算案的管理人。控股子公司A破产清算由法院受理并指定破产管理人后,上市公司将丧失对其控制权,不再将其纳入公司合并报表范围。故上市公司2018年度报告不再将其控股子公司A纳入合并资产负债表,但将其期初至处置日的收入、费用、利润和现金流量纳入2018年度合并利润表、合并现金流量表。

【提示】

根据《中华人民共和国企业破产法》相关规定，公司进入破产清算后，由人民法院指定管理人负责清算日常事宜，决定内部管理事务。在本例中，截至报告期末，该上市公司没有权利参与子公司的相关事宜并获取可变回报，因此该上市公司失去对子公司的控制权。上市公司应当充分披露相关情况。

合并财务报表的合并范围是以控制为基础加以确定的。对于主动清算的子公司，若上市公司仍然对清算过程中的子公司实施控制，则仍然应将其纳入合并财务报表的合并范围；对于进入破产清算的子公司，上市公司对处于清算阶段的子公司失去控制，则不应将其纳入合并报表范围。

（八）与金融工具相关的风险

根据新金融工具准则，企业应当披露信用风险相关定性及定量的信息，如风险管理实务、信用风险是否显著增加的判断标准、确定已发生信用减值的依据、如何考虑前瞻性信息、金融工具减值相关的输入值、假设和估值技术、预期信用损失三阶段的情况等。常见的金融工具产生的风险如信用风险、流动性风险、市场风险等各类风险。

【例】上市公司年报披露节选

本公司在日常活动中面临各种与金融工具相关的风险，主要包括信用风险、流动风险及市场风险。管理层已审议并批准管理这些风险的政策，概括如下。

（一）信用风险

信用风险，是指金融工具的一方不能履行义务，造成另一方发生财务损失的风险。本公司的信用风险主要来自银行存款和应收款项。为控制上述相关风险，本公司分别采取了以下措施。

（二）流动风险

流动风险，是指本公司在履行以交付现金或其他金融资产的方式结算的义务时发生资金短缺的风险。流动风险可能源于无法尽快以公允价值售出金融资产；或者源于对方无法偿还其合同债务；或者源于提前到期的债务；或者源于无法产生预期的现金流量。

（三）市场风险

市场风险，是指金融工具的公允价值或未来现金流量因市场价格变动而发生波动的风险。市场风险主要包括利率风险和外汇风险。

上市公司应披露包括风险敞口及其形成原因、风险管理目标、政策和程序、计量风险的方法，以及上述信息在本期发生的变化；期末风险敞口的量化信息，以及有助于投资者评估风险敞口的其他数据。在首次执行当年，企业还应当按照准则的衔接规定披露相关信息。根据《2018年上市公司年报会计监管报告》可以看出，部分上市公司执行新金融工具准则存在披露不充分的问题，例如"对于金融资产的预期信用损失没有充分披露具体参数的确定方法，前瞻性信息的考虑因素，预期信用损失三阶段的情况以及准则规定的其他关键定性和定量信息"。上市公司在披露首次执行新金融工具准则对当年年初财务报表的影响时，存在如"仅列示影响的相关项目和金额，未披露调整性质及原因以及准则规定的其他信息"等问题。

（九）公允价值的披露

公司应按持续和非持续的公允价值计量，分项披露期末公允价值金额和公允价值计量的层次。

公允价值的计量分为三个层次。第一层次是企业在计量日能获得相同资产或负债在活跃市场上报价的，以该报价为依据确定公允价值。

第二层次是企业在计量日能获得类似资产或负债在活跃市场上的报价，或相同或类似资产或负债在非活跃市场上的报价的，以该报价为依据做必要调整确定公允价值。

第三层次是企业无法获得相同或类似资产可比市场交易价格的，以其他反映市场参与者对资产或负债定价时所使用的参数为依据确定公允价值。

（十）关联方及关联交易

关联方和关联方交易往往折射出上市公司是否建立健全完善的内部控制和公司治理机制。部分上市公司存在控股股东或关联方通过违规担保或非经营性资金占用等多种形式侵占上市公司利益，对上市公司财务报告产生影响，上市公司关联方和关联交易的披露一直都是监管部门审查的重中之重。公司应按照《会计准则》及证监会有关规定中界定的关联方，披露关联方情况。这里的关联方与交易所《股票上市规则》中的关联方界定有所差异。

根据《会计准则第36号——关联方披露》一方控制、共同控制另一方或对另一方施加重大影响，以及两方或两方以上同受一方控制、共同控制或重大影响的，构成关联方。控制,是指有权决定一个企业的财务和经营政策,并能据以从该企业的经营活动中获取利益。

共同控制,是指按照合同约定对某项经济活动所共有的控制,仅在与该项经济活动相关的重要财务和经营决策需要分享控制权的投资方一致同意时存在。

重大影响,是指对一个企业的财务和经营政策有参与决策的权力,但并不能够控制或者与其他方一起共同控制这些政策的制定。

下列各方构成企业的关联方:

(1) 该企业的母公司。

(2) 该企业的子公司。

(3) 与该企业受同一母公司控制的其他企业。

(4) 对该企业实施共同控制的投资方。

(5) 对该企业施加重大影响的投资方。

(6) 该企业的合营企业。

(7) 该企业的联营企业。

(8) 该企业的主要投资者个人及与其关系密切的家庭成员。主要投资者个人,是指能够控制、共同控制一个企业或者对一个企业施加重大影响的个人投资者。

(9) 该企业或其母公司的关键管理人员及与其关系密切的家庭成员。关键管理人员,是指有权力并负责计划、指挥和控制企业活动的人员。与主要投资者个人或关键管理人员关系密切的家庭成员,是指在处理与企业的交易时可能影响该个人或受该个人影响的家庭成员。

(10) 该企业主要投资者个人、关键管理人员或与其关系密切的家庭成员控制、共同控制或施加重大影响的其他企业。

公司应按照关联交易类型,分别披露各类关联交易的金额。披露应收、应付关联方款项情况,以及未结算应收项目的坏账准备计提情况。

(十一) 股份支付

公司应披露本期授予、行权和失效的各项权益工具总额,期末发行在外的股票期权或其他权益工具行权价格的范围和合同剩余期限。

【例】上市公司年报披露节选

股份支付总体情况

☑适用　□不适用

单位:元　币种:人民币

公司本期授予的各项权益工具总额	
公司本期行权的各项权益工具总额(含解锁175.00万股,行权384.50万股)	5 595 000
公司本期失效的各项权益工具总额(股票期权30.75万股)	307 500
公司期末发行在外的股票期权行权价格的范围和合同剩余期限	4.07元/股,0.75年
公司期末发行在外的其他权益工具行权价格的范围和合同剩余期限(限制性股票)	2.08元/股,0.75年

其他说明:

2016年年度报告本期失效的各项权益工具总额:由于部分激励对象离职等原因,根据《首期股票期权与限制性股票激励计划(草案修订稿)》的有关规定,公司将对该部分股票期权注销。

公司期末发行在外的股票期权行权价格的范围和合同剩余期限:根据2016年7月21日,公司第六届董事会临时会议审核通过的《关于调整首期股权激励计划第三期股票期权行权价格的议案》,对本次股票期权的行权价格进行调整,调整后每份股票期权的行权价格为人民币4.07元。

【例】上市公司年报披露节选

股份支付总体情况

☑适用　□不适用

单位:元

公司本期授予的各项权益工具总额	9 480 000.00
公司本期行权的各项权益工具总额	26 560 000.00
公司本期失效的各项权益工具总额	600 000.00
公司期末发行在外的股票期权行权价格的范围和合同剩余期限	权益工具总额1 962万股,剩余期限10个月;权益工具总额1 962万股,剩余期限22个月;权益工具总额474万股,剩余期限6个月;权益工具总额474万股,剩余期限18个月

其他说明:

2018年7月2日,公司召开第七届董事会第十九次会议,审议通过了《关于向激励对象授予预留限制性股票的议案》,对于19名激励对象授予预留部分股票

948万股,占目前总股本的0.24%。

根据此次会议计划,本次授予限制性股票的授予价格为每股1.63元,因此根据本次授予的948万股确认的库存股(限制性股票激励计划回购义务)为15 452 400.00元。授予日的股票平均价格为每股2.77元,因此每份权益工具的价值为每份1.14元。

(十二) 或有事项

公司应披露资产负债表日存在的重要或有事项。公司没有重要或有事项的,也应说明。或有事项是指过去的交易或者事项形成的,其结果须由某些未来事件的发生或不发生才能决定的不确定事项。主要包括:未决诉讼或仲裁、债务担保、产品质量保证(含产品安全保证)、承诺、亏损合同、重组义务、环境污染整治等。

或有事项中,监管机构特别关注或有负债和预计负债。

1. 或有负债披露的完整性

或有负债是公司应承担的潜在义务,可能导致企业未来现金流出,为了减少其不利影响,不少企业铤而走险选择隐瞒披露或推迟披露或有负债信息。因此监管机构在审核年报时会关注或有负债是否完全披露,并要求公司自查是否还有应披露而未披露的或有负债事项。

【例】上市公司年报及问询函回复节选

2017年4月17日,某上市公司披露《重大诉讼公告》称10名自然人投资者因公司信息披露违法违规一事受到损失,请求法院判令公司向原告赔偿经济损失合计23 121 613.83元。但是该公司未在年报相关章节对上述重大诉讼的情况予以披露。为此交易所要求该公司补充披露相关情况。同时,要求公司自查是否存在其他应披露未披露的重大诉讼、仲裁事项,如有应及时履行信息披露义务。

该公司在《2016年年度报告(更新后)》中补充披露了上述10名自然人投资者因公司信息披露违法违规而起诉公司的诉讼事项。

【例】上市公司年报及问询函回复节选

某上市公司的控股子公司A于2016年6月22日收到环境保护局《停产通知书》:"经查,你公司涉嫌私设暗管偷排化工废水,现责令你公司立即停止一切生产行为"。因当时未涉及诉讼,该公司经营班子认为其停产时间不长,对公司全年影响有限,故未及时向公司报告,以致公司未能及时了解情况并及时披露。该公司于 2016 年 8 月 8 日接到 A 公司总经理许某某家属报告:许某某及两名员工因涉嫌污染环境罪被人民检察院批准逮捕。为此,该公司于 2016 年 8 月 9 日披露了《关于控股子公司相关人员涉嫌污染环境罪的公告》,公告披露了 A 公司已停产整改及 2015 年该公司净利润为 1 040.49 万元,提醒投资者注意投资风险。

此后,该公司在 2016 年年报中只披露了收到《停产通知书》一事,而对总经理许某某及两名员工被批准逮捕之事只字未提。交易所在年报事后审核问询函要求对子公司 A 停产整改事件予以完整披露。

【提示】
做好或有负债的信息披露工作,一是要对所有达到或有负债披露标准的事项进行披露;二是对每一件需要披露的或有负债事项都要按照要求充分披露相关信息,不得有所遗漏。对于第一个要求,要准确把握或有负债的定义,满足该定义的事项即达到披露标准,就需要及时披露;对于第二个要求,应严格遵守《会计准则》中的相关规定,充分披露或有负债的种类、形成原因、不确定性说明及可能的影响。公司还应关注年报信息披露与临时公告信息披露的一致性以及年报与财务报告的一致性,不可因临时公告已经披露相关或有负债事项,在年报中有所遗漏。亦不可在同一份年度报告中,前后披露不一致。最后,影响或有负债的多种因素是处于不断变化中的,企业应当持续地对这些因素予以关注。

2. 预计负债计提的合理性
预计负债是公司需要承担的现时义务,是真正的负债,会导致公司经济利益的流出,进而影响公司当期的盈利情况。监管机构在审核年报时,特别关注是否存在不确认、少计提或者多计提预计负债的情况。

【例】上市公司年报及问询函回复节选
2015 年,某上市公司被 A 公司和 B 公司起诉,一审法院判决公司赔偿 410 万元,并承担诉讼费用 63 260 元。公司不服继续上诉,且未就该事项计提预计负债。2016 年 5 月 27 日,该公司披露公告称收到法院二审判决,就本案驳回公司上诉,维持原判,判决书落款日期为 2016 年 3 月 28 日。该公司于 4 月 29 日披露年报,年报中未就上述案件计提预计负债。

交易所在年报问询函中要求公司补充披露:(1)公司或其代理人知悉判决结果以及收到二审判决书的日期;(2)公司有关上述预计负债的计提是否合理。

该公司在回复中声称:公司代理律师于 2016 年 5 月 25 日收到二审判决,知悉了判决结果,并同时将相关信息告知我公司。在编制年报时,公司判断二审败诉导致赔付的可能性不超过 50%,故公司决策不计提诉讼赔偿预计负债。

【提示】

合理确认预计负债必须准确把握预计负债的三项确认条件:现时义务、很有可能导致经济利益流出和流出金额能可靠计量。一旦同时满足这三个条件,不管是否影响利润,影响的程度有多大,都必须确认预计负债,而非仅仅当成或有负债披露。在本例中,该公司在年报披露时获得的信息是确定是否确认预计负债的关键。公司在一审败诉、二审判决书落款日期早于年报披露日的情况下,仍然没有确认预计负债,这样的会计处理值得商榷。

【例】上市公司年报披露及问询函回复节选

2019 年 3 月 15 日,某上市公司披露《关于公司自查对外担保的公告》,公司存在违规向控股股东提供担保的行为,违规担保总额 2.9 亿元,公司向债权人提起诉讼。根据 3 月 22 日的进展公告,其中 0.7 亿元担保被认定无效,其余 2.2 亿元均败诉。而公司在 4 月 30 日披露的年度报告中,未对上述担保计提预计负债。

交易所在年报问询函中要求公司结合相关诉讼与或有事项的具体情形与进展,说明未计提预计负债的依据、原因与合理性,是否符合《企业会计准则第 13 号——或有事项》的规定。

公司回复称,前述担保均为公司违规对外担保。2018 年 8 月 9 日,最高人民法院公布的《最高人民法院关于审理公司为他人提供担保纠纷案件适用法律问题的解释(征求意见稿)》,担保权人在接受上市公司提供的担保时,有义务审查上市公司披露的信息;上市公司对控股股东、实际控制人提供担保,如未经股东大会审议通过,应当认定担保行为无效。并且市场上已有对于上市公司未经法定程序为控股股东或实际控制人提供担保的效力认定问题的判例。同时公司已聘请律师事务所对上述违规担保事项效力出具法律意见书。另外,公司存在被判败诉或已处于执行阶段的情形,主要原因是没有积极应诉,没有提出担保行为无效的抗辩。但公司还有司法途径,可以争取确认这些担保行为无效。上述担保行为承担担保责任的可能性没有达到很可能发生的程度,不是企业需承担的现时义务。故未对相关担保计提预计负债是合理的,符合《企业会计准则》相关规定。

【提示】

中华人民共和国最高法院于发布的《关于审理为他人提供担保纠纷案件适用法律问题的解释(征求意见稿)》尚未正式生效。经查阅上市公司年度报告,部分公司对已一审判决的违规担保根据判决结果确认预计负债,对尚未判决的违规担保事项,认为担保合同无效,未计提预计负债;但同时也有部分公司因未对违规担保事项计提预计负债被出具"保留意见"或者"无法表示意见"的审计报告。可见对违规担保事项是否计提预计负债并无成文规定。在本例中,该公司在2.2亿元违规担保事项败诉的情形下,不计提预计负债的会计处理有待商榷。

【例】上市公司年报及问询函回复节选

补充前

2014年A公司以侵害植物新品种权为由对我公司控股子公司B向河南省郑州市中级人民法院(下文简称"郑州中院")提起民事诉讼,郑州中院于2015年9月28日作出一审判决,判令B公司赔偿J博士4 950万元及因制止侵权行为所支付法人合理开支2万元;案件受理费289 426元由B公司负担。

B公司对一审判决不服,向河南省高级人民法院(下文简称"河南高院")提起上诉,河南高院已受理,并将择日开庭审理,我公司因此计提了1 750万元的预计负债。

补充后

为保证或有负债金额的合理性及充分性,公司财务部及法务部与代理律师对诉讼进行了详细的分析预估,并根据代理律师出具的《关于二审结果预估分析意见》的函,出于谨慎性原则计提了1 750万元的预计负债。因该诉讼二审尚未开庭,为避免影响二审判决,相关依据公司不进行详细披露,公司将根据二审诉讼进展情况适时披露。

【提示】

在本例中,该公司针对上述诉讼事项计提1 750万元的预计负债,占涉案金额的35.13%。该公司年报显示2015公司净利润为568万元,累计未分配利润为2 864万元,如果对诉讼事项全额计提预计负债,则该公司2015年净利润和累计未分配利润将为负数。对于如此重大的风险事件,该公司的持续进展披露就不够充分了。

(十三) 资产负债表日后事项

资产负债表日后事项所涵盖的期间,是指报告年度次年的 1 月 1 日至董事会对财务报告的批准报出日之间的期间。

公司应披露资产负债表日后存在的股票和债券的发行、重要的对外投资、重要的债务重组、自然灾害导致的资产损失以及外汇汇率发生重要变动等非调整事项,分析其对财务状况、经营成果的影响。无法作出量化分析的,应说明原因。

公司应披露资产负债表日后利润分配情况,包括拟分配的利润或股利、经审议批准宣告发放的利润或股利金额等。在资产负债表日后发生重要销售退回的,公司应披露相关情况及对报表的影响。

【例】上市公司年报披露节选

资产负债表日后事项

其他资产负债表日后事项说明

☑适用 □不适用

(一) 子公司 A 清算注销事项

本公司全资子公司 A 设立时的任务和目标已达到,根据公司经营管理的需要,为简化管理流程,于 2019 年 2 月 1 日召开的第三届董事会第二十次会议审议通过了《关于注销全资子公司 A 的议案》。2019 年 2 月 25 日,本集团收到××市场监督管理局核准的《准予注销登记通知书》,A 公司完成注销登记。

(二) 孙公司 B 清算注销事项

本公司全资孙公司 B 公司设立时的任务和目标已达到,根据公司经营管理的需要,为简化管理流程,B 公司于 2018 年 11 月 2 日的股东大会通过了注销决议。2019 年 1 月 17 日,本公司收到××工商行政管理局核准的《准予注销登记通知书》,B 公司完成注销登记。

(三) 对外投资成立合资公司事项

公司第三届董事会第二十次会议审议通过了《关于对外投资设立合资公司暨关联交易的议案》,决定与 C 公司共同出资设立 D 公司(以下简称"合资公司"),合资公司已完成工商注册登记手续,取得了统一社会信用代码:×××的营业执照。

(四) E 公司股权质押事项

因本公司参股公司 E 公司 2018 年未完成业绩承诺,2019 年 3 月 8 日,E 公司原股东将其持有的 E 公司股权质押给本公司(已办理工商备案登记),作为其履行业绩补偿款支付义务的担保。

（五）除存在上述资产负债表日后事项披露事项外，本集团无其他重大资产负债表日后非调整事项。

（十四）其他重要事项

其他重要事项包括：本期发现的前期会计差错；本期发生重要债务重组；本期发生重要资产置换（包括非货币性资产交换）、重要资产转让及出售；年金计划的主要内容及重要变化；报告分部的确定依据；其他对投资者决策有影响的重要交易和事项。

【例】上市公司年报披露节选

补充前

报告分部的财务信息

单位：元

项目	液压润滑设备	锅炉及配件	分部间抵销	合计
主营业务收入	486 691 204.14	293 506 771.73		780 197 975.87
主营业务成本	370 132 435.07	282 745 312.76		652 877 747.83

注：因母公司存在液压润滑设备、锅炉及配件两部分业务，无法区分所属分部资产和负债，未披露各报告分部的资产总额和负债总额。

单位：元

项目	液压润滑设备	锅炉及配件	未分配项目	合计
分部收入	487 604 954.96	300 647 676.83	1 041 265.04	789 293 896.83
分部费用	460 409 477.42	393 305 928.05	19 666 793.54	873 382 199.01
分部利润（注）	27 195 477.54	-92 658 251.22	-18 625 528.50	-84 088 302.18
分部资产	927 230 406.84	671 354 636.49	139 554 588.20	1 738 139 631.53
分部负债	344 117 930.34	213 706 955.42	27 230 292.68	585 055 178.44
其他项目				
主营业务收入	486 691 204.14	293 506 771.73		780 197 975.87
主营业务成本	370 132 435.07	282 745 312.76		652 877 747.83

补充后

报告分部的财务信息

分部利润与财务报表营业利润总额的衔接如下:

单位:元

项目	金额
分部利润	-84 088 302.18
加:投资收益	73 306.68
营业利润	-84 014 995.50

【提示】

根据编报规则第 15 号的相关规定,公司应披露报告分部的确定依据、分部会计政策、报告分部的财务信息(包括主营业务收入、主营业务成本等),以及分部财务信息合计金额与对应合并财务报表项目的调节过程。公司无报告分部的,应说明原因。

披露分部信息的目的是为了体现管理层制定经营决策,使投资者可以评估分部层面的业绩。如果不披露分部信息,那么如果公司一些重要分部存在亏损,会被总体盈利的表象掩盖,从而误导投资者的决策。

(十五)母公司财务报表的重要项目附注

公司应披露母公司财务报表的重要项目附注,包括但不限于应收账款、其他应收款、长期股权投资、营业收入和营业成本、投资收益等。

第十二节 备查文件目录

公司应当在本节将备查文件的目录进行披露和填写。

一般情况下,备查文件应当包括以下文件:

(1)载有公司负责人、主管会计工作负责人、会计机构负责人(会计主管人员)签名并盖章的财务报表,包含合并口径的资产负债表、利润表及现金流量表以及母公司口径的资产负债表、利润表及现金流量表以及所有者权益变动表。

（2）载有会计师事务所盖章、注册会计师签名并盖章的审计报告原件。即会计师事务所提供的审计报告原文，开头部分节选如图 2-12-1 所示。

审计报告

天健审[2019]×号

××××有限公司全体股东：

一、审计意见

我们审计了××××有限公司（以下简称×××公司）财务报表，包括 2018 年 12 月 31 日的合并及母公司资产负债表，2018 年度的合并及母公司利润表、合并及母公司现金流量表、合并及母公司所有者权益变动表，以及相关财务报表附注。

我们认为，后附的财务报表在所有重大方面按照企业会计准则的规定编制，公允反映了×××公司 2018 年 12 月 31 日的合并及母公司财务状况，以及 2018 年度的合并及母公司经营成果和现金流量。

二、形成审计意见的基础

我们按照中国注册会计师审计准则的规定执行了审计工作。审计报告的"注册会计师对财务报表审计的责任"部分进一步阐述了我们在这些准则下的责任。按照中国注册会计师职业道德守则，我们独立于××公司，并履行了职业道德方面的其他责任。我们相信，我们获取的审计证据是充分、适当的，为发表审计意见提供了基础。

三、关键审计事项

关键审计事项是我们根据职业判断，认为对本期财务报表审计最为重要的事项。这些事项的应对以对财务报表整体进行审计并形成审计意见为背景，

（六）就××公司中实体或业务活动的财务信息获取充分、适当的审计证据，以对财务报表发表审计意见。我们负责指导、监督和执行集团审计，并对审计意见承担全部责任。

我们与治理层就计划的审计范围、时间安排和重大审计发现等事项进行沟通，包括沟通我们在审计中识别出的值得关注的内部控制缺陷。

我们还就已遵守与独立性相关的职业道德要求向治理层提供声明，并与治理层沟通可能被合理认为影响我们独立性的所有关系和其他事项，以及相关的防范措施（如适用）。

从与治理层沟通过的事项中，我们确定哪些事项对本期财务报表审计最为重要，因而构成关键审计事项。我们在审计报告中描述这些事项，除非法律法规禁止公开披露这些事项，或在极少数情形下，如果合理预期在审计报告中沟通某事项造成的负面后果超过在公众利益方面产生的益处，我们确定不应在审计报告中沟通该事项。

天健会计师事务所（特殊普通合伙）

中国注册会计师：××

（项目合伙人）

中国注册会计师：××

二〇一九年四月二十三日

图 2-12-1　会计师事务所审计报告

（3）报告期内在证监会指定网站上公开披露过的所有公司文件的正本及公告的原稿。此部分在公司业务管理系统中均有存档，公司无需另行上传披露。

（4）在其他证券市场公布的年度报告。同时在境外证券市场上市的公司需在报备文件目录中披露境外市场要求的年度报告。

【例】上市公司年报披露节选

1	载有法定代表人、主管会计工作的负责人、会计机构负责人签字并盖章的财务报告。
2	载有会计师事务所盖章、注册会计师签名并盖章的审计报告原件。
3	报告期内在《上海证券报》《香港商报》上公开披露过的所有文件正本及公告原稿。
4	在香港交易所公布的年度报告。

公司应当将上述文件的原件或具有法律效力的复印件同时置备于公司住所、证券交易所，以供社会公众查阅。

3. "不披露即解释"原则

鉴于上市公司存在个体差异,部分上市公司可能因各种原因无法全面执行行业指引的披露要求,如可能导致上市公司难以反映经营活动的实际情况、难以符合行业监管要求或者公司注册地有关规定等,规则要求这些公司应当解释未按要求进行披露的原因,并予以特别提示。这样,一方面为上市公司根据客观实际进行披露提供了"缓冲带";另一方面也使得消极回避行业信息披露义务的公司有"需要作出解释"的压力。

【例】上市公司年报及监管函回复节选

问:关于业绩与毛利率。年报披露,公司2016年实现营业收入约14.8亿元,同比下降约0.99%,实现归属于上市公司股东的净利润约6.5亿元,同比大幅上升306.31%。从业务板块来看,公司采矿业务实现营业收入约14.2亿元,毛利率高达71.95%。请公司结合选矿回收率、矿石入选品位、单位综合成本等因素综合分析采矿业务毛利率较高的原因,并进行同行业对比。

答:根据中国上市公司协会2016年第4季度的行业分类,我司归属于"采矿业——有色金属采选业"。以下对比数据皆取自截至本回复函提交日已披露的可比同行业上市公司2016年年度报告。

(1)鉴于同行业公司多数未披露矿石入选品位,仅有矿石储量品位,我司2016年矿石储量品位与同行业公司对比见下表。我司××矿业是铅锌铜银多金属矿床,且品位均达到综合利用水平,铅锌品位较高,无论是主产品还是副产品,经济价值较高。对比显示,铅储量品位处于较高水平,锌的储量品位居中,其他公司未披露铜的储量品位,含银水平差距较大,我司银的储量品位与另两家公司相比较低。由于各矿山地理位置、地质条件不同,储量品位差异是正常的。

......

(3)因同行业公司未披露选矿回收率指标,无法形成对比数据。根据我司了解到的行业资料,我司选矿回收率指标在同行业中处于中等水平。从××矿业积累的历史数据自评,虽然属于成矿条件较为复杂的矿床,但选矿回收率一直处于上升趋势。不断优化的生产技术指标也将有利于公司利润的增加。

【提示】

在本例中,交易所监管函要求公司结合选矿回收率、矿石入选品位、单位综合性可以划分为19个门类、90个大类。3 000多家上市公司分属于这些行业,在经营模式、产品特征、风险因素、盈利和竞争优势等方面均有着不同的行业特点,很难用统一的标准来衡量和认知。过往的主要适用于传统制造业上市公司的信息披露规则已经无法适应不同行业上市公司的差异化披露需求,无法满足投资者对信息披露有效性的更高追求。

因此,早在2000年,证监会就制定并发布了证券公司和商业银行的年报信息披露编报规则,开始对金融行业上市公司的年报信息披露作出规范。2007年,证监会出台了保险公司年报信息披露的特别规定。至此,银行、证券、保险三大金融类上市公司的年报信息披露得以统一规范。

为进一步向投资者提供更加有效的投资决策信息,提高上市公司监管的针对性和有效性,沪深交易所从2013年开始陆续出台非金融行业的分行业信息披露指引,紧密结合行业具体特点,要求上市公司主动披露对投资者决策有重大影响,与上市公司业务相关的行业信息和经营性信息。

鉴于非金融行业与金融行业的差异性较大,为便于读者使用,本章将在第二节单独介绍证监会关于金融行业上市公司年报信息披露的特别规定,其余部分主要结合沪深交易所的要求对非金融行业上市公司的分行业年报信息披露要求进行说明。

一、分行业信息披露所涉及的行业

截至2019年11月,上交所已发布28件行业信息披露指引(其中第一号指引为"一般规定"),涉及27个行业。沪市上市公司应当按照证监会公布的公司行业分类归属,适用相应的分行业信息披露指引。同时,考虑到部分上市公司实际经营业务与证监会公布的公司行业类型不一致,允许公司可按实际情况选择所属行业。上市公司同时从事多个行业的,可以分别参照相应行业披露指引要求,履行信息披露义务。

深交所方面,截至2019年11月已发布了13件深市行业信息披露指引和13件创业板上市公司新兴行业信息披露指引,共涉及26个行业。深交所规定,上市公司相关业务营业收入占公司最近一个会计年度经审计的营业收入30%以上,或净利润占公司最近一个会计年度经审计的净利润的30%以上,或该业务可能对公司业绩或股票及其衍生品种价格产生重大影响的,应当按照相应指引履行信息披露义务。

沪深交易所已发布的指引所涉及的行业不尽相同,其分行业和信息披露指引具体如表 3-1-1 所示。

表 3-1-1　沪深交易所已发布的分行业和信息披露指引

上交所主板	深交所	
	深市行业指引*	创业板
一般规定		
房地产	房地产	
煤炭	固体矿产资源相关	
电力		
零售	零售相关	
汽车制造		
医药制造		药品、生物制品
石油和天然气开采		
钢铁		
建筑	土木工程建筑业务	
	装修装饰	
光伏		光伏产业链相关
服装		
新闻出版		
酒制造		
广播电视传播服务		
环保服务		节能环保服务
水的生产与供应		
化工		
航空运输		
农林牧渔	畜禽、水产养殖相关	
	种业、种植	
集成电路		集成电路

续表

上交所主板	深交所	
	深市行业指引*	创业板
航空、船舶、铁路运输设备制造		
医疗器械		医疗器械
食品制造		
黄金珠宝饰品	珠宝	
影视		影视
家具制造		
有色金属		
	工程机械相关	
	快递服务	
	民用爆破相关	
	软件与信息技术	
	非金属建材	
		互联网游戏
		互联网视频
		电子商务
		互联网营销及数据服务
		LED产业链相关
		工业机器人产业链相关
		锂离子电池产业链相关

注：* 表示深交所于2019年10月修订了8件行业信息披露指引，并于2019年11月新颁布1件行业信息披露指引，在各指引的制定依据中均增加了《深圳证券交易所创业板股票上市规则》，将上述指引的适用范围从原深主板、中小板扩大至深市上市公司。其余未修订的行业信息披露指引建议同样适用。

二、分行业信息披露的总体框架

（一）基本原则

1. 强制性与自愿性相结合原则

沪深交易所行业信息披露指引以法定信息披露为基础，着重增加了上市公司关于非财务信息的披露要求。考虑到不同公司的规模大小和内部控制水平不同，披露成本也有差异，沪深交易所将行业信息披露区分为"应当披露"和"鼓励披露"两个层次，将实践中对投资决策确有重大影响、具备行业普遍性的非财务信息作为强制披露要求，同时鼓励公司对部分个性化经营指标和行业发展中的实际问题进行自愿性披露。

【例】上市公司年报披露节选

外购煤成本

本公司销售的外购煤包括自有矿区周边及铁路沿线的采购煤、国内贸易煤及进口、转口贸易的煤炭。

2018年，本公司外购煤销售量达160.2百万吨（2017年：142.8百万吨），同比增长12.2%，占公司煤炭总销售量的比例由2017年的32.2%上升到34.8%。全年外购煤成本为56 321百万元（2017年：49 950百万元），同比增长12.8%，主要是本公司根据煤炭市场供需情况增加外购煤的销售量。

【提示】

上交所关于煤炭行业信息披露指引中明确，上市公司可以在年度报告中披露报告期内外购煤的采购量、销售量、价格和成本等，这部分并非强制披露要求。在本例中，该公司披露外购煤销售量及成本情况即属于自愿性披露的情形。

2. 相关性、可比性和可理解性原则

与相对统一和标准化的财务信息相比，非财务信息存在行业个性化特征明显、披露口径多元化等特点。上市公司披露行业经营性信息时，应当注意结合实际经营情况，合理引用行业数据，引用内容应当充分可靠、客观权威，并注明来源。权威机构尚未发布相关数据的，公司应当提示并披露数据查询路径；引用的数据和口径应当前后一致，与同行业公司具有可比性；使用的公告语言应当简明易懂，对行业专业术语、专业背景、行业知识等进行必要的介绍和解释说明，避免使用生僻用词或者术语，保证披露信息的有质量、有价值、易理解和可接受，便于投资者尤其是中小投资者理解公司实际经营状况和风险信息。

【例】上市公司年报披露节选

2018年我国智能手机出货量同比继续下降，智能手机技术更新依旧乏力，受制于5G手机短期内对出货量提升贡献度有限，2019年手机出货量仍将延续下滑态势。2019年国内手机市场的竞争格局将延续2018年态势,主要手机品牌集中度仍较高,"马太效应"愈加凸显,在核心技术创新、下游销售推广等方面竞争仍较为激烈,两极分化的态势更加明显,中小型手机厂商经营风险急剧上升。

同时,创新将带来产品的单价提升和在现有存量市场中渗透,随着越来越多技术的下沉,包括5G、折叠屏、全面屏、三摄等的组合运用,重视技术专利、产品质量和国际规则的手机厂商将在竞争中获得优势。特别是第五代移动通信(5G)和人工智能已经成为全球研发及创新热点,国产手机将面临"弯道超车"的重要战略机遇期。

(1)受市场低迷影响,预计2019年全球智能手机销量同比下降。市场调研机构IDC发布了2019年及以后手机市场的预测,报告中提到今年全球智能手机出货量将再度出现负增长,其中5G手机出货量仅占了手机出货总量的0.5%。IDC认为,5G手机的普及难以在今年完成。智能手机市场的主要推动力仍较弱,换机行为持续拉长,5G和折叠屏手机短期内对出货量提升贡献度有限,预计2019年国内手机出货量仍将延续下滑态势。

(2)手机品牌集中度越来越高、海外市场仍然是国产品牌手机厂商的重要目标。手机市场竞争更加残酷,"马太效应"愈演愈烈,2019年在大盘无法增长的态势下,谨慎发展、优化供应链资源、推出更具竞争力的产品,对于手机厂商将格外重要。海外市场特别是海外新兴市场的巨大潜力,吸引大部分手机企业发展全球化战略。中国厂商进一步进行海外市场的拓展,ODM海外产品的研发和测试经验将大有用武之地,海外市场会成为中国手机厂商以及ODM厂商的主要增长点。

(3)移动通信技术革新赋予移动终端更大的发展空间。2018年12月,工信部已向中国电信、中国移动、中国联通三大运营商颁发5G系统中低频段试验频率使用许可,进一步推动我国5G产业链的成熟与发展,预计2019年第三季度三大运营商将集体开始5G网络试商用,到2020年正式启动商用。虽然部分国家和地区开始逐步实现5G试商用,但是整体供应链及终端产品的普及仍然不够成熟,预计2020年5G的技术革新才能在消费市场带来明显的影响。

【提示】
在本例中,该上市公司在介绍智能手机行业格局和趋势时引用了市场调研机构IDC的报告,并结合最新移动通信技术的市场化程度介绍了移动终端的未来发展空间,使得行业分析更加充分、客观。

成本等因素进行综合分析,基于数据来源问题,该公司无法完全满足披露要求,但在回复中说明了不披露矿石入选品位而披露矿石储量品位的理由,并且阐述了无法对选矿回收率指标进行对比的缘由。

(二)披露框架

根据分行业信息披露指引,上市公司的行业经营性信息披露包括以下三个层面:

第一个层面为定期报告披露。以年度报告为主,要求上市公司结合所属行业的宏观因素、市场环境、发展状况、经营特点及公司的行业地位,对公司的商业模式、竞争优势、经营成果、经营风险等能够反映自身投资价值的事项进行讨论和分析。

第二个层面为定期经营数据披露。要求上市公司按月或者季度披露反映行业特点的主要经营数据。

第三个层面为重大经营事项披露。要求上市公司及时披露行业经营性事项的重大进展或变化。

第二节 金融行业的年报信息披露

本节所称金融行业特指银行业、证券业和保险业,这三个行业的公司运营均以资金为主,若发生风险将产生重大社会影响。与此同时,银行业、证券业和保险业的经营模式既与制造业等非金融行业存在差异,相互之间也大有不同。因此,不管是在监管内容上还是监管方式上,监管部门对这三个行业公司的监管要求均严于其他行业公司。

下文主要就银行业、证券业和保险业上市公司的年报披露中需特别注意的内容进行介绍说明。

一、■■■■■年度报告特殊披露要求

(一)主要规则

《公开发行证券的公司信息披露编报规则第26号——商业银行信息披露特别规定》(证监会公告〔2014〕3号,2014年修订)

（二）年报特殊披露要求

商业银行的年报特殊披露要求如表 3-2-1 所示。

表 3-2-1　商业银行年报特殊披露要求

主要会计数据与财务指标	公司应在定期报告中披露截至报告期末前三年的主要会计数据，包括资产总额及结构、负债总额及结构、股东权益、存款总额及结构、贷款总额及结构、资本净额及结构（包括核心一级资本、其他一级资本和二级资本）、加权风险资产净额、贷款损失准备。 公司应在定期报告中披露截至报告期末前三年合并财务报表口径的主要财务指标，包括营业收入、利润总额、归属于本行股东的净利润、归属于本行股东的扣除非经常性损益后的净利润、资本充足率、一级资本充足率、核心一级资本充足率、不良贷款率、存贷比、流动性比例、单一最大客户贷款比率、最大十家客户贷款比率、正常类贷款迁徙率、关注类贷款迁徙率、次级类贷款迁徙率、可疑类贷款迁徙率、拨备覆盖率、拨贷比、成本收入比。
分级管理与分支机构	公司应根据自身经营管理特点在定期报告中合理确定并披露分级管理情况及各层级分支机构数量和地区分布，包括名称、地址、职员数、资产规模等。
信贷资产质量	公司应在定期报告中披露报告期信贷资产质量情况，包括按五级分类中的正常类贷款、关注类贷款、次级类贷款、可疑类贷款和损失类贷款的数额和占比，以及与上年末相比的增减变动情况。还应披露报告期公司重组贷款、逾期贷款的期初、期末余额以及占比情况。商业银行应对上述增减变动情况进行分析。
贷款损失准备	公司应在定期报告中披露报告期内贷款损失准备的计提和核销情况，包括贷款损失准备的计提方法、贷款损失准备的期初余额、本期计提、本期转出、本期核销、期末余额、回收以前年度已核销贷款损失准备的数额。
应收利息	公司应在定期报告中披露报告期应收利息的增减变动情况，包括期初余额、本期增加数额、本期收回数额和期末余额、应收利息坏账准备的提取情况、坏账核销程序与政策。商业银行应对应收利息和坏账准备的增减变动情况进行分析。
营业收入结构	公司应在定期报告中披露报告期营业收入中贷款利息净收入、拆放同业利息收入、存放中央银行款项利息收入、存放同业利息收入、债券投资利息收入、手续费及佣金净收入及其他项目的数额、占比及同比变动情况并予以分析。
贷款投放	公司应在定期报告中披露贷款投放的前十个行业和主要地区分布情况、贷款担保方式分布情况、金额及占比，前十大贷款客户的贷款余额以及占贷款总额的比例。
抵债资产	公司应在定期报告中披露截至报告期末抵债资产情况，包括抵债资产金额、计提减值准备情况等。
计息负债	公司应在定期报告中分类披露计息负债的平均余额和平均利率、生息资产的平均余额和平均利率，包括但不限于企业活期存款、企业定期存款、储蓄活期存款、储蓄定期存款的平均余额和利率以及合计数；企业贷款、零售贷款、一般性短期贷款利率、中长期贷款利率；存放中央银行款项、存放同业、债券投资的平均余额和平均利率；同业拆入、已发行债券平均成本。

续表

金融债券	公司应在定期报告中披露持有的金融债券的类别和金额,面值最大的十只金融债券的面值、年利率及到期日,计提减值准备情况。
理财业务、资产证券化、托管、信托、财富管理等业务	公司应在定期报告中披露报告期理财业务、资产证券化、托管、信托、财富管理等业务的开展和损益情况,包括但不限于披露为开展该业务而设立的载体的性质、目的、融资方式以及是否将该载体纳入合并范围的判断原则,并区分是否纳入合并财务报表的合并范围和业务类型,披露所涉及业务的规模。对于未纳入合并范围的载体,还应披露在该载体中权益的最大损失敞口及其确定方法。
表外项目	公司应在定期报告中披露对财务状况和经营成果造成重大影响的表外项目余额,包括但不限于信贷承诺(不可撤消的贷款承诺、银行承兑汇票、开出保函、开出信用证)、租赁承诺、资本性支出承诺等项目的具体情况。
风险计量	公司应在定期报告中披露下列各类风险的计量方法、风险计量体系的重大变更,以及相应的资本要求变化: (1)信用风险状况。商业银行应披露信用风险管理、信用风险暴露、逾期贷款总额、信用风险资产组合缓释后风险暴露余额、信贷资产质量和收益的情况,包括产生信用风险的业务活动、信用风险管理和控制政策、信用风险管理的组织结构和职责划分、资产风险分类的程序和方法、信用风险分布情况、信用风险集中程度、不良贷款分析、贷款重组、不良贷款的地区分布和行业分布等情况。 (2)流动性风险状况。商业银行应披露能反映其流动性状况的有关指标,分析资产与负债在期限、结构上的匹配情况,分析影响流动性的因素,说明本行流动性管理策略。 (3)市场风险状况。商业银行应披露其市场风险状况的定量和定性信息,包括所承担市场风险的类别、总体市场风险水平及不同类别市场风险的风险头寸和风险水平;所承担各类市场风险的识别、计量和控制方法;有关市场风险的敏感性分析,包括利率、汇率、股票及其他价格变动对商业银行经济价值或财务状况和盈利能力的影响;市场风险管理的政策和程序;市场风险资本状况等。 (4)操作风险状况。商业银行应披露由于内部程序、人员、系统的不完善或失误,或外部事件造成损失的风险。 (5)其他风险状况。其他可能对本行造成严重不利影响的风险因素。

【例】上市公司年报披露节选

1. 报告期信贷资产质量情况

单位:百万元

五级分类	金额	占比	金额较上年末相比增减
正常类贷款	1 512 112	93.71%	15.84%
关注类贷款	71 595	4.44%	11.64%
次级类贷款	11 283	0.7%	11%

续表

五级分类	金额	占比	金额较上年末相比增减
可疑类贷款	9 727	0.6%	10.66%
损失类贷款	8 799	0.55%	55.96%
合计	1 613 516	100%	15.74%

报告期末，本集团不良贷款余额298.09亿元，比上年末增加52.12亿元；不良贷款率1.85%，比上年末上升0.09个百分点；关注类贷款余额715.95亿元，比上年末增加74.64亿元，关注类贷款率4.44%，比上年末下降0.16个百分点。

2. 重组贷款和逾期贷款情况

单位：百万元

分类	期初余额	期末余额	所占比例
重组贷款	237	273	0.02%
逾期贷款	55 666	55 117	3.42%
…	…	…	…

注：逾期贷款包括本金或利息已逾期的贷款。任何一期本金或利息逾期1天或以上，整笔贷款将归类为逾期贷款。

报告期末，本集团重组贷款账面余额2.73亿元，比上年末增加0.36亿元，占比0.02%，与上年末持平。

报告期末，本集团逾期贷款余额551.17亿元，比上年末减少5.49亿元，占比3.42%，比上年末下降0.57个百分点。

【提示】

为了加强对信贷资产质量的动态监控，加大对重点领域的风险管控，在贷款监管五级分类制度下，商业银行应在定期报告中披露正常类贷款、关注类贷款、次级类贷款、可疑类贷款和损失类贷款的数额和占比，以及与上年末相比的增减变动情况。此外，商业银行还应披露报告期公司重组贷款、逾期贷款的期初、期末余额以及占比情况。在本例中，该公司披露的内容已满足上述要求，若能按产品类型、行业、地区、担保方式等维度对贷款和不良贷款进一步细分说明，按逾期期限展示逾期贷款信息，则更有助于投资者了解信贷资产质量的结构分布。

【例】上市公司年报披露节选

抵债资产及减值准备情况

单位：百万元　币种：人民币

类别	2018年12月31日		2017年12月31日	
	金额	计提减值准备金额	金额	计提减值准备金额
抵债资产	1 029	48	480	17
其中：房屋建筑物	943	47	392	16
土地使用权	85	0	85	0
其他	1	1	3	1
减：减值准备	-48	—	-17	—
抵债资产净值	981	—	463	—

报告期内，公司取得的抵债资产账面价值人民币 6.88 亿元（主要为房屋建筑物）；处置抵债资产收回 1.22 亿元，抵债资产账面价值增加 5.49 亿元。公司对部分抵债资产进行价值重估，减值准备增加 0.31 亿元。

【提示】

在本例中，该公司除了在年报中披露了截至报告期末抵债资产金额、计提减值准备情况等，还介绍了抵债资产的主要构成、处置抵债资产收回情况及部分抵债资产的价值重估情况，有助于投资者全面了解抵债资产的整体质量情况。

二、■■■■■■年度报告特殊披露要求

（一）主要规则

《证券公司年度报告内容与格式准则》（证监会公告〔2013〕41 号，2013 年修订）

（二）年报特殊披露要求

证券公司的年报特殊披露要求如表 3-2-2 所示。

表 3-2-2　证券公司年报特殊披露要求

历史沿革	公司应简要介绍其历史沿革，主要包括以前年度经历的改制重组、增资扩股等情况。
业务创新	公司应披露在报告期内业务创新情况，分析其对公司经营业绩和未来发展的影响，以及如何进行风险控制。
业务资格	公司应披露报告期内各单项业务资格的变化情况。

续表

融资情况	公司应披露其主要的融资渠道、长短期负债结构以及为维持流动性水平所采取的措施和相关的管理政策,同时分析其融资能力、或有事项及其对财务状况的影响。
现金流转情况	公司应分析报告期内现金流转情况,包括经营活动、投资活动和筹资活动产生的现金流量及其主要影响因素。
风险控制	公司应说明动态的风险控制指标监控和补足机制建立情况,报告期内风险控制指标触及预警标准、不符合规定标准的情况及采取的整改措施、整改效果。 公司应按照监管部门的有关要求计算净资本、风险资本准备及相关风险控制指标,并列示期初数和期末数。若监管部门在报告期内修订相关计算标准,期初数应按照新标准重新计算列示。
表外项目	公司应披露可能影响其财务状况和经营成果的主要表外项目(如担保、抵押、质押、融资合约、重要的承销合同等)的总金额及有关情况。
审计费用	公司应分项披露归属于报告期和报告期内实际支付的年报相关审计费用情况,以及目前的审计机构和签字会计师已为公司提供年度财务报表审计服务的连续年限。
薪酬情况	公司应披露董事、监事和高级管理人员薪酬管理的基本制度、决策程序以及薪酬情况,包括报告期末每位现任及报告期内离任董事、监事和高级管理人员在报告期内计提的薪酬金额、实际获得的薪酬金额、薪酬延期支付和非现金薪酬情况。

【例】上市公司年报披露节选

公司始终坚持以创新促转型,取得多项业务创新成果:

(1)积极推进监管部门主导的各项创新。公司首批入围"债券通"主承销商名单;×××基金子公司首批获得FOF基金批文,并且是首批获█████████FOF基金中唯一一只偏股型产品,获得中国基金报颁发的"中国基金业20年最佳产品创新奖——最佳另类组合创新产品奖"等多个奖项;期货子公司和资源管理公司首批获得大连商品交易所豆粕期权和郑州商品交易所白糖期权业务资格。

(2)继续加快自主创新步伐,为客户提供创新的业务解决方案。债券融资业务创新能力突出,设计并成功发行了国内首单金价挂钩债券和煤炭价格连结债券,成功发行首单财政部PPP项目资产证券化项目、首单绿色应收账款出表资产证券化项目、首只创新创业金融债券等,公司获得发改委评选的企业债券主承销商全面评价结果第一名,中央国债登记结算有限责任公司评选的"优秀承销机构奖"和"创新业务奖"。

(3)创新业务保持行业领先地位。公司客户融资类业务总规模位居行业前列;柜台市场产品发行数量和规模行业领先;公司创新业务收入占比同比持续提升。

【提示】

在本例中，该公司分别从监管部门主导的创新业务和自主创新业务两个方面较为清晰地对报告期内的创新业务进行了说明，并简要介绍了目前处于行业领先地位的创新业务发展情况。其不足之处是该公司未介绍风险控制情况。

【例】上市公司年报披露节选

公司风险控制指标监控和补足机制建立情况

公司始终保持对监管指标的高度关注，并按照《证券公司风险控制指标管理办法》的要求建立了风险控制指标动态监控系统，实现了对风险控制指标的"T+1"动态监控和自动预警，并建立了跨部门之间的沟通协作机制，以确保风险控制指标的持续达标。同时，公司持续对未来一段时间的风险控制指标进行测算分析，能做到提前发现风险、提前预警，合理统筹融资行为及安排资金用途。

2018年，公司主要风险控制指标状况良好。流动性风险控制指标大部分时间处于监管预警线以上，仅在年初由于正常业务变动，偶有几天下降至119%，略低于监管预警标准（120%）。但通过不断发行长期债务等融资安排，流动性风险控制指标迅速提高，目前已处于较高水平。证券集中度方面发生过十余起超限事件，公司均及时向监管机构进行报告，第一时间形成超限处理方案，并不断完善公司内部系统前端控制及后端监控措施。其余风险控制指标均持续达标。公司已建立净资本补足机制，保证净资本等风险控制指标持续符合证券监管部门的要求。截至报告期末，公司净资本为人民币919.96亿元，各类风险监控指标符合相关监管规定。

【提示】

风险控制是证券公司内控制度的核心。在本例中，该公司清晰介绍了风险控制指标动态监控系统的建立情况，特别地，对报告期内流动性风险控制指标、证券集中度触及预警标准、不符合规定标准的情况及采取的整改措施、整改效果进行了解释说明，有助于投资者了解公司的风险控制能力。

三、████████年度报告特殊披露要求

（一）主要规则

《公开发行证券的公司信息披露编报规则第4号——保险公司信息披露特别规定》（证监公司字〔2007〕139号）

（二）年报特殊披露要求

保险公司的年报特殊披露要求如表 3-2-3 所示。

表 3-2-3　保险公司年报特殊披露要求

会计数据、财务指标	公司应在定期报告中披露会计数据、财务指标时，应当包括以下内容：已赚保费、投资资产、未决赔款准备金（非寿险）、未到期责任准备金（非寿险）、赔付支出；已赚保费增长率、投资收益率、综合成本率（非寿险）、综合赔付率（非寿险）及退保率（寿险）
内含价值信息	保险公司（涉及人寿保险、健康保险、养老保险业务的）应当按照《公开发行证券的公司信息披露编报规则第 3 号——保险公司招股说明书内容与格式特别规定》第 13 条的规定，在年度报告中披露有关内含价值信息。
总精算师信息	在披露董事、监事及高级管理人员的信息时，公司应同时披露总精算师的信息。
经营情况	公司应在按照有关定期报告的内容与格式准则及编报规则的要求对相关经营情况进行回顾时，应当包括以下内容： （1）经营状况与成果分析。包括但不限于以下内容： 区分寿险业务与非寿险业务，并按主要险种类别分析其经营状况与成果，其中寿险业务应区分个人与团体业务。 （2）赔付支出、手续费及佣金支出情况。按主要险种类别披露赔付支出、手续费及佣金支出的构成，并分析其增减变动情况及原因。 （3）准备金计提情况。按主要险种类别披露各项准备金余额，分析其变动情况及原因，并披露准备金充足性测试情况。 （4）投资资产情况。披露公司投资政策、投资资产构成，并分析其变动情况及原因。投资资产应按投资对象和持有目的进行分类，根据投资对象分类时，应分为现金及现金等价物、定期存款、债券、基金、股票、基础设施投资、贷款及其他资金运用方式；根据持有目的分类时，应分为以公允价值计量且其变动计入当期损益的金融资产、持有至到期投资、可供出售金融资产、长期股权投资、贷款及其他。 （5）再保业务情况。按主要险种类别披露分出保费、分入保费及分保准备金等增减变动情况及原因；再保险业务的相关政策、主要业务伙伴、主要分保类型；尚处有效期的重大分保事项的有关情况。 再保险公司应按主要险种类别披露分保费收入、转分保分出保费等。 财产保险公司应披露报告期末承担重大保险责任的保单情况及其分保安排。 （6）偿付能力状况。分析本期末偿付能力情况，包括但不限于实际偿付能力额度、最低偿付能力额度及偿付能力充足率。实际偿付能力额度低于最低偿付能力额度时，应予相应说明并提出解决措施。
内部控制制度	公司应在年度报告正文中披露内部控制制度的建立健全情况，包括但不限于以下控制环节： （1）销售、核保、核赔、再保险等业务控制。 （2）预算、费用管理、财务报告等财务控制。 （3）资金调度、投资决策、投资风险管理等资金控制。 （4）信息技术、信息安全管理等信息技术控制。

续表

风险管理状况	公司应当在年度报告正文中从定性和定量的角度披露风险管理状况,包括风险管理组织框架与工作模式、风险类别(如承保风险、资产负债不匹配风险、市场风险、利率风险、信用风险及经营风险等)、风险管理流程与手段、风险管理效果评估与说明。
会计政策、会计估计	公司在定期报告中披露会计政策和会计估计时,应当包括以下内容: (1) 主要保险业务类别保费收入(含分保费收入)确认和计量的具体方法。 (2) 提取各项准备金及进行准备金充足性测试的主要精算假设和方法。 再保险公司应重点披露各项分保准备金的核算方法。
应收保费构成	公司应当按主要险种类别及账龄披露报告期末应收保费构成。应收保费中如有持有保险公司5%及以上股份的股东单位欠款,应予以说明。
应收、应付分保账款金额	公司应当按主要分保公司及账龄披露报告期末应收、应付分保账款金额。应收分保账款中如有持保险公司5%及以上股份的股东单位欠款,应予以说明。
应付手续费及佣金、保单质押贷款及抵债物资	公司应当披露报告期内应付手续费及佣金、保单质押贷款及抵债物资的变化情况,并对增减变动原因予以说明。
存出资本保证金、保险保障基金	公司应当披露存出资本保证金、保险保障基金的计提依据及金额。

【例】上市公司年报披露节选

偿付能力状况

保险公司应当具有与其风险和业务规模相适应的资本。根据资本吸收损失的性质和能力,保险公司资本分为核心资本和附属资本。核心偿付能力充足率,是指核心资本与最低资本的比率,反映保险公司核心资本的充足状况。综合偿付能力充足率,是指核心资本和附属资本之和与最低资本的比率,反映保险公司总体资本的充足状况。下表显示截至本报告期末本公司的偿付能力状况:

单位:百万元　币种:人民币

	2018年12月31日	2017年12月31日
核心资本	761 353	706 516
实际资本	761 367	706 623
最低资本	303 872	254 503
核心偿付能力充足率	250.55%	277.61%
综合偿付能力充足率	250.56%	277.65%

注:中国风险导向的偿付能力体系自2016年1月1日起正式实施,本表根据该规则体系编制。

截至本报告期末,本公司综合偿付能力充足率较2017年年底下降27.09个百分点,偿付能力充足率下降的主要原因是受公司业务发展、投资资产规模增长等因素影响。

【提示】

偿付能力情况反映了保险公司的偿付风险,保险公司应当具有与其风险和业务规模相适应的资本。2016年1月,中国保监会发布《关于中国风险导向的偿付能力体系正式实施有关事项的通知》,决定结束保险业偿付能力监管体系的"双轨并行"的过渡期状态,正式切换为中国风险导向的偿付能力体系。

【例】上市公司年报披露节选

赔款及保户利益分析

单位:百万元 币种:人民币

	2018 年	2017 年	变动幅度
退保金	116 229	94 629	22.80%
赔付支出:	174 439	198 088	−11.90%
寿险业务	130 320	163 299	−20.20%
健康险业务	37 860	29 287	29.30%
意外险业务	6 259	5 502	13.80%
提取保险责任准备金	191 718	175 322	9.40%
保单红利支出	19 646	21 871	−10.20%

本报告期内,本公司退保金同比上升22.8%,主要原因是受部分产品退保增加的影响。在赔付支出中,寿险业务赔付支出同比下降20.2%,主要原因是寿险业务满期给付减少;健康险业务赔付支出同比上升29.3%,主要原因是健康险业务规模增长;意外险业务赔付支出同比上升13.8%,主要原因是部分业务赔款支出增加导致。保险业务增长导致提取保险责任准备金同比增长9.4%。分红账户投资收益率下降使得保单红利支出同比减少10.2%。

【提示】

赔付支出反映了保险公司的部分经营状况,保险公司应当按主要险种类别披露赔付支出的构成,并分析其增减变动情况及原因。

第三节 非金融行业的年报信息披露

众所周知,不同行业的上市公司会有不同的行业宏观发展趋势与政策、不同的经营资源和不同的客户市场状况,受此影响,公司会形成不同的经营战略规划。当然,美好的战略规划取决于公司的经营执行。财务报表是面镜子,是前述多个维度经营状况的集中体现。例如,当行业发展趋缓时,行业内公司可能在营业收入增长上就会有所反映;又如,公司拥有的矿产资源、专利技术等经营资源就可能体现在报表的无形资产中。因此,深刻理解公司的行业经营信息披露,并与其财务信息反映相互印证,就可以深度揭示公司的价值与风险。本节将根据各个不同行业指引的要求,结合实际案例,认识理解披露重点与监管审核的关注点。

一、

(一)适用的指引

上交所《上市公司行业信息披露指引第二号——房地产》

深交所《行业信息披露指引第3号——上市公司从事房地产业务》

(二)年报披露要求

房地产行业上市公司年报一般要求披露行业宏观、客户市场、关键资源、战略规划、关键流程等相关内容,具体如表3-3-1至表3-3-5所示。

表3-3-1 行业宏观

要点	具体内容
宏观经济政策	上市公司应当披露对房地产行业产生直接影响的宏观经济形势、行业发展政策、金融税收政策、新兴运营模式等外部因素的变化情况,并说明其对公司当期和未来发展的具体影响,以及公司已经或计划采取的应对措施。(上交所)
	上市公司应当披露与房地产行业相关的宏观经济形势、行业政策环境的变化情况。(深交所)
行业发展状况	上市公司应当披露公司主要业务所在城市的行业发展状况,包括房地产土地购置面积、房地产新开工面积、房地产施工(在建)面积、房地产竣工面积、房地产销售面积以及库存去化周期等信息。(上交所)
	上市公司应当披露公司主要项目所在城市的行业发展现状及政策情况,并说明其对上市公司未来经营业绩和盈利能力的影响。(深交所)

【例】上市公司年报节选

2018年1~12月份,全国房地产开发投资120 264亿元,比上年增长9.5%,比上年同期提高2.5个百分点,其中,住宅投资85 192亿元,增长13.4%,比上年提高4个百分点,住宅投资占房地产开发投资的比重为70.8%。全国商品房销售面积171 654万平方米,比上年增长1.3%,其中,住宅销售面积增长2.2%。全国商品房销售额149 973亿元,增长12.2%,其中,住宅销售额增长14.7%。2018年末,商品房待售面积52 414万平方米,比上年末减少6 510万平方米。(数据来源:国家统计局)

(1)珠海房地产市场情况。

2018年,珠海市经济运行态势运行平稳,全市实现地区生产总值2 914.74亿元,同比增长8.0%。全年完成固定资产投资1 858.57亿元,比上年增长20.7%;其中,房地产开发投资787.09亿元,增长18.2%。全年商品房施工面积3 419.18万平方米,增长5.1%;商品房竣工面积267.06万平方米,下降36.8%;商品房销售面积301.58万平方米,下降40.8%。(数据来源:珠海市统计局)

(2)广州房地产市场情况。

2018年,广州市经济结构持续优化,新动能加快释放。全年实现地区生产总值22 859.35亿元,比上年增长6.2%;房地产开发业完成投资2 701.93亿元,与上年持平;商品住宅施工面积10 999.01万平方米,比上年增长3.2%;全年商品房成交建筑面积1 550.27万平方米,同比上升25.78%;其中,住宅供应面积1 089万平方米,同比上升29.64%,成交面积954万平方米,同比下降4.31%,成交均价21 197元/平方米,同比上升28.24%。(数据来源:广州市统计局)

自2017年广州"330新政"以来,房地产市场投资及投机需求得到了有效控制,房价趋于稳定。在此基础上,2018年第四季度广州针对价格管理、公积金和商服类物业政策略有调整、优化,楼市整体愈趋于规范化、市场化;同时,多措并举,大力推进住房租赁市场发展。

(3)上海房地产市场情况。

2018年,上海市全年生产总值32 679.87亿元,比上年增长6.6%。房地产开发投资完成4 033.18亿元,比上年增长4.6%。其中,住宅投资2 225.92亿元,增长3.4%。房屋建筑施工面积47 577.35万平方米,增长15.5%;竣工面积7 960.06万平方米,下降1.3%。商品房销售面积1 767.01万平方米,增长4.5%。其中,住宅销售面积1 333.29万平方米,下降0.6%。全年商品房销售额4 751.5亿元,增长

18.0%。其中,住宅销售额3 864.03亿元,增长15.8%。全年存量房买卖登记面积1 547.11万平方米,下降1.1%。(数据来源:上海市统计局)

2018年,上海楼市调控政策持续收紧,通过出台一系列以规范市场秩序、促进长效发展为目的的政策,使得楼市过快发展得到有效抑制。

(4)武汉房地产市场情况。

2018年,武汉市实现地区生产总值14 847.29亿元,同比增长8.0%。全年固定资产投资(不含农户)比上年增长10.6%。房地产开发投资趋稳,同比增长3.5%;房地产施工面积11 000万平方米;商品房销售金额2 130.05亿元,同比下降15.52%。(数据来源:武汉市统计局)

2018年,武汉在保持限购限贷从严的基础上,对房地产市场监管不断细化,并针对当前全装修住宅管理漏洞出台相关细则。此外,武汉积极推进分类调控,在全国首创刚需优先选房,支持刚需群体首套自住需求。

(5)南京房地产市场情况。

2018年,南京市房地产新开工面积1 942.31万平方米,房地产施工面积8 656.96万平方米,房地产竣工面积1 176.85万平方米,房地产销售面积1 220.73万平方米,全年商品房销售额2 731.98亿元。(数据来源:南京市统计局)

2018年,南京房地产市场调控依旧收紧,作为长效机制措施试点城市,南京持续跟随国家调控方向。同时"宁聚计划"等人才引进政策,将会吸引更多高端层次的人才聚集南京。目前,南京房价趋于稳定。

【提示】

鉴于房地产行业因城施策的特征,不同城市的房地产市场发展状况存在较大差异,与此同时,房地产企业的区域性较强,公司业务往往集中在一个或数个城市。在本例中,该上市公司对全国和公司主要业务所在地区的房地产行业发展状况分别进行了介绍,特别地,还说明了各城市特殊的行业政策,有助于投资者清晰地了解公司业务所在地区房地产行业目前所处的状况,以便对公司未来的发展情况进行预判。

表3-3-2 客户市场

要点	具体内容
行业地位	上市公司应当披露公司在主要业务所在城市的市场地位、竞争优势、所占市场份额等情况。(上交所)

续表

要点	具体内容
行业地位	上市公司应当披露公司主要经营模式、经营项目业态、主要项目所在城市的房地产销售情况,上市公司市场地位及竞争优势,面临的主要风险及应对措施。(深交所)
房地产开发投资情况	上市公司应当按照不同经营业态、地区和项目,披露房地产开发投资情况,包括在建项目、新开工项目及竣工项目的用地面积、规划计容建筑面积、总建筑面积、在建建筑面积、已竣工面积、拟建和在建项目的总投资额,以及本年实际投资额等信息。(上交所)
	上市公司应当披露报告期内主要项目开发情况,包括但不限于项目名称、所在位置、项目业态、权益比例、开工时间、开发进度(在建、竣工、停工等)、土地面积、计容建筑面积、累计竣工面积、本期竣工面积、预计总投资金额、累计已投资金额;项目实际开发进度与计划进度在投资金额、建设周期等方面出现50%以上差异,或者项目出现停工、达到可销售条件后的十二个月内未实现销售等情形,应当披露具体情况及原因。 涉及一级土地开发业务的,公司应当披露报告期内主要项目情况,包括但不限于项目名称、所在位置、权益比例、预计总投资金额、累计投资金额、规划平整土地面积、累计平整土地面积、本期平整土地面积、累计销售面积、本期销售面积、累计结算土地面积、本期结算土地面积、累计一级土地开发收入、本期一级土地开发收入、相关款项回收情况等。(深交所)
房地产销售情况	上市公司应当按照不同经营业态、地区和项目,披露房地产销售情况,包括报告期内可供出售面积、已售或已预售面积等信息。 上市公司可以按照不同经营业态、地区和项目,披露销售房产的每平方米平均售价、当年销售面积区间分布等其他房地产销售信息。(上交所)
	上市公司应当披露报告期内主要项目销售情况,包括但不限于项目名称、所在位置、项目业态、权益比例、计容建筑面积、可售面积、累计预售(销售)面积、本期预售(销售)面积、本期预售(销售)金额、累计结算面积、本期结算面积、本期结算金额等。(深交所)
出租业务	上市公司应当按照不同经营业态、地区和项目,披露出租房地产的建筑面积及租金收入。对投资性房地产采用公允价值计量模式的,应当披露租金收入占房地产公允价值比。租金收入占营业总收入10%以下的,可免于披露上述信息。 上市公司可以按照不同经营业态、地区和项目,披露出租率、每平方米平均基本租金及与上年同期比较变化等其他房地产出租信息。(上交所)
	上市公司应当披露报告期内主要项目出租情况,包括但不限于项目名称、所在位置、项目业态、权益比例、可出租面积、累计已出租面积、平均出租率等。(深交所)
经营信息	上市公司应当披露与行业特征相关的财务数据,细化收入、成本及毛利的具体构成,并按照不同经营业态、地区和项目披露营业收入、营业成本、毛利率(额)等指标及其与上年同期的变化。 上市公司应当披露报告期内重大减值计提项目情况及其原因。 上市公司应当对采用公允价值计量模式的投资性房地产,披露土地或房产的期末公允价值,并对同一土地或房产期末公允价值变动超过10%的原因进行说明。(上交所)
购房担保	上市公司报告期内存在向其商品房承购人因银行抵押贷款提供担保的,应当披露截至报告期末尚存在担保责任的担保余额、报告期内已承担担保责任且涉及金额占上市公司最近一期经审计净利润10%以上的具体情况等。(深交所)

要点	具体内容
公司与员工共同投资	上市公司直接或者间接与其员工共同投资开展房地产业务的，上市公司应当披露开展前述业务的总体情况，包括但不限于项目总数、员工跟投总额、占项目资金峰值比例、退出情况等。投资主体为上市公司董事、监事、高级管理人员及其所控制或者委托的组织，或者与其关系密切的家庭成员，且参与投资金额在三十万元以上的，上市公司应当披露投资项目情况，包括但不限于项目名称、投资主体类别、各类主体投资金额及占比、占项目资金峰值比例、累计收益、退出情况等，并说明实际投资金额与收益分配金额的匹配性。（深交所）

表3-3-3　关键资源

要点	具体内容
房地产储备	上市公司应当披露房地产储备情况，包括持有待开发土地（含待开发房产）的区域分布、土地总面积、一级土地整理面积、规划计容建筑面积、合作开发项目涉及的面积和权益占比等信息。（上交所）
	上市公司应当披露报告期内新增主要土地储备项目情况，包括但不限于宗地或项目名称、所在位置、土地规划用途、土地面积、计容建筑面积、土地取得方式、权益比例、土地总价款、权益对价等；分项目或区域列示的累计土地储备情况，包括但不限于项目或区域名称、总土地面积、总计容建筑面积、剩余可开发计容建筑面积等。（深交所）
财务融资情况、投融资计划	上市公司应当披露财务融资情况及投融资计划，包括期末融资总金额、整体平均融资成本、利息资本化金额等信息。上市公司应当结合下一年度新增房地产储备计划、在建和拟建项目投资计划等，披露公司的融资安排。 上市公司可以披露报告期内各类融资途径的融资金额、融资成本，以及不同期限结构的融资金额、融资成本等信息。（上交所） 上市公司按融资途径（如银行贷款、票据、债券、信托融资、基金融资等）披露截至报告期末各类融资余额、融资成本区间或平均融资成本、期限结构等。（深交所）

表3-3-4　战略规划

要点	具体内容
发展战略、经营计划	上市公司应当披露公司的发展战略和经营计划，包括下一年度计划开发的项目、计划新开工面积、计划竣工面积，以及前述经营数据较本年度的增减情况与设定依据。（上交所）
	上市公司应当结合房地产宏观环境及上市公司经营情况，披露发展战略和未来一年经营计划，包括但不限于土地储备、开发、销售和融资安排等。（深交所）

【例】上市公司年报及监管函回复节选

问：请你公司根据《深圳证券交易所行业信息披露指引第3号——上市公司从事房地产业务》的要求，按融资途径披露截至报告期末各类融资余额、融资成本区间、期限结构等；结合房地产宏观环境及上市公司经营情况，披露发展战略和未来一年的经营计划,包括但不限于计划增加土地储备情况、计划开工情况、计划销售情况、相关融资安排。

答:2018 年,公司资产总额 2 307 亿元,负债总额 1 929 亿元,其中预收账款余额 763 亿元,有息负债余额 820 亿元。有息负债的各类融资余额、融资成本区间、期限结构情况详见下表:

单位:亿元

项目	期末余额	融资成本区间	期限结构
银行贷款	559.81	4.28%~9.20%	1~14 年
非银行金融机构贷款	112.91	7.50%~12.50%	1~2 年
债券类(含摊销)	147.67	4.7%~8.06%	1~6 年
合计	820.39		

2019 年,中国仍将处在重要的战略机遇期和新旧动能转换期。目前中国城镇化率仅 59.58%,离发达国家平均水平还有相当长的距离,城镇化仍是房地产发展根本动力,未来房地产行业预计仍将保持高位运行,市场基本面没有发生改变,在持续的调控下行业波动属市场行为,公司仍持续看好房地产行业未来发展。公司将坚持"美好生活服务商"的总体战略为指引,加快完成由传统开发商向新型服务商的转型。全面贯彻落实"地产+服务"双轮驱动,推动"四位一体"协同发展。2019 年,公司将全面贯彻落实"四位一体"的协同发展战略布局,持续打好人才、资金、投资、销售四大攻坚战,提升核心竞争能力,确保实现高质量发展,圆满完成各项经营目标。

在房地产业务方面,公司及所投资的公司计划全年冲击销售规模 1 500 亿元,计划新开工面积约 3 000 万平方米,年末在建面积约 5 500 万平方米,新增可售货值 3 200 亿元。围绕上述经营目标,公司将坚持战略定力,保持合理发展节奏,持续加大销售力度,加强销售回款,合理安排融资,确保公司安全稳健,努力完成公司 2019 年各项经营指标。

【提示】

在本例中,该上市公司年报中未披露融资情况及下一年度的经营计划等信息,故而被交易所要求补充披露。从补充披露的内容看,上市公司以列表的方式展示了不同融资途径下融资余额、融资成本区间、期限结构等情况,清晰明了。此外,基于公司自身对房地产行业未来发展状况的判断,公司制订了相关计划并披露了未来一年的计划销售情况、计划开工面积等经营计划信息,使投资者对公司的经营情况有了更为深入的理解,更加有利于投资者的决策与判断。其不足之处是未介绍计划增加土地储备等关键资源的情况。

表 3-3-5　关键流程

要点	具体内容
主要经营模式	上市公司应当披露公司主要经营模式,并区分公司所在的房地产细分产业领域,披露其在房地产投融资与开发、规划设计、成本管控、市场营销、招商经营、物业服务、城市运营、园区配套等方面的核心竞争力。(上交所)
会计政策	上市公司应当披露与行业相关的具体会计政策。公司应当在企业会计准则原则性规定的基础上,依据公司自身的经营模式和结算方式,细化年度报告财务报表附注中存货、维修基金、质量保证金、借款费用、资产减值准备、各经营业态销售收入等会计政策,并披露确认条件、确认时点、计量依据等会计政策标准。(上交所) 上市公司应当依据自身经营模式和结算方式,在年度财务报告部分披露与房地产行业特征相关的收入确认、存货、投资性房地产等具体会计政策,并披露以下信息: (1) 在"存货"项目附注中按"开发成本""开发产品"披露主要项目信息,包括但不限于项目名称、期初余额、本期增加、本期减少、期末余额;存货余额中的利息资本化金额及利息资本化率情况,截至报告期末权属受限存货的期末账面价值、受限原因等。 (2) 在"存货跌价准备"项目附注中披露主要项目信息,包括但不限于项目名称、期初余额、本期增加、本期减少、期末余额,对于其中的在建项目,可以合并列示;涉及"停工""烂尾""空置"项目但不计提或者计提比例较低的,应当说明原因。 (3) 对投资性房地产采用公允价值进行后续计量的,在"投资性房地产"项目附注中披露以下信息: ① 报告期内新增以公允价值计量的投资性房地产的,披露主要项目的原会计核算方法、原账面价值、入账公允价值、变动时间、差额的处理方式及依据等。 ② 处于建设期的投资性房地产的主要项目情况,包括但不限于项目名称、所处位置、开工日期、预计投资总额、期初金额、期末金额、预计竣工时间。 ③ 已竣工投资性房地产的主要项目情况,包括但不限于项目名称、所处位置、竣工时间、建筑面积、报告期内租金收入、期初公允价值、期末公允价值等;报告期内投资性房地产公允价值变动超过10%的,应当对比可比项目披露变动原因;投资性房地产公允价值变动损益占公司最近一期经审计净利润30%以上的,应当单独披露投资性房地产公允价值评估报告、评估说明或者市场价值调研报告。 (4) 在"预收账款"项目附注中披露预售房产收款的信息,包括但不限于截至报告期末预售金额前五项目的名称、期初余额、期末余额。 (5) 在"营业收入"项目附注中披露报告期内确认收入金额前五的项目名称、收入金额等。(深交所)

二、

(一) 适用的指引

上交所《上市公司行业信息披露指引第三号——煤炭》

深交所《行业信息披露指引第 2 号——上市公司从事固体矿产资源相关业务》(固体矿产资源相关业务包括：①上市公司向矿产资源主管部门提出新设矿业权申请、通过参加矿产资源主管部门组织的矿业权招标拍卖挂牌活动有偿取得矿业权、受让其他主体拥有的矿业权、直接或间接收购已取得矿业权的矿山企业股权。②上市公司转让其拥有的矿业权或转让其拥有矿业权的矿山企业股权。③上市公司进行的矿产资源勘探及开采活动。上述矿业权包括探矿权和采矿权）

（二）年报披露要求

煤炭及固体矿产资源行业上市公司年报一般要求披露行业宏观、客户市场、关键资源、战略规划、关键流程等相关内容，具体如表 3-3-6 至表 3-3-10 所示。

表 3-3-6　行业宏观

要点	具体内容
宏观经济政策	上市公司应当披露报告期内直接影响煤炭开采和洗选行业发展的宏观经济走势、税费制度改革、限产转型政策、下游需求以及新兴运营模式等外部因素的变化情况，并说明其对公司当期和未来发展的具体影响，以及公司已经或计划采取的应对措施。（上交所）
	上市公司应当披露报告期内直接影响行业发展的宏观经济走势、税费制度改革、限产转型政策、下游需求以及新兴运营模式等外部因素的变化情况，并说明其对公司当期和未来发展的具体影响，以及公司已经或计划采取的应对措施。（深交所）

表 3-3-7　客户市场

要点	具体内容
行业地位	上市公司应当结合自身经营情况，披露下列反映煤炭开采和洗选行业发展状况与公司行业地位的信息： (1) 公司年度的煤炭产量和销售量。 (2) 公司主要矿区周边交通运输情况，及其变动对公司可能产生的影响。 (3) 公司在全行业或区域市场的市场地位、竞争优势等情况。 上市公司可以披露公司在全行业或区域市场的市场份额，以及在行业总体经济总量中的占比等情况。（上交所）
	上市公司应结合自身经营情况，披露下列反映行业发展状况与公司行业地位的信息： (1) 主要产品或者服务的用途。 (2) 主要产品的工艺流程或者服务的████████。 (3) 主要经营模式，包括生产模式和销售模式。 鼓励上市公司披露在全行业或区域市场的市场地位、竞争优势、市场份额，以及在行业总体经济总量中的占比等情况，相关数据须注明数据来源及测算方法。（深交所）

续表

要点	具体内容
经营数据	上市公司应当披露与行业特征相关的财务数据。上市公司应当细化收入、成本及毛利的具体构成，按地区、业务板块、煤炭品种、煤炭来源披露营业收入、营业成本、毛利率（额）等指标及其与上年同期的变化。 公司单一地区、业务板块、煤炭品种、煤炭来源的营业收入占总营业收入5%以下的，可免于披露。（上交所）
	上市公司应分品种披露矿产品的产销量、营业收入、营业成本、毛利率等主要经营、财务数据及其较前一年度的变动情况。如果上市公司拥有多个矿山，鼓励上市公司分矿山进行披露。（深交所）
煤炭资源开采和销售情况	上市公司应当披露煤炭资源开采和销售情况，包括报告期内各煤炭品种的产量、销量、销售收入、销售成本和毛利等情况。（上交所）

【例】上市公司年报及监管函回复节选

问：年报披露，公司煤炭产品主要销售给山西、东北、四川、新疆等地的大型钢厂和山西、山东、河南、河北等周边地区的发电厂。请公司：(1)根据《上市公司行业信息披露指引第三号——煤炭》，细化收入、成本及毛利的具体构成，按地区披露营业收入、营业成本、毛利率（额）等指标及其与上年同期的变化；(2)结合地区、煤炭品种、煤炭来源情况等说明各地区毛利率是否存在差异及合理性。

答：(1) 根据《上市公司行业信息披露指引第三号——煤炭》，细化收入、成本及毛利的具体构成，按地区披露营业收入、营业成本、毛利率（额）等指标及其与上年同期的变化。

公司煤炭产品分地区销售情况见下表：

单位：万元

分地区	营业收入	营业成本	毛利率	营业收入比上年增减	营业成本比上年增减	毛利率比上年增减
华北地区	2 728 492.30	2 008 561.43	26.39%	-12.47%	-20.49%	增加7.43个百分点
华东地区	816 522.43	778 182.62	4.70%	24.03%	24.78%	减少0.57个百分点
华中地区	89 391.98	88 047.31	1.50%	89.83%	89.59%	增加0.13个百分点
西南地区	72 836.10	71 496.14	1.84%	-58.55%	-58.22%	减少0.76个百分点
华南地区	57 471.74	55 546.74	3.35%	53.32%	53.16%	增加0.10个百分点
东北地区	27 192.39	26 404.64	2.90%	-33.64%	-33.52%	减少0.18个百分点
西北地区	22 370.08	21 972.10	1.78%	43.81%	44.69%	减少0.60个百分点

（2）结合地区、煤炭品种、煤炭来源情况等说明各地区毛利率是否存在差异及合理性。

2018年，公司煤炭业务整体销售毛利率为20.37%，比去年增加3.93个百分点，其中：煤炭生产业务销售毛利率为66.33%，比去年增加4.52个百分点；煤炭贸易业务销售毛利为1.94%，比去年增加0.06个百分点。

公司煤炭业务在全国各主要区域均有开展，主要经营区域为华北、华东地区，而公司自产煤主要向华北地区销售，因此该地区的毛利明显高出其他区域；同时，由于2018年煤炭生产产量增长，毛利增加，华北地区的毛利率增加7.43个百分点；其他区域毛利率较上年相比无明显变化。

【提示】

在本例中，上市公司按地区细化了收入、成本及毛利的具体构成，并结合具体业务模式和煤炭来源等情况，解释了华北地区毛利率显高出其他区域的原因及合理性，使投资者能够清晰地认识公司的核心业务及盈利能力情况。

表3-3-8 关键资源

要点	具体内容
煤炭资源	上市公司应当披露煤炭资源情况，包括各主要矿区和煤炭品种的资源量、可采储量等，同时披露相关储量的计算标准。（上交所）
重大煤矿建设项目进展	上市公司应当披露重大煤矿建设项目进展，包括报告期内重大煤矿建设项目的建设规模、截至报告期末的投资额、完成进度。同时，披露项目截至报告期末所处的阶段，如完成初步设计、获取地质报告批复、煤炭采矿许可证、开工建设批复、竣工验收批复等。（上交所）
收购或出售重大煤炭资产	上市公司应当披露收购或出售重大煤炭资产的情况，包括收购或出售交易标的资源量、可采储量、资产状况、盈利能力及其对公司主营业务的影响。（上交所）
矿井情况	上市公司可以在年度报告中披露以下内容： （1）主要煤矿矿井的名称、开采工艺、地质条件、目前生产状况等。 （2）报告期内外购煤的采购量、销售量、价格和成本等。（上交所）

【例】上市公司年报披露节选

煤炭资源方面：

公司拥有较丰富的煤炭储备资源，其中大部分为稀缺煤种无烟煤，这些煤炭储备资源，为公司发展提供了充足的资源保障。

【提示】

行业指引要求上市公司应当披露煤炭资源情况，包括各主要矿区和煤炭品种的资源量、可采储量等,同时披露相关储量的计算标准。在本例中,该上市公司披露煤炭资源时仅介绍了煤炭资源的种类,而没有对主要矿区和煤炭品种的资源量、可采储量和相关储量的计算标准进行披露,不符合行业指引要求。

表 3-3-9 战略规划

要点	具体内容
发展战略、经营计划	上市公司应当披露发展战略和经营计划,包括下一年度的煤炭产量、销售量、预计的单位销售成本,以及前述经营数据较本年度的增减情况与设定依据。(上交所)
资本开支、投融资计划	上市公司应当披露资本开支及投融资计划,包括在本报告期内及下一报告期新建和改建煤炭矿井、购置采掘设备、股权投资等主要资本开支计划,以及■■■■■■计划的股权、债权融资计划。(上交所)

表 3-3-10 关键流程

要点	具体内容
主要经营模式、业务板块	上市公司应当披露主要经营模式和业务板块。公司应当根据煤炭采掘和贸易板块、煤化工板块、运输板块、发电板块、煤矿装备板块等业务板块,披露销售量、销售价格、营业收入、营业成本、毛利率等主要经营、财务数据及其较前一年度的变动情况。 上市公司经营两个以上业务板块的,应当披露相互间联系,包括业务板块协同效应、采购和销售量,以及公司内部采购和销售占比等。 上市公司从事页岩气开采、互联网供应链等煤炭延伸产业链的,应当同时披露新业务的主要经营模式、与现有业务的协同效应及其可能存在的风险。(上交所)
安全生产	上市公司应当披露安全生产情况,包括报告期内进行安全管理、发生安全事故及整改、实施安全生产举措及进行安全检查等情况。(上交所)
环保	上市公司应当披露环境保护情况,包括报告期内缴纳排污费、投资环保设施,以及为治理污水、保持水土、复垦绿化等采取的其他措施。(上交所)
矿产勘探	上市公司应当披露报告期内进行的矿产勘探活动,以及相关的勘探支出情况,包括资本化金额和费用化金额。若报告期内未进行任何矿产勘探活动,应如实说明。另外,上市公司应根据首次披露的固体矿产资源/储量情况,结合之后进行的勘探活动所增加的固体矿产资源/储量、开采活动所消耗的固体矿产资源/储量情况,披露固体矿产资源/储量的最新资料。(深交所)
会计政策	上市公司应当披露与行业相关的具体会计政策。上市公司应当在年度报告财务报表附注中披露勘探开发支出、资源税、维简费、安全生产费及其他与行业直接相关费用的提取标准、年度提取金额、使用情况、会计政策。公司应当在企业会计准则的基础上,依据公司自身的经营模式和结算方式,细化收入、在建工程转固定资产等确认条件、确认时点、计量依据等会计政策标准。(上交所)

续表

要点	具体内容
会计政策	上市公司应当披露与行业相关的具体会计政策。上市公司应在年度报告财务报表附注中披露勘探开发支出、资源税、维简费、安全生产费及其他与行业直接相关费用的提取标准、年度提取金额、使用情况、会计政策。公司应在企业会计准则的基础上,依据公司自身的经营模式和结算方式,细化收入、在建工程转固定资产等确认条件、确认时点、计量依据等会计政策标准。 上市公司从事固体矿产资源相关业务未达到本条规定标准的,鼓励公司参照本条规定执行。(深交所)

三、

(一) 适用的指引

上交所《上市公司行业信息披露指引第四号——电力》

(二) 年报披露要求

电力行业上市公司年报一般要求披露行业宏观、客户市场、关键资源、战略规划、关键流程等相关内容,具体如表 3-3-11 至表 3-3-15 所示。

表 3-3-11　行业宏观

要点	具体内容
宏观经济政策	上市公司应当披露报告期内对其具有重大影响的涉及电力行业发展的国家宏观经济政策、电力政策、环保政策和法规的变化情况,并说明其对公司当期和未来发展的具体影响,以及公司已经或计划采取的应对措施。
行业发展状况	全国及公司主要经营地区(分省、直辖市,下同)内的电力生产、销售状况及发展趋势,公司主要经营地区、生产经营规模及当年变动情况。

表 3-3-12　客户市场

要点	具体内容
行业地位	上市公司应当披露公司在全行业或地区市场的市场地位、竞争优势等。
发电量、上网电量或售电量	上市公司应当披露发电量、上网电量或售电量情况。公司应当按总量、分地区和电源种类,披露报告期内发电量、上网电量。公司有售电业务的,应当按总量、分地区披露报告期内售电情况。
上网电价或售电价	上市公司应当披露上网电价或售电价。公司应当按总量、分地区和电源种类,披露报告期内上网电价的均价及其与上年度差异。公司有售电业务的,应当按总量、分地区披露报告期内售电电价的均价及其与上年度差异。

要点	具体内容
发电效率	上市公司应当披露发电效率情况。公司应当按总量、分地区和电源种类,披露报告期内发电厂用电率、利用小时数及其与上年度差异。
电力市场化交易	上市公司参与电力市场化交易的,应当披露报告期内市场化交易的总电量、市场化交易总电量占总上网电量的比例及同比变动情况。

表 3-3-13　关键资源

要点	具体内容
装机容量	上市公司应当披露装机容量情况。公司应当按地区和电源种类,披露境内外控股电力公司总装机容量、新投产机组的装机容量、核准和在建项目的计划装机容量。
资本性支出	上市公司应当披露资本性支出情况。公司应当披露资本性支出计划总金额、资金来源及使用情况;并按项目披露报告期内资本性支出项目进展,包括项目总预算、项目进度、报告期投入金额、累计实际投入金额以及报告期项目收益情况等。公司募集资金投资项目应当予以单独列示。

表 3-3-14　战略规划

要点	具体内容
收购、出售	上市公司应当披露报告期内收购、出售和关停子公司或项目情况,以及其对公司经营的影响。

表 3-3-15　关键流程

要点	具体内容
主要经营模式	上市公司应当披露主要经营模式,并按电源种类披露营业收入、营业成本等经营模式运行情况。公司有售电业务的,还应当披露外购电量及其收入和成本情况。
环保	上市公司应当披露环保情况。公司应当披露报告期内环保政策、法规对公司的影响,以及公司执行环保政策、法规要求的经营性、资本性支出和下一年度预算。
节能减排	上市公司应当披露供电煤耗等节能减排关键指标的情况。 公司可以披露脱硫设备投运率、二氧化硫、氮氧化物、烟尘和废水排放情况等与节能减排相关的指标。
售电业务经营模式	上市公司经营售电业务的,应当披露售电业务的经营模式、增值服务的具体内容,以及对公司的影响。

续表

要点	具体内容
风险因素	上市公司应当结合行业特点和自身经营模式,披露可能对公司未来发展战略和经营目标的实现产生不利影响的风险因素,包括电力行业相关的政策风险、环保风险、电价风险、市场风险、技术风险等。 上市公司披露的风险因素应当充分、准确、具体,并进行实质分析,说明对公司当期及未来经营业绩的影响,以及公司已经或计划采取的措施及效果。 报告期内上市公司经营模式或市场环境发生重大变化的,应当对新增风险因素及其产生的原因、对公司的影响、拟采取的应对措施等进行分析。

【例】上市公司年报及监管函回复节选

问:年报披露,公司在石河子地区合法拥有独立的供电营业区域,具备独立区域性电网及完备的输变电体系,年报同时披露,公司全资子公司××公司主要经营购售电业务。请公司按照《上市公司行业信息披露指引第四号——电力(2018年修订)》补充披露:(1)外购电总量及同比变化;(2)售电业务的经营模式、增值服务的具体内容,以及对公司的影响;(3)报告期内公司参与市场化交易的电量及其在总上网电量中的占比。

答:(1)外购电总量及同比变化。

2018年度公司外购电总量为65 610万千瓦时,较2017年度减少92 828万千瓦时,同比减少58.59%。

(2)售电业务的经营模式、增值服务的具体内容,以及对公司的影响。

公司全资子公司××公司成立于2016年7月7日,注册资金为2亿元人民币。2017年经新疆维吾尔自治区人民政府批准及电力交易中心公示,××公司成为新疆首批准予参与电力交易业务的售电公司。××公司的经营模式具体为依托其参与电力交易业务资质,代理用电客户通过电力交易中心参与集中竞价交易并提供相关配套服务,从而收取代理服务费;此外,××公司还向用电客户提供电力设备运维管理,设备故障检修,技术咨询等增值服务。2018年××公司上述代理业务收入总计37.54万元,占公司总体收入比例很小,对公司的收入及利润未有明显影响。

(3)报告期内公司参与市场化交易的电量及其在总上网电量中的占比。

公司合法拥有供电营业区域及独立供电网络,报告期内公司自发电量除在自有电网内消纳以外,还以趸售方式向某电力有限公司售电6.48亿千瓦时,占公司总售电量的4.94%;公司外购电量主要来自国家电网趸购并补充购买公司供电营业区内部分光伏发电及供热附带发电等电量。上述电量交易方式均未参与电力市场化交易。

【提示】

行业指引对上市公司存在的售电业务提出了特别的披露要求,不论金额大小,上市公司在年度报告中均应当披露包括但不限于以下内容:外购电量及其收入和成本情况;按总量、分地区披露报告期内售电电价的均价及其与上年度差异;售电业务的经营模式、增值服务的具体内容,以及对公司的影响等。在本例中,该上市公司全资子公司主要经营购售电业务,虽然业务占比小,对公司的收入及利润不存在明显影响,仍被要求补充披露。

四、

(一)适用的指引

上交所《上市公司行业信息披露指引第五号——零售》

深交所《行业信息披露指引第8号——上市公司从事零售相关业务》(零售相关业务是指以百货商场、购物中心、大型综合卖场、连锁超市、便利店、线上销售等经营业态形式面向终端消费者销售商品的业务模式)

(二)年报披露要求

零售行业上市公司年报一般要求披露行业宏观、客户市场、关键资源、战略规划、关键流程等相关内容,具体如表3-3-16至表3-3-20所示。

表3-3-16 行业宏观

要点	具体内容
宏观经济政策	上市公司应当披露报告期内对零售行业产生直接影响的宏观经济形势、国家及地方金融税收政策、居民消费价格指数(CPI)、新兴经营模式等外部因素的变化情况,并说明其对公司当期和未来发展的具体影响,以及公司已经或计划采取的应对措施。(上交所)
行业发展状况	公司可以对比全国或地区的社会消费品零售总额等行业指标与相关宏观经济数据,说明行业发展状况;并分析报告期内公司经营情况与行业发展是否一致。(上交所) 公司可以结合宏观经济数据与行业指标(如社会消费品零售总额等)说明行业发展状况、公司经营情况与行业发展是否匹配,如公司情况与行业情况存在较大差异,应当分析原因。(深交所)

【例】上市公司年报及监管函回复节选

问:你公司的主营业务属于零售相关行业,请结合《深圳证券交易所行业信息披露指引第8号——上市公司从事零售相关业务》的相关规定，补充披露行业发展状况现状。

答：公司的主营业务为中高端时尚皮鞋的生产和销售，并批发、零售多元化的时尚产品。时尚皮鞋属于纺织服装行业的细分行业，该细分市场内企业众多，产品同质化高，市场竞争充分。行业发展现状与竞争情况呈现如下特征：

（1）消费增长放缓，消费升级明显。

近年来，消费规模总体增长，消费结构也在不断升级。与过去消费结构相比，我国城乡居民的消费结构正由生存型消费向发展型消费升级，由物质型消费向服务型消费升级，由传统消费向新型消费升级。同时，我国居民的消费需求也发生了巨大改变，品牌消费、时尚消费、个性消费等多样化的消费需██████，消费者选择产品的品类由普通、同质化产品向高端、差异化产品升级，消费方式由简单的商品消费转向品牌和服务消费，更加注重购买商品的品质和良好的购物体验。

（2）渠道调整，购物中心崛起。

在消费结构不断升级、新型消费群体的崛起的背景下，百货商场等传统的消费渠道由于结构功能单一、商品同质化程度高、品牌终端表现受限等原因，无法满足新消费时代消费者日益丰富的消费需求。传统的消费渠道已逐渐失去原有的渠道优势，增长速度整体放缓。与此同时，购物中心等新兴渠道凭借其集购物、餐饮、娱乐、休闲多功能一体化的渠道优势迅速崛起。目前，购物中心建设速度不断加快，整体规模持续增加，已成为我国重要的线下商业零售渠道。

（3）渠道为王转变为产品与用户为王，数字化营销、精准营销兴起。

中高端时尚女鞋市场竞争激烈，品牌集中度较高，市场份额也多集中在拥有多品牌和完整产业链的少数女鞋企业。然而随着消费分级明显，消费结构变化，消费渠道调整，行业面临着重新洗牌，行业竞争已由"渠道为王"转变为"产品与用户为王"，时尚女鞋企业也将聚焦如何为用户提供更好的产品品质与更佳的服务体验。如何掌握足够的用户数据资产将成为企业要考虑的问题，基于用户数据的收集、分析与应用，以数据为驱动，精准聚焦及服务消费者用户，将推动产业与企业转型升级，用数字化为设计和营销提供服务，推动精准营销。

（4）行业面临调整、转型、升级。

在消费升级、渠道变化的背景下，消费企业不断调整、关闭实体店铺，业绩出现低速增长乃至负增长。消费行业进入了深调整区，未来业态将更加丰富，线上业务、线下业务、新零售等业态将在经济中扮演不同角色,以满足消费者需求多样化、市场进一步细分的需要。

由于制造成本上升等影响,国内制鞋业的国际分工优势逐渐减弱,产业及订单向东南亚、中南美洲不断转移,我国皮革行业在欧美市场份额逐步缩小。

【提示】

在本例中,该公司年报对行业发展现状披露不足,因此被交易所问询。公司在回复中以自身业务为出发点,先总体介绍了所处细分行业的产品和市场化竞争情况,再分别从消费结构和方式、消费渠道、产品营销及行业调整转型等角度介绍了行业的总体发展状况,较为清晰地向投资者定性展示了公司业务面临的发展环境,若能在分析中加入行业数据,则更具说服力。

表3-3-17 客户市场

要点	具体内容
行业地位	公司应当披露所在细分行业或区域的市场竞争状况、公司的市场地位以及竞争优势等情况。(上交所、深交所)
客户情况	上市公司应当披露客户特征或类别、各类会员数量及销售占比、线上客户与实体店客户比例等信息。 上市公司还应当披露报告期参加或举办的主要促销或营销活动及其财务或业务效果。(上交所)
线上销售情况	上市公司应当披露线上销售情况。上市公司应当披露自建线上销售平台的交易额(GMV)、营业收入、访问量、入驻商家数量;加盟外部线上平台情况及营业收入;可以披露订单数量、PC及移动端订单占比。 线上销售占公司总销售额5%以下的,可免于披露交易额、营业收入以外的其他信息。(上交所) 上市公司应当披露报告期内线上销售情况,包括自建销售平台及第三方销售平台的交易额(GMV)、营业收入;自建销售平台的注册用户数量、注册用户人均消费金额、入驻商家数量。 线上销售占公司总销售额5%以下的,公司可以只披露自建销售平台及第三方销售平台的交易额、营业收入。 鼓励上市公司披露线上销售的退回情况。(深交所)
自有品牌销售情况	自有品牌(定制包销、定牌生产、原始设计等)商品销售收入占总销售额5%以上的上市公司,应当披露自有品牌商品的类别、营业收入及占比情况。(深交所)
经营信息	上市公司应当披露与行业特点相关的财务数据。上市公司应当细化收入、成本及毛利的具体构成,按经营业态、地区、经营模式、商品主要类别、销售渠道披露营业收入、营业成本、毛利率(额)及其与上年同期的变化。

续表

要点	具体内容
经营信息	前述细化后,经营业态、地区、经营模式、商品类别、销售渠道中任一项的营业收入占总营业收入5%以下的,可免于披露与之相对应的上述信息。 上市公司应当披露行业相关的费用信息。上市公司应当披露与行业特点相关的费用项目,并分析其变动情况,包括租金、广告宣传及促销费、门店装饰装修费、物流费用(区分自有物流与外包物流)等。(上交所)

表 3-3-18 关键资源

要点	具体内容
门店分布及变动情况	上市公司应当按下述要求披露报告期末门店分布及变动情况: (1)门店分布情况。公司应当按经营业态及地区,披露报告期末各类门店的建筑面积、物业权属等信息。上市公司经营百货商场、购物中心业态的,应当按单个门店披露上述信息以及门店名称、地址、开业时间、租赁期限等有关信息;经营大型综合卖场等业态且门店数量较多的,应当披露营业收入前10家门店的上述信息。 (2)门店变动情况。公司应当按经营业态及地区,披露报告期门店变动信息,包括新增门店的名称、地址、建筑面积、开业时间或预计开业时间、取得方式、租赁期限、收购或建造成本;减少门店的名称、地址、减少原因、停业时间、建筑面积;将于下一年度租赁期满的门店及续租安排。 上市公司应当对拟开设重要门店的可行性进行分析,可以包括拟开店地区经济发展状况及相关宏观数据、市场竞争格局及公司开店的市场定位和优势等。重要门店包括百货商场及购物中心业态门店,以及公司认为对其发展战略或经营业绩等有重要影响的其他业态门店。 公司可以同时披露下一年度开关店计划。(上交所)
	上市公司应当披露报告期内实体经营业态即门店的经营情况: (1)报告期末门店的经营情况,包括按所在地区、经营业态披露所有门店的分布情况,直营店营业收入和来自加盟店收入(加盟费、品牌使用费、批发收入等)情况,并披露公司收入排名在前10名的门店的名称、地址、开业日期、合同面积(建筑面积或使用面积)、经营业态、经营模式(直营、加盟或其他模式)、物业权属状态(自有物业、租赁物业或其他权属状态)等。 (2)报告期内门店的变动情况,包括按地区、经营业态披露新增和关闭门店的数量、合同面积、对公司业绩的影响;新增门店对公司业绩有重大影响的,应披露新增门店的名称、地址、开业时间、合同面积(建筑面积或使用面积)、经营业态、经营模式(直营、加盟或其他模式)、物业权属状态(自有物业、租赁物业或其他权属状态);关闭门店对公司业绩有重大影响的,应披露关闭门店的名称、地址、关闭原因、停业时间、合同面积(建筑面积或使用面积)。 鼓励上市公司披露下一年度新增和关闭门店的计划。(深交所)

续表

要点	具体内容
店效信息	上市公司应当披露反映店效的信息。公司应当区分经营业态和地区,按财务数据口径披露各类门店平均销售增长率、每平方米营业面积销售额、每平方米建筑面积租金。(上交所)
	上市公司应当按地区和经营业态披露直营门店店面平效(终端零售收入除以经营面积)、平均销售增长率、门店可比营业收入、净利润的变化情况。如加盟门店与公司存在关联交易,则应比照上述要求披露。 鼓励上市公司披露加盟门店的店效信息。(深交所)
仓储物流	上市公司应当披露仓储物流情况。公司应当披露物流体系总体情况或模式、自有物流体系与外包物流承担的比重、物流中心(仓储)的地区分布、本年度仓储物流支出、物流体系建设计划等信息。(上交所)
	上市公司应当披露仓储与物流情况,包括物流体系总体情况或模式、仓储中心的数量及地区分布、仓储与物流支出、自有物流与外包物流运输支出占比情况等。(深交所)
商品采购与存货情况	上市公司应当披露自营模式下商品采购与存货情况。公司应当按主要商品类别,披露货物货源情况、采购团队情况、供货比例前5名供应商的供货比例、货源中断风险及对策、存货管理政策、对滞销及过期商品的处理政策及减值计提政策。 公司可以披露自营模式下主要供应商对公司的信用政策、公司期末存货的有效期分布等信息。(上交所)
	上市公司应当披露商品采购与存货情况,包括按照商品类别披露前五名供应商的供货比例、向关联方采购的金额及占比、存货管理政策、对滞销及过期商品的处理政策等。(深交所)

【例】上市公司年报及监管函回复节选

问:请公司补充披露:(1)报告期内减少门店的名称、地址、减少原因、停业时间、建筑面积,将于下一年度租赁期满的门店及续租安排;(2)区分经营业态和地区,按财务数据口径披露各类门店平均销售增长率、每平方米营业面积销售额、每平方米建筑面积租金。

答:(1)报告期内减少门店的名称、地址、减少原因、停业时间、建筑面积,将于下一年度租赁期满的门店及续租安排。

① 报告期内停业的门店。

门店名称	地址	减少原因	停业时间	建筑面积 (万平方米)
郑州绿城广场	新华北街与广场南路的交叉口	经营未达预期	2018年6月	1.23
荣成阳光百货	荣成市成山大道东段107-1号	经营未达预期	2018年12月	0.81

续表

门店名称	地址	减少原因	停业时间	建筑面积（万平方米）
大商超市本溪消防店	本溪市明山区人民路友谊巷8栋1-3层1号	经营未达预期	2018年3月	1.25
抚顺东洲新玛特	抚顺市东洲区东洲北街9号	经营未达预期	2018年12月	3.8

② 将于下一年度租赁期满的门店及续租安排。

门店名称	租赁期届满日	续租安排
淄博商厦有限责任公司周村家电分公司	2019年12月31日	拟续约
淄博商厦小田店	2019年8月31日	拟续约

（2）区分经营业态和地区，按财务数据口径披露各类门店平均销售增长率、每平方米营业面积销售额、每平方米建筑面积租金。

地区	经营业态	平均销售增长率	每平方米营业面积销售额(元)	每平方米建筑面积租金(元)
大连地区	百货	-5.91%	10 676.74	426.43
	超市	-0.99%	11 894.81	286.16
	电器	-11.79%	12 308.59	1 017.73
沈阳地区	百货	1.13%	6 437.42	377.17
	电器	-0.40%	8 322.54	270.43
抚顺地区	百货	-11.93%	6 405.07	210.79
	电器	-46.94%	2 906.55	自有物业
	超市	-45.26%	3 874.19	146.78
锦州地区	百货	0.46%	6 608.10	432.62
	超市	-43.17%	6 998.76	288.15
盘锦地区	百货	-9.40%	8 765.41	自有物业
	电器	10.66%	12 039.23	559.22
阜新地区	百货	-9.73%	8 126.29	297.57

续表

地区	经营业态	平均销售增长率	每平方米营业面积销售额(元)	每平方米建筑面积租金(元)
大庆地区	百货	-17.33%	9 515.73	549.02
	超市	-29.01%	6 139.98	319.70
	电器	—	13 533.43	722.53
牡丹江地区	百货	0.43%	7 735.06	294.82
佳木斯地区	百货	-10.57%	6 428.31	432.34
郑州地区	百货	-7.83%	4 901.23	700.69
	超市	-42.39%	4 380.96	459.30
	电器	-75.70%	4 328.19	320.16
新乡地区	百货	-19.68%	2 639.46	312.52
	超市	-1.40%	3 128.82	139.01
信阳地区	百货	-9.06%	3 754.95	263.77
	电器	—	1 358.75	336.29
漯河地区	百货	1.13%	5 359	
青岛地区	百货	-22.97%	8 589.48	407.62
鲁中地区	百货	-7.35%	9 088.13	221.31
	超市	-2.83%	15 280.77	150.74
	电器	-9.67%	6 716.45	221.97
自贡地区	百货	3.97%	2 233.42	自有物业

【提示】

门店是零售行业上市公司的核心资源之一,门店数量的增减变动直接反映了公司的发展情况。此外,店效信息则反映了公司的基本盈利能力,这些都是投资者投资决策的重要依据。在本例中,该上市公司以列表的方式清晰展示了上述信息,若能结合行业发展状况及公司业务发展状况对上述信息做出解释,则更具可读性。

表3-3-19 战略规划

要点	具体内容
资本开支、投融资计划	上市公司应当披露资本开支及投融资计划。公司应当披露报告期内资本开支情况及下一报告期资本开支计划,包括门店建设、兼并收购等,并应当根据重大资本开支计划,披露融资安排。(上交所)

表 3-3-20　关键流程

要点	具体内容
主要经营模式	上市公司应当披露主要经营模式，并披露各经营模式下经营场所的建筑面积与经营面积、营业收入或租（佣）金收入、营业成本及毛利率（额）等信息。（上交所）
会计政策	上市公司应当披露行业具体的会计政策。公司应当在企业会计准则原则性规定的基础上，依据公司自身经营模式和结算方式，对财务报表附注中销售收入或其他收入、账款结算、资产减值准备等会计政策进行细化，并披露行业特殊的收入确认条件、确认时点、计量依据等。（上交所）
会计政策	上市公司根据《公开发行证券的公司信息披露编报规则第 15 号——财务报告的一般规定》披露财务报告附注时，应当同时按照以下要求履行信息披露义务： (1) 结合上市公司的经营特点，披露不同销售模式下的收入结算方式、确认时点和确认方法，以及存货计量和跌价准备等会计政策。 (2) 结合上市公司的经营特点，披露会员消费积分、积分兑换、销售退回、销售返利及销售奖励的会计核算方法和账务处理方式。（深交所）
套期保值工具	黄金珠宝零售类上市公司，应当在财务报表附注中披露应用套期保值工具管理存货的情况、套期保值损益及其对当期损益的影响。（上交所）

五、

（一）适用的指引

上交所《上市公司行业信息披露指引第六号——汽车制造》

（二）年报披露要求

汽车制造行业上市公司年报一般要求披露行业宏观、客户市场、关键资源、战略规划、关键流程等相关内容，具体如表 3-3-21 至表 3-3-25 所示。

表 3-3-21　行业宏观

要点	具体内容
宏观经济政策	上市公司应当结合当前宏观经济形势、汽车产业周期、新兴业态以及汽车进出口、税收、消费等行业政策因素，分析说明公司的整体发展状况、前景、风险以及应对措施。
行业发展状况	上市公司应当披露行业整体运行情况，包括公司各车型类别或主要零部件类别所处细分行业的总体销量、同比增幅等。 上市公司还应当披露行业发展变化情况，包括公司各车型类别所处细分行业的市场准入、燃油标准、排放要求、新能源、进出口与消费等相关政策及实施变化情况，并提示相关风险。

【例】上市公司年报披露节选

2018 年，受政策因素和宏观经济的影响，汽车行业面临严峻挑战，行业总体情

况如下:

1. 汽车总体市场产销增速低于预期

因购置税优惠政策全面退出,以及宏观经济增速回落、中美贸易战、消费信心下降等因素的影响,2018年汽车产销增速低于年初预计,行业主要经济效益指标增速趋缓,增幅回落。

2018年汽车销售2 808.06万辆。上半年除2月份外,其余月份销量均高于上年同期,下半年汽车市场连续出现负增长,全年销量同比下降2.76%。

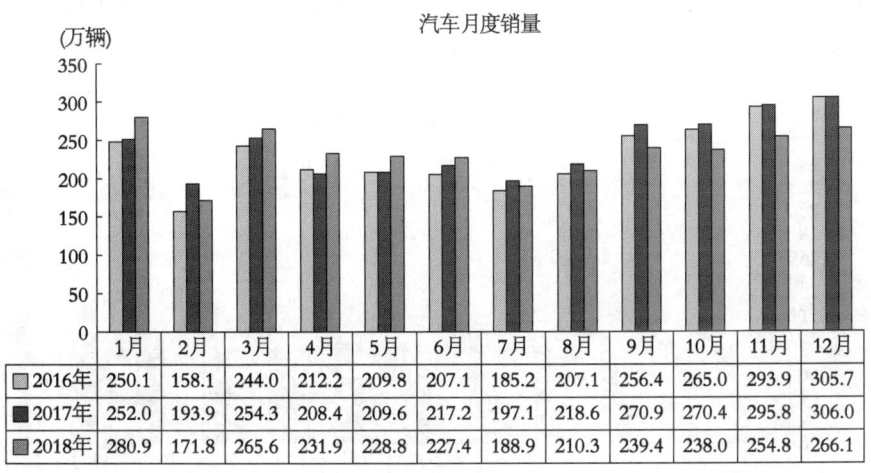

汽车月度销量

	1月	2月	3月	4月	5月	6月	7月	8月	9月	10月	11月	12月
2016年	250.1	158.1	244.0	212.2	209.8	207.1	185.2	207.1	256.4	265.0	293.9	305.7
2017年	252.0	193.9	254.3	208.4	209.6	217.2	197.1	218.6	270.9	270.4	295.8	306.0
2018年	280.9	171.8	265.6	231.9	228.8	227.5	188.9	210.3	239.4	238.0	254.8	266.1

2. 乘用车产销增速低于行业总体情况

2018年,乘用车产销分别完成2 352.94万辆和2 370.98万辆,同比分别下降5.15%和4.08%,占汽车产销比重分别达到84.60%和84.40%,分别低于上年0.9

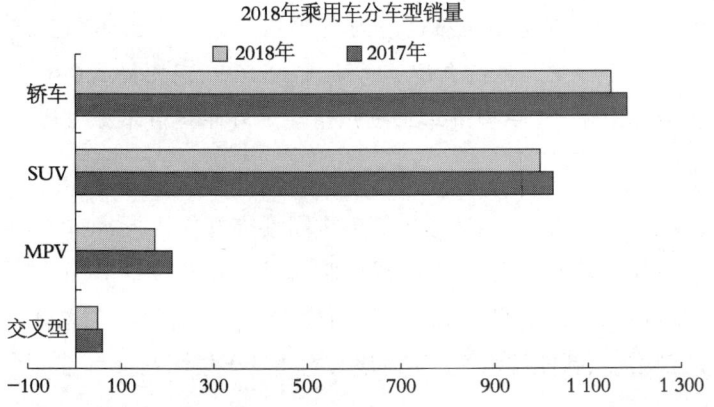

2018年乘用车分车型销量

和 1.2 个百分点。从乘用车四类车型产销情况看,轿车产销同比分别下降 3.95% 和 2.70%;SUV 产销同比分别下降 3.19% 和 2.52%;MPV 产销同比分别下降 17.87% 和 16.22%;交叉型乘用车产销同比分别下降 20.75% 和 17.26%。

3. 新能源汽车继续维持高速增长

2018 年,新能源汽车继续保持高速增长,全年产销分别完成 127.05 万辆和 125.62 万辆,同比分别增长 59.92% 和 61.74%;其中纯电动汽车产销分别完成 98.56 万辆和 98.37 万辆,同比分别增长 47.85% 和 50.83%;插电式混合动力汽车产销分别完成 28.33 万辆和 27.09 万辆,同比分别增长 121.97% 和 117.98%;燃料电池汽车产销均完成 1 527 辆。

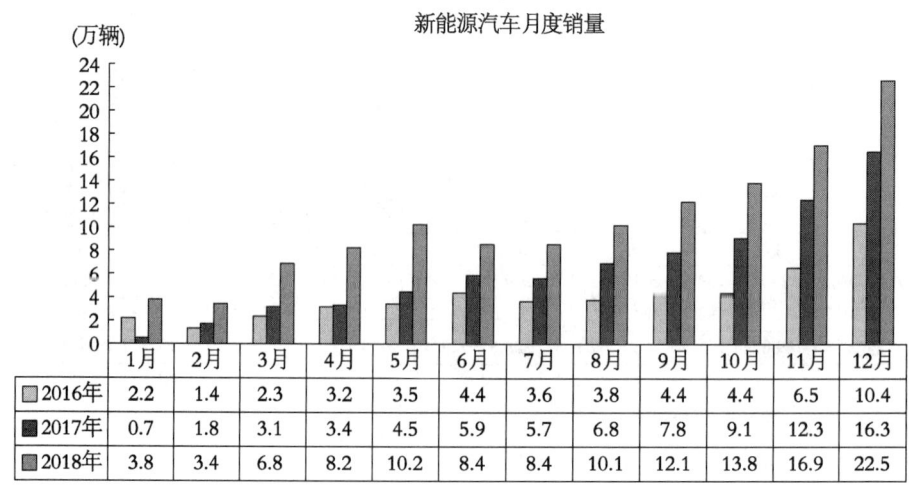

4. 主要汽车集团销量同比下降

2018 年,汽车销量排名前十位的企业集团销量合计为 2 503.63 万辆,同比下降 2.10%,降幅低于行业。占汽车销量总量的 89.16%,同比提高 0.6 个百分点。

注:以上数据来源于《中国汽车工业产销快讯》(中国汽车工业协会)。

【提示】

在行业发展、产业政策、经济形势等多重因素交互作用下,汽车行业竞争日趋激烈,汽车产业加速转型升级,行业格局面临调整。在此背景下,公司业绩不减反增,为此公司从横向和纵向两个角度以量化的方式分别从汽车总体市场产销增速、乘用车产销增速、新能源汽车产销增速、主要汽车集团销量等方面介绍了 2018

年中国汽车行业的总体发展情况和结构性差异,使投资者可以较为形象地了解公司业务发展状况产生的背景和原因。

表 3-3-22　客户市场

要点	具体内容
行业地位	行业竞争格局,包括公司各车型类别或主要零部件类别所处细分行业的主要竞争对手、各车型类别或主要零部件类别的市场占有率及相关变动情况等。
整车经营业务的信息	上市公司整车制造业务收入占公司主营业务收入10%以上的,应当单独披露下列反映报告期内整车经营业务的信息: (1)整车产销量,包括按车型类别、境内和境外地区或其他方式分类统计的整车产品产销数据,以及导致相关数据同比变化幅度超过30%的行业及自身经营因素。 (2)整车销售收入、成本及毛利,包括按车型类别统计的主要整车产品收入、成本、毛利、毛利率及其上年度可比数据。 (3)零部件配套体系,包括主要车型类别的零部件外购和自制比例,以及零部件配套体系建设情况。 发动机、变速器和底盘等核心零部件的外购比例超过50%的,应当汇总或分别披露该零部件前5名供应商的采购额及占该零部件采购总额的比例; (4)整车销售方式:采用代理销售模式的,应当披露报告期末授权销售门店数量,以及报告期内新增门店数量和退网门店数量;采用订单销售模式的,应当披露报告期末已经签订但尚未履行完毕的主要订单情况,包括订单金额、尚未确认收入金额、仍需交付的车型类别和数量。公司还应当披露报告期内通过互联网销售整车的总体情况。
零部件经营业务的信息	上市公司汽车零部件制造业务对外销售收入占公司主营业务收入10%以上的,应当单独披露下列反映报告期内零部件经营业务的信息: (1)零部件产销量,包括按零部件类别、整车配套和售后服务不同市场、境内和境外地区或其他方式分类统计的零部件产销数据,以及导致相关数据同比变化幅度超过30%的行业及自身经营因素。 (2)零部件销售收入、成本及毛利,包括按零部件类别分类统计的主要零部件产品收入、成本、毛利、毛利率及其上年度可比数据,以及零部件产品重要原材料价格变化对产品成本的影响。 (3)零部件销售方式,包括销售模式、销售渠道及其变化情况。
新能源汽车整车及零部件经营情况	上市公司开展新能源汽车相关业务的,单独披露报告期内新能源汽车整车及零部件经营情况,包括战略规划、产品类别、产能、产销量数据、销售收入、竞争优势等信息。 上市公司应当量化分析政府补贴对公司新能源汽车相关业务的影响,并揭示政策风险。
海外业务的总体经营情况	上市公司开展海外业务的,应当披露海外业务的总体████████████████务类型等,并分析汇率波动、所在国政策变化、中国汽车出口退税政策调整等引起的经营风险。
汽车金融业务情况	上市公司开展汽车金融业务的,应当披露报告期内相关子公司经营汽车金融业务的业务模式、注册资本、总资产、净资产、营业收入、营业利润、净利润等。

表 3-3-23　关键资源

要点	具体内容
研发能力	上市公司应当披露研发能力，包括研发投入、核心研发人员情况、国内外专利、非专利技术、新能源汽车的研发、自主研发能力、与领先研发机构或厂商开展合作情况等。
产能状况	上市公司应当披露产能状况，包括以列表方式披露公司主要工厂的设计产能、产能利用率、在建产能及其投资建设情况，并披露本公司的产能计算方法。
合资公司和参股公司	上市公司应当单独披露报告期内重要合资公司和参股公司的主要经营情况。

表 3-3-24　战略规划

要点	具体内容
发展战略	上市公司应当披露公司发展战略，包括竞争战略及业务调整计划、新业务新产品发展规划、新项目投资计划等。公司披露新兴业态战略规划的，应当披露新兴业态对公司未来经营模式的影响。 上市公司已公布重大产品上市计划的，应当披露产品上市计划的进展情况，并提示可能导致重大产品推迟上市的风险因素。
产能调整方案	上市公司应当结合市场供求情况和计划释放产能，披露下一年度的产能调整方案。
战略规划	上市公司开展新能源汽车相关业务的，应当单独披露报告期内新能源汽车的战略规划。

表 3-3-25　关键流程

要点	具体内容
经营模式	上市公司应当披露主要经营模式，如整车制造、零部件制造、新能源汽车等业务板块分布，产品规划、产能制造、营销售后等经营环节，以及自主、合资、合作等经营战略。 上市公司可以从生产组织、成本控制、设备先进水平、产品更新换代速度等方面，分析并披露公司产品设计与生产能力优势。
产品召回及具体会计政策	上市公司应当披露可能产生重大影响的产品召回情况，以及相关收入、成本、预计负债等具体会计政策。公司已在临时报告中充分披露召回原因、召回数量、召回成本等信息的，可以采用公告索引的方式进行披露。

六、

（一）适用的指引

上交所《上市公司行业信息披露指引第七号——医药制造》

深交所《创业板行业信息披露指引第 2 号——上市公司从事药品、生物制品业务》(上市公司及其控股子公司业务涉及《化学药品注册分类改革工作方案》规定的注册分类为1、2、3、5类的化学药品,从《药品注册管理办法》规定的注册分类为1~7类的中药和天然药物,注册分类为1~14类的治疗性生物制品,注册分类为1~11类的预防用生物制品,应当按照本指引规定履行信息披露义务)

(二)年报披露要求

医药制造行业上市公司年报一般要求披露行业宏观、客户市场、关键资源、关键流程等相关内容,具体如表3-3-26至表3-3-29所示。

表3-3-26 行业宏观

要点	具体内容
宏观经济政策	上市公司应当披露报告期内下列对公司具有直接或重要影响的医药行业相关政策法规的变化情况,并说明其对公司当期和未来发展的具体影响,以及公司已经或计划采取的应对措施: (1) 医药监管、医药改革及医疗机构改革政策法规。 (2) 药品研发、注册、生产政策法规。 (3) 药品招标采购、药品互联网销售政策法规。 (4) 环保、药品质量安全和产品责任政策法规。 (5) 医保费用控制与支付政策法规。 (6) 药品进出口政策法规。 (7) 与上市公司主营业务有关的境外主要国家和地区医药监管、进出口政策法规。 (8) 其他可能对公司产生直接或重要影响的行业政策法规。(上交所)
行业发展状况	上市公司应当披露报告期公司所处医药制造细分行业的基本发展状况。(上交所)

【例】上市公司年报及监管函回复节选

问:报告期内公司主要产品所在细分行业主要医药监管政策及市场竞争状况的变化情况,分析是否面临对其未来发展战略和经营目标的实现产生不利影响的风险因素,并充分提示相关风险。

答:1. 主要医药监管及市场竞争状况

主要医药监管有药品GMP及GSP质量管理规范、医保目录增补、带量采购/GPO采购、医保控费及支付方式改革、医疗机构临床使用监控和药品流通环节"两票制"等政策。截至目前,未发现市场竞争有明显变化。

2. 对未来发展战略和经营目标的实现产生不利影响的风险因素

(1) 关于国家级或省级医保目录的增补:截至2018年年底,丹参川芎嗪注射液已进入26个省区的医保目录。若调整未进入有关医保目录,产品销量可能受到较大的影响。公司目前与各省相关部门保持密切的沟通,同时持续开展有关药物经济学及真实世界研究等工作,相关研究成果可以为医保等部门的决策提供科学、可靠的依据。

(2)关于国家带量采购、GPO采购:2018年国家组织药品"4+7"带量采购,采用低价独家中标模式。丹参川芎嗪注射液不是化学仿制药,不属于目前"4+7"集中带量采购规定范围对象,第一批共25个品种(全部为通过一致性评价产品)中选,第二批尚未开展。若未来出台新的政策也纳入采用类似采购模式,可能存在一定的降价或失去部分市场的风险。目前国家"4+7"带量采购品种均为通过一致性评价的化学仿制药口服制剂品种,其他剂型尚未开展带量采购。公司也对带量采购等政策实施动态保持密切关注,正积极准备相关预案策略等,以保持产品销售稳定。

(3)关于医保控费、支付方式改革:医院药占比控制及公立医疗机构开展医保支付改革,可能对等级医院用药有一定程度的影响。公司一方面将对相关政策持续关注,研讨可能的政策动向,与相关部门及医疗机构等保持密切沟通,另一方面公司调整营销策略,增加产品投入,加大拓展基层、民营医院等其他细分医疗终端市场,取得积极的成效,产品整体销售保持了一定的稳定。

(4)关于国家有关部门加强对医疗机构临床使用监控管理:国家和各省市区卫生健康部门加强对医疗机构的临床用药监控与应用管理,并计划出台相应目录。如被列入有关目录,可能会对产品在公立医院的销售产生一定的影响。公司以临床价值为导向,积极配合医疗机构开展药品使用监测和临床综合评价,以疗效、以学术提升产品的价值。

(5)关于医药流通领域"两票制"政策:有关营销模式转型须稳健、规范进行,否则可能存在一定的经营风险。公司从2017年起即开始相关营销模式的转型,将"底价代理模式",转型至"专业化学术推广模式",目前相关转型工作进展较顺利。

【提示】

医药行业对政策的依赖程度很高,药品合格、新药上市、药品采购、渠道销售等都与政策密切相关。近年来我国接连推出多项医改政策,公司通过逐项梳理分析相关政策对公司经营目标实现和未来发展战略的影响,充分披露可能面临的经营风险,有助于投资者更为全面判断公司的持续盈利能力。

表 3-3-27 客户市场

要点	具体内容
市场地位	上市公司应当披露报告期公司所处医药制造细分行业的市场竞争情况,以及公司的市场地位、竞争优劣势等信息。(上交所)
经营信息	上市公司应当按照其药(产)品的主要治疗领域,分别披露报告期营业收入、营业成本、毛利率及同比增减情况,并进行同行业对比。相关数据同比变化达30%以上的,应当说明发生重大变化的原因。 上市公司可以按照主要药(产)品分类或公司认为更有利于满足投资者行业信息需求的其他分类标准,进一步多维度地披露前款规定的经营信息。(上交所)
主要药(产)品基本情况	上市公司应当分别按照医药制造细分行业、主要治疗领域和公司认为更有利于满足投资者行业信息需求的其他分类标准,披露下列与公司主要药(产)品基本情况有关的信息: (1) 药(产)品名称。 (2) 适应症或功能主治。 (3) 发明专利起止期限(如适用)。 (4) 所属药(产)品注册分类。 (5) 是否属于中药保护品种。 (6) 是否属于处方药。 (7) 是否属于报告期内推出的新药(产)品。 (8) 报告期内的生产量、销售量。 (9) 本所或公司认为其他需要披露的药(产)品信息。(上交所)
	上市公司应当披露本报告期及去年同期销售额占公司同期主营业务收入10%以上的主要药品名称、适应症或者功能主治、发明专利起止期限、所属注册分类、是否属于中药保护品种等。(深交所)
药(产)品中标情况	上市公司应当披露报告期内公司主要药(产)品在省级药品集中招标采购中的中标情况,包括药品名称、中标价格区间、医疗机构的合计实际采购量及对公司的影响等。(上交所)
药(产)品注册、批文情况	上市公司应当披露报告期内完成注册或取得生产批准文号的药(产)品基本情况及其对公司的影响等。 上市公司可以根据实际情况,披露前款规定的药(产)品的未来上市安排及生产销售计划。(上交所)
	上市公司应当披露已进入注册程序的、适用指引规定范围的药品和生物制品的名称或代码、注册分类、适应症或者功能主治、注册所处的阶段、进展情况。(深交所)
生物制品批签发	上市公司应当披露本报告期及去年同期的生物制品批签发数量及其变动比例(深交所)

表 3-3-28 关键资源

要点	具体内容
研发情况	上市公司应当披露下列与公司药(产)品研发有关的信息： (1) 公司药(产)品研发总体情况、主要研发领域方向及发展计划。 (2) 公司研发投入前5名、被国家有关部门纳入重大新药创制优先审评品种以及公司认为未来对核心竞争能力具有重大影响的研发项目基本情况，包括药(产)品的基本信息、研发(注册)所处阶段、进展情况及累计发生的研发投入及项目对公司的影响等。 (3) 呈交国家药品监管部门审批的药(产)品。 (4) 重大研发项目的取消情况、原因及对公司的影响。 (5) 药(产)品未能获得国家药品监管部门审批的情况、原因及对公司的影响。 (6) 新年度计划开展的重要研发项目情况。 (7) 药(产)品研发、注册过程中存在的主要风险，国内外同类药(产)品的研发现状、所处阶段、进展情况等。 (8) 公司主要药(产)品开展一致性评价的进展及投入情况。 (9) 获得的政府重大研发补助、资助、补贴、税收优惠及公司的使用情况。 (10) 本所或公司认为其他需要披露的研发信息。（上交所）
医保药品目录	上市公司应当披露报告期内公司纳入《国家基本药物目录》以及国家级、省级《基本医疗保险、工伤保险和生育保险药品目录》的主要药(产)品情况，列举报告期内新进入和退出上述目录的药(产)品，并说明对公司的影响。（上交所）
	上市公司应当披露报告期内新进入或者退出国家级《基本医疗保险、工伤保险和生育保险药品目录》的药品名称、适应症或者功能主治、核心发明专利起止期限、所属注册分类、是否属于中药保护品种等。（深交所）
驰名或著名商标	上市公司拥有药品驰名或著名商标的，应当披露驰名或著名商标所对应的主要药(产)品相关情况，包括药品基本信息、是否属于中药保护品种、是否属于处方药以及报告期内的销量、营业收入、利润等情况。（上交所）

表 3-3-29 关键流程

要点	具体内容
风险因素	上市公司应当结合行业特点和自身经营模式，披露可能对公司未来发展战略和经营目标的实现产生不利影响的风险因素，包括医药制造行业相关的重大政策变化风险、产品研发风险等。 上市公司披露的风险因素应当充分、准确、具体，并进行实质分析，说明对公司当期及未来经营业绩的影响，以及公司已经或计划采取的措施及效果。 报告期内上市公司经营模式或市场环境发生重大变化的，公司应当对新增风险因素及其产生的原因、对公司的影响、拟采取的应对措施等进行分析。（上交所）

续表

要点	具体内容
主要销售模式、销售渠道、主要药（产）品终端市场定价原则	上市公司应当结合主要客户类型、客户地区分布等，披露公司主要销售模式、销售渠道、主要药（产）品终端市场定价原则及其可能存在的经营风险。（上交所）
销售费用	上市公司应当结合医药制造业及所处细分行业特点、自身经营和销售模式、销售渠道，披露报告期内下列销售费用信息： （1）销售费用的具体构成，包括市场（学术）推广费、广告费、销售渠道费用等的开支及比重情况。 （2）销售费用占同期营业收入的比例。相关数据同比变化达30%以上的，应当说明发生重大变化的原因。 （3）与同行业平均销售费用和同行业代表性公司进行比较，说明公司销售费用发生的合理性以及控制费用措施的有效性。（上交所）
研发投入信息	上市公司应当结合医药制造行业、所处细分行业特点和自身研发模式，披露报告期内公司下列研发投入信息： （1）公司研发的会计政策，研究阶段和开发阶段的划分标准，开发阶段有关支出资本化的具体条件，以及与研发相关的无形资产确认、计量的具体会计政策。 （2）公司研发投入情况，包括研发投入总额、研发投入费用化和资本化的金额。 （3）报告期内公司研发投入总额分别占公司最近一期经审计的净资产、营业收入的比例，以及按主要药（产）品划分的研发投入及其占营业收入和成本的比例。相关数据同比变化达30%以上的，应当说明发生重大变化的原因。 （4）与同行业平均研发投入和同行业代表性公司进行比较，说明公司研发投入比重的合理性，以及是否能满足公司未来发展和参与市场竞争的需求。（上交所）
中药生产	上市公司从事中药生产的，应当按照治疗领域分别披露公司主要中药产品涉及的重要药材品种、供求情况、采购模式以及其价格波动对公司药（产）品成本的影响情况。（上交所）

【例】上市公司年报及监管函回复节选

问：报告期，你公司销售费用1.57亿元，较上年同期增长22.43%。其中市场推广费、差旅费、运费分别增长33%、15%、1%。请结合行业情况、公司业务发展情况、经营销售策略等，说明报告期市场推广费、差旅费大幅增长，运费变动幅度不大的原因及合理性。

答：……报告期市场推广费、差旅费大幅增长，运费变动幅度不大的原因及合理性。

2018 年度公司销售费用构成和变化情况如下：

单位：万元

项目	2018 年	2017 年	增减金额	增减幅度
市场推广费	8 548.17	6 444.94	2 103.23	32.63%
差旅费	5 284.11	4 589.39	694.72	15.14%
职工薪酬	1 070.37	1 066.31	4.06	0.38%
运费	378.81	375.28	3.53	0.94%
资产折旧与摊销	157.63	126.19	31.44	24.91%
业务招待费	75.98	54.08	21.90	40.50%
邮寄费	39.42	39.18	0.24	0.61%
销售折让	17.60	25.93	-8.33	-32.12%
其他	108.50	86.94	21.56	24.80%
合计	15 680.59	12 808.23	2 872.36	22.43%

2018 年，公司销售费用 15 680.59 万元，较上年增长 22.43%，营业收入 130 970.92 万元，比上年增长 20.94%，销售费用率 11.97%，比上年增长 0.14%，销售费用和营业收入的增长规模相匹配。从销售费用的构成看，市场推广费、差旅费、职工薪酬和运费等项目是销售费用的主要组成部分，上述四项支出合计占销售费用比例为 97.45%。

2018 年，公司围绕发展战略，结合市场现状，持续推进营销体制改革，加快全国市场布局，加大学术推广投入力度，同时在药品集中带量采购的新招标模式下，通过加快营销人员的专业结构调整、完善营销人员的激励系统建设、加强营销队伍及学术推广团队建设和培训，不断推进产品销售向专业化方向发展，相应销售费用中的市场推广费、差旅费增幅较大。报告期公司高毛利产品收入占比增加，促进公司营业收入增长，而公司运输费与销售量和运输价格相关，公司销量和运费计价波动平稳，故公司运费变动幅度不大。

同行业可比上市公司的销售费用及市场推广费占比情况如下：

单位:万元

公司	2018年销售费用	销售费用中市场推广费	市场推广费占销售费用的比例	销售费用占营业收入的比例
复星医药	848 753.27	662 281.77	78.03%	34.06%
科伦药业	598 722.72	545 142.72	91.05%	36.62%
福安药业	106 789.84	59 090.85	55.33%	40.01%
特一药业	20 007.02	15 442.91	77.19%	22.61%
大理药业	27 091.00	25 542.17	94.28%	67.48%
鲁抗医药	48 688.16	21 127.53	43.39%	14.62%
沃华医药	45 704.52	30 970.06	67.76%	59.02%
亚太药业	15 680.59	8 548.17	54.51%	11.97%

注:数据来源于各上市公司2018年年度报告。

由上表可见,公司销售费用占营业收入比例,以及市场推广费占销售费用比例处于可比区间内,符合行业普遍情况,与同行业可比上市公司相比不存在重大差异。

综上所述,公司报告期市场推广费、差旅费增长,运输费变动幅度不大的情况符合医药行业及公司业务发展情况,具有合理性。

【提示】

在本例中,该上市公司首先分析了销售费用构成和同比变化情况,结合"加大学术推广力度、推进产品销售向专业化方向发展"的市场战略,解释了销售费用中市场推广费、差旅费增幅较大的原因。加之高毛利产品的收入占比增加促进了公司营业收入增长,而运费与销售量和运输价格相关,后两者计价波动平稳,故运费变动幅度不大。最后通过与同行业其他公司比较销售费用和市场推广费的绝对金额、销售费用占营业收入的比重及市场推广费占销售费用的比重,对市场推广费、差旅费增长,运费变动幅度不大的合理性进行了较为充分的说明。

七、

(一)适用的指引

上交所《上市公司行业信息披露指引第八号——石油和天然气开采》

(二)年报披露要求

石油和天然气开采行业上市公司年报一般要求披露行业宏观、客户市场、关键资源、战略规划、关键流程等相关内容,具体如表3-3-30至表3-3-34所示。

表3-3-30 行业宏观

要点	具体内容
宏观经济政策	上市公司应当披露报告期内对石油和天然气开采行业具有重大影响的宏观经济、国际政治、油气行业监管政策、环保政策等外部因素的变化情况,并说明其对公司当期和未来发展的具体影响,以及公司已经或计划采取的应对措施。
行业发展状况	上市公司应当披露相关行业发展状况和影响因素包括勘探开采证实储量、勘探开采技术发展、产品价格、勘探开采地域及相关经济与管制、竞争对手、竞争格局、市场发展趋势等。 上市公司引用第三方数据的,应当披露数据来源。

【例】上市公司年报披露节选

行业情况说明

行业特点:

石油属于能源矿产资源,其不可再生性、特定用途范围和投资的目的决定了参与此行业要坚持一个基本原则,即"资源是基础、产量是载体,效益是根本";石油作为一种战略性资源,其分布具有不均衡性,因此生产国与消费国均非常重视石油资源的战略储备和控制;同时,石油也是世界交易规模最大的商品,石油行业的容量足够大,投资机会足够多,但受资源发现的巨大不确定性和国际原油价格变化的剧烈影响,这个行业也潜藏着较大风险,是一个机会与风险共存的行业。

国际原油价格变化特点与影响:

由于石油资源的生产与消费市场分离,流动性较强,现货与期货衍生品交易活跃,石油行业总体上是一个竞争相对充分的行业,国际原油价格基本反映了世界石油的实际与预期的供需状况。受多重因素叠加影响,国际原油价格变化呈现出"短期剧烈波动、中远期具有周期性"的基本特点。

2018年国际原油价格及其影响:

2018年,世界石油需求稳步增长,但油价上涨及中美经贸摩擦等对需求有一定负面影响;美国继续引领非欧佩克石油供应大幅提升;伊朗重遭美国制裁,石油出口下降明显;"减产联盟"相机调整产量政策,世界石油市场基本面重归平衡后再度转向过剩,国际油价震荡冲高后深度下挫,但年均价连续第二年上涨。同时,年内重大地缘政治事件多发,对国际油价短期波动的影响巨大。2018年,布伦特原油期货年均价为71.69美元/桶,比上年提高16.96美元/桶,涨幅达31%;WTI原油期货年均价为64.90美元/桶,比上年提高14.05美元/桶,涨幅达27.6%。10月3日,布伦特和WTI原油期货价格分别创下86.29美元/桶和76.41美元/桶的近四年高点;但12月24日,布伦特和WTI期货价格又分别跌至50.47美元/桶和42.53美元/桶的一年多来最低。2018年全球经济增长3.7%,与上年持平,世界石油需求比上年提高140万桶/日,低于2017年150万桶/日的增量。美国挑起与中国及其他主要贸易伙伴之间的贸易摩擦成为经济增长的重要掣肘。同时金融环境收紧、地缘政治局势紧张以及石油进口成本上升使新兴经济体经济下行压力加大,加之国际油价总体水平回升,使世界石油需求增长受到一定影响。

我国石油供给状况及其机会:

2018年中国仍是世界最大的原油进口国。2018年中国进口原油增长10.1%,达到破纪录的4.619亿吨,即924万桶/天。中国海关总署新闻发言人、统计分析司司长李魁文1月14日在国务院新闻办举行的发布会上表示,2018年中俄双边贸易额达到1 070.6亿美元,首次超过1 000亿美元,创历史新高,增幅达到27.1%。为了确保国家的石油供应安全,中国石油、中国石化、中海油等企业早在20多年前即走出国门参与国际竞争获取石油资源。随着国家开放国际油气投资,国内企业"走出去"获取石油资源呈持续快速发展之势,公司抓住国际原油价格处于周期性相对低位的机会连续收购海外油气资产,低成本获取国际油气资源,利用自身专业技术优势积极推进勘探开发建设,现已形成了一定的产能规模,为公司在油价上行周期中获取较高的投资回报和在全球油气行业的竞争中谋得一席之地奠定了基础,也将为保障国家油气供应安全贡献力量。

【提示】

该公司从行业特征、市场价格的变动特点与走势以及国内的市场情况等几方面对行业总体状况进行了具体分析,同时结合公司的收购举措,让投资者对公司的经营战略能有更为宏观的理解。

表 3-3-31 客户市场

要点	具体内容
行业地位	上市公司应当结合行业发展状况及影响因素,披露公司的行业地位、竞争优势和劣势。其中,相关行业发展状况和影响因素包括勘探开采证实储量、勘探开采技术发展、产品价格、勘探开采地域及相关经济与管制、竞争对手、竞争格局、市场发展趋势等。 上市公司引用第三方数据的,应当披露数据来源。

表 3-3-32 关键资源

要点	具体内容
储量数量信息	上市公司应当披露截至报告期末石油、天然气的以下储量数量信息: (1) 整体情况,包括按地理区域、产品类型披露的总证实储量、证实已开发储量、证实未开发储量的数量。 (2) 变动情况,包括按照扩边与新发现、采收率提高、以前估计修正、油气资产购入及处置、采出等储量变化因素,披露的报告期内储量数量变动情况。
储量价值信息	上市公司应当披露截至报告期末石油、天然气的以下储量价值信息: (1) 整体情况,包括根据已证实的净储量、石油和天然气的平均价格、未来生产及开发成本、所得税支出以及贴现系数,计算并披露的最近两个会计年度公司权益内未来净现金流量标准化量度情况。 (2) 变动情况,包括按销售价格和未来生产成本变动、未来开发成本估值变动、扩边、新发现和提高采收率、贴现增加、所得税变化及其他因素,披露的贴现现金流量标准化量度的变动情况。
勘探开发钻井情况	上市公司应当披露勘探开发钻井情况,包括按照勘探井、开发井分别披露的总体和各地域完钻总井数、净井数、生产井数和干井数。净井数、生产井数和干井数为公司权益所占份额的井数。
年度资本开支	上市公司应当披露年度资本开支情况,包括结合自身行业经营情况披露的勘探开采支出、研究开发支出,以及为维修、替换或提高生产力而购买固定资产的支出情况等。
重大油气田项目建设进展情况	上市公司应当披露重大油气田建设项目进展情况,包括重大建设项目的产能、截至报告期末的投资额、完成进度以及预计的竣工时间等。
勘探开采的主要业务情况	上市公司应当披露勘探开采的主要业务情况,包括储量数量、储量价值、勘探开发钻井、开采生产量、销售量、勘探开采资本支出、安全环保等经营情况。

表 3-3-33 战略规划

要点	具体内容
发展战略和经营计划	上市公司应当披露发展战略和经营计划,包括石油、天然气及其他产品的下一年度勘探开发预计支出、产量、销售量,以及前述经营数据较本年度的增减情况与设定依据。

表 3-3-34　关键流程

要点	具体内容
具体会计政策	上市公司应当披露以下与行业相关的具体会计政策： (1) 勘探开发支出、资源税、安全生产费、资产弃置义务及其他类似费用的提取标准、年度提取金额、使用情况以及相关会计政策。 (2) 基于企业会计准则，依据公司的自身经营模式和结算方式确定的油气资产资本化条件、时点及资产减值的计提标准等会计政策。
评估准则	上市公司在披露油气储量信息时，应当同时披露计算油气储量信息所遵循的评估准则，并披露在计算储量评估过程中采用的内部控制措施，编制储量评估的主要负责技术人员的资质等。
销售经营情况	上市公司应当披露销售经营情况，包括依据行业特性，分产品披露的销售量、销售收入，以及分区域披露的销售收入、生产成本、勘探费用、折旧、折耗、摊销、减值亏损、矿权税费及其他税费（所得税除外）、税前利润、所得税、税后利润等重要经营数据。
资本化成本	上市公司应当披露油气生产活动的资本化成本，包括物业成本、油气井及其他开采方式所需设备成本，辅助设备和设施成本，未完成的油气井设备和设施成本，累计折旧、折耗、摊销、减值亏损，净资本化成本等。
重大环保情况	上市公司应当披露重大环境保护情况，包括报告期内废水、废气、化学品的排放情况，漏油导致的土壤和水体污染情况，单位产值能耗情况，环保设施投资与油品质量升级改造情况，以及为治理污水、保持水土、复垦绿化等采取的其他措施。
重大安全生产情况	上市公司应当披露重大安全生产情况，包括报告期内进行安全管理、发生安全事故及整改、实施安全生产举措及进行安全检查等情况。

【例】上市公司年报披露节选

油气储量评估准则

本公司石油天然气储量评估工作实行两级管理系统。本公司储量管理委员会是公司级别的管理委员会，全面负责组织、协调和监督储量评估管理工作，负责储量评估工作重大事项的决策和评估结果的审批。各油田分公司也设有储量管理委员会，负责分公司储量评估工作的管理和协调，组织评估人员完成储量评估，对评估资料和评估成果进行验收和审查，并对本公司储量管理委员会由公司总裁、总部相关部门、勘探开发研究院及各油田分公司的高级管理人员组成。现任储量管理委员会主任为总裁马永生先生，马先生是中国工程院院士，在石油和天然气行业拥有超过 30 年的经验。储量管理委员会的大部分成员均拥有硕士或博士学位，并在相关专业领域（如地质、开发和经济）拥有平均 20 年以上的技术经验。

本公司编制了程序手册和技术指南用以指导储量评估工作。储量信息的初步收集和汇总由油田分公司级别的不同工作部门（包括勘探、开发和财务部门）共同完成。各油田分公司勘探、开发及经济等部门的专家共同编制储量评估报告，并由油田分公司储量管理委员会进行审阅，以确保储量评估资料的定性和定量分析符合技术指南的要求，同时确保评估结果合理并准确。我们还聘请外部顾问协助我们遵守美国证券交易委员会的规则和法规。本公司为协助开展储量评估工作设有专业的储量数据库，并对该数据库进行定期完善和更新。

【提示】

在本例中，该公司严格按照指引要求，详细披露了在储量评估过程中的内部控制措施，诸如实行两级管理系统、编制程序手册与技术指南、聘请外部顾问等，有助于论证公司所披露储量情况的可靠性。

（一）适用的指引

上交所《上市公司行业信息披露指引第九号——钢铁》

（二）年报披露要求

钢铁行业上市公司年报一般要求披露行业宏观、客户市场、关键资源、战略规划、关键流程等相关内容，具体如表 3-3-35 至表 3-3-39 所示。

表 3-3-35　行业宏观

要点	具体内容
宏观经济因素	上市公司应当披露报告期内对钢铁行业具有重大影响的生产者物价指数（PPI）、进出口政策、环保政策、限产转型政策、下游需求及新兴经营模式等宏观因素的变化情况，并说明其对公司当期和未来发展的具体影响，以及公司已经或计划采取的应对措施。

表 3-3-36　客户市场

要点	具体内容
行业地位	上市公司应当结合行业经营状况和相关行业指标，披露公司或主要产品在行业中或主要业务开展地区所处地位、竞争优势，以及行业景气度对公司发展的影响。 相关行业指标包括粗钢产量、粗钢表观消费量、钢材综合价格指数、钢铁行业固定资产投资、产能利用率、产业集中度、主要业务开展地区钢铁需求情况等。

续表

要点	具体内容
钢材制造和销售情况	上市公司应当披露钢材制造和销售的以下情况： （1）整体情况，结合经营战略，分地区、分产品披露的产量、销量、平均销售价格、营业收入、营业成本、毛利率（额）等主要经营数据，及其较前一年度的重大变动情况和变动原因。 （2）优势品种，独有产品、领先产品、特殊钢铁等优势品种的品名、用途、产量、销量、核心竞争力、主要客户、主要销售区域、营业收入及占比、毛利率（额）、市场占有率，以及其对应的下游行业发展状况等。 公司单一钢材品种的营业收入或毛利额占公司营业总收入或总毛利额10%以下的，可免于披露上述信息。
库存情况	上市公司应当分析披露库存情况，包括： （1）整体情况，按照原材料、半成品、产成品披露的库存总量及金额，并对原材料、产成品分品种披露。 （2）变动情况，结合宏观经济、上下游影响、产量、销量、价格等因素披露的原材料、半成品、产成品的库存总量变动情况。 （3）减值准备，结合报告期末原材料或产成品价格情况披露的库存减值情况并分析其合理性。
行业相关的重大费用	上市公司应当披露行业相关的重大费用，包括固定资产折旧、运输仓储支出、利息支出等及其重大变化情况。
钢材贸易或贸易融资业务	上市公司从事钢材贸易或贸易融资业务，影响重大的，应当结合主要经营模式，披露营业收入、毛利率（额）、财务费用、票据承兑和贴现风险、抵押融资风险等情况。

【例】上市公司年报披露节选

报告期内公司所属行业的发展阶段、周期性特点以及公司所处的行业地位：

2018年，全球经济复苏速度放缓，经国家统计局初步核算，中国经济运行保持在合理区间，GDP增速达到6.6%，进出口总额同比增长9.7%，为中国钢铁行业的经营改善与转型发展提供了良好的宏观环境。

2018年，中国钢铁行业持续稳中向好发展。受国内供给侧结构性改革深入推进、市场需求旺盛、环保督查等因素共同作用，钢铁供需格局进一步改善，钢材价格高位运行，进口铁矿石价格稳定，粗钢产量和表观消费量达到9.3亿吨和8.7亿吨，同比分别增长6.6%和14.8%，全行业经济效益达到历史最好水平。

同时，随着经济结构调整，钢铁行业已处在需求见顶阶段，未来钢铁需求与产能双下行将是必然趋势，国内产能过剩将长期存在。中国钢铁行业仍面临行业集中度低、发展水平参差不齐、产业布局不尽合理、创新能力不足等一系列问题，仍处在长周期的去产能和结构调整阶段。

2018年,公司坚持绿色精品智慧发展,持续强化差异化竞争优势,市场竞争地位进一步得到巩固。2018年,公司利润总额达到278.2亿元,保持了国内碳钢板材领导地位与国内行业最优业绩。公司硅钢产品销售规模已位居全球第一,汽车板销售规模也进入了全球前三,冷轧汽车板持续保持50%以上的国内市场份额,湛江钢铁、梅钢、武钢有限等主要钢铁子公司盈利均大幅增长。

【提示】

钢铁行业是投资者比较熟悉的国家重要的原材料工业之一。在本例中,该上市公司从宏观环境、粗钢产量、行业公司盈利情况(行业经济效益)、政策等角度直接扼要地介绍了报告期内钢铁行业的整体发展情况、行业景气程度以及面临的不利因素,同时从报告期内主要产品销售规模、市场份额、利润实现情况等角度对公司的行业地位进行了分析说明,笔墨不多,但思路清晰,层次分明。投资者结合公司相关经营和财务数据,可以很好地理解公司在行业中所处的地位。

表 3-3-37 关键资源

要点	具体内容
钢铁制造产能状况	上市公司应当披露钢铁制造的产能状况,包括: (1)主要工厂的设计产能、实际产能、在建产能,并披露产能计算方法。 (2)受市场供求情况和国家产业政策等因素影响,计划下一年度释放或压缩产能的调整方案。
重大钢铁建设项目进展	上市公司应当披露重大钢铁建设项目进展情况,包括报告期内的建设规模、截至报告期末的投资额、完工进度,在建项目涉及的主要风险、实施障碍及其应对措施。
上游成本影响因素	上市公司应当披露影响钢铁制造的铁矿石、电价、运输等上游成本影响因素情况。公司应当分析披露铁矿石供应情况,包括: (1)整体情况,按照自供、国内采购、国外进口披露的铁矿石供应量及其占比。 (2)自供矿产,应当披露自有矿山的铁矿石资源储量、可采储量、品位、铁矿石及铁精粉年产量,及其对公司成本的影响。 (3)外购矿石,应当结合运输费用、仓储情况、外汇波动等,披露外购矿石对公司成本的影响。
线上销售情况	上市公司应当披露钢铁电子商务的线上销售情况,包括自建线上销售平台的订单数、交易量、交易金额、营业收入、净利润及其占比,以及外部线上平台的交易量、交易金额、营业收入及占比等情况。 线上营业收入或毛利额占公司营业总收入或总毛利额10%以下的,上市公司可免于披露交易金额、营业收入以外的其他信息。

【例】上市公司年报及监管函回复节选

问:公司产能状况。公司年报未披露钢铁制造的产能状况。请公司补充披露:(1)主要工厂的设计产能、实际产能、在建产能,并披露产能计算方法;(2)受市场供求情况和国家产业政策等因素影响,计划下一年度释放或压缩产能的调整方案。

答:(1) 公司产能情况。

炼铁产能:公司拥有 2 750 m³ 高炉 1 座(设计产能与实际产能均为 260 万吨)、2 650 m³ 高炉 1 座(设计产能与实际产能均为 224 万吨)、2 000 m³ 高炉 2 座(设计产能与实际产能合计均为 380 万吨)、1 500 m³ 高炉 2 座(设计产能与实际产能合计均为 286 万吨),合计炼铁产能 1 150 万吨。

炼钢产能:公司拥有 150 吨转炉共 5 座(设计产能与实际产能合计均为 825 万吨)、120 吨转炉 3 座(设计产能与实际产能合计均为 426 万吨),合计炼钢产能 1 251 万吨。

轧钢产能:公司拥有中厚板轧机 1 套(设计产能与实际产能均为 160 万吨)、中型型钢轧机 1 套(设计产能与实际产能均为 90 万吨)、小型型钢轧机 6 套(设计产能与实际产能合计均为 510 万吨)、高速线材轧机 2 套(设计产能与实际产能合计均为 140 万吨),合计轧钢产能 900 万吨。

截至 2015 年年末,公司装备升级改造项目基本完成,无在建产能。

(2) 受市场供求情况和国家产业政策等因素影响,计划下一年度释放或压缩产能的调整方案。

受宏观经济调控及产能过剩等多重因素影响,钢材价格跌落谷底,国内钢铁行业正在经历着历史上最艰难的时刻。预计在 2016 年,钢铁行业的经营情况仍较艰难,公司将根据宏观政策及市场变化情况决定是否进行压缩产能计划。

【提示】

产能是影响钢铁企业经营效益的重要因素。该公司在披露定期报告时未按照行业指引要求披露钢铁制造的产能状况,经交易所问询后补充说明了炼铁、炼钢、轧钢的设计产能、实际产能情况及下一年度的产能调整计划。

表 3-3-38 战略规划

要点	具体内容
发展战略、经营计划	上市公司应当披露发展战略和经营计划,包括下一年度的生铁、粗钢和钢材的产量、销量、营业收入、固定资产投资预算,及其较本年度的增减情况。

续表

要点	具体内容
重大投资	上市公司应当披露重大投资情况,包括报告期内投资情况及下一年度投资计划。 上市公司应当结合重大投资情况,披露相应的融资安排,包括股权融资、债权融资及主要银行授信情况。

表 3-3-39 关键流程

要点	具体内容
各业务板块之间的影响	上市公司应当披露各业务板块之间的影响: (1) 公司拥有开采、制造、销售等多业务板块的,应当结合产业链上中下游的供应、生产、销售影响因素和情况,披露所从事的各板块间协同效应及影响。 (2) 公司从事钢铁电子商务、节能环保、新材料等延伸产业链新业务的,应当同时披露新业务的主要经营模式、与现有业务的协同效应及其可能存在的风险。
重大安全事故	上市公司应当披露报告期内发生的重大安全事故、整改措施及其对公司的影响。
节能环保	上市公司应当披露报告期内节能环保主要投入和采取的主要措施。
重大外币业务	上市公司应当披露重大外币业务情况,包括外币业务种类、规模、当期汇率波动对公司汇兑损益的影响金额,以及应对措施。
会计政策	上市公司应当披露与行业相关的具体会计政策。公司应当在企业会计准则原则性规定的基础上,结合公司自身经营模式和结算方式,在财务报表附注中披露营业收入、应收账款或票据、资产减值准备、在建工程转固、固定资产折旧等具体会计政策。

九、

(一) 适用的指引

上交所《上市公司行业信息披露指引第十号——建筑》(建筑行业,是指根据证监会的行业分类,从事土木工程施工、房屋建设、装饰及其附属物安装的行业,包括房屋建设、基建工程、专业工程、建筑装饰等细分行业。房屋建设包括公共建筑、居住建筑和其他建筑;基建工程包括道路、桥梁、隧道施工等基础设施项目;专业工程包括冶金工程、化工工程等项目)

深交所《行业信息披露指引第 6 号——上市公司从事装修装饰业务》

深交所《行业信息披露指引第 7 号——上市公司从事土木工程建筑业务》

(二) 年报披露要求

建筑行业上市公司年报一般要求披露行业宏观、客户市场、关键资源、关键流程等相关内容,具体如表 3-3-40 至表 3-3-43 所示。

第三章 上市公司分行业年报披露

表 3-3-40 行业宏观

要点	具体内容
宏观经济政策	上市公司应当披露报告期内对建筑行业具有重大影响的宏观经济形势、财政税收政策、行业监管政策、工程建设资质及招投标管理政策等外部因素的变化情况，并说明对公司当期及未来发展的具体影响，以及公司已经或计划采取的应对措施。 公司从事专业工程或其他与特定市场需求密切相关的细分行业，还应当披露相关工程所处行业政策、国内外市场需求情况及对公司工程建设业务的影响。（上交所）
	上市公司应当披露说明与装修装饰行业相关的宏观经济形势、行业政策环境等外部因素的变化情况，公司主营业务的行业发展及市场需求情况，并说明对公司当期及未来发展的具体影响，以及公司已经或计划采取的应对措施。（深交所装饰装修业务）
	上市公司应当披露说明与土木工程建筑行业相关的宏观经济形势、行业政策环境等外部因素的变化情况，公司主营业务的行业发展及国内外市场需求情况，并说明对公司当期及未来发展的具体影响，以及公司已经或计划采取的应对措施。（深交所土木工程建筑业务）
行业发展状况	上市公司应当披露报告期或未来拟进入的主要业务开展区域的固定资产投资规模、增速及工程项目建设规划。 所处细分行业的区域市场竞争格局、市场集中程度。（上交所）
	上市公司应当披露所处细分行业的市场竞争格局、公司的市场地位。（深交所装饰装修业务、土木工程建筑业务）

表 3-3-41 客户市场

要点	具体内容
竞争优势及劣势	上市公司应当披露公司在品牌、专业技术、项目管理及项目融资等方面的竞争优势及劣势。（上交所、深交所装饰装修业务、深交所土木工程建筑业务）
竣工验收	上市公司应当披露报告期内竣工验收项目的以下情况： （1）项目总数量及总金额。 （2）境内与境外项目数量及金额。 （3）房屋建设、基建工程、专业工程、建筑装饰等细分行业的项目数量及金额。 （4）完工重大项目的验收、收入确认及回款。（上交所）
	按照不同业务模式披露报告期内完工（已竣工验收）项目的总数量、总金额以及完工重大项目的验收、收入确认、结算和回款情况。（深交所土木工程建筑业务）
在建项目情况	上市公司应当披露报告期内在建项目的以下情况： （1）项目总数量及总金额。 （2）境内与境外项目数量及金额。 （3）房屋建设、基建工程、专业工程、建筑装饰等细分行业的项目数量及金额。 （4）在建重大项目的进展情况，包括项目名称、项目金额、业务模式、工期、完工百分比、本期及累计确认收入、本期和累计成本投入（按材料、人工、其他直接或间接费用等分项披露）、回款情况。项目进展出现重大变化或者重大差异的，还应当说明并披露原因。（上交所）

续表

要点	具体内容
境外项目情况	上市公司开展境外项目的,应当披露报告期内的以下情况: (1) 境外项目的总数量、总金额及区域分布情况。 (2) 境外重大项目的工期、回款情况等进展。 (3) 境外重大项目涉及的汇率波动、地缘政治等特殊风险及应对措施。(上交所)
	上市公司开展境外项目的,还应当披露境外项目的数量、金额、区域分布情况以及重大境外项目的工期、结算、回款情况等。(深交所装饰装修业务)
	上市公司开展境外项目的,应当披露报告期内境外项目涉及的汇率风险等特殊风险以及公司的应对措施。 上市公司应当披露境外项目的数量、金额、区域分布情况,并披露重大境外项目的名称、金额、业务模式和完工情况。(深交所土木工程建筑业务)
营业收入情况	上市公司应当按细分行业汇总披露近3年工程项目营业收入占公司总收入的比重,营业收入结构的变化趋势,并分析原因。(上交所)

表 3-3-42　关键资源

要点	具体内容
资质类型及有效期	上市公司应当披露报告期内取得的建筑行业资质类型及有效期。报告期内相关资质发生重大变化的,应当说明影响及应对措施。下一报告期内相关资质有效期限届满的,应当披露续期条件的达成情况。(上交所、深交所装饰装修业务、深交所土木工程建筑业务)
融资安排	上市公司应当披露以下融资安排情况: (1) 整体情况,按照股权融资、债权融资、融资租赁等方式分类披露的报告期公司融入资金余额,并结合工程结算、应收债权、款项回收与合同约定的重大差异等情况,分析披露资金安排的合理性及流动性风险。 (2) 债权融资,按照借款、债券等分类披露的各年偿付金额(5年内分年列示,5年以上累计列示)、利息支出等情况,以及利率、汇率波动风险。融资租赁及其他存在分期偿付的融资安排可以参照披露。 (3) 或有事项,项目融资中存在分红、资产处置、回购、担保等约束性安排且影响重大的,应当披露涉及的重大项目名称、金额及核心条款等情况。(上交所)
	上市公司应当按照融资途径(如银行贷款、票据、债券、信托融资、基金融资等)披露报告期末各类融资余额、融资成本区间、期限结构等。(深交所土木工程建筑业务)
主要供应商和主要客户	上市公司应以汇总方式分别披露前5名供应商采购额及其占年度采购总额的比例,前5名客户销售额及其占年度销售总额的比例。 公司与前5名供应商或者前5名客户存在关联关系的,应当披露供应商或客户的名称及关联交易金额。 公司与供应商或客户存在长期合作关系的,应当披露是否存在合作框架协议,并说明对公司开展业务的影响。(上交所)

【例】上市公司年报及监管函回复节选

问:年报披露了报告期内的贷款明细情况,请公司:(1)根据《建筑行业指引》第十一条的规定,补充披露融资安排相关内容;(2)公司 2015 年度完成非公开发行后,近年来主要依靠借款融资,请说明大额借款安排的用途及主要考虑,相应融资成本较低的原因和可持续性,是否为同区域公司的普遍情形……

答:报告期内建筑施工类融资安排情况如下:

单位:万元

分类	融资方式	报告期内总额度	截至报告期剩余额度	报告期实际发生借款总额	截至报告期借款余额
贷款融资	银行最高额综合授信	242 000.00	208 820.00	33 180.00	150 080.00

报告期,公司建筑施工类融资共 29 笔,其中:偿还到期贷款 25 笔,共计 100 400.00 万元;借入银行贷款 4 笔,共计 33 180.00 万元,借入贷款利率分别为 2.35%、2.75%、2.75%、2.35%。报告期建筑施工类贷款利息支出 4 944.39 万元,其中贷款利息资本化金额 0 万元。

公司建筑施工业务最近五年债权融资情况如下:

单位:万元

分类	年度	借入金额	偿付金额	利息支出	
				金额	其中:资本化利息
银行借款	2014	48 000.00	37 800.00	1 736.20	
银行借款	2015	78 000.00	40 000.00	2 499.35	
银行借款	2016	150 000.00	74 100.00	2 291.15	
银行借款	2017	125 000.00	65 600.00	4 643.70	
银行借款	2018	33 180.00	100 400.00	4 944.39	

公司未来 5 年债权融资还款计划如下:

单位:万元

计划年份	2019 年度	2020 年度	2021 年度	2022 年度	2023 年度	备注
归还计划	56 080.00	89 000.00	6 000.00	0.00	0.00	资金还款来源公司日常生产经营收入
预计归还利息	3 441.38	1 026.29	51.52	0.00	0.00	短期、中长期、长期借款利率 2.35%、2.75%、2.9%
合计	59 521.38	90 026.29	6 051.52	0.00	0.00	

报告期内,公司不存在股权融资及融资租赁方式的融资,公司主要以长、短期借款方式进行融资,报告期长期借款期末余额为143 480.92万元,短期借款期末余额为58 180.00万元,一年内到期的非流动负债47 900.00万元。银行借款主要用于项目建设支出及公司日常生产经营周转。公司的项目中标后由于工程结算、应收债权、款项回收与合同约定的时间差异等原因,对上结算的款项不能按期到位,故不能支付对下结算的款项。为了合理安排资金,以中标项目向银行申请信用贷款,以保证各项目正常生产经营活动的进行,待项目与业主方单位办理工程结算款拨付后,按期归还银行贷款。

【提示】

建筑业公司在手项目众多,对资金需求大,施工承包、工程总承包、BT、BOT、PPP等不同类型项目和不同行业工程项目的项目周期和结算、收款方式存在较大差异,因此,收付款节点与融资安排就尤为重要。如果安排得不好,就会形成资金压力,导致财务费用上升,甚至影响工期,造成违约。在本例中,该公司说明了债权融资的各年偿付金额及利息支出等情况,如果能进一步结合公司的主要工程项目类型说明不同渠道和期限的融资方式在生产经营中的作用,并对应相应的金额,即可在具体财务融资数据和公司经营情况之间搭建一座桥梁,使投资者能够更好理解公司资金安排的合理性。

表3-3-43 关键流程

要点	具体内容
主要业务模式	上市公司应当披露实施工程项目的主要业务模式、模式的特有风险和模式变化情况,并按不同业务模式披露报告期内未完工项目的数量、金额及主要风险。(上交所)
	上市公司应当按照业务模式,披露重大项目的定价机制、回款安排、融资方式、政策优惠等信息。公司重大项目采用融资合同模式并涉及后续运营的,还应披露特许经营、运营期限、收入来源及归属、保底运营量、投资收益的保障措施等主要安排,并披露报告期内的收入情况。(上交所)
	上市公司应当详细披露实施工程项目的主要业务模式、模式的特有风险和模式变化情况。(深交所装饰装修业务)
	上市公司应当详细披露实施工程项目的主要业务模式,不同模式的特有风险、定价机制、回款安排、融资方式、政策优惠,及报告期内业务模式的变化情况。 公司重大项目采用融资合同模式并涉及后续运营的,还应当披露特许经营、运营期限、收入来源及归属、保底运营量、投资收益的保障措施等主要安排。其中,重大项目是指项目金额占公司上一会计年度经审计营业收入30%以上的项目。(深交所土木工程建筑业务)

续表

要点	具体内容
分业务类型数据	上市公司应当区分不同业务类型（如公共装修、住宅装修、家装业务、设计业务等）披露营业收入、营业成本、毛利率等财务数据以及相关数据的统计口径。通过互联网渠道开展装饰装修业务的，应当披露互联网业务开展情况，如互联网业务分部的体验店数量、体验店分布区域及营收情况等。（深交所装饰装修业务）
成本构成情况	上市公司应当按细分行业汇总披露近3年工程项目成本的主要构成，如原材料、人力成本等，并分析近3年各成本构成要素的变动情况及原因。（上交所） 上市公司应当区分不同业务类型（如公共装修、住宅装修、家装业务、设计业务等）披露近2年项目成本的主要构成，如原材料、人力成本等，并分析近2年成本构成要素的变动情况及原因。（深交所装饰装修业务）
已完工未结算项目情况	上市公司应当汇总披露存货中已完工未结算的情况，包括累计已发生成本、累计已确认毛利、预计损失、已办理结算的金额、已完工未结算的余额。 可以披露前5大已完工未结算项目的情况，包括累计已发生成本、累计已确认毛利、预计损失、已办理结算的金额、已完工未结算的余额。（上交所） 上市公司应当汇总披露存货中已完工未结算项目的情况，包括累计已发生成本、累计已确认毛利、预计损失、已办理结算的金额、已完工未结算的余额。公司需披露已完工未结算重大项目的情况，包括项目名称、合同金额、已办理结算的金额、已完工未结算的余额，并说明是否存在未按合同约定及时结算情况、交易对手方的履约能力是否存在重大变化，以及相关项目结算是否存在重大风险，还应当说明长期未结算的原因及预计损失。（深交所装饰装修业务、深交所土木工程建筑业务）
未完工项目情况	上市公司应当汇总披露报告期内未完工项目的情况，包括项目数量、项目金额、累计确认收入、未完工部分金额。公司需披露重大未完工项目的进展情况，包括项目名称、项目金额、业务模式、开工日期和工期、完工百分比、本期及累计确认收入、回款情况、应收账款余额。项目进展与合同约定出现重大变化或者重大差异的，还应当说明并披露原因。（深交所装饰装修业务） 上市公司应当按照不同业务模式披露报告期内未完工项目的情况，包括项目数量、项目金额、累计确认收入、未完工部分金额。公司需披露重大未完工项目的进展情况，包括项目名称、项目金额、业务模式、开工日期和工期、完工百分比、本期及累计确认收入、回款情况、应收账款余额。项目进展与合同约定出现重大变化或者重大差异的（影响项目或合同收入30%以上的情况），还应当说明并披露原因。 公司重大项目采用融资合同模式并涉及后续运营的，还应当披露特许经营、运营期限、收入来源及归属、保底运营量、投资收益的保障措施等主要安排。（深交所土木工程建筑业务）
质量控制体系	上市公司应当披露公司的质量控制体系、执行标准、控制措施及整体评价。披露报告期内的重大工程质量问题，并说明可能产生的工程回款、收入确认及诉讼仲裁等风险。（上交所、深交所装饰装修业务、深交所土木工程建筑业务）

续表

要点	具体内容
安全生产情况	上市公司应当披露报告期安全生产制度的运行情况。公司发生重大安全事故的,还应当披露影响及应对措施。(上交所、深交所装饰装修业务)
	上市公司应当披露报告期安全生产制度的运行情况。公司发生重大安全事故的,还应当披露影响及应对措施,涉及重大风险的,应当进行相应的风险提示。(深交所土木工程建筑业务)
具体会计政策	上市公司应当在企业会计准则原则性规定的基础上,依据公司自身业务模式和结算方式,对财务报表附注中收入确认方法、账款结算等会计政策进行细化,并披露行业特殊的收入确认条件、确认时点、计量依据等。如按完工百分比确认的,还应当详细披露确定完工进度的方法。(上交所)
	上市公司在披露财务报告附注时,应依据自身业务模式和结算方式对收入确认会计政策进行详细披露,并披露行业特殊的收入确认条件、确认时点、核算依据等,如按完工百分比法确认的,还应当详细披露确定完工进度的方法;按照不同业务模式对应收款项的确认、回款条件、坏账计提政策进行详细披露;若单个客户应收账款余额占应收账款总额比例超过10%且账龄三年以上的,应当在应收账款附注中详细披露该应收账款较高的原因并提示回款风险等。(深交所土木工程建筑业务)
	上市公司在披露财务报告附注时,应依据自身业务模式和结算方式对收入确认会计政策进行详细披露,并披露行业特殊的收入确认条件、确认时点、核算依据等,如按完工百分比法确认的,还应当详细披露确定完工进度的方法;按照不同业务模式对应收款项的确认、回款条件、坏账计提政策进行详细披露;应在应收账款附注中说明是否存在账龄超过三年的单项金额重大的应收账款,若存在,详细披露该应收账款较高的原因并提示回款风险等。(深交所装饰装修业务)

【例】上市公司年报及监管函回复节选

问:请根据《建筑行业指引》第四条的规定,补充披露公司实施工程项目的主要业务模式,并区分不同业务模式披露报告期内未完工项目的数量、金额及主要风险;若不涉及多种业务模式,请予以说明。

答:(1)主要业务模式。

公司主营业务包括房屋建筑工程、基础设施建设与投资及其他相关业务,实施的工程项目涉及房屋建筑、基建工程、专业工程、建筑装饰等多个工程领域,拥有建筑工程施工总承包、公路工程施工总承包双特级资质,市政公用工程施工总承包、机电工程施工总承包、建筑装修装饰工程专业承包、消防设施工程专业承包、钢结构工程专业承包等多项壹级资质,施工技术力量雄厚,施工机械设备齐全,具备明显的施工优势、资质优势和资金优势,在重庆及全国多省市具有一定的市场份额。

公司报告期内实施工程项目的主要业务模式包括施工合同模式和融资合同模式。

施工合同模式基本以投标形式承揽施工业务，中标后与业主签订工程施工合同，负责整个工程所有分项和各个专业的全部施工任务，业主根据合同约定时间和比例支付工程进度款，办理工程竣工验收手续，工程竣工结算后支付剩余工程款。

融资合同模式主要是以项目名义进行融资，并参与项目建设，以项目运营收入（或回购资金）承担债务偿还责任的模式。公司现实施的融资合同模式涉及BT、PPP和BOT等三种形式。其中，BT模式即"建设—移交"，是指公司承接项目后，通过融资、建设并移交项目后收回投资、获取合理回报的模式；PPP模式是指公司通过与政府、企业、社会资本合作，参与公共基础设施的投资、运营的项目运作模式；BOT模式即"建设—运营—移交"，是指公司通过投标方式承接基础设施项目后，对项目进行融资、建设和运营，并在期满后将项目移交给业主的模式。

（2）未完工项目的数量、金额和主要风险。

单位：万元　币种：人民币

业务模式		业务分类	未完工项目数（个）	未完工项目金额
施工合同模式		房屋建筑	485	6 633 186.00
		基建工程	351	3 205 001.00
		专业工程	81	388 407.00
		建筑装饰	28	50 002.00
融资合同模式	BT	房屋建筑	1	2 645.00
		基建工程	3	200 731.00
		专业工程	1	16 104.00
	PPP	房屋建筑	1	112 887.00
		基建工程	3	155 945.00
	BOT	基建工程	1	303 187.00

报告期末，工程施工板块未完工程955个，未完项目金额1 106.81亿。根据建筑施工行业特点，公司基建业务面临的主要风险有承揽工程难度增大，原材料及人工价格上涨施工成本增大，应收款回收较慢，管理成本和财务成本较大，存在利润率较低等风险。

施工合同模式下的项目结算、回款具有一定的滞后性，部分项目可能面临不能及时办理结算和按期回收工程款的风险。

采用融资合同模式的 BT、PPP 和 BOT 项目能够为企业带来持续稳定的收益,但由于融资项目需投入大量资金,投资回收期较长,且受拆迁、场地移交以及政府招商对象不确定等影响,项目在投资回收期间存在诸多不确定因素,因此难以准确预计融资项目的经济效益,个别项目可能面临不能按期回购的风险。若未能妥善评估、实施及管控,可能会使公司的财务状况与经营业绩在一定程度上受到影响。

【提示】

建筑行业拥有单一勘察、设计或施工合同,设计施工合同,EPC 或 EPCM 交钥匙工程合同,BT、BOT、BOO、PPP 等融资合同,管理合同等不同的业务模式。不同模式的风险承担方式、利润来源、权利义务分配均有所不同。为此,建筑业上市公司应重点披露不同业务模式下,在建工程和完工项目的具体情况,以及相应的项目成本和收入来源。

十、

(一) 适用的指引

上交所《上市公司行业信息披露指引第十一号——光伏》

深交所《创业板行业信息披露指引第 3 号——上市公司从事光伏产业链相关业务》(光伏产业链相关业务是指光伏产业链相关核心产品的研发、生产、销售以及光伏电站的建设、运营、出售等业务活动,其中光伏产业链相关核心产品主要包括多晶硅、硅棒、硅锭、硅片、电池片、电池组件、逆变器以及光伏产业链领域的其他关键产品或设备)

(二) 年报披露要求

光伏行业上市公司年报一般要求披露行业宏观、客户市场、关键资源、关键流程等相关内容,具体如表 3-3-44 至表 3-3-47 所示。

表 3-3-44　行业宏观

要点	具体内容
宏观经济政策	上市公司应当披露报告期内对光伏行业具有重大影响的国家宏观经济政策、贸易政策、产业规范、国家及地方行业政策、环保政策法规的变化情况,并说明对公司当期和未来发展的具体影响,以及公司已经或计划采取的应对措施。(上交所)

要点	具体内容
行业发展状况	上市公司应当披露以下反映光伏行业发展状况的信息,包括: (1) 公司从事光伏产品制造和销售业务的,应当披露报告期内所生产光伏产品的行业整体技术进步情况。 (2) 公司从事光伏电站建设和开发业务的,应当披露报告期内全行业光伏电站的累计装机容量和新增装机容量。 (3) 公司从事光伏电站运营业务的,应当披露报告期内全行业运营的光伏电站的装机容量、并网发电情况。(上交所)
	上市公司从事电池组件、逆变器等产品的研发、生产、销售业务的,应当在年度报告、半年度报告中披露主要收入来源国(销售收入占同期营业收入10%以上)的国家名称、报告期内当地光伏行业政策或贸易政策发生的重大不利变化及其对公司当期和未来经营业绩的影响情况(如有)。(深交所)

表 3-3-45 客户市场

要点	具体内容
经营情况和行业地位	上市公司应当披露以下反映公司行业地位的信息,包括: (1) 公司从事光伏产品制造和销售业务的,应当披露报告期内公司光伏产品效率提升和单位生产成本下降等研发成果及技术工艺改良情况,以及公司产品在行业内的竞争优势和劣势。 (2) 公司从事光伏电站建设和开发业务的,应当披露报告期内公司建设或开发的光伏电站的累计装机容量和新增装机容量,以及公司在全行业的市场地位、竞争优势和劣势。 (3) 公司从事光伏电站运营业务的,应当披露报告期内公司运营的光伏电站的装机容量、并网发电情况,以及公司在全行业的市场地位、竞争优势和劣势。(上交所)
	上市公司从事光伏产业链相关核心产品的研发、生产、销售业务的,在披露年度报告、半年度报告时,应当同时按照下列要求履行信息披露义务: (1) 按技术类别(如单晶硅、多晶硅、非晶硅薄膜、铜铟镓硒薄膜、碲化镉薄膜等)披露报告期内所销售产品的销量、销售收入、销售毛利率。 (2) 按技术类别披露报告期内所销售产品的产能、产量、在建和计划建设产能。(深交所)
分国家和地区的销售情况	上市公司从事光伏产品制造和销售业务的,应当按照产品类别披露报告期内相关产品的产销率、分国家或地区列示的境内外销售收入、销售毛利率等主要财务指标。(上交所)
	上市公司从事电池组件、逆变器等产品的研发、生产、销售业务的,应当在年度报告、半年度报告中披露主要收入来源国(销售收入占同期营业收入10%以上)的国家名称、销量、销售收入。(深交所)

表 3-3-46 关键资源

要点	具体内容
关键技术指标	上市公司从事光伏设备制造业务的，应当披露报告期内对外销售设备的具体种类，以及产品的技术情况。 上市公司从事光伏产品制造和销售业务的，应当披露相关产品的以下关键技术指标： （1）太阳能级多晶硅各级产品产出比例。 （2）多晶硅片、单晶硅片等各种类型硅片产品的非硅成本情况。 （3）多晶硅电池、单晶硅电池、薄膜及其他新型太阳能电池等各种类型电池片产品的量产平均转换效率、研发最高转换效率。 （4）晶体硅电池、薄膜及其他新型太阳能组件等各种类型电池组件产品的量产平均组件功率、研发最高组件功率。 （5）逆变器产品的转换效率。 （6）硅料硅棒、硅片等产业链各环节的产品成本中电费占比情况。 上市公司在披露光伏产品的关键技术指标时，应当详细披露指标含义、指标变化情况及反映的技术水平变化情况，并重点讨论与分析指标变化的原因及对公司当期和未来经营业绩的影响。（上交所）
	上市公司从事光伏产业链相关核心产品的研发、生产、销售业务的，在披露年度报告时，应当同时披露报告期内所销售产品的关键技术指标。光伏产业链各环节主要产品的关键技术指标如下： （1）多晶硅产品的少子寿命、生产综合电耗、单位生产成本等。 （2）硅片产品的少子寿命、厚度、单位生产成本等。 （3）电池片产品的转换效率、单位生产成本等。 （4）电池组件产品的转换效率、1年和25年的衰减率、单位生产成本等。 （5）逆变器产品的转换效率、单位生产成本等。 上市公司在披露所销售产品的关键技术指标时，应当详细披露指标含义和指标变化情况，并重点讨论与分析指标变化的原因及其对公司当期和未来经营业绩的影响情况。（深交所）
产品生产和在建产能	上市公司从事光伏产品制造和销售业务的，应当披露报告期内相关产品生产和在建产能的以下情况： （1）按照产品类别，披露已投产的相关产品产量、投产时间、工艺路线及环保投入、产能利用率，并将产能利用率与同行业上市公司进行比较，说明其合理性及依据。 （2）按照项目或产品类别，披露在建生产线总投资额、当期投资额、设计产能、预计投产时间、工艺路线及环保投入等。（上交所）
光伏电站总装机容量和开发项目信息	上市公司从事光伏电站开发业务的，应当披露期初持有电站数及总装机容量、报告期内已出售电站数及总装机容量、期末持有电站数及总装机容量、在手已核准的总装机容量，以及报告期内已出售电站项目的总签交金额和对公司当期经营业绩产生的影响。 上市公司从事光伏电站开发业务的，单个电站项目总投资规模占公司报告期末净资产10%以上，或者单个电站项目装机规模（兆瓦数）占公司持有且并网的电站合计装机规模

续表

要点	具体内容
光伏电站总装机容量和开发项目信息	(兆瓦数)10%以上;从事光伏电站工程承包业务的,单个电站项目收入或净利润占公司光伏电站业务当期收入或净利润 10%以上的,应当披露以下光伏电站的项目信息: (1) 集中式和分布式光伏电站的装机容量、所在地、国家和地方的电价补贴及承诺年限。 (2) 各电站项目的计划开发建设周期、投资规模、资金来源、当期已投入金额。 (3) 各电站项目的进展情况,包括取得项目核准、开工建设、实现并网、持有待售、持有运营、已出售等。 (4) 电站项目中使用自产产品的情况。 (5) 报告期从事光伏电站工程承包业务确认的工程收入。(上交所) 上市公司从事光伏电站业务的,应当在年度报告和半年度报告中披露报告期内各电站项目的基本情况,至少包括下列内容: (1) 电站规模及所在地。 (2) 所采取的业务模式,包括工程总承包(EPC)、建设—转让(BT)、建设—运营—转让(BOT)、持有待售、持有运营等。 (3) 电站项目的进展情况,包括已核准、已并网、已出售等。 (4) 自产产品在电站项目的供应情况。 (5) 不同业务模式下相关业务活动的会计处理方法,包括资产的分类依据和计量方法、收入的确认原则和计量方法等。 (6) 持有待售、持有运营等模式下,已并网项目的并网电价及其承诺年限、已运营电站的发电量、并网电量、电费收入和营业利润等。 (7) 持有待售等模式下,已出售电站项目的规模、交易价格、交易产生的利润以及未出售电站项目的风险提示等。 上市公司电站项目数量较多的,可以仅就采用 EPC、BT、BOT、持有待售、持有运营等模式实施的报告期内规模前十名光伏电站项目披露基本情况,对于其余电站项目,则按照业务模式汇总披露。(深交所)
光伏电站运营信息	上市公司从事光伏电站运营业务(包括持有代售期间的电站运营)的,应当披露电站总收入中补贴和电费的构成。各地补贴持续周期存在差异的,应当披露相关的差异情况。单个电站营业收入占公司当期光伏电站业务收入 10%以上的,应当披露光伏电站的运营信息,包括: (1) 各光伏电站类型、所在地、国家和地方的电价补贴及承诺年限。 (2) 各光伏电站的装机容量、发电量、上网电量、结算电量、上网电价、电费收入和营业利润、现金流。 (3) 公司开发与电站电费收入等相关的金融衍生产品的,应当披露该金融衍生产品基础资产的基本情况,如项目电站的融资进展、建设进度、电费收入、补贴政策及领取情况等,以及相关产品的核心合同或协议条款、产品类型、现金流、盈利模式和相关风险。(上交所)

【例】上市公司年报及监管函回复节选

1. 公司光伏逆变器转换效率

指标含义:转换效率是指逆变器将输入的直流功率转换为交流功率的比值,

逆变器转换效率=逆变器输出功率/逆变器直流输入功率×100%。

公司通过采用 SiC、GaN 等新型半导体材料、高效的磁性器件、性能优异的 DSP、五电平等高效新型拓扑创新、MPPT 技术改善，带动逆变器效率不断提升，目前阳光电源逆变器最大效率已全线达到 99%。

2. 公司光伏系统度电成本

指标含义：度电成本是指光伏系统的投资总成本与系统全生命周期的发电量的比值，投资总成本包含初始投资与生命周期的运维投资。度电成本直接表现了光伏系统的发电成本，度电成本越低，光伏系统的收益越高。

公司通过不断的技术创新及系统优化降低投资成本，提升系统发电量，从而降低系统度电成本，提高客户的投资收益率。增大逆变器的单机功率，同容量系统的逆变器数量更少、电缆成本更低，而且可以组成更大容量的功率单元，进一步节省变压器的成本，与 1.6 MW 方案相比，3 MW 的子阵方案可降低初始投资 0.15 元/W；光伏系统电压等级的提升，可有效降低系统成本，降低系统损耗。相比 1 000 V 直流电压等级，1 500 V 汇流箱和逆变器数量减少，安装维护工作量减少，施工成本和运维成本降低，同时相同容量电站并网点减少，高压线缆用量减少，变压器数量和成本降低，1 500 V 系统的应用，降低光伏系统初始投资 3%，提高系统发电效率 1% 以上；更高集成度的逆变器及方案将得到广泛应用，如箱式中压逆变器，高度集成逆变器、变压器、配电、通讯、照明、烟感等。集成度提升一方面可降低系统生命周期的成本，包括电缆成本、项目施工成本、项目管理成本、后期运维成本等，另一方面系统之间耦合性更强，更加可靠。

3. 公司光伏系统电网友好性

随着光伏系统的规模化应用，光伏渗透率逐年增大，逆变器作为能量传递的纽带直接与电网连接，对逆变器的电网友好性要求越来越高。

公司逆变器具备低电压穿越、零电压穿越、高电压穿越能力，在电网出现问题时适用电网的电压变化，保障光伏系统不会大规模脱网，造成事故扩大；同时逆变器具备更强的无功能力，直接控制逆变器主动对电网进行支撑；利用储能设备接入，发电侧以多能互补为平台，实现光伏电站调峰、平滑光伏电站输出，提升电网稳定性，用电侧以智能光储微电网为平台，通过储能实现峰谷平衡，提高光伏消纳能力，实现精准供能。

4. 公司光伏逆变器产品的单位生产成本

由于公司光伏逆变器种类较多,产品功率大小不一样,目前公司单位生产成本区间在 0.3 元/W 左右。

【提示】

"关键技术指标"是衡量光伏企业市场竞争力的重要指标,也是投资者十分关注的年报内容。在本例中,该公司对主要产品光伏逆变器的████████发电成本、单位生产成本等指标含义及关键参数进行了较为充分地披露,让投资者可以更为直观把握公司产品的市场地位与核心竞争力。

表 3-3-47 关键流程

要点	具体内容
风险因素	上市公司应当结合行业特点和自身经营模式,披露可能对公司未来发展战略和经营目标的实现产生不利影响的风险因素,包括光伏业务相关的补贴、装机量、电价等政策风险,国际贸易保护风险,技术迭代更新风险等。 上市公司披露的风险因素应当充分、准确、具体,并进行实质分析,说明对公司当期及未来经营业绩的影响,以及公司已经或计划采取的措施及效果。 报告期内上市公司经营模式或市场环境发生重大变化的,应当对新增风险因素及其产生的原因、对公司的影响、拟采取的应对措施等进行分析。(上交所)
主要会计政策	上市公司从事光伏电站的工程承包、开发、运营、运维业务的,应当在企业会计准则原则性规定的基础上,针对公司自身经营模式和行业特点,细化披露相关业务的会计政策,包括资产的分类依据、收入的确认原则以及相关的计量方法等。(上交所)
收入确认	上市公司从事光伏电站运行维护业务的,应当披露报告期内确认的服务收入。(上交所)

【例】上市公司年报及监管函回复节选

收入确认的具体方法:

……

公司从事分布式太阳能电站的安装,收入确认需满足以下条件:已根据合同完成分布式太阳能电站的安装调试等约定事项,经客户验收,已经收回款项或取得了收款凭证且相关的经济利益很可能流入,相关的成本能够可靠地计量。

公司自建光伏电站发电,收入确认需满足以下条件:已根据合同约定向客户提供电力,取得客户付款凭证或证明(电网公司上网电量结算单等)且相关的经济利益很可能流入,相关已发生或将发生的成本能够可靠地计量。

【提示】

在本例中,该公司按照实际从事光伏电站的业务类型对其收入确认方法进行了具体分类,相关会计政策与对应业务模式相匹配,更有针对性地体现自身经营特点和行业惯例。

十一、

(一) 适用的指引

上交所《上市公司行业信息披露指引第十二号——服装》(从事鞋帽、假发、提包等服装服饰类产品生产和销售的上市公司,应当比照披露相关的行业经营性信息)

(二) 年报披露要求

服装行业上市公司年报一般要求披露行业宏观、客户市场、关键资源、战略规划、关键流程等相关内容,具体如表3-3-48至表3-3-52所示。

表3-3-48 行业宏观

要点	具体内容
宏观经济政策	上市公司应当披露报告期内对服装行业具有重大影响的宏观经济形势、居民收入水平、新兴业态、国家及地方税收、进出口政策、汇率、境内外市场环境等外部因素的变化情况,说明其对公司当期和未来发展的具体影响,以及公司已经或计划采取的应对措施。
行业发展状况	上市公司应当披露所在细分行业或区域的市场竞争格局、发展趋势。 上市公司可以对比全国或地区服装行业终端消费情况等行业指标与相关行业经济数据,结合行业发展状况和趋势分析,披露报告期内公司经营情况与行业发展是否一致。 上市公司引用第三方数据的,应当披露数据来源。

表3-3-49 客户市场

要点	具体内容
行业地位	上市公司应当结合业务规模、经营区域、产品类别和特点、竞争对手情况,披露所在细分行业或区域的市场竞争格局、发展趋势、公司市场地位、竞争优势及劣势等。

表3-3-50 关键资源

要点	具体内容
产能状况及调整计划	上市公司加工制造服装服饰产品的收入占年度服装业营业收入50%以上的,应当披露公司的产能状况,包括主要工厂及下属公司的产品类别、设计产能、产能利用率、在建产能及投资建设情况。公司还应当结合市场供求变化情况,披露产能实现的影响和调整计划。

续表

要点	具体内容
品牌建设情况	上市公司生产和销售品牌服装服饰产品的，应当披露以下品牌建设情况： (1) 自有品牌，包括核心品牌及其他品牌名称和商标名称、各品牌的主要产品类型、特点、目标客户群、主要产品价格带、主要销售区域和城市级别等。 (2) 合作品牌，除本条第(1)项要求披露的事项外，还包括品牌及商标权权属、合作方名称、合作方式和合作期限等。 (3) 被授权品牌，除本条第(1)项要求披露的事项外，还包括授权方、授权期限、是否为独家授权等情况。 (4) 品牌营销与运营，包括各品牌的品牌定位、竞争格局、营销网络、销售模式、营销战略、报告期内的主要市场推广活动等。
门店分布、变动和店效情况	上市公司有实体门店销售终端的，应当按照直营店、加盟店以及其他更为符合公司实际经营特点的门店类型，分类披露以下门店分布、变动和店效情况： (1) 实体门店分布情况，包括按地域披露的报告期内各品牌门店的数量、类型及所占比例，公司按照其他更为符合公司实际经营特点的类别进行披露的，应当明确类别划分标准，并保持披露的持续性和一致性。 (2) 门店增减情况，包括报告期末各类型门店的数量与上年同期相比的增减情况、报告期内新开门店的数量和类型、报告期末关闭门店的数量、类型和关闭原因。 (3) 直营门店店效情况，包括报告期内连续开业 12 个月以上直营门店的平均营业收入增长情况等。
主营业务收入和利润	上市公司应按照行业指引要求披露下列相关信息： (1) 按照主要产品类别分项披露的营业收入、营业成本、毛利率及同比增减情况，毛利率变动 30% 以上的，应当披露变化原因。 (2) 按照各项品牌及非品牌披露的营业收入、营业成本、毛利率及同比增减情况，毛利率变动 30% 以上的，应当披露变化原因。 (3) 按照直营店、加盟店等门店类型分项披露的营业收入、营业成本、毛利率及同比增减情况，毛利率变动 30% 以上的，应当披露变化原因。 (4) 按照线上、线下销售分类披露的营业收入金额、所占比例、毛利率及同比增减情况。 (5) 按照地区分项披露的营业收入、所占比例及同比增减情况，境外营业收入占比 30% 以上的，应当按主要国家和地区分项披露。
成本情况	公司应当按照自产产品、委托加工、外包生产、外购成品及其他来源产品等类别，披露相应的产量或采购量、销量、营业成本及所占比例。公司应当披露自产产品的原料成本、人工成本和制造费用等成本构成情况。 成本构成因素较上年变动 20% 以上的，公司应当结合宏观经济、行业发展和自身经营等情况，披露具体原因、影响程度、风险和应对措施。
销售费用	上市公司应当披露包括销售费用的具体构成和比重、销售费用总额和占当期营业收入比例。同比变化 30% 以上的，公司应当披露重大变化的原因。
存货与往来款	上市公司应按照行业指引要求披露下列相关信息： (1) 存货周转情况，包括报告期末的存货余额、存货周转天数、同比增减情况及原因、存货中产成品及库存商品的库龄情况、存货计提减值准备、风险控制及存货改善措施。

续表

要点	具体内容
存货与往来款	(2) 应付账款周转情况,包括报告期应付账款期末余额、应付账款周转天数、同比增减情况及原因、付款风险及应对措施。 (3) 应收账款周转情况,包括报告期应收账款期末余额、应收账款周转天数、同比增减情况及原因、收款风险及应对措施。
线上销售情况	上市公司有线上销售业务的,应当披露公司主要线上销售渠道以及报告期内线上营业收入、毛利率、退货率及同比增减情况,并披露公司未来线上经营战略。

【例】上市公司年报及监管函回复节选

问:年报未按照《上市公司行业信息披露指引第十二号——服装》披露相关信息,请公司补充披露以下事项。(1) 自有品牌(包括但不限于核心品牌)的主要产品价格带、主要销售区域和城市级别等情况;(2) 是否存在其他合作品牌,如有,除本条第(1)项的要求外,补充披露合作方名称、合作方式和合作期限等情况;(3) 是否存在被授权品牌,如有,除本条第(1)项的要求外,补充披露授权方、授权期限、是否为独家授权等情况。针对前述问题,依据《年报准则》、上海证券交易所行业信息披露指引等规定要求,对于公司认为不适用或因特殊原因确实不便说明披露的,应当详细披露无法披露的原因。

答:(1) 公司 HQXG 成立于 2012 年,集服装研发、设计、生产和销售于一体,旗下有包括 ONEWORLD、Band of Gypsies、WEAVERSGIRL 等多个服装自有品牌。主要产品以少女装、轻熟女装、运动服饰、青少年服饰为主,价格带在人民币 20~200 元/件。HQXG 自有品牌销售区域主要以美国市场为主,销售区域遍及美国本土各州及主要城市,例如:纽约、洛杉矶、芝加哥、休斯敦、旧金山、亚特兰大、费城、波士顿等。销售终端以各大百货公司、大型超市、快时尚品牌店为主,主要有:Nordstrom、JCPenney、Macy's、Target 等。

(2) 报告期内,公司不存在其他合作品牌。

(3) 报告期内,公司不存在被授权品牌。

【提示】

服装企业形成自身的特色品牌,塑造独特的品牌文化与巨大的品牌价值,从而才能使得服装企业获得核心竞争力。在行业信息披露指引中,对服装上市公司披露年报时的品牌披露有很多定性、定量的披露要求。在本例中,该上市公司于报告期内将 HQXG 纳入控股子公司范围,公司主营业务由生产销售塑料建材拓展到国际化的纺织服装、服饰业,但对服装品牌的披露不充分,经交易所问询,才补充了相关内容。

表 3-3-51　战略规划

要点	具体内容
开关店计划	上市公司应当披露包括门店开设、调整、优化计划和实施进展等在内的内容,预计资金投入合计达到报告期末净资产的10%以上的,还应当披露资金投入计划和资金来源。

表 3-3-52　关键流程

要点	具体内容
经营模式	上市公司应当重点分析公司所在的产业链位置、业务范围、主要产品、盈利模式等要素,并披露公司在研发设计、原料供应和生产、产品采购、品牌经营、销售等经营环节的运作方式。 公司应当结合自身各产业链环节的特点,具体分析公司经营模式的核心竞争优势、可能存在的风险及其防范措施。 公司存在多种经营模式的,应当分别披露相应信息。 公司已在前次定期报告中完整披露其经营模式,报告期内未进行调整的,可以简化披露并提供查询索引;报告期内发生调整的,应当披露调整后经营模式的特点、优势和风险。
风险因素	上市公司应当结合行业特点和自身经营模式,披露可能对公司未来发展战略和经营目标的实现产生不利影响的风险因素,包括服装行业相关的品牌运营风险、经销商模式风险、存货管理及跌价风险、商誉减值风险等。 上市公司披露的风险因素应当充分、准确、具体,并进行实质分析,说明对公司当期及未来经营业绩的影响,以及公司已经或计划采取的措施及效果。 报告期内上市公司经营模式或市场环境发生重大变化的,应当对新增风险因素及其产生的原因、对公司的影响、拟采取的应对措施等进行分析。
具体会计政策和财务信息	上市公司应当在企业会计准则原则性规定的基础上,依据公司自身经营特点,披露以下行业具体会计政策和财务信息: (1) 在财务报表附注中细化披露不同销售模式下的收入结算方式、确认时点和确认方法等会计政策。 (2) 披露存货计价方法、存货跌价准备计提政策,并按库龄结构披露产成品及库存商品的期初余额、当期发生额、期末余额和各库龄跌价准备的计提情况。 公司可以根据实际经营情况和经验,在财务报表附注中披露主要存货项目的库龄分布结构,以及各库龄区间的跌价准备计提比例、制定的计提政策等,并保持会计政策的一致性。

【例】上市公司年报及监管函回复节选

问:年报披露,公司实施云锦战略,将云锦文化与现代时尚和艺术相结合,探索和推动云锦产品创新,未来将南京云锦打造成具备中国文化元素的国际知名一线奢侈品牌。按照本所《上市公司行业信息披露指引第十二号——服装》要求,披露云锦业务的经营模式。

答:目前,公司云锦业务为自主经营模式。云锦业务分为云锦工艺品业务、云锦服饰业务和云锦面料产品业务。云锦工艺品方面,公司采用自主设计、自主生产和自主营销的经营模式;云锦服饰业务方面,公司充分发挥云锦技艺和设计的特长,以旗袍、披肩等传统服饰为主,自主生产,自主经营;云锦面料业务方面,一是以云锦博物馆为依托进行云锦面料销售;二是尝试将云锦品牌用于高级成衣、高级定制的设计与制作。

【提示】

在本例中,该上市公司笼统披露了云锦战略是"打造国际知名一线奢侈品牌",但未结合公司的经营模式和产业链特点完整披露公司的运作方式,不能体现公司的核心竞争力。经交易所问询,公司按照行业信息披露指引的要求,补充披露了云锦业务的分类及其对应的经营模式。

十二、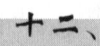

(一)适用的指引

上交所《上市公司行业信息披露指引第十三号——新闻出版》(新闻出版业务包括图书出版发行以及新闻传媒业务。在上交所上市的从事互联网游戏的上市公司适用本指引,在深交所创业板上市的从事互联网游戏的上市公司适用本节第三十三部分内容)

(二)年报披露要求

新闻出版行业上市公司年报一般要求披露行业宏观、客户市场、关键资源、关键流程等相关内容,具体如表 3-3-53 至表 3-3-56 所示。

表 3-3-53 行业宏观

要点	具体内容
宏观经济政策	上市公司应当披露报告期内对新闻出版行业具有重大影响的宏观经济形势、国家及行业政策、税收优惠政策、用户需求及新兴业态等外部因素的变化情况,并说明其对公司当期和未来发展的具体影响,以及公司已经或计划采取的应对措施。
行业发展状况	上市公司应当按照图书出版发行、新闻传媒等主要业务类别,披露行业发展状况、公司行业地位、公司竞争地位等情况,并说明报告期内公司经营情况与行业发展是否一致。

表 3-3-54　客户市场

要点	具体内容
行业地位	上市公司应当按照图书出版发行、新闻传媒等主要业务类别,披露行业发展状况、公司行业地位、公司竞争地位等情况,并说明报告期内公司经营情况与行业发展是否一致。
竞争地位	上市公司应当对不同的业务按照行业指引要求分别披露下列信息: (1) 教材教辅出版业务:主要销售区域和主要竞争对手,以及报告期内新市场区域或业务领域的开拓情况。 (2) 一般图书出版业务:行业竞争优势,包括主要编辑团队、优势选题、品牌业务领域、主要签约作者、优质版权相关信息等,以及对公司业绩的影响。
主要产品的经营情况	上市公司应当对不同的业务按照行业指引要求分别披露下列信息: (1) 教材教辅出版业务:自编教材教辅和租型出版教材教辅的销售码洋、营业收入、营业成本、租型费用、毛利率、增长率等。 (2) 教材教辅发行业务:相关业务的发行量、发行码洋、营业收入、发行成本和毛利率。 一般图书出版业务:动销品种数、再版书籍占比、销售码洋、营业收入、营业成本和毛利率等;优势产品相关情况,包括主要优势产品类别、销售量、营业收入以及毛利率等,以及对公司业绩的影响;不同销售模式下的经营情况,包括经销包退以及包销等销售模式下的营业收入及占比、平均退货比例、货款结算期限、收入确认政策。 (3) 一般图书发行业务:当期销售量、销售码洋、销售收入、采购成本、毛利率。 (4) 报纸和期刊出版发行等新闻传媒业务:主要报刊及类别、主要发行区域、对应的营业收入、订阅和零售的发行量及占比、市场占有率等;主要经营数据,包括营业成本、报刊发行收入、广告收入、服务或活动收入等,及各收入占比和其毛利率。 (5) 广告业务:不同模式下的收入和成本,代理商数量、平均代理期限、结算政策。 (6) 互联网阅读业务:主要成本、营业收入。 (7) 在线教育业务:营业收入和成本、电子化课程数量、课均浏览量、用户数量、付费用户每月人均消费。 (8) 互联网游戏业务:营业收入、营业成本、推广营销费用及其占收入比例、付费用户数量、ARPU 值、充值流水。

【例】上市公司年报披露节选

行业竞争优势:

2018 年,公司以习近平新时代中国特色社会主义思想和党的十九大精神为指导,以社会主义核心价值观为引领,坚持正确政治方向、出版导向、价值取向,坚持把社会效益放在首位,不断强化内容建设,重点打造主题出版、原创出版、学术出版以及"徽文化、红色文化、遗产文化"三大出版工程等精品出版工程,进一步突出文化担当、社会责任和产业使命,出版主业高质量发展取得进展,文化影响力与行业竞争力持续提升。公司控股股东安徽出版集团荣获第十届"全国文化企业30强"。

出版供给侧改革深入推进。从选题源头入手,狠抓原创出版,提高选题质量,到北京组织重点选题论证会，邀请知名专家打磨、完善选题，以工匠精神锤炼精品力作，出版了《辉煌四十年——中国改革开放成就丛书》《公刘文存》《唐五代编年史》《在希望的田野上——行进中的"三农"故事》《中华宝典——中国国家博物馆馆藏法帖书系》等一批精品出版物。创新营销模式，新华系电商、传统电商平台联合发力，深化上下游合作，推进跨界营销、"出版+"营销，倡导举办中国书店年度致敬活动，评选出"致敬书店之都""致敬最美书店"等9大奖项，在业内产生广泛影响。

获大奖、占市场、创双效取得新收获。2018年有多种优秀出版物荣获国家级奖项、重点项目和资金资助。其中，《试飞英雄》荣获"2017年度中国好书""徐迟报告文学奖"；《九章》《雎面》荣获鲁迅文学奖；《扑朔迷离》入选"优秀儿童文学出版工程"；《重温入党誓词》《环形城堡》入选全国主题出版重点选题；《方以智全书》《混合所有制经济新论》《中国"智"造》等11种出版物入选2018年度国家出版基金资助项目；《共产主义的历史、理论与现实》《这就是中国》《中国当代书法学术文库》《中国雕塑百年》《中国传统史学与社会》等15种出版物入选"十三五"国家重点出版规划增补。

编辑队伍建设不断加强。深入贯彻落实全国宣传思想工作会议精神，着力在增强"四力"上下功夫，努力承担"举旗帜、聚民心、育新人、兴文化、展形象"使命任务。以高质量发展为主题，举办第五届编辑大会，分析新形势新任务，谋划新思路新举措。遴选首席编辑1人、名编辑工作室1个、优秀编辑5人、优秀校对4人，表彰先进，激励全员。举办系列出版业务培训，提升编校人员的把关能力、专业水平和创新意识。1名年轻编辑入选中国编辑学会评选的首届中国十大"优秀出版编辑"。

【提示】

在本例中，该上市公司按照新闻出版行业信息披露指引的要求，在行业竞争优势方面，分别披露了优势选题、营销模式创新、优质版权信息、编辑队伍建设等方面内容。这些内容，是该公司区别于其他公司而所特有的可在市场竞争中取得领先优势的资源和能力。

表3-3-55 关键资源

要点	具体内容
经营模式	上市公司应当按照图书出版发行和新闻传媒等主要业务分类，披露主要业务的经营模式、经营状况以及各业务板块间的协同效应，并分类列示其营业收入。

要点	具体内容
资质许可	上市公司应当对不同的业务按照行业指引要求分别披露下列信息： (1) 教材教辅出版业务：教材教辅编写、出版等资质以及相关资质的有效期、已有自编教材教辅产品种类。 (2) 教材教辅发行业务：主要教材教辅发行业务资质、已获得的主要区域教材发行权和有效期限。 (3) 报纸和期刊出版发行等新闻传媒业务：刊号和资质的取得情况。
销售网点	对于图书发行业务，上市公司应当披露网点的区域分布情况、新增分店或关停原店、店铺改作他用、租用网点的平均租金水平、未来年度网点建设计划等；特色分店的业务模式、运营面积、营业收入和利润等。

表 3-3-56　关键流程

要点	具体内容
经营模式	上市公司应当对不同的业务按照行业指引要求分别披露下列信息： (1) 报纸和期刊出版发行等新闻传媒业务：采编业务情况、报刊分成政策等。 (2) 互联网阅读业务：主要媒介、盈利模式、与其他业务板块的协同效应。 (3) 在线教育业务：主要业务模式、盈利模式。 (4) 互联网游戏业务：重要游戏的运营模式以及收费方式等。
主要会计政策	上市公司应当对不同的业务按照行业指引要求分别披露下列信息： (1) 教材教辅发行业务：教材教辅发行的结算政策以及收入确认时点。 (2) 教材教辅出版业务：不同销售模式下的收入确认政策。 (3) 互联网游戏业务：游戏业务的收入确认政策和确认时点。

十三、

（一）适用的指引

上交所《上市公司行业信息披露指引第十四号——酒制造》（饮料和精制茶制造业上市公司，应当比照披露相关的行业经营性信息）

（二）年报披露要求

酒制造行业上市公司年报一般要求披露行业宏观、客户市场、关键资源、关键流程等相关内容，具体如表 3-3-57 至表 3-3-60 所示。

表 3-3-57　行业宏观

要点	具体内容
宏观经济政策	上市公司应当披露报告期内对酒制造业具有重大影响的国家宏观经济政策、消费政策、产业规范、国家及地方行业政策、国家及地方税收政策、进出口政策、环保政策等外部因素的变化情况，并说明对公司当期和未来发展的具体影响，以及公司已经或计划采取的应对措施。
行业发展状况	上市公司可以对比全国或地区酒制造业产销情况等行业指标与相关行业经济数据，结合行业发展和趋势分析，披露报告期内公司经营与行业发展是否一致。

【例】上市公司年报及监管函回复节选

问：关于主营业务业绩变化。年报显示，公司 2018 年实现营业收入 8.98 亿元，同比下降 8.96%，实现归母净利润-6 888 万元，同比下降 225%；2017 年实现营业收入 9.87 亿元，同比降低 8.23%，实现归母公司净利润 5 518 万元，同比下降 18%。请公司：(1)结合行业发展趋势及同行业可比公司经营业绩情况，说明营业收入出现持续下滑的原因，公司经营与行业发展是否一致；(2)……

答：公司 2017—2018 年主营业务业绩持续下滑的主要原因：

a. 黄酒行业总体没有实现突破性增长，行业竞争主要呈现为区域内存量竞争，区域性的突破和产品创新较为缓慢；

b. 现阶段公司核心市场上海、无锡城市规划呈现明显调整策略，持续性大拆迁、大整治对通路和零售终端的保有量产生了一定的不利影响，部分终端客户流失。

c. 新零售布局缓慢，传统通路衰退加速，导致消费量减少，经销商模式呈现老化态势。

d. 产品创新迭代速度缓慢，未能及时跟上市场需求的变化

e. 原辅料及人工成本的上升，导致公司营业成本

A. 行业发展趋势。

● 根据中国酒业协会黄酒行业统计数据，2018 年 1~12 月，纳入国家统计局范畴的规模以上黄酒生产企业累计完成销售收入 167.45 亿元，比上年同期相比增长 5.42%；累计实现利润总额 17.24 亿元；与上年同期相比下降 7.2%。

● 根据以下上海商情快速消费品监测系统数据显示，上海连锁实体店在 2017—2018 年销售额均有不同程度下滑，同期上海黄酒市场销售呈现总量下滑趋势，下滑幅度超过零售渠道下滑幅度。

期间	黄酒销售额同比	连锁实体店销售同比
2017 年	下降 7.6%	下降 0.9%
2018 年	下降 11.1%	下降 3.1%

（以上数据来自上海商情中心）

B. 同行业可比公司对比。

……三家上市公司合计情况如下：

单位：万元

地区	2018 年收入	2017 年收入	增减	本期占比	上期占比
上海地区	118 923	127 710	-6.88%	31.87%	33.20%
浙江地区	150 451	151 332	-0.58%	40.31%	39.34%
江苏地区	45 204	45 574	-0.81%	12.11%	11.85%
其他地区	52 509	53 776	-2.36%	14.07%	13.98%
国际销售	6 117	6 297	-2.86%	1.64%	1.64%
合计	373 205	384 687	-2.98%	100.00%	100.00%

根据上述资料分析，黄酒行业销售规模呈现稳健态势，整体盈利能力有所下降。作为行业龙头的三家上市公司 2018 年总收入比上年略有下滑，在各地区也均有不同程度的下降，其中上海区域市场下降幅度相对较大，由于上海地区是公司的核心市场，收入占比达 72%，对上海市场波动的影响更为敏感；在黄酒产销量较大的浙江市场受到黄酒发源地众多属地化品牌对在地消费者消费习惯的影响，公司占比很低；同时公司在江浙沪以外市场拓展进度缓慢。所以公司这两年经营业绩情况有所下滑，与行业现阶段发展态势基本趋同。

【提示】

在本例中，该公司在年报中简要判断国内黄酒行业发展整体向上，尤其是区域黄酒产业将会在未来几年得到进一步发展，但在结合实际经营现状的情况下，被交易所问询其营收变化与行业发展趋势是否一致。通过对行业统计数据、地区酒制造业产销情况及同行业可比公司分地区收入等一系列更为细化的分析，该公司解释说明了近年其经营业绩与行业发展态势之间的合理逻辑。

表 3-3-58　客户市场

要点	具体内容
行业地位	上市公司应当结合业务规模、经营区域、产品类别和特点、供求关系等情况，披露所在细分行业或主要区域的市场竞争格局、发展趋势、公司市场地位、竞争优势和劣势。 上市公司引用第三方数据的，应当保证引用内容充分可靠、客观权威，并披露数据来源。
产品情况	上市公司应当披露以下产品情况： (1) 产品档次及其划分标准、主要代表品牌。 (2) 各档次产品的产量、销量、产销率、销售收入及同比变动情况。 (3) 产品结构变化情况，并结合产品结构特征，分析公司经营策略。
主营业务构成情况	上市公司应当结合行业特点和自身经营模式，披露报告期内以下主营业务构成情况： (1) 按照产品档次分项披露的营业收入、营业成本、毛利率及同比增减情况，毛利率同比变动5个百分点以上的，应当披露变化原因。 (2) 按照销售渠道分项披露的营业收入、营业成本、毛利率及同比增减情况，毛利率同比变动5个百分点以上的，应当披露变化原因。 (3) 按照地区分部分项披露的营业收入、营业成本、毛利率及同比增减情况，毛利率同比变动5个百分点以上的，应当披露变化原因。 (4) 公司应当披露原料成本、人工成本和制造费用等成本构成情况。成本构成因素同比变化20%以上的，公司应当披露具体原因、影响程度和应对措施。 上市公司可以结合自身经营特点，采用其他分类标准分析披露主营业务收入构成的经营信息，并保持披露的持续性和一致性。
产品销售情况	上市公司应当披露以下产品销售情况： (1) 销售模式，包括直销模式、代理模式等。 (2) 销售渠道，包括直销渠道(含团购)、批发代理渠道等，以及不同销售渠道的销售收入、销售量等。 (3) 分区域情况，按照国内与国外(如适用)，以及国内不同管理片区披露相应地区分部的销售收入、销售量及占比。 (4) 经销商情况，按照不同管理片区分类披露报告期内经销商数量及存续情况，包括增加和减少的经销商个数，增加和减少的经销商当年度及上一会计年度销售收入，经销商数量同比变化30%以上的，应当披露变化原因。 上市公司可以披露经销商管理情况，包括销售目标管理、库存管理、销售价格管理、渠道管理、培训管理、考核管理等。
销售费用情况	上市公司应当结合行业特点、自身经营销售模式、渠道管理特点，披露报告期内以下销售费用情况： (1) 销售费用的具体构成和比重、销售费用总额和占当期营业收入比例。销售费用同比变化30%以上的，应当披露变化原因。 (2) 广告宣传费用同比变化30%以上的，应当披露具体构成和各项费用比重，包括全国性、地区性广告费用金额及比重。 (3) 促销费用同比变化30%以上的，应当披露促销政策变化的原因。

表 3-3-59 关键资源

要点	具体内容
产能与开工情况	上市公司应当披露产能与开工情况,包括设计产能、实际产能、在建产能及投资建设等情况。上市公司还应当结合市场供求变化,披露产能实现对公司的影响。
原料采购情况	上市公司应当披露以下原料采购情况: (1) 采购模式,包括自产供应模式、合作供应模式和市场采购模式等。 (2) 原料类别,包括酿酒原材料、包装材料和能源等。 (3) 不同采购模式下各原料类别的采购金额及占当期总采购额的比重。
线上销售情况	上市公司有线上销售渠道的,应当披露主要线上销售平台以及报告期内线上销售产品的产品档次、销售收入、毛利率及同比增减情况,并披露公司未来线上经营战略。 线上销售渠道的营业收入占当期营业收入总额10%以下的上市公司,可免于披露上述信息。
期末库存量	上市公司应当披露成品酒、半成品酒(含基础酒)的期末库存量。

表 3-3-60 关键流程

要点	具体内容
经营模式	上市公司应当披露公司经营模式,重点分析公司主要产品、生产模式、销售模式等要素,并披露公司在原料采购、生产工艺流程、品牌经营、渠道管理及促销等方面的运作策略和方式。公司存在多种经营模式的,应当分别披露相应信息。 上市公司应当结合自身及所处产业的特点,具体分析公司经营模式的竞争优势和劣势、可能存在的风险及其应对措施。 上市公司已在前次定期报告中完整披露其经营模式,报告期内未进行调整的,可以简化披露并提供查询索引。报告期内发生调整的,应当披露调整的原因,并分析新模式的特点、优劣势和风险。
会计政策、财务信息	上市公司应当在企业会计准则原则性规定的基础上,披露以下行业具体会计政策和财务信息: (1) 依据公司自身经营特点,在财务报表附注中披露不同销售模式下的收入确认会计政策。 (2) 预收款项的账龄结构、预收账款金额前五名的合计金额及比例。 (3) 库存成品酒、半成品酒(含基础酒)等主要存货的期末余额和各库龄跌价准备的计提情况。 (4) 生产环节使用可循环使用的酒瓶、塑格物等包装材料,或销售促销环节使用冰柜等促销品的,应当在财务报表附注中披露相应包装材料或促销品的会计政策。

十四、

(一)适用的指引

上交所《上市公司行业信息披露指引第十五号——广播电视传输服务》

（二）年报披露要求

广播电视传输服务行业上市公司年报一般要求披露行业宏观、客户市场、关键资源、战略规划、关键流程等相关内容，具体如表 3-3-61 至表 3-3-65 所示。

表 3-3-61　行业宏观

要点	具体内容
宏观经济政策	上市公司应当披露报告期内对广电传输业具有重大影响的宏观经济政策、国家及地方税收、产业规范和行业政策等外部因素的变化情况，并说明对公司当期和未来发展的具体影响，以及公司已经或计划采取的应对措施。
行业发展状况	上市公司应当披露相关行业发展状况和影响因素包括行业发展趋势、新兴经营模式发展情况、竞争格局、行业风险因素以及有线电视、IPTV（交互式网络电视）和 OTT（以 Over-The-Top 方式服务的互联网电视）等业态的竞争形势等。

表 3-3-62　客户市场

要点	具体内容
行业地位	上市公司应当结合广电传输业发展现状和影响因素，披露公司的行业地位、竞争优势和劣势、业务拓展的风险等情况。
经营信息	上市公司应当结合自身经营特定，披露以下经营信息： (1) 公司从事有线电视基本收视维护业务的，应当披露报告期内有线电视城网用户数和农网用户数、高清电视用户数、终端数、双向网改覆盖用户数及覆盖率、双向网改渗透用户数及渗透率，以及上述用户净增长量及用户净增长率等。 (2) 公司从事宽带接入业务的，应当披露报告期内居民用户数量、专网数量，以及上述用户净增长量及用户净增长率等。 (3) 公司从事增值业务的，应当披露报告期内付费频道和互动用户的数量、平台注册用户数量、年度点播量、付费节目点播量、ARPU 值（每用户平均收入，下同），以及上述用户净增长量及用户净增长率等。 (4) 公司应当披露基本业务的 ARPU 值，若出现重大变化应当披露原因并进行分析。 (5) 公司影视内容方面，应当披露集成、外购、联合制造等内容来源比例，以及高清频道和付费频道数量、点播节目及高清节目时长、电视影音平台的特色模块及发展情况等。 上市公司提供在线游戏、医疗或教育服务，影响重大的，应当披露相关模式、营业收入、营业成本、用户数量、ARPU 值、充值流水等信息。 相关固定营业成本无法进行准确分摊的，公司应当披露变动成本情况，并对上述情况进行说明。
经营数据	上市公司应当按照有线电视基本收视维护收入、增值业务收入、宽带接入收入、工程建设收入、配套收入以及其他业务等业务类型分别披露公司营业收入及成本的同比变动情况。相关数据同比变化重大的，公司应当披露变化原因。 对于有线电视基本收视维护业务占总收入比例的变化情况，公司应当结合目前的发展战略、业务拓展、产业布局及市场竞争情况进行单独分析。

续表

要点	具体内容
广播电影电视业务经营信息	上市公司投资影视剧且影响重大的,应当披露影视剧拍摄计划、拍摄进度、许可资质的取得情况、合作方式、账面余额等。

表3-3-63 关键资源

要点	具体内容
政府补助、政府采购情况	上市公司应当披露报告期内政府补助、政府采购的主要内容,及机顶盒、智能卡、网络设备等的会计摊销政策,并分析对公司当期及未来业绩的影响。
营业成本主要结构	上市公司应当披露报告期内营业成本的主要结构,包括人工成本、智能卡及机顶盒等摊销成本、网络运行维护成本、固定资产折旧、器材费用等。成本构成同比变动重大的,公司应当结合内外部因素的变化情况,披露变动原因、可能存在的风险及应对措施。
重大业务建设项目投入情况	上市公司应当按照项目类别披露重大业务建设项目投入情况,包括项目总预算、项目进度、资金来源、资金成本、报告期内投入金额、累计投入金额及项目收益情况等。项目进展出现重大变化或者重大差异的,应当说明并披露原因。业务建设项目包括网络及机房建设、机顶盒及智能卡更换与投放、大型业务平台的搭建等与公司主营业务开展相关的资本性支出项目。

表3-3-64 战略规划

要点	具体内容
发展战略	上市公司应当结合公司在下一代网络广播电视网建设(NGB)、三网融合等方面的布局,披露公司发展战略、已经采取的措施和阶段性成果、面临的主要风险及采取的应对措施。对于有线电视基本收视维护业务占总收入比例的变化情况,公司应当结合目前的发展战略、业务拓展、产业布局及市场竞争情况进行单独分析。
经营计划	上市公司应当披露公司经营计划,包括下一年度的版权采购、市场营销、机顶盒的发放和更换、骨干网铺设等规划,及其较本年度的增减情况。 上市公司还应当披露下一年度重大业务建设计划,包括重大项目内容、总预算、资金来源、融资安排等。

【例】上市公司年报披露节选

重要业务战略布局

1. 下一代网络广播电视网建设(NGB)

2017年,公司启动"'秦岭云'融合业务系统建设项目",充分利用前期投建的下一代广播电视网项目(一期)基础网络设施,基于IP技术标准开放的业务系统和智能终端,配套FTTH全光网络,建设以IP化多屏视频互动为核心,以WEB信息服务与互联网应用融合为辅助的"秦岭云"融合业务系统平台,实现广电云、管、端的标准化和智能化,形成有线无线卫星和互联网融合的"广电+"生态,为实现智慧家庭、智慧城市奠定基础。"秦岭云"项目网络建设包括三部分:传输网部分,计划建设关中、陕北、陕南 100G 省干 OTN 传输网络,完成地市市干和城域网的扩容优化;承载网部分,计划完成数据宽带网、互动承载网和直播承载网的扩容、优化及改造;接入网部分,计划完成全省地市本级城区 FTTH 光纤网络和新建楼宇的光纤网络覆盖,覆盖区域的城市家庭宽带接入能力不低于 100 M。截至 2018 年年末,公司已累计建成城区光网覆盖用户 101.30 万户。

在农村,公司主要依托电信普遍服务、百兆乡村项目的实施,扩大光网覆盖水平和提升宽带接入能力。截至 2018 年年末,公司全面完成了延安、商洛、铜川、汉中、安康、榆林六个地市 27 个县区共 3 730 个行政村组的电信普遍服务项目建设工作,实现光缆到村。报告期内,公司启动"百兆乡村"项目建设,将主要通过开展县区到乡镇及乡镇到行政村光缆线路建设,县区至乡镇分组传送网建设,以及乡镇、行政村双向接入网建设改造,使宽带接入能力达到 100 M 以上。

2. 三网融合

报告期内,公司围绕三网融合主要做了以下工作:

一是依托"秦岭云"项目升级视频业务。公司"'秦岭云'融合业务系统建设项目"主要包括"秦岭云"系统建设、"管"建设(即传输网、承载网、接入网、城市主干线管道的建设)、基础配套设施建设等,实现广电云、管、端的标准化和智能化。2018 年,公司通过开展"秦岭云进万家"活动,发展"秦岭云"用户 39.20 万户,累计达到 63.20 万户,实现大众用户"电视+宽带+应用"全业务发展。

二是基于 IP 网络加速发展数据业务。公司已建成覆盖全省的 IP 骨干、城域和接入网络,拥有独立、合法自治域和 IPv4、IPv6 合法地址,是国际互联网的组成部分。2018 年,公司积极响应"网络强国"战略和"提速降费"要求,通过增加互联互通宽带扩容、提升直连出口占比、加强互联网内容资源流量本地化建设等,不断提高网络的承载能力和支撑能力,为广大用户提供更大带宽的宽带产品,公司个人宽带已提升至最高 100 M。截至 2018 年年末,公司个人宽带用户达到 119.06 万户。

三是积极探索新业务新应用。公司基于不断完善和提升的基础网络,面向各级政府和企事业单位,积极拓展本地信息化建设及应用,例如智慧系列业务、雪亮工程业务、融合媒体业务等,努力在三网融合进程中挖掘和发展新的机会。

【提示】

在本例中,该上市公司根据指引要求披露了发展战略,向市场充分传递了自身的发展方向与目标,也为公司接下来展开的业绩情况说明做好铺垫。

表 3-3-65　关键流程

要点	具体内容
盈利模式	上市公司从事基本业务以外的其他业务,应当披露相关业务的主要盈利模式,并分析其与基本业务的协同效应,以及对公司的影响。 前款其他业务的营业收入占当期营业收入总额30%以上的,公司应当按细分业务板块分项披露营业收入、营业成本、毛利率及同比增减情况,并保持信息披露的持续性和一致性。未达到该款标准的,公司可以结合自身经营特点披露经营情况。
经营模式及变动影响	上市公司应当披露有线电视基本收视费、宽带接入费、城建配套维护费、增值业务的收费区间及报告期内的变动情况,并分析对公司的影响。 公司采用捆绑销售模式的,可以披露相关主要套餐的价格区间。

十五、

(一) 适用的指引

上交所《上市公司行业信息披露指引第十六号——环保服务》(环保服务业务主要包括大气污染治理、固体废弃物处理、环境修复等业务)

深交所《创业板行业信息披露指引第4号——上市公司从事节能环保服务业务》

(二) 年报披露要求

环保服务行业上市公司年报一般要求披露行业宏观、客户市场、关键资源、关键流程等相关内容,具体如表 3-3-66 至表 3-3-69 所示。

表 3-3-66　行业宏观

要点	具体内容
宏观经济政策	上市公司应当披露报告期内对所属环保细分行业具有重大影响的国家宏观经济政策、环保政策、政府补贴和税收优惠等外部因素的变化情况,并说明对公司当期和未来发展的具体影响,以及公司已经或计划采取的应对措施。(上交所)
行业周期波动特点	上市公司应当披露公司行业周期波动特点及所处的周期阶段、经营区域、季节影响等情况。公司引用第三方数据的,应当保证引用内容充分可靠、客观权威,并披露数据来源。(上交所)
行业上下游情况	上市公司应当披露行业上下游情况。公司可以使用表格、图片、流程表、列举等方式进行辅助描述。 上市公司拥有大气污染治理、固体废弃物处理、环境修复等多业务板块的,应当分别披露各类业务的上述情况。(上交所)

【例】上市公司年报披露节选

行业上下游关系：

我国城市生活垃圾焚烧发电行业的前端包括垃圾的收集、分类和运输，一般由市政环卫部门负责；行业的后端包括城市生活垃圾焚烧发电项目的投资、建设和运营，由政府通过特许经营的方式实行市场化运作。

我国城市生活垃圾焚烧发电行业上游主要包括城市生活垃圾焚烧发电项目工程设计及建设、设备及材料供应商等，下游包括地方政府环卫部门及电力部门。垃圾焚烧发电企业向地方政府环卫部门提供垃圾焚烧处理服务，并收取垃圾处置费；向电力部门提供电力，并收取发电收入。

【提示】

从事环保服务的上市公司，其经营受宏观政策、行业周期波动的影响较大，在年报中说明行业上下游关系，有助于投资者了解产业链状况，全面掌握行业信息。

表 3-3-67　客户市场

要点	具体内容
行业地位	上市公司应当结合行业发展状况和影响因素，披露公司的行业地位、竞争优势和劣势。（上交所）
大气污染治理业务及环保设备销售	上市公司从事大气污染治理业务并涉及环保设备销售的，应当披露以下信息： （1）产品的主要原材料及其近三年价格走势，并量化分析价格波动对公司业绩的影响。 （2）产品核心部件的构成、各部件占产品成本的比例、自制或外购的情况。 （3）按照主设备规模分项披露全国新增大气污染治理项目的数量和金额，公司取得的项目数量和金额及占全国新增大气污染治理项目的比例，并分析公司的市场占有情况。 （4）按照主要产品分项披露报告期内订单情况，包括订单中标时间、合同签订时间、合同金额、治理工艺、入口污染物指标、出口污染物指标、验收通过日期、报告期内完工进度、确认的收入等。合同金额占同类产品当期销售收入 10% 以下的，可免于披露上述信息。（上交所）
大气污染治理运营业务并采用项目运营方式	上市公司从事大气污染治理运营业务并采用项目运营方式的，应当披露以下项目建设和运营情况： （1）项目建设情况，包括项目开发建设周期、投资规模及资金来源、当期已投入金额、利息资本化金额等。 （2）项目运营情况，包括运营期限、收费标准、运营期间支出以及政府补贴情况等。项目涉及的合同投资金额占全部运营项目投资总额 10% 以下，或项目预计运营收入占当期项目运营收入总额 10% 以下的，可免于披露上述信息。（上交所）

续表

要点	具体内容
固体废弃物处理业务	上市公司从事固体废弃物处理业务的，应当按照垃圾处理类型分别披露以下信息： (1) 垃圾处理资质类别、取得条件、拥有资质情况及有效期限。 (2) 各类垃圾处理收入、占总收入的比例及毛利率情况，各类垃圾处理收入同比变化30%以上的，应当披露变化原因。 (3) 全国及公司主要经营地区（分省、直辖市）同类垃圾总处理量（万吨）、公司的处理量及占总处理量的比例，并分析公司的市场占有情况。（上交所）
生活垃圾、污泥等固体废弃物处理及发电业务	上市公司从事生活垃圾、污泥等固体废弃物处理及发电业务的，应当披露重要项目的以下信息： (1) 设备情况，包括垃圾焚烧项目的主要设备及功能、按照外购、租赁、自制等方式分类披露设备取得情况，及上述不同取得方式的设备折旧或摊销金额分别占项目总成本的比例，公司对外销售相关设备的，还应当披露设备销售的具体情况。 (2) 项目建设情况，包括项目开发建设周期、投资规模及资金来源、当期已投入金额等。 (3) 项目运营情况，包括项目名称、地点、合同签订日期、废弃物类型及处理方式、总投资额、设计产能、产能利用率、投产时间、项目状态、特许经营期限及到期日、垃圾处置费标准等。 (4) 发电业务情况，公司从事固体废弃物处理并发电的，应当披露每个项目的发电效率、发电量、上网电量、上网电价、补贴政策及期限，并说明总收入中垃圾处置费和补贴电价的构成比例。 单个项目收入占公司当期营业收入10%以下的上市公司，可免于披露上述信息。（上交所）
工业废物和危险废弃物处理业务	上市公司从事工业废物和危险废弃物处理的，应当披露报告期内主要废弃物类型、处理方式、及对处理后垃圾的处置情况。 上市公司从事对垃圾进行再利用相关业务的，还应当披露再利用的方式、销售渠道、销售收入及其占总收入的比例等情况。（上交所）
环境修复业务	上市公司从事环境修复业务的，应当披露以下信息： (1) 按照城市环境修复、矿山修复、耕地修复等业务类型分项披露的各业务收入和收入占比，各项业务收入同比变化30%以上的，应当披露变化原因； (2) 项目中标时间、合同金额、交易对方、修复方式、实际开工时间、完工进度、收入确认及项目回款情况。项目主要采用设备修复方式的，应当按照外购、租赁、自制等方式分类披露设备取得情况及其金额分别占项目总成本的比例。 项目总收入占公司当期营业收入10%以下的，可免于披露上述信息。（上交所）
节能环保工程类业务	上市公司从事节能环保工程类业务的，在披露年度报告、半年度报告时，应当同时按照指引附表一的披露格式，履行以下信息披露义务： (1) 在年度报告、半年度报告中区分不同业务类型披露报告期内新增订单（以收到《中标通知书》或签订《框架性协议》等文件为准，下同）数量及合计金额、新增订单中尚未签订合同的数量及合计金额，报告期内确认收入的订单数量以及合计确认收入金额、期末在手订单数量以及合计未确认收入金额等内容。

续表

要点	具体内容
节能环保工程类业务	(2) 在年度报告、半年度报告中详细披露报告期内订单金额占公司最近一个会计年度经审计营业收入30%以上且金额超过5 000万元的正在履行的订单情况，包括项目名称、订单金额、业务类型、项目执行进度、本期确认收入、累计确认收入、回款情况等内容，项目进展未达到计划进度或预期的，应当说明并披露原因。（深交所）
节能环保特许经营类业务	上市公司从事节能环保特许经营类业务的，在披露年度报告、半年度报告时，应当同时按照指引附表二的披露格式，履行以下信息披露义务： (1) 在年度报告、半年度报告中区分不同业务类型披露报告期内新增订单的数量以及合计投资金额、新增订单中尚未签订合同的数量及合计投资金额，未执行订单的数量及合计投资金额，处于施工期阶段的订单数量、本期完成的投资金额、本期确认收入金额及尚未完成的投资金额，已处于运营期阶段的订单数量以及合计的运营收入等内容。 (2) 在年度报告、半年度报告中详细披露合同约定的投资金额占公司最近一个会计年度经审计净资产30%以上且金额超过5 000万元的处于施工期阶段的订单情况，包括项目名称、业务类型、执行进度、本期投资金额、累计投资金额、未完成的投资金额、收入确认情况等内容，若项目进展未达到计划进度或预期的，应当说明并披露原因。 (3) 在年度报告、半年度报告中详细披露已进入运营期阶段，项目年度运营收入占公司最近一个会计年度经审计营业收入10%以上且金额超过1 000万元，或者年度营业利润占公司最近一个会计年度经审计营业利润10%以上且金额超过100万元的订单履行情况，包括项目名称、业务类型、产能情况（如废弃物处理量、发电量等）、定价依据、营业收入、营业利润、回款情况等；如果存在项目不能正常履约的，应当说明情况，并进行相应的风险揭示。（深交所）
节能环保服务业务	上市公司从事节能环保服务业务的，在披露年度报告时，应当同时按照下列要求履行信息披露业务： (1) 披露报告期内采用的新技术或新工艺情况，包括技术优势、风险因素、发展前景等内容。 (2) 披露报告期内新增的业务类型情况，包括盈利模式、发展前景、核心优势、风险因素等内容。 (3) 披露报告期内与公司环保业务相关的污染物排放标准或者其他相关标准的变化情况及其影响。 (4) 披露报告期内国家或上市公司业务所在地区相关的产业发展、政府补贴或价格优惠（如优惠上网电价、废弃物处理补贴等）等政策发生的重大变化及其影响。 (5) 结合公司业务特点，在"风险因素"部分具体分析并披露对公司未来业务有重大影响的各类风险，如合同数量及金额大幅波动的风险、下游客户或其行业分布较为集中的风险、市场开拓面临障碍的风险、业务占用资金较大且现金流紧张的风险、杠杆较高且融资不足的风险等。 (6) 披露报告期末应收账款余额、占同期营业收入的比例、应收账款前五名客户的合计金额及占总应收账款的比例等；若单个客户逾期应收账款占营业收入比例超过10%且金额超过1 000万元的，应当详细披露客户名称、应收账款较高的原因并提示回款风险等。（深交所）

[例] 上市公司年报披露节选

报告期内节能环保工程类订单新增及执行情况

业务类型	新增订单				确认收入订单		期末在手订单	
	已签订合同		尚未签订合同					
	数量	金额（万元）	数量	金额（万元）	数量	金额（万元）	数量	未确认收入（万元）
EPC	3	13 940	0	0	7	14 706.67	7	22 358.92
EP	2	9 325.03	0	0	1	229.98	2	9 095.05
合计	5	23 265.03	0	0	8	14 936.65	9	31 453.97

报告期内节能环保工程类重大订单的执行情况（订单金额占公司最近一个会计年度经审计营业收入30%以上且金额超过5 000万元）

项目名称	订单金额（万元）	业务类型	项目执行进度	本期确认收入（万元）	累计确认收入（万元）	回款金额（万元）	项目进度是否达预期，如未达披露原因
六盘水市水城河综合治理二期工程	92 790	EPC	97.45%	0	90 427.49	44 779	公司第三届董事会第二十次会议、2018年第一次临时股东大会审议并通过《关于变更募集资金投资项目及将部分募集资金永久补充流动资金的议案》。因公司提供的水利开发投资有限责任公司不再使用募集资金，为了更好地利用工程剩余募集资金3亿元将六盘水市水城河综合治理二期工程汶河湿地生态保护与综合利用PPP项目，1.5亿元用于永久补充流动资金。

续表

报告期内节能环保特许经营类订单新增及执行情况

业务类型	新增订单						处于池工期订单			处于运营期订单	
	已签订合同		尚未签订合同		报告期内投资金额（万元）	累计投资金额（万元）	数量	本期完成的投资金额（万元）	未完成投资金额（万元）	数量	运营收入（万元）
	数量	投资金额（万元）	数量	投资金额（万元）							
BOT	4	287 730.04	1	63 000			9	57 427.84	418 516.96	3	2 398.83
O&M										2	745.72
BOO							1	90.65	809.35		
DBO							1	5 578.82	22 505.81		
合计	4	287 730.04	1	63 000			11	63 097.3	441 832.12	5	3 144.54

报告期内处于池工期的节能环保特许经营类重大订单的执行情况（该资金额占公司最近一个会计年度经审计净资产30%以上且金额超过5 000万元）

项目名称	业务类型	执行进度	报告期内投资金额（万元）	累计投资金额（万元）	本期完成的投资金额（万元）	未完成投资金额（万元）	确认收入（万元）	进度是否达预期，如未达到披露原因
沧州渤海新区10万吨/日海水淡化项目	BOT	55.77%	0	46 292.94		46 292.94		一期项目已基本竣工，运营条件所需的由管委会负责建设的取水口、输送管网等尚未达到设计要求
泰安市组汶景区汶河湿地生态园项目	BOT	39.47%	0	50 522.52	77 477.48	50 522.52		因池工过程中双方对工程设计变更。
沁阳市城市路网建设改造提升PPP项	BOT	1.09%	1 268.16	1 268.16	114 896.84	1 268.16		是
曹县一环水系综合改造PPP项目	BOT	11.59%	14 916	14 916	113 733.79	14 916		是

【提示】

订单储备及执行情况是投资者判断公司业务发展趋势的重要依据之一,从事环保业务的上市公司应当根据不同类型的细分业务对订单情况和项目进展等信息进行充分披露,让投资者可以清晰了解公司的业务布局与规划。

表 3-3-68　关键资源

要点	具体内容
主要技术和工艺	上市公司应当披露报告期内使用的主要技术或工艺情况,包括技术优势、风险因素、发展前景等,并结合主要业务所涉及的国内■■■■■■■■■■所使用技术的差异,以及对公司的影响。(上交所)
政府补助情况	上市公司应当披露政府补助的主要内容和报告期内合计金额,并说明政府补助的持续性及其对公司的影响。(上交所)
税收优惠情况	上市公司应当披露报告期内各项税收优惠政策、金额及其对公司的影响。(上交所)

表 3-3-69　关键流程

要点	具体内容
经营模式	上市公司应当披露主要的经营模式。公司可以使用表格、图片、流程表、列举等方式进行辅助描述。 上市公司拥有大气污染治理、固体废弃物处理、环境修复等多业务板块的,应当分别披露各类业务的上述情况。 上市公司已在前次定期报告中完整披露其经营模式,报告期内未进行调整的,可以简化披露并提供查询索引。报告期内发生调整的,应当披露调整的原因,并分析新模式的特点、优劣势和风险。(上交所)
财务信息	上市公司应当披露报告期内以下财务信息: (1)开发与项目运营相关的衍生金融产品情况,包括该衍生产品的基础资产、核心合同或协议条款、产品类型、现金流、盈利模式及相关风险等。 (2)结合公司销售模式、客户类型、结算方式等,披露收入确认政策和时点,采用完工百分比法确认销售收入的,应当披露衡量完工进度的方法及依据。 (3)结合报告期末公司已取得的项目及公司现有资金情况,分析披露公司资金需求及筹资安排。(上交所)
	上市公司在披露财务报告附注时,应当同时按照下列要求履行信息披露义务: (1)从事节能环保工程类业务的公司应当分别披露不同业务类型下的收入确认方法,如按完工百分比确认收入的,还应当详细披露确定完工进度的方法。 (2)从事节能环保特许经营类业务的公司应当分别披露不同业务类型下的相关业务活动对应的会计处理政策,包括各项资产的确认、工程建设阶段的收入确认、运营维护阶段的收入确认以及折旧计提等。(深交所)

续表

要点	具体内容
关键财务指标	上市公司业务涉及项目运营的,应当按照运营方式分类披露运营项目相关关键财务指标,包括报告期末应收账款、长期应收款、无形资产、预计负债、未确认的融资费用等。(上交所)
中标合同	上市公司在临时报告中已披露的中标合同,存在长期未签订正式合同或签订正式合同后长期未实施的,应当披露原因、对公司的影响及公司拟采取的应对措施。(上交所)

十六、

(一) 适用的指引

上交所《上市公司行业信息披露指引第十七号——水的生产与供应》

(二) 年报披露要求

水的生产与供应行业上市公司年报一般要求披露行业宏观、客户市场、关键资源、关键流程等相关内容,具体如表3-3-70至表3-3-73所示。

表3-3-70 行业宏观

要点	具体内容
宏观经济政策	上市公司应当披露报告期内对水生产供应业具有重大影响的宏观经济形势、国家及地方税收政策、环保政策、行业政策等外部因素的变化情况,并说明对公司当期和未来发展的具体影响,以及公司已经或计划采取的应对措施。
行业发展状况	上市公司应当分项披露自来水供应和污水处理等主要业务板块的行业发展状况,包括行业市场规模、经营区域、竞争格局、市场发展趋势等。

表3-3-71 客户市场

要点	具体内容
行业地位	上市公司应当分项披露自来水供应和污水处理等主要业务板块公司的行业地位、竞争优势和劣势。
销售信息	上市公司应当按照自来水供应和污水处理等业务板块分项披露销售收入、成本、毛利率、同比变化、各客户类别销售结算方式及报告期内调整情况;按照自来水供应和污水处理业务板块分项披露各地区(分省、直辖市,可以根据需要划分大区或对地区进行细分)、各客户类型的平均水价、定价原则及报告期内调整情况。公司有明确调价机制的,还应当披露调价机制主要内容。

续表

要点	具体内容
自来水供应情况（自来水供应业务）	上市公司应当披露包括供水量、销售量、产销差率，以及前述数据的同比变化和原因，并说明对公司经营的影响。

表 3-3-72　关键资源

要点	具体内容
产能与开工情况	上市公司应当按照自来水供应和污水处理业务板块分项披露产能、产能利用率情况；按照地区（分省、直辖市，可以根据需要划分大区或对地区进行细分）分项披露产能、报告期内新投产规模、在建项目的计划产能及预计投产时间。
主要采水点水源水质情况（自来水供应业务）	上市公司应当披露主要采水点水源水质情况。可以引用环保部门关于水质的定期监测数据。
重大资本性支出	上市公司应当披露重大资本性支出情况，包括报告期内资本性支出计划总金额、资金来源、资金成本及项目投入情况。项目投入情况包括项目经营模式、项目总预算、项目进度、报告期内投入金额、累计实际投入金额及项目收益情况等。项目进展出现重大变化或者重大差异的，应当说明并披露原因。

【例】上市公司年报披露节选

报告期内产能和开工情况

☑适用　□不适用

板块	产能	产能利用率
自来水供应	243.60 万 m³/日	55.37%
污水处理	292.44 万 m³/日	90.95%

地区	产能	报告期内新投产规模	在建项目的计划产能	预计投产时间
重庆（自来水）	243.60 万 m³/日	25 万 m³/日	75 万 m³/日	
重庆（污水处理）	287.49 万 m³/日	47.55 万 m³/日	8 万 m³/日	2019 年 12 月
四川（污水处理）	4.95 万 m³/日			
湖北（污水处理）			1.5 万 m³/日	2019 年 6 月

【提示】

产能是水务公司的关键资源。上市公司应按自来水供应和污水处理业务板块分项披露产能、产能利用率情况,分地区披露产能、新投产规模、在建项目的计划及预计投产时间。

表 3-3-73 关键流程

要点	具体内容
主要经营模式	上市公司应当披露主要的经营模式。可以使用表格、图片、流程图、列举等方式进行辅助描述。上市公司应当采用自主投资运营模式、BOT(建造—运营—移交)模式、TOT(移交—运营—移交)模式等多种经营模式的,应当分别披露各经营模式的运作方式、不同模式下的业务范围、公司拥有的资源、盈利方式等。上市公司已在前次定期报告中完整披露其经营模式,报告期内未进行调整的,可以简化披露并提供查询索引。报告期内发生调整的,应当披露调整的原因,并分析新模式的特点、优劣势和风险。
重大收购、出售和关停子公司或项目情况	上市公司应当披露报告期内重大收购、出售和关停子公司或项目情况及其对公司的影响。

十七、

(一)适用的指引

上交所《上市公司行业信息披露指引第十八号——化工》(化工业务是指化学原料和化学制品制造、化学纤维制造、橡胶和塑料制品、石油加工、炼焦和核燃料加工等化工相关业务)

(二)年报披露要求

化工行业上市公司年报一般要求披露行业宏观、客户市场、关键资源、关键流程等相关内容,具体如表 3-3-74 至表 3-3-77 所示。

表 3-3-74 行业宏观

要点	具体内容
宏观经济政策	上市公司应当披露报告期内对公司具有直接或重大影响的化工行业政策及法律法规等外部因素的变化情况,并说明对公司当期和未来发展的具体影响,以及公司已经或计划采取的应对措施。前款规定的政策及法律法规,包括国家宏观经济、贸易、产业、安全生产、环境保护等化工行业相关的政策及法律法规。

续表

要点	具体内容
细分行业政策	按照行业指引要求,上市公司应当披露下列信息: (1) 化肥行业:上市公司应当披露化肥淡季商业储备政策、农业补贴等相关支持性政策变化情况及对公司生产经营的影响。 (2) 农药行业:上市公司应当披露农药产品登记政策、生产许可政策、主要进出口贸易及税收政策等变化情况及对公司生产经营的影响。 (3) 民爆行业:上市公司应当披露行业生产及销售资质管理、价格管制、产销环节监管政策等变化情况及对公司生产经营的影响。 (4) 日化行业:上市公司应当披露化妆品进出口限制及相关税收政策、原料监管政策等变化情况及对公司生产经营的影响。 (5) 轮胎、橡胶行业:上市公司应当披露主要进出口贸易及相关税收政策变化情况及对公司生产经营的影响; (6) 其他化工细分行业:上市公司应当结合自身业务特点,对报告期内的宏观政策、法律法规变化情况,有针对性地披露对公司生产经营的影响。
行业发展状况	上市公司应当按照主营产品所属细分行业,披露以下反映行业整体发展情况的信息:行业所处周期及变动情况、行业整体技术水平和更新情况、产能和开工概况、准入和生产资质取得情况,以及对行业未来主要发展趋势的分析与判断。

【例】上市公司年报及监管函回复节选

问:结合你公司的业务构成,所处行业的发展情况,以及上下游关系等,补充披露你公司业绩连续两年下滑的原因和合理性及未来变动趋势。

答:本公司为化工行业的高科技企业,主要基于自主开发技术的技术转让和围绕这些技术为化工工程、石油化工工程等工程项目建设提供技术开发、技术转让、咨询、工程设计、工程总承包等全过程的综合服务业务,以及为化工行业提供催化剂等产品的研发与生产制造业务。近三年来,工程技术、总承包等工程类业务收入平均占公司主营业务收入总额的70%左右,产品类业务收入平均占公司主营业务收入总额的30%左右。

根据本公司技术、业务、经营特点,形成了三大主业:一是变压吸附气体分离技术;二是工程设计、咨询、碳一化学、精细化工领域的工程设计、工程总承包业务;三是转化催化剂、甲醇催化剂为主的催化剂产业。

公司三大主营业务的发展主要依赖于石油和化工行业的投资以及环境治理等方面的投入,与宏观经济的运行呈正相关关系。我国经济面临"三去一降一补"的结构性调整,"工业去产能"的重点区域——钢铁、煤化工、焦化、基础化工等行业产能过剩。在这次国家供给侧结构性调控中,这些行业面临关停并转或承受着较大的发展压力。市场整体不好，造成了公司所处行业的整体不提振，公司受此影响，业绩连续两年下滑，这种情况未来仍可能对公司的发展带来一定的压力和影响。随着改革的逐步实施，公司所服务的石油、化工等行业仍有一定的发展机遇，公司将研究国家产业政策，关注重点客户项目，同时加大市场的开拓力度，力争使公司业绩稳定并逐步增长。

【提示】

公司业绩的下滑，无非内、外两方面因素的影响，究竟是哪种因素占主导，要进行深入分析。如果行业整体发展情况及上下游关系处于一个低谷，那么就会呈现出全行业的低谷；反之，则反映公司自身的个体问题更大。在本例中，该公司说明自身业务主要服务于化工工程和石油化工工程，并向化工行业提供催化剂等产品，受国家供给侧改革影响，这些上下游行业压力较大，从而造成公司所处行业的不景气。同时，该公司也指出未来仍有一定的发展机遇，但对于改革逐步实施何以能够扭转影响趋势并未有具体阐述，说服力不足，还应进一步结合供给侧结构性调控的要点，来分析当前与未来不同阶段的政策着力点及其对行业和公司的影响。

表 3-3-75　客户市场

要点	具体内容
行业地位	上市公司应当按照主营产品所属细分行业，披露以下反映公司行业地位的信息：结合公司自身技术水平、科研能力、资源配置、生产规模与效能、成本控制情况及产品特点、产品市场占有率等，分析公司的行业地位、核心竞争优势和主要劣势。
影响重大的联产品、副产品、半成品、废料、余热利用产品等的销售情况	上市公司生产过程中产出联产品、副产品、半成品、废料、余热利用产品等，影响重大的，应当披露以下销售情况： （1）生产过程中产生的联产品、副产品、半成品、废料、余热利用产品的名称、主要应用领域、产量、销售情况以及对公司的影响。 （2）生产过程中产生的废料、废渣、废液等对外销售的，应当披露报告期内处置情况，包括主要销售对象及其占比情况、定价方式和处置周期。 （3）生产过程中产生的电力、蒸汽、余热等产品对外销售或用于除生产外用途的，应当披露报告期内销售情况，包括主要销售对象及其占比情况、合作方式和定价方法。

表 3-3-76　关键资源

要点	具体内容
研发创新	上市公司应当披露自身研发创新方面的信息，包括创新机制、人才储备、专利及配方等技术储备，以及在主要产品和生产工艺等方面的应用情况。

要点	具体内容
产能与开工情况	上市公司应当披露产能与开工情况,包括各厂区的设计产能、报告期内的产能利用率、在建产能及投资建设情况、生产线的扩充调整能力及实际增减情况,以及产品线或产能结构优化调整情况等。 上市公司报告期内出现非正常停产情形的,还应当披露非正常停产的原因、公司采取的应对措施、复产情况以及对公司生产经营的影响等。

表 3-3-77 关键流程

要点	具体内容
主要经营模式	上市公司应当披露主要经营模式,并结合自身业务特点与行业惯例,披露公司主要产品的分类、属性、用途、运输与存储方式,并说明主要产品的上下游产业链、主要产品价格的影响因素等情况。公司可以使用表格、图片、流程表等方式进行辅助描述。 上市公司已在前次定期报告中完整披露其经营模式,报告期内未进行调整的,可以简化披露并提供查询索引。报告期内发生调整的,应当披露调整的原因及调整后的经营模式,并分析新模式的特点、优劣势和风险。
采购模式	上市公司应当结合成本要素构成情况,按下列要求披露主要原材料的采购模式,以及其价格波动对公司营业成本的影响: (1) 以煤炭作为主要原材料或燃料的,应当披露报告期内原料煤的采购模式和价格变动情况,说明是否享受行业优惠政策及具体内容,并量化分析其价格波动对公司营业成本的影响。 (2) 以天然气作为主要原材料的,应当披露报告期内购气模式、购气量、天然气价格变动情况,说明是否享受优惠政策及具体方式,并量化分析其价格波动对公司营业成本的影响。 (3) 以石油化工产品作为主要原材料、辅料的,应当披露报告期内相关材料的采购模式、定价策略和结算方式,并简要披露材料价格与原油价格的关联性和传导机制。 (4) 以矿石作为主要原材料的,应当按照自产或外购分项披露报告期内矿石取得情况。外购矿石的,应当披露报告期内矿石采购模式、采购数量和价格变动情况,并量化分析采购价格变动对公司营业成本的影响。 (5) 以电力作为主要动力的,应当详细披露报告期内单位产值能耗情况、是否享受优惠电价,并量化分析电价政策和购电价格变化对公司营业成本的影响。 (6) 以其他产品作为主要原材料的,应当结合公司所处细分行业的主要特点,披露报告期内该原材料的采购模式和价格变动情况,并分析其价格波动对公司营业成本的影响。
衍生产品交易、阶段性储备	上市公司采用衍生产品交易等金融手段应对前条主要原料或燃料价格波动风险的,应当分类汇总披露相关金融产品的持有目的、金额、风险敞口、套期保值效果、可能承担的最高损失金额及相关会计政策。 上市公司采用阶段性储备等其他方式进行应对的,应当披露相关措施的具体策略及报告期内实施情况,并量化分析可能对公司财务状况、经营成果和现金流量造成的影响。

续表

要点	具体内容
生产工艺、流程管理	上市公司应当披露公司生产工艺、流程管理等方面的基本情况和优劣势。生产流程较复杂的,应当使用图表等方式进行辅助描述。
销售模式、定价策略及价格变动	上市公司应当披露主要产品的销售模式、定价策略及报告期内价格变动情况,并按主要产品种类、细分行业对销售收入和相应的成本及其变动情况等进行分类汇总披露。 上市公司存在自销、他人代销、连锁、线上线下或多级经销等多种销售渠道的,还应当分类列示各主要销售渠道实现的收入及其相关会计政策。
安全生产	上市公司应当披露报告期内发生的重大安全生产事故及其处理情况,并说明对公司当期及未来生产计划的影响。 报告期内国家、行业或公司的安全生产政策发生重大变化的,公司应当结合自身情况,披露对公司生产运营和经营业绩的影响及公司拟采取的应对措施。
环保	上市公司从事高污染、高环境风险化工行业的,应当披露报告期内环保投入情况及其占营业收入的比重。报告期内公司发生重大环保违规事件的,应当披露违规事件的具体情形、处理结果,及对公司产生的影响。
重要财务信息	上市公司应当披露报告期内以下重要财务信息: (1)固定资产投资情况。上市公司固定资产占比达到报告期末公司总资产50%以上的,应当披露新增固定资产投资规模、预计产能、建设周期、在建工程转固情况。 (2)固定资产、无形资产、存货减值情况。上市公司计提大额减值准备的,应当披露减值资产或存货的具体类别、减值的确定依据、履行的内部决策程序、对公司当期和未来业绩的影响。 (3)安全生产费计提情况。上市公司按照规定应计提安全生产费的,应当披露安全生产费的计提标准、报告期内计提和使用情况。报告期内安全生产费的计提标准发生变化的,应当披露具体情况及原因。

【例】上市公司年报及监管函回复节选

生产工艺与流程:

公司产品门类众多,涵盖了化工领域所涉及的氧化、加氢、光气化、聚合、羰基化、煤气化等众多工艺过程。其中异氰酸酯和石化两大产业链紧密结合,在两大产业链上又衍生出了功能材料、特种化学品等两大业务板块。

公司异氰酸酯和石化产业链简图如下:

异氰酸酯产业链:

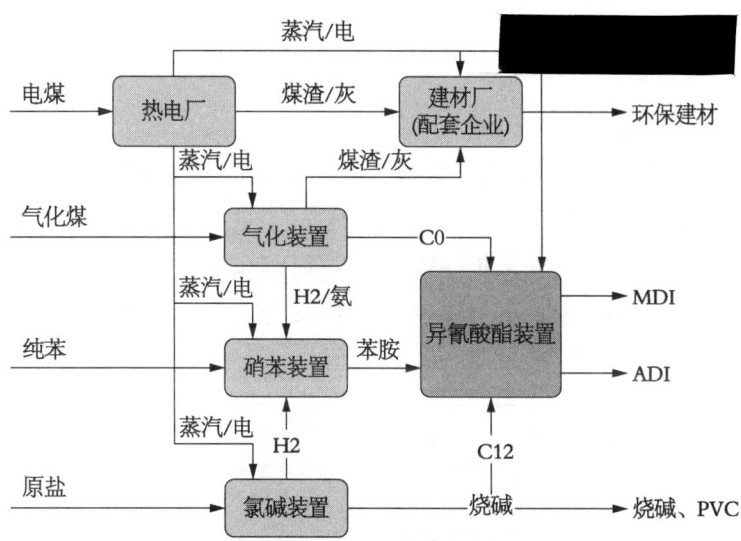

注：环保建材与PVC为工业园配套企业生产，非本公司产品。

石化产业链：

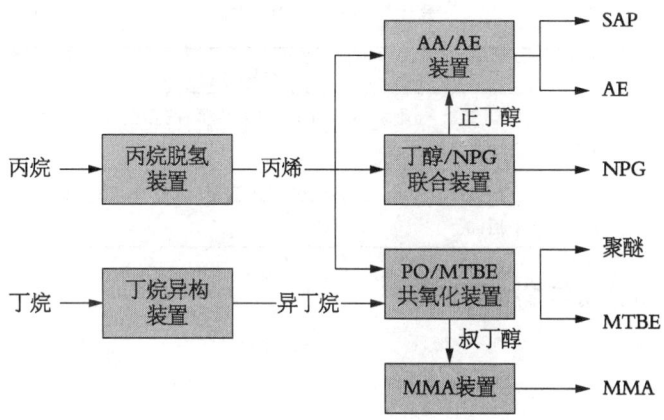

【提示】

在本例中，该上市公司使用流程图的方法对两大主要产业链的流程进行了表述，形象直观，美中不足的是未对两大产业链的基本情况和优劣势情况进行解释说明。

十八、

(一) 适用的指引

上交所《上市公司行业信息披露指引第十九号——航空运输》

(二) 年报披露要求

航空运输行业上市公司年报一般要求披露行业宏观、客户市场、关键资源、战略规划、关键流程等相关内容,具体如表 3-3-78 至表 3-3-82 所示。

表 3-3-78 行业宏观

要点	具体内容
宏观经济政策	上市公司应当披露报告期内对航空运输业具有重大影响的宏观经济形势、国际政治、地缘政治、行业政策等外部因素的变化情况,并说明对公司当期和未来发展的具体影响,以及公司已经或计划采取的应对措施。
行业发展状况	上市公司应当披露新增主要航线、票价调整、油价及汇率波动、竞争格局、市场发展趋势等。

表 3-3-79 客户市场

要点	具体内容
行业地位	上市公司应当结合行业发展状况和影响因素,披露公司的行业地位、竞争优势和劣势。
主要业务经营情况	上市公司应当披露包括航线网络、旅客运输量、客座率、综合载运率、飞机日利用率等营运效率指标。

【例】上市公司年报披露节选

主要经营状况

客机

机型	旅客运输量(人次)	客座率	综合载运率	日利用率(小时)
A320 系列	42 488 872	81.79%	72.71%	9.14
A330 系列	12 636 114	78.86%	65.33%	11.87
A350 系列	394 108	79.71%	60.70%	11.25
B737 系列	45 395 299	81.55%	76.52%	8.92
B747 系列	1 172 719	81.61%	57.59%	7.52

续表

机型	旅客运输量（人次）	客座率	综合载运率	日利用率（小时）
B777 系列	5 571 680	79.94%	64.06%	13.08
B787 系列	2 067 710	80.35%	64.75%	11.63
总计	109 726 502	80.60%	69.25%	9.53

货机

机型	货邮载运率	日利用率（小时）
B747 系列	82.90%	5.91
B757 系列	61.06%	4.59
B777 系列	86.59%	12.83
总计	85.32%	9.25

以下是本公司、国货航、深圳航空（含昆明航空）、澳门航空、北京航空、大连航空及内蒙古航空业务运营数据汇总。

	2018 年	2017 年	增加/（减少）
运输能力			
可用座位公里（百万）	273 600.29	247 815.03	10.41%
国际	103 475.62	90 723.28	14.06%
中国内地	160 134.78	147 938.97	8.24%
中国香港、澳门及台湾	9 989.88	9 152.77	9.15%
可用货运吨公里（百万）	14 240.47	13 319.36	6.92%
国际	9 610.71	8 871.19	8.34%
中国内地	4 347.17	4 169.82	4.25%
中国香港、澳门及台湾	282.59	278.35	1.52%
可用吨公里（百万）	38 920.17	35 672.57	9.10%
运输周转量			
收入客公里（百万）	220 528.34	201 078.49	9.67%
国际	80 390.72	71 039.18	13.16%
中国内地	132 102.72	122 876.89	7.51%

续表

	2018 年	2017 年	增加/(减少)
中国香港、澳门及台湾	8 034.91	7 162.42	12.18%
收入货运吨公里(百万)	7 969.51	7 552.65	5.52%
国际	6 207.65	5 791.72	7.18%
中国内地	1 649.10	1 646.49	0.16%
中国香港、澳门及台湾	112.76	114.44	(1.47%)
旅客人次(千)	109 726.59	101 576.66	8.02%
国际	15 365.15	13 487.46	13.92%
中国内地	89 257.14	83 524.14	6.86%
中国香港、澳门及台湾	5 104.30	4 565.07	11.81%
货物及邮件(吨)	1 908 369.07	1 841 636.93	3.62%
飞行公里(百万)	1 425.35	1 323.36	7.71%
轮挡小时(千)	2 245.15	2 115.24	6.14%
航班数目	716 718	670 505	6.89%
国际	94 783	86 005	10.21%
中国内地	584 723	549 955	6.32%
中国香港、澳门及台湾	37 212	34 545	7.72%
收入吨公里(百万)	27 518.49	25 385.38	8.40%
载运率			
客座利用率(收入客公里/可用座位公里)	80.60%	81.14%	(0.54 个百分点)
国际	77.69%	78.30%	(0.61 个百分点)
中国内地	82.49%	83.06%	(0.57 个百分点)
中国香港、澳门及台湾	80.43%	78.25%	2.18 个百分点
货物及邮件载运率(收入货运吨公里/可用货运吨公里)	55.96%	56.70%	(0.74 个百分点)
国际	64.59%	65.29%	(0.70 个百分点)
中国内地	37.94%	39.49%	(1.55 个百分点)
中国香港、澳门及台湾	39.90%	41.11%	(1.21 个百分点)

续表

	2018 年	2017 年	增加/(减少)
综合载运率(收入吨公里/可用吨公里)	70.70%	71.16%	(0.46 个百分点)
飞机日利用率(每架飞机每日轮挡小时)	9.52	9.47	0.05 小时
收益			
每客公里收益(人民币元)	0.546 1	0.530 7	2.90%
国际	0.437 6	0.416 7	5.02%
中国内地	0.602 8	0.587 7	2.57%
中国香港、澳门及台湾	0.699 8	0.684 4	2.25%
每货运吨公里收益(人民币元)	1.431 2	1.357 8	5.41%
国际	1.456 9	1.373 5	6.07%
中国内地	1.185 3	1.170 0	1.31%
中国香港、澳门及台湾	3.609 3	3.260 8	10.69%
单位成本			
每可用座位公里的营业成本(人民币元)	0.420 8	0.404 6	4.00%
每可用吨公里的营业成本(人民币元)	2.958 2	2.811 0	5.24%

【提示】

航空运输行业上市公司的具体运营数据对于分析公司的业务重点、运营效率及其变化趋势十分重要,能够协助投资者透过财务数据理解公司的经营状况。在本例中,该公司按照行业指引的要求,对相关数据做了详细的分项披露。

表 3-3-80　关键资源

要点	具体内容
航线或目的地情况	上市公司应当披露报告期末航线或目的地数目;报告期内新增、退出的主要航线或目的地;拟增加、退出的主要航线或目的地情况。
机队整体情况	上市公司应当披露报告期末机队整体情况,按照自行保有、融资租赁、经营租赁等状况分类披露各飞机型号的飞机数量、平均机龄、飞机日利用率、有收入的飞行小时。
飞行员培养及变动	上市公司应当披露报告期内机长、副驾驶及其他飞行员的增减数量;现役机长和副驾驶的年平均飞行小时数。

续表

要点	具体内容
主要补贴或奖励收入	上市公司应当以列表方式披露报告期内主要补贴或奖励收入,包括民航基础设施建设基金先征后返、航线补贴、政府专项补贴或奖励等。应收补贴或奖励收入占最近一期经审计净利润10%以上且绝对金额超过5 000万元的,应当披露是否存在政策变动及偿付不确定性风险。

表3-3-81　战略规划

要点	具体内容
经营特色和发展战略	上市公司应当结合飞机引进、航线布局、常旅客计划等关键经营数据的历史情况和未来规划,披露公司的经营特色和发展战略。
飞机及相关设备的引进和融资计划	上市公司应当按照行业指引要求披露下列相关信息: (1) 报告期内引进飞机及相关设备的资金安排,包括自有资金、外部借款等。 (2) 未来3个会计年度飞机及相关设备的资本开支计划、交付计划、相关融资计划。 (3) 新增购买飞机的预估成本(目录价格)及收益。公司无法准确预估收益的,应当披露过去3年公司不同机型的平均营业利润。 (4) 报告期内飞机的保养政策及成本。 (5) 报告期内飞机的折旧成本。

表3-3-82　关键流程

要点	具体内容
盈利模式	上市公司应当结合飞机引进、航线布局、常旅客计划等关键经营数据的历史情况和未来规划,披露公司的盈利模式。
风险因素	上市公司应当披露燃油价格波动风险情况,包括燃油成本占营业成本总额的比例、燃油成本波动对营业成本总额的敏感性分析等。 上市公司应当披露汇率波动风险情况,包括报告期末外币流动资产及负债、外汇汇率变动对净利润影响的敏感性分析等。 从事燃油或外汇期货、期权等衍生产品交易,影响重大的,应当结合相关交易的合同主要条款,分类汇总披露上述交易的持有目的、金额、套期保值效果、风险敞口、可能承担的最高损失额和相应的会计政策。
安全投入及重大安全事件情况	上市公司应当披露报告期内安全投入情况。报告期内公司发生重大安全事件的,还应当披露事件的相关情况、中国民用航空局调查结果及该事件对公司的影响。 重大安全事件包括重大和特别重大飞行事故、重大和特别重大地面事故等。
具体会计政策	在企业会计准则原则性规定的基础上,披露以下行业具体会计政策和财务信息: (1) 依据公司自身经营特点和发展战略,在财务报表附注中细化披露固定资产折旧政策。 (2) 报告期内公司处置飞机、发动机、高价周转件等重要固定资产的情况。 (3) 固定资产资产减值损失或固定资产处置损失金额占最近一期经审计净利润10%以上且绝对金额超过5 000万元的,应当披露相关情况和原因。

十九、

（一）适用的指引

上交所《上市公司行业信息披露指引第二十号——农林牧渔》

深交所《行业信息披露指引第1号——上市公司从事畜禽、水产养殖相关业务》

深交所《行业信息披露指引第4号——上市公司从事种业、种植业务》（种植业务是指种植粮食、棉花、油料、糖料、水果、蔬菜、茶叶、蚕桑、花卉、麻料、中药材、烟草、食用菌等作物的业务活动）

（二）年报披露要求

农林牧渔行业上市公司年报一般要求披露行业宏观、客户市场、关键资源、战略规划、关键流程等相关内容，具体如表3-3-83至表3-3-87所示。

表3-3-83 行业宏观

要点	具体内容
宏观经济政策	上市公司应当披露报告期内对农林牧渔业具有重大影响的国家宏观经济政策、行业政策、土地政策、支农惠农政策、税收优惠政策、食品安全和环保政策等外部因素的变化情况，并说明对公司当期和未来发展的具体影响，以及公司已经或计划采取的应对措施。（上交所）
行业发展状况	上市公司应当披露公司行业周期波动特点及所处的周期阶段、市场供需情况、竞争格局等。（上交所）
行业上下游情况	上市公司应当披露行业上下游情况。（上交所）

表3-3-84 客户市场

要点	具体内容
行业地位	上市公司应当结合行业发展状况和影响因素，披露公司的行业地位、竞争优势和劣势。（上交所）
经营信息	上市公司应当按照行业指引要求披露下列信息： （1）农业：按产品类别分项披露主要产品种植面积、亩产、生产量、销售量、库存量、销售收入、销售成本和毛利率；主要产品定价方式，公司受国家最低收购价格保护的，还应当披露国家最低收购价格、公司的收购成本和销售价格。公司从事种业业务的，还应当披露主要品种所处的生命周期阶段、在审品种的审核状态及主要品种的经营权来源，公司以授权方式获得产品经营权的，应当结合相关协议的主要条款，披露协议期限、许可费用、权利义务及是否独家授权许可。公司从事土地出租业务的，还应当披露报告期内公司可供出租和实际出租的土地面积、土地租金单价、收入等。

续表

要点	具体内容
经营信息	（2）林业：按林种类别分项披露主要林种销售收入、销售成本、毛利率、蓄积量、采伐量、年度采伐限额、主伐年龄和轮伐期；按照自主造林、收购森林资源、合作联营等培育模式分项披露林木数量、金额和占比。 （3）畜牧业：报告期内公司主要畜禽产品的产量、销售量、销售收入、销售成本和毛利率；报告期内公司畜禽出栏量，以及报告期末存栏量；报告期内公司饲料产能和产量，并按照自产和外购等取得方式分项披露饲料数量、金额和均价，分析饲料价格波动对公司的影响。 （4）渔业：从事水产养殖业务的，应当按照主要产品类型分项披露不同养殖模式下产品的产量、销售量、销售收入、销售成本和毛利率；从事水产捕捞业务的，应当披露捕捞作业的类型、主要场所、捕捞限额的情况，以及水产捕捞的主要品种、各品种的捕捞量、销售收入、销售成本和毛利率。（上交所）
	上市公司应当按自行繁育、外购等分项披露报告期末公司生物资产的数量、金额和淘汰率。 涉及向合作社或农户等个人采购的，且合计金额占采购总金额比例20%以上的，上市公司应披露采购的具体内容、总金额、结算方式，以及前五大个人供应商的名称、金额、采购款实际支付情况等。 存在向合作方提供担保或财务资助的，上市公司应当根据合作方类型分别披露截至报告期末担保余额或财务资助余额、报告期内已承担担保责任或财务资助逾期未收回金额的具体情况。（深交所畜禽、水产养殖相关业务）
	上市公司应当披露报告期内通过审定的品种数量、报告期内制种产量及其变化、种植产量及其变化，以及报告期内发生的销售退回（包括销售退回总额和涉及的主要品种）等情况。（深交所种业、种植业务）

表 3-3-85　关键资源

要点	具体内容
生产经营相关资质	上市公司应当披露公司拥有的生产经营相关资质及有效期限，并披露报告期内生产经营相关资质的变化情况及对公司的影响。（上交所）
重要资源及主要技术	上市公司应当披露公司生产经营相关的重要资源情况，以及报告期内公司使用的主要技术，如育苗育种技术、养殖技术等。（上交所）

续表

要点	具体内容
无形资产	在披露报告期内公司主要资产变化时，上市公司应当披露公司商标、专利、品种权等重要无形资产在报告期内的重大变化情况以及对公司的影响。 在披露报告期内公司核心竞争力的重要变化及对公司的影响时，上市公司应当披露品种经营权等重要无形资产自主研发与授权许可使用的占比及其变化情况，说明公司核心技术是否来源于第三方，是否存在有关知识产权纠纷或潜在纠纷，以及公司业务、核心技术的独立性等情况； 对于授权许可使用且对公司生产经营有重大影响的品种权等重要无形资产，上市公司应当披露具体授权使用方式、授权协议的具体期限、许可方是否为关联方，以及公司与第三方的授权协议到期后如不能续签对公司生产经营、经营业绩、持续发展的具体影响。（深交所种业、种植业务）
生产经营所用的土地或水域	上市公司应当披露公司生产经营所使用的农场或种植基地、林场、养殖基地、海域使用权及所有制形式及取得方式。公司通过承包或租赁方式取得土地或水域的，应当披露合同双方基本情况、合同签订时间、租赁标的面积、合同期限及租赁价格等。（上交所） 当报告期内公司生产经营用地发生重大变化，如通过土地流转、租赁或其他方式取得的重要生产经营用地在报告期内被国家或集体依法征用、占用、收回，国家有关耕地保护、土地承包经营流转的政策发生重大不利变化，或者通过企业兼并获得新的重要生产经营用地等，上市公司应当在报告期内重要事项中披露相关事项对公司业务的影响情况，包括但不限于事项变化具体情况、预计的影响金额、公司拟采取的应对措施（如适用）等。（深交所种业、种植业务）
政府补助及税收优惠政策	上市公司应当披露政府补助的主要内容和报告期内合计金额，并说明政府补助的持续性及其对公司的影响。（上交所）
	上市公司应当披露报告期内各项税收优惠政策、金额及其对公司的影响。（上交所）

表 3-3-86　战略规划

要点	具体内容
下一年度森林经营方案和森林更新方案	上市公司应当结合公司资源环境和林种结构，披露下一年度森林经营方案和森林更新方案，并分析方案的合理性及可持续性。（上交所林业）

表 3-3-87　关键流程

要点	具体内容
主要经营模式	上市公司应当披露主要的经营模式，可以使用表格、图片、流程表、列举等方式进行辅助描述。上市公司已在前次定期报告中完整披露其经营模式，报告期内未进行调整的，可以简化披露并提供查询索引。报告期内发生调整的，应当披露调整的原因，并分析新模式的特点、优劣势和风险。

续表

要点	具体内容
主要经营模式	上市公司应当结合主营业务的供需情况、分季度财务数据变化情况等,披露主营业务季节性波动的特点,以及公司存在的经营风险。(上交所)
	上市公司应当详细披露经营养殖模式的具体内容、模式的特有风险和模式变化情况,如采用与其他方合作养殖模式的,应当披露合作的主要内容,包括但不限于各方职责分工、定价方式、结算模式;合作方的数量、养殖规模区间分布、地区分布以及报告期内合作方的变化情况等。(深交所畜禽、水产养殖相关业务)
	上市公司应当详细披露公司主要经营模式(包括生产和采购模式、销售和结算模式、新产品研发模式、生物资产管理模式等)的具体内容,模式的特有风险和模式变化等情况。(深交所种业、种植业务)
主要产品的生产模式	上市公司应当披露主要产品的生产模式。存在与农户合作生产模式的,公司应当披露与农户的合同约定和执行情况,包括双方权利与义务、公司对农户的管理方式和约束机制、报告期内农户违约或产品质量不达标情况等。(上交所)
	采用"公司+基地(或合作社)+农户""公司+农户"或者"公司+基地"等生产采购模式的上市公司,应当披露各模式运作的主要方式和内容(如为委托代制或自制模式等),生产过程中形成的农作物等存货的所有权归属方,以及如出现自然灾害、技术不当等情况影响存货产量时,相关主要风险的承担方等情况。(深交所种业、种植业务)
主要产品的销售模式、定价策略	上市公司应当披露主要产品的销售模式、定价策略及报告期内价格变动情况,并区分销售渠道,分别披露销售量、销售收入和相应的成本构成及其变化情况。 上市公司存在下列情形的,除披露前款规定内容外,还应当披露以下信息: (1)公司采用经销模式的,还应当披露各级经销商的数量、与经销商的结算方式、结算价格的确定依据以及报告期内是否存在经销商窜货等违约定的情况。 (2)公司客户规模较小且较分散的,应当披露客户构成的稳定性及其对生产经营的影响、应收账款的回款风险、个人客户的获取方式、销售流程和结算政策以及向个人客户的销售收入金额及占比。 (3)公司有线上销售业务的,应当披露公司主要线上销售渠道以及报告期内线上营业收入、毛利率、物流成本、退货率及同比增减情况。线上销售渠道的营业收入占当期营业收入总额10%以下的,可免于披露上述信息。(上交所)
	采用经销商销售模式的上市公司,应当披露该模式运作的主要方式和内容(如向经销商销售的产品为买断式销售或非买断式销售等)、公司产品风险转移的具体时点、期后涉及的销售退回的处理方式等情况。(深交所种业、种植业务)
研发模式	存在研发活动的上市公司,应当披露公司的研发模式,包括公司主要作物育种程序、育种条件和育种周期、研发活动实施主体(如公司自有品种、公司与科研单位合作育种、科研单位的商业化育种等),以及不同研发模式下研发成果的所有权归属方等情况。(深交所种业、种植业务)

续表

要点	具体内容
生物资产管理模式	存在因发芽、老化死亡等生物特性导致生物资产数量发生变动的公司,应当结合生物资产的生物特性(如花卉、种苗等资产由于发芽、老化死亡等生物特性,除采购、销售等出入库外,还会因自身生物特性等原因发生变动),披露公司对生物资产存量和生物资产增量的管理模式,包括公司如何保证生物资产数量的准确性,以及公司为保证生物资产数量和价值准确性所建立的各项管理制度、盘点核查程序和信息系统运用等情况。(深交所种业、种植业务)
主营业务季节性波动情况及影响	上市公司应当披露生产经营的季节性特征对公司存货、应付账款、预收账款、经营活动现金流量等财务数量、资金安排、营运资金、人员安排的影响,并说明公司拟采取的应对措施。(上交所)
风险因素及重大风险事件	上市公司应当披露报告期内发生的重大风险事件及处理情况,并说明对公司当期及未来生产计划的影响,以及公司拟采取的应对措施。其中,风险事件包括自然灾害、食品安全事故、环境污染、疫病、市场价格大幅波动、季节性风险、自然人客户较多且变动较大的风险等。(上交所)
	上市公司应当结合公司业务特点,具体分析并披露对公司有重大影响的各类风险,如疫病风险、市场价格大幅波动风险、食品安全风险、季节性风险、自然灾害风险、自然人客户较多且变动较大的风险、产业政策变化风险等。 当报告期内出现重大流行疫病且国务院兽医主管部门公布重大动物疫情时,上市公司应当在报告期重要事项中披露疫病发生情况,包括但不限于疫病类型、预计损失金额、影响业绩情况以及采取的应对措施等。 当报告期内发生对公司业务造成重大影响的自然灾害时,上市公司应当披露自然灾害对公司业务的影响情况,包括但不限于预计的损失金额、保险投保情况及可能的赔偿情况、公司拟采取的应对措施、灾后重建计划等。(深交所畜禽、水产养殖相关业务)
	在披露公司的风险因素时,上市公司应当结合公司业务特点,披露对公司有重大影响的具体风险,如新品种研发和推广风险、库存和市场价格大幅波动风险、销售价格及利润季节性波动风险、食品安全风险、自然灾害和病虫害风险、自然人客户较多且变动较大的风险、产业政策变化风险、税收优惠政策变化风险等情况。 当报告期内发生对公司业务造成重大影响的自然灾害、病虫灾害或食品安全事故等重大事件时,上市公司应当披露相关事件对公司业务的影响情况,包括但不限于预计的损失金额、保险投保情况及可能的赔偿情况、公司拟采取的应对措施、灾后重建计划等。(深交所种业、种植业务)
具体会计政策	在企业会计准则原则性规定的基础上,上市公司应当披露以下行业具体会计政策和财务信息: (1)结合公司销售模式、客户类型、结算方式等披露收入确认政策和时点。 (2)结合相关协议披露公司生产经营和研发过程中种质资源、品种使用权、种猪、育苗等资源的会计确认政策,种质资源、品种使用权等资源确认为资产的,还应当结合实际使用情况披露摊销方法和摊销年限的依据。

续表

要点	具体内容
具体会计政策	（3）报告期末存货的明细、数量、金额，并结合生长周期、自然灾害、市场供求关系、与农户合作合同等影响因素说明存货可变现净值确认方法和跌价准备计提、转回情况。 （4）结合公司经营模式和生物资产的生产周期、流动性、生长环境等特点披露公司生物资产的确认、计量等会计政策。 （5）区分自行繁育、外购等分项披露报告期末公司生物资产的数量、金额和淘汰率，并披露公司生产性生物资产折旧方法、折旧年限、残值率的确定依据，以及期末减值测试情况和减值准备计提情况。 上市公司还应当披露土地、加工设备等生产要素季节性停用情况及相关会计确认政策。（上交所）
	在披露财务报表附注时，上市公司应当同时按照下列要求履行信息披露义务： （1）披露主要会计政策和会计估计时，上市公司应结合公司具体业务分主要产品披露存货盘点制度、具体盘点方法、存货成本结转制度和具体结转方法，并结合公司经营模式和生物资产的生产周期、流动性、生长环境等特点披露公司生物资产的确认、计量等会计政策。 （2）单项政府补助影响净利润的金额占当期净利润绝对值的比例在 10% 以上且绝对金额超过人民币 500 万元的，上市公司应当详细披露该政府补助的具体内容及条款、会计处理方法、涉及金额和当期实际收到金额等。 （3）披露应收账款项目注释时，若单个客户应收账款余额占应收账款总额比例超过 10% 且账龄超过一年以上的，上市公司应当详细披露该客户应收账款较高的原因并提示回款风险等。（深交所畜禽、水产养殖相关业务）
	上市公司根据《公开发行证券的公司信息披露编报规则第 15 号——财务报告的一般规定》披露财务报告附注时，应当同时按照下列要求履行信息披露义务： （1）披露重要会计政策和会计估计时。 ① 采用经销商销售模式的公司，应当披露收入确认的具体时点、对销售退回、销售返利和销售奖励的会计核算方法和账务处理方式。 ② 存在因发芽、老化死亡等生物特性导致生物资产数量发生变动的公司，应当披露公司对相关生物资产增量的成本归集、成本核算和成本结转方法，说明对应的成本结转方法与公司总体生物资产成本结转制度是否一致。 ③ 采用不同研发模式的公司，应当结合不同研发活动的特点针对性披露研发支出会计政策，如对于科研体系的打造、突破性大品种等全局性研发活动，以及对于细分市场品种研究的具体研发活动，分别披露研究阶段和开发阶段划分的标准、开发阶段支出资本化的具体条件等情况。 （2）披露存货项目注释时，应当披露期末存货余额占比较大的存货的品种结构；对于种业企业，还应当披露报告期内的转商金额等信息。 （3）单项政府补助影响净利润的金额占当期净利润绝对值的比例在 10% 以上且绝对金额超过人民币 500 万元的，上市公司应当详细披露该政府补助的具体内容及条款、会计处理方法、涉及金额和当期实际收到金额等。 （4）披露预付账款、应收账款项目注释时，若单个客户预付账款、应收账款余额占相应总额比例超过 10% 且账龄超过一年以上的，上市公司应当详细披露该客户应收款项较高的原因并提示回款风险等。（深交所种业、种植业务）

【例】上市公司年报及监管函回复节选

问：你公司第一大客户应收账款占比为17.45%　　　　　　　内和1~2年，请按照《深圳证券交易所行业信息披露指引第1号——上市公司从事畜禽、水产养殖业务》的披露要求，补充披露该客户应收账款较高的原因并提示回款风险等。

答：公司按欠款方归集的应收账款第一大欠款方是新疆西部准噶尔牧业股份有限公司（以下简称"准噶尔牧业"），为公司参股的联营企业，持股比例38.2%，其与公司控股股东石河子国有资产经营（集团）有限公司无任何关联关系，主要从事奶牛养殖、育种、繁育、饲草料种植加工业务。准噶尔牧业从事养殖业务所使用的饲料主要由XBMY全资子公司QSMY供应。上述应收账款的形成系准噶尔牧业历年欠QSMY饲料款累计所致，2017年末累计达到1 290.86万元，2018年末累计达到1 833万元。

准噶尔牧业是我公司与新疆生产建设兵团第六师国有资产经营有限责任公司、新疆生产建设兵团第十二师国有资产经营（集团）有限责任公司等四家单位共同出资设立，为了保障该公司正常生产经营活动，支持其良性运作发展，股东各方分别向其提供资金、青贮、饲料等生产资料，支持其发展壮大。近年来，我公司主要向其销售饲料产品，以保证养殖业务的正常开展。截至2018年年末，准噶尔牧业应收账款累计欠款余额1 833万元，欠款金额较大。公司也高度重视此项问题，计划在今后通过收购准噶尔牧业生鲜乳、生物资产等产品，回收资金等方式降低欠款余额，解决回款风险。

【提示】

鉴于农林牧渔行业固有的周期波动性大、现金收入多、生物资产盘点难度高等特点，农林牧渔企业会计信息舞弊现象较其他行业更加突出。为了让投资者更加准确地把握公司的经营和风险情况，行业指引提高了上市公司对自然灾害、食品安全事故、环境污染、疫病、市场价格大幅波动、季节性、自然人客户较多且变动较大等各类风险的揭示要求，并要求公司细化披露收入确认、各项资源的会计确认、生物资产的计量及减值准备计提等具体会计政策。在本例中，该公司因为年报披露不充分，被交易所要求分主要产品补充披露公司第一大客户应收账款高的原因，并提示回款风险等。

二十、

(一) 适用的指引

上交所《上市公司行业信息披露指引第二十一号——集成电路》[集成电路(intergrated circuit, IC)相关业务是指从事集成电路设计、晶圆制造、封装测试及材料装备供应业务]

深交所《创业板行业信息披露指引第 12 号——上市公司从事集成电路相关业务》(集成电路业务是指从事集成电路设计、晶圆制造、封装测试业务)

(二) 年报披露要求

集成电路行业上市公司年报一般要求披露行业宏观、客户市场、关键资源、战略规划、关键流程等相关内容,具体如表 3-3-88 至表 3-3-92 所示。

表 3-3-88　行业宏观

要点	具体内容
宏观经济政策	上市公司应当披露对集成电路行业具有重大影响的宏观经济政策形势、国际贸易政策、产业规范、行业政策、国家及地方税收政策等外部因素的变化情况,并说明其对公司当期和未来发展的具体影响,以及公司已经或计划采取的应对措施。(上交所)
行业发展状况	上市公司应当披露下列反映集成电路行业发展状况及公司行业地位的信息: (1) 集成电路行业整体运行情况、公司所处细分领域市场规模和产品结构情况,分析变动原因及其对公司的影响。 (2) 公司主要集成电路产品所处细分领域新技术工艺突破情况、应用情况和发展方向,分析对公司的影响。 (3) 选取公司主要集成电路产品市场份额、主要客户情况、权威机构排名、技术工艺优势等角度,分析行业竞争格局和公司竞争力。(上交所)
	上市公司应当披露下列反映集成电路行业发展状况的信息并分析其对公司未来经营业绩的影响: (1) 报告期内集成电路细分行业整体发展情况、行业政策变化情况,并分析对公司未来生产经营影响。 (2) 报告期内公司主要集成电路产品所属细分领域的主流技术水平及市场需求变化情况,分析对公司影响。(深交所)

表 3-3-89　客户市场

要点	具体内容
行业地位	上市公司应当披露主要业务领域和经营模式,以及各项主要业务所处的产业链位置,分析产业链上下游的协同关系及影响等。(上交所)

续表

要点	具体内容
行业竞争情况	上市公司应当结合报告期内公司主要集成电路产品核心技术以及成本控制等因素,分析说明行业竞争情况和公司综合优劣势。(深交所)
集成电路设计业务的信息	上市公司集成电路设计业务收入占公司主营业务收入 10% 以上的,应当披露下列反映报告期内集成电路设计业务情况的信息: (1) 公司的经营模式,包括 IDM(集成器件制造)、Fabless(无晶圆厂)等。经营模式为 IDM 的,应当披露各环节业务收入占比。公司从事代理销售业务的,还应当披露代理销售业务收入占比。 (2) 按集成电路产品类别和主要产品分别披露产量、销量、销售额、销售额占比及同比变化情况,同比变化 30% 以上的,应当披露变化原因; 前款产品类别划分可以按照集成电路产品分类或产品用途分类,主要产品指收入占主营业务收入 10% 以上的单项产品。 (3) 主要产品所属细分领域的主流设计水平、工艺节点、芯片性能和公司技术水平,并结合目标细分市场需求、产品性能改善、成本控制等因素分析公司自身综合优劣势。 上市公司在披露所生产集成电路产品的技术和性能指标时,应当披露指标含义、指标变化情况及其反映的技术水平变化情况,并重点分析指标变化的原因及其对公司当期和未来经营业绩的影响。(上交所)
	上市公司集成电路设计业务收入占公司最近一个会计年度经审计的合并财务报表营业收入 30% 以上的,应充分披露: (1) 公司芯片产品所属集成电路细分行业(微处理器、逻辑集成电路、存储器、模拟电路等),主要芯片产品的类别、基础架构、下游应用领域及应用示例。 (2) 下一报告期内下游应用领域的宏观需求分析等。 (3) 公司国内外主要同行业公司名称等。(深交所)
集成电路晶圆制造业务的信息	上市公司集成电路晶圆制造业务收入占公司主营业务收入 10% 以上的,应当披露下列反映报告期内集成电路制造业务情况的信息: (1) 公司现有晶圆厂数量和生产线情况,按照晶圆尺寸分别披露产线数量、产能、产量、制程、工艺(含特色工艺)、芯片种类(如有)、良率(或良率区间)等。 (2) 公司主要生产线采用特色工艺情况,分析其对产品性能改善的作用和对公司核心竞争力的影响。 (3) 公司在建晶圆厂或生产线情况,包括晶圆尺寸、产线数量、制程、工艺(含特色工艺)、预计产能、预计投资额、建设周期、预计投产时间等。(上交所)
	上市公司集成电路晶圆制造业务收入占公司最近一个会计年度经审计的合并财务报表营业收入 30% 以上的,应当披露下列反映报告期内集成电路制造业务情况的信息: (1) 晶圆厂数量和生产规模,按晶圆尺寸披露相关产线产能、产品制程以及生产良率等情况。 (2) 特色生产工艺情况,分析其对产品性能改善的作用和对公司核心竞争力的影响。 (3) 在建晶圆厂或产线情况,包括晶圆尺寸、建设周期以及预计产能等信息。(深交所)

续表

要点	具体内容
集成电路封装测试业务的信息	上市公司集成电路封装测试业务收入占公司主营业务收入10%以上的,应当披露下列反映报告期内封装测试业务情况的信息: (1) 按先进封装技术和传统封装技术分别披露业务收入占比、采用的主要封装技术及其生产线情况。 (2) 采用的主要测试技术及其生产线情况,结合技术水平、收入占比、市场需求等因素,分析其对公司业务现状及核心竞争力的影响。 (3) 按产品类别或封装测试技术类别披露产量、销售量、销售额、销售额占比及同比变化情况,同比变化30%以上的,说明变化原因。 (4) 公司在建的生产线情况,包括产线数量、工艺技术情况、预计产能、预计投资额、建设周期、预计投产时间等。(上交所)
	上市公司集成电路封装测试业务收入占公司最近一个会计年度经审计的合并财务报表营业收入30%以上的,应当披露下列反映报告期内封装测试业务情况的信息: (1) 报告期内公司采用的主要封装技术以及产品类别情况。 (2) 公司在建的封装测试生产基地情况,包括拟生产产品类别、预估建设周期以及预计投产时间等。(深交所)
集成电路装备和材料业务的信息	上市公司从事集成电路装备和材料业务收入占公司主营业务收入10%以上的,应当披露主要产品及其应用领域,分析产品的重要技术指标和核心竞争力。(上交所)
海外业务	上市公司开展海外业务的,应当披露海外业务的总体经营情况,按业务区域披露经营规模、产品类型、营收占比,并分析汇率波动及所在国家或地区政策变化对经营的影响。(上交所)
	若报告期内公司产品海外销售收入占同期营业收入30%以上,上市公司应当按业务区域披露主要收入来源地、产品类别、销售金额、回款情况,报告期内当地汇率、关税等经济政策发生的重大变化情况以及上述变化对公司当期和未来经营业绩影响情况。(深交所)

【例】上市公司年报及监管函回复节选

问:公司属于半导体集成电路(IC)产业中的封装测试行业,适用上海证券交易所行业指引《上市公司行业信息披露指引第二十一号——集成电路》。请你公司对照行业信息披露指引补充披露主要业务领域和经营模式,以及各项业务所处的产业链位置,分析产业链上下游协同关系及影响等。

答:1. 公司主要业务及所处行业

公司主要专注于传感器领域的封装测试业务,拥有多样化的先进封装技术,同时具备8英寸、12英寸晶圆级芯片尺寸封装技术规模量产封装能力,为全球晶圆级芯片尺寸封装服务的主要提供者与技术引领者。封装产品主要包括影像传感器芯片、生物身份识别芯片等,该等产品广泛应用在手机、安防监控、身份识别、汽车电子、3D传感等电子领域。

2. 主要经营模式

公司所处封装行业的经营模式主要分为两大类:一类是IDM模式,由国际IDM公司设立的全资或控股的封装厂,作为集团的一个生产环节,实行内部结算,不独立对外经营;另一类是专业代工模式,专业的封测企业独立对外经营,接受芯片设计或制造企业的订单,为其提供专业的封装服务,按封装量收取封装加工费。

公司专注于传感器领域的封测服务,业务模式为客户提供晶圆或芯片委托封装,公司根据客户订单制订月度生产任务与计划,待客户将需加工的晶圆发到公司后,由生产部门组织芯片封装与测试,封装完成及检验后再将芯片交还给客户,并向客户收取封装测试加工费。

3. 公司所处行业的上下游及相互联系

公司所处产业链主要包括芯片设计、晶圆制造与封装测试几个产业环节,同时还涉及相关材料与设备等支撑产业环节。产业以芯片设计为主导,由芯片设计公司设计出集成电路,然后委托芯片制造厂生产晶圆,再委托封装厂进行芯片的封装、测试,最后销售给电子整机产品生产企业。对本公司而言,芯片设计企业委托公司进行封装加工,是公司的客户;材料等支撑企业为公司提供生产所需的原材料,是公司的供应商。

公司业务的上游是封装测试材料行业。上游原材料的供应影响封测行业的生产,原材料价格的波动影响封测行业的成本。公司业务的下游是芯片设计业。芯片设计产业环节的需求直接带动封测行业的销售增长,其需求的创新与不断变化也会推动封测行业技术工艺的变化和创新。

【提示】

半导体集成电路产业专业化程度高、细分领域众多,投资者对于集成电路行业的了解程度不深。因此行业指引要求公司披露主要业务领域和经营模式,以及各项主要业务所处的产业链位置,分析产业链上下游的协同关系及影响等。在本例中,该公司因年报披露不充分,被交易所要求对照行业信息披露指引补充披露主要业务领域和经营模式,以及各项业务所处的产业链位置,分析产业链上下游协同关系及影响等。

表 3-3-90 关键资源

要点	具体内容
技术水平	上市公司应当披露能够反映自身技术水平和研发能力的信息： (1) 研发投入和投向情况。 (2) 拥有国内外专利（区分发明专利和其他专利）、专利合作协定（PCT）情况。从事集成电路设计业务的，还应当披露拥有集成电路布图设计权和软件著作权等情况。 (3) 研发人员比例、研发团队构成、技术储备情况。（上交所）
研发创新能力	上市公司应当充分披露公司的研发创新能力，主要包括： (1) 拥有的国内外专利、国内外专利授权情况（主营业务为集成电路设计的，还应披露集成电路布图设计权、软件著作权等知识产权情况）。 (2) 报告期内研发投入金额和研发投向。 (3) 研发人员占比、研发团队学历构成、研发人员工作年限比例、核心技术人员变化情况等。（深交所）
新产品或新工艺	上市公司如在年度报告、半年度报告中披露重要新产品或新工艺开发情况，应当披露目前所处阶段、预计完成开发、量产的时间及对公司可能产生的影响。（深交所）
重大投资项目建设	如公司在报告期内涉及重大投资项目建设的，上市公司应当披露项目投资进展情况、相应的资金来源或融资安排以及对公司未来生产经营影响。（深交所）

【例】上市公司年报披露节选

研发方面

提升技术服务能力，进而打造技术研发、产品研制能力是公司持续发展壮大的根本，2018 年度公司研发投入 3 421.40 万元。公司以广泛的客户群为基础，针对不断涌现出来的新技术、新应用，判断出具有发展潜力的市场领域来进行研发及拓展。报告期内，公司主要研发成果有：在无线射频不同功率的 PA（功率放大器）技术项目上已在为客户提供基础测试，可用于 5G 基站的建设；在蓝牙 BLE（低功耗蓝牙）项目上开发出针对不同市场的通用及高端应用模块，可广泛用于消费类电子和医疗电子等行业；在 NB-IoT 方案项目上，设计对应超低功耗模块 FT-780 模块并进行推广，目前已在小批量进行测试；在 HPLC（高速电力线载波通信模块）项目上，跟随国家电网 HPLC 技术标准的修订进行研发，目前已批量出货；在电能表外置断路器项目上，公司在售电管理装置等项目上不断进行技术更新，同时，不断研发相关衍生产品，如售电管理装置，2018 年度已进行量产；除此之外，在新能源汽车 BMS（电池管理系统）项目上，相关产品已在进行市场推广。截至报告期末，公司累计获得发明专利 7 项，实用新型专利 46 项。

【提示】

研发创新能力是集成电路行业公司的核心竞争力之一。在本例中，该公司较为全面地介绍了报告期内的研究方向、研发成果及目前拥有的专利情况。相较于新颁布的格式指引，公司在未来还需补充披露研发人员的具体情况，如研发人员占比、研发团队学历构成、研发人员工作年限比例、核心技术人员变化情况等。

表 3-3-91 战略规划

要点	具体内容
发展战略及经营计划	上市公司应当披露公司发展战略及经营计划，包括竞争战略、业务调整计划、新项目投资计划及新产品新工艺发展规划等。 涉及重大投资项目建设的，上市公司应当披露报告期内投资情况、下一年度投资计划、相应的资金来源或融资安排、具体项目进展及对公司生产经营的影响。 上市公司披露重要新产品或新技术进展情况时……预计完成开发、试产、量产……
	上市公司应当披露说明公司发展战略及经营计划，包括竞争战略、业务调整计划等。（深交所）

表 3-3-92 关键流程

要点	具体内容
经营模式	上市公司集成电路设计业务收入占公司主营业务收入 10% 以上的，应当披露公司的经营模式，包括 IDM（集成器件制造）、Fabless（无晶圆厂）等。经营模式为 IDM 的，上市公司应当披露各环节业务收入占比。（上交所）
风险因素	上市公司应当结合行业特点和自身经营模式，披露可能对公司未来发展战略和经营目标的实现产生不利影响的风险因素，包括集成电路业务相关的核心技术和管理人员流失风险、新产品新工艺研发风险、市场波动风险等。 上市公司披露的风险因素应当充分、准确、具体，并进行实质分析，说明对公司当期及未来经营业绩的影响，以及公司已经或计划采取的措施及效果。 报告期内上市公司经营模式或市场环境发生重大变化的，上市公司应当对新增风险因素及其产生的原因、对公司的影响、拟采取的应对措施等进行分析。（上交所）
会计政策	上市公司应当在企业会计准则规定的基础上结合公司经营模式和业务特点披露收入确认和成本结转、在建工程转固、固定资产折旧等具体会计政策，并披露下列资产减值相关信息： (1) 存货及存货跌价准备，按品种类型披露原材料、半成品、产成品的存货整体情况，结合产业环境、技术迭代、市场需求变化等因素分析存货变化情况、存货跌价准备计提原因及对公司经营的影响。 (2) 固定资产和无形资产减值准备，结合产业环境、技术迭代、市场需求变化等因素分析固定资产和无形资产减值准备计提原因及对公司经营的影响。（上交所）

续表

要点	具体内容
集成电路设计业务	上市公司集成电路设计业务收入占公司最近一个会计年度经审计的合并财务报表营业收入30%以上的,应充分披露: (1)公司经营模式简介(无晶圆厂Fabless模式、垂直整合制造商IDM模式)、委外生产情况、研发设计模式,经营模式为IDM的,应当披露各环节业务收入占比。 (2)披露报告期内占主营业务收入10%以上的单项产品(列明细分用途)营业成本主要构成情况、销售金额和产能利用率,以及同比变化情况。同比变化30%以上的,需披露变化原因等。(深交所)
税收优惠和政府补助	报告期内公司业绩严重依赖税收优惠及政府补贴,享受税收优惠及政府补贴合计金额占当期利润总额绝对值30%以上的,上市公司应当在年报、半年报中进行重大风险提示。(深交所)

二十一、

(一)适用的指引

上交所《上市公司行业信息披露指引第二十二号——航空、船舶、铁路运输设备制造》(航空、船舶、铁路运输设备制造是指航空器、船舶、轨道交通设备等运输设备的整机制造、零部件制造和修理改装)

(二)年报披露要求

航空、船舶、铁路运输设备制造行业上市公司年报一般要求披露行业宏观、客户市场、关键资源、战略规划、关键流程等相关内容,具体如表3-3-93至表3-3-97所示。

表3-3-93 行业宏观

要点	具体内容
宏观经济政策	上市公司应当披露报告期内对航空、船舶、铁路运输设备制造行业具有重大影响的宏观经济政策形势、地缘政治、产业规范、行业政策、产业投资规划等外部因素的变化情况,并说明对公司当期和未来发展的具体影响,以及公司已经或计划采取的应对措施。
行业发展状况	上市公司应当披露所在细分行业的发展状况: (1)上市公司从事航空运输设备制造的,应当披露通用航空器市场年均复合增长率、通用航空器人均享有数量、通航领域作业任务量和航空防务装备市场发展趋势。 (2)上市公司从事船舶运输设备制造的,应当披露全国造船完工量。 (3)上市公司从事铁路运输设备制造的,应当披露全国新建营业里程、全国客货发送量、全国客货周转量。

第三章 上市公司分行业年报披露

表 3-3-94 客户市场

要点	具体内容
行业地位	上市公司应当披露公司行业地位的信息： (1) 上市公司从事航空运输设备制造的，应当分析公司所处细分领域的竞争格局和公司竞争力。 (2) 上市公司从事船舶运输设备制造的，应当披露公司的造船完工量、新接订单量、手持订单量，分析公司所处细分领域的竞争格局和公司竞争力。 (3) 上市公司从事铁路运输设备制造的，应当披露公司新增订单金额、公司在手订单金额，分析公司所处细分领域的竞争格局和公司竞争力。
经营情况	上市公司应当按照整机制造、零部件制造等业务划分，分别披露经营情况及其较前一年度的重大变化情况和变化原因： (1) 上市公司整机制造业务收入占公司主营业务收入 10% 以上的，应当披露整机类型、整机产销量、销售模式，以及导致主要经营数据同比变动幅度超过 30% 的原因。 (2) 上市公司零部件制造业务收入占公司主营业务收入 10% 以上的，应当披露主要零部件的类别、产品应用领域、产销量、销售模式，以及导致主要经营数据同比变动幅度超过 30% 的原因。 上市公司应当披露以下修理改装业务情况： (1) 上市公司从事航空运输设备制造的，应当披露飞机整机和零部件的修理改装情况，包括飞机平均服役年龄、定期或定量检修标准、修理改装市场需求等。 (2) 上市公司从事船舶运输设备制造的，应当披露定期或定量检修标准、船龄结构、报告期内修理船舶数量、承修船型、修理周期等，以及重大修理改装项目情况。 (3) 上市公司从事铁路运输设备制造的，应当披露修理改装业务收入、定期或定量检修标准等。
海外业务情况	上市公司开展海外业务的，上市公司应当分区域、分业务披露海外经营情况，包括经营规模、重要合同、产品类型、项目名称、合作对象、投资周期等，并提示由汇率波动、国际政策、经济环境变化等引起的经营风险。
重大订单情况	上市公司应当按主要产品披露重大订单情况，包括相关合同签订时间、合同金额、报告期内完工进度、确认的收入等。合同金额占公司营业收入 10% 以下的，可免于披露上述信息。 已公告订单发生终止情形的，上市公司应当披露终止原因和对公司的影响。

【例】上市公司年报披露节选

报告期内公司订单情况

项目	船舶运输设备制造——三大造船指标		
	造船完工量	新接订单量	手持订单量
船舶建造	31 艘/487.52 万载重吨	41 艘/541.22 万载重吨	84 艘/1 311.86 万载重吨
其中：散货船	16 艘/367.52 万载重吨	37 艘/529.52 万载重吨	77 艘/1 277.84 万载重吨

续表

项目	船舶运输设备制造——三大造船指标		
	造船完工量	新接订单量	手持订单量
集装箱船	3 艘/59.4 万载重吨	/	/
油船	4 艘/49.4 万载重吨	/	1 艘/11.2 万载重吨
沥青船	6 艘/7.48 万载重吨	/	/
化学品船	2 艘/3.72 万载重吨	/	2 艘/11.12 万载重吨
大型邮轮	/	1 艘/0.9 万载重吨	1 艘/0.9 万载重吨
船舶维修	273 艘	288 艘	30 艘
海洋工程	1 座	1 艘/34 万载重吨	9 座及 6 艘/70.7 万载重吨
柴油机	166 台/367.2 万马力	164 台/355.2 万马力	199 台/423.64 万马力

【提示】

船舶运输设备制造行业上市公司的订单数据对于分析公司的业务重点、营运效率十分重要,能够协助投资者理解公司当前的经营状况和未来的发展趋势。在本例中,该公司按照行业指引的要求,对相关数据做了详细的分项披露。

表 3-3-95 关键资源

要点	具体内容
主要产品情况	上市公司应当披露公司主要产品情况: (1) 上市公司从事航空运输设备制造的,应当披露公司产品谱系、核心产品技术特性,以及主要机型及其核心零部件的自主化程度。 (2) 上市公司从事船舶运输设备制造的,应当按照散货船、集装箱船、油船、客运船、液化气船及其他船型披露公司主要产品结构、核心船型的自主化程度,以及依据公司情况及行业惯例确定的高附加值船舶的范围及其所占公司全部收入、利润的比例。 (3) 上市公司从事铁路运输设备制造的,应当按照动车组、机车、客车、货车、城轨等业务披露公司产品结构、主要产品型号和自主化程度,以及整机、系统或零部件的主要功能和性能。
产能状况	上市公司应当披露主要产品产能状况,并针对结构性产能过剩及先进产能需求,披露未来产能优化调整方案。
研发信息	上市公司应当披露以下与公司产品研发有关的信息: (1) 公司产品研发总体情况、主要研发领域方向及研制计划。 (2) 公司研发设计模式、研发机构设立情况、核心研发人员数量、国内外专利、非专利技术,以及与先进研发机构或厂商的合作情况。 (3) 公司自主研发能力、重要在研科技项目、重要成果,以及重大研发项目的取消情况、原因和对公司的影响。

表 3-3-96　战略规划

要点	具体内容
市场前景	上市公司应当结合行业投资规划和上下游关联行业发展情况，披露市场供需变化、公司的调整方案以及核心产品的市场前景： （1）上市公司从事航空运输设备制造的，应当结合航空装备转型升级需求以及企业订单数量和结构性变化，分析公司产品供应与市场需求的匹配度以及未来盈利增长点。 （2）上市公司从事船舶运输设备制造的，应当结合海运贸易形势、国内外总运力、船队保有量、航运运费、新船价格等变化情况，分析公司主要产品的供需状况、公司产品结构优化方案和未来盈利增长点。 （3）上市公司从事铁路运输设备制造的，应当结合全国铁路城轨行业投资计划、计划新通车里程、货运增速等行业信息，分析公司主要产品的供需状况、公司产品结构优化方案和未来盈利增长点。

表 3-3-97　关键流程

要点	具体内容
经营模式	上市公司应当按照整机制造、零部件制造、修理改装等业务分别披露主要经营模式，重点分析公司产业链和价值链分布情况，以及研发模式、采购模式、销售模式、生产模式等生产经营环节的相关信息。
订单承接时点、生产周期	上市公司应当分析披露本期收入所对应订单的承接时点、生产周期等对公司经营业绩及财务状况的影响，如产品价格、收入确认时点、在建亏损计提等。
采购模式	上市公司应当披露公司主要原材料的采购模式及海外采购情况。 报告期内主要原材料价格同比变动 30% 以上的，上市公司应当披露具体原因，并分析价格波动对公司营业成本的影响。
风险因素	上市公司应当结合行业特点和自身经营模式，披露可能对公司未来发展战略和经营目标的实现产生不利影响的风险因素，包括航空、船舶、铁路运输设备制造业相关的政策变动风险、客户集中风险、行业周期风险、技术创新风险等。上市公司披露的风险因素应当充分、准确、具体，并进行实质分析，说明对公司当期及未来经营业绩的影响，以及公司已经或计划采取的措施及效果。 报告期内上市公司经营模式或市场环境发生重大变化的，上市公司应当对新增风险因素及其产生的原因、对公司的影响、拟采取的应对措施等进行分析。
重大安全事故情况	上市公司应当披露重大安全事故及其处理情况，分析造成事故的产品缺陷、技术改进方案以及存在该缺陷的产品的更新进展。

二十二、

（一）适用的指引

上交所《上市公司行业信息披露指引第二十三号——医疗器械》（医疗器械相

关业务是指从事医疗器械研发、采购、生产及销售的业务活动）

深交所《创业板行业信息披露指引第 10 号——上市公司从事医疗器械业务》

（二）年报披露要求

医疗器械行业上市公司年报一般要求披露行业宏观、客户市场、关键资源、关键流程等相关内容，具体如表 3-3-98 至表 3-3-101 所示。

表 3-3-98　行业宏观

要点	具体内容
宏观经济政策	上市公司应当披露报告期内下列对公司具有直接或重要影响的医疗器械行业相关政策法规的变化情况，并说明其对公司当期和未来发展的具体影响，以及公司已经或计划采取的应对措施： （1）医药监管、医药改革及医疗机构改革的政策法规。 （2）医疗器械研发、生产、销售等方面的政策法规。 （3）环保、医疗器械质量安全和产品责任的政策法规。 （4）医保费用控制与支付的政策法规。 （5）与上市公司主营业务有关的主要境外国家和地区医疗器械监管、进出口的政策法规。 （6）可能对公司产生直接或重要影响的其他政策法规等。（上交所）
行业发展状况	上市公司应当披露报告期内公司所处医疗器械细分行业的基本发展状况、市场竞争情况。（上交所）

【例】上市公司年报披露节选

医药行业的政策变化及影响

随着医药卫生体制改革不断深入，2018 年医药行业政策密集出台，对行业发展和企业运营均产生了深远影响，其中影响较大的包括以下几个方面：

（1）药品监管制度改革有力促进医药创新。围绕中共中央办公厅、国务院办公厅《关于深化审评审批制度改革鼓励药品医疗器械创新的意见》，药品监管制度改革深入推进，文件中的相关要求逐步落实，为医药创新营造了良好的政策环境。2018 年 7 月，国家药监局发布《关于调整药物临床试验审评审批程序的公告》，药品临床试验审批采取默认制，规定时间内未出具意见即可展开相关试验，大幅缩短药品审评周期。2018 年 11 月，CDE 发布《关于优化优先审评申请审核工作程序的通知》，将采取即到即审方式组织专家审核确定，作机制的优化将进一步加快药品的研发上市进程。

公司将把握政策机遇，加大医药研发投入力度，一方面夯实并增强核心领域的创新药开发能力，加快推进在研新药项目；另一方面，积极谋划布局新治疗领域产品线,培育公司新增长点。

(2) 仿制药一致性评价推动行业结构调整。2018年仿制药一致性评价工作深入推进,全行业为此投入了大量资源,已通过评价的品种以及获CDE受理的一致性评价申请逐步增多。通过一致性评价的仿制药将获得多方面的政策鼓励,包括在招标采购中可获得一定支持;不能通过一致性评价的品种则可能逐步退出市场,有利于仿制药质量整体提升和产业集中度提高。2018年4月,国务院发布《关于改革完善仿制药供应保障及使用政策的意见》,提出加快推进仿制药质量和疗效一致性评价工作并及时将通过一致性评价的药品纳入采购目录,对此2018年已有20多个省份出台了相关鼓励政策,有利于通过一致性评价的品种快速扩大销售,从而调动企业开展一致性评价的积极性。

近年来,公司积极引进发达国家先进管理经验和关键工艺技术,不断完善质量管理体系,已在武汉、宜昌、纽约分别建立了符合FDA的CGMP标准的药品制剂生产基地,多个品种获得美国仿制药注册批件。报告期内,公司利用在制剂国际化方面取得的经验,积极推进30多个口服固体制剂的仿制药一致性评价工作,并着手开展注射剂质量再评价,积极应对仿制药的市场结构调整。

(3) "药品集中采购和使用试点"改变仿制药发展模式。2018年5月,国家医保局正式挂牌成立,集药品价格管理、集中采购管理、医保管理三项职能于一体,其主要职责是控制药品费用不合理增长、提高医保资金使用效率。2018年11月,国家医保局启动以带量采购为主要特征的"4+7城市"药品集中采购和使用试点,第一轮招标结果显示25个中标品种平均降价52%,极大地冲击了药品市场。从长远和全局来看,试点符合仿制药的发展特点,有利于降低医疗费用支出、加速进口替代和行业资源重组整合,但短期内对相关企业的运营产生一定负面影响。

"药品集中采购和使用试点"目前尚未涉及公司主要产品,但随着试点深入,预计多数仿制药将纳入政策范围,仿制药行业整体上面临盈利水平下降、发展和盈利模式改变等挑战。为应对外部环境的变化,公司一方面优化产品发展策略,努力增加高附加值、差异化产品所占比重;另一方面强化市场准入和终端推广工作,积极布局县级医院和基层医疗市场,通过渠道优化应对政策风险。

(4) 医药流通行业加速整合。根据2017年原国家卫计委《在公立医疗机构药品采购中推行"两票制"的实施意见(试行)》,2018年"两票制"在全国范围内全面推开,拥有品种资源和渠道优势的大型医药流通企业进一步扩大市场份额,而一批中小型医药流通公司被收购整合或退出市场。2018年是公立医疗机构实施药品"零加成"政策的第一个完整年度,对医药流通企业的回款周期造成影响。

公司以医药商业网络建设和医院终端资源为核心,主要在湖北省、四川省发展区域性医药批发及相关业务。报告期内,公司以提升经营质量、运营效率为前提,借助"两票制"契机丰富产品资源,优化产品质量管理和综合服务能力,谨慎拓展相关业务。

【提示】

在本例中,该上市公司通过梳理报告期内出台的医药行业相关政策,向投资者传递了公司所处行业所受到的宏观政策影响。针对与公司相关的政策,公司在说明影响的同时,也明确了相应的应对措施。

表 3-3-99 客户市场

要点	具体内容
市场地位	上市公司应当披露公司的市场地位、竞争优劣势等信息。(上交所)
经营信息	上市公司从事医疗器械生产的,应当按照医疗器械细分行业、产品应用领域或公司认为更有利于满足投资者行业信息需求的其他分类标准,披露公司主要产品的下列信息: (1)产品名称、注册分类、应用领域。 (2)是否属于创新医疗器械。 (3)发明专利截止期限(如适用)。 (4)报告期内的生产量、销售量、销售收入。(上交所)
	上市公司从事医疗器械生产的,应当按照其医疗器械产品的应用领域,分别披露报告期营业收入、营业成本、毛利率及同比增减情况,并进行同行业对比。相关金额同比变化达30%以上的,应当说明发生变化的原因。(上交所)
	上市公司从事医疗器械流通的,应当披露下列经营信息: (1)主要产品基本情况,包括产品名称、注册分类、应用领域、是否属于创新医疗器械,以及报告期内的采购量、销售量、销售收入及毛利率等。 (2)上市公司采取与医院合作共建大型医疗设备、销售产品同时提供融资租赁服务、设备投放耗材盈利等特定商业模式的,应当披露涉及产品类别、具体盈利模式、收入确认会计政策、业务开展情况等信息。 (3)按照医院、药店、经销商等下游客户类别,分产品类型,分别披露报告期营业收入、营业成本、毛利率及同比增减情况,相关数据同比变化达30%以上的,应当说明发生变化的原因。(上交所)
	上市公司应当结合医疗器械行业及所处细分行业特点、自身经营和销售模式等,披露报告期内下列销售费用信息: (1)销售费用的具体构成,包括市场推广费、广告费、销售渠道费用等的开支及占比情况,相关金额同比变化达30%以上的,应当说明发生变化的原因。 (2)销售费用占同期营业收入的比例,并与同行业平均销售费用率或同行业代表性公司进行比较,说明公司销售费用率的合理性以及控制费用措施的有效性。(上交所)

表 3-3-100　关键资源

要点	具体内容
注册证或备案凭证	上市公司从事医疗器械生产的，应当以列表的方式，按照《医疗器械监督管理条例》的产品风险程度划分，分类披露报告期内公司已获得注册证或备案凭证的数量，以及报告期内的新增与失效数量。 上市公司应当披露报告期内新增注册证或备案凭证产品的基本情况，可以披露未来生产及上市安排等信息。 上市公司应当披露报告期内失效注册证或备案凭证产品的基本情况及对公司的影响。（上交所）
	上市公司应当披露最近一个会计年度销售额占公司同期主营业务收入 10% 以上或销售额前十大产品，已获得注册证的医疗器械名称、注册分类、临床用途、注册证有效期，并注明是否为报告期内新注册、变更注册或者注册证失效。（深交所）
产品研发信息	上市公司从事医疗器械生产的，应当披露下列与产品研发有关的信息： （1）公司产品研发总体情况、主要研发领域方向及发展计划。 （2）公司研发投入前五名产品以及可能对公司核心竞争能力具有重大影响的研发项目的基本情况，包括产品基本信息、研发所处阶段、累计发生的研发投入及对公司的影响等，以及国内外同类产品的研发状况。 （3）产品研发过程中存在的主要风险。 （4）获得政府重大研发补助、资助、补贴、税收优惠情况及公司的使用情况。（上交所）

表 3-3-101　关键流程

要点	具体内容
研发投入信息	上市公司从事医疗器械生产的，应当结合医疗器械行业及所处细分行业的特点与自身研发模式，披露报告期内下列与研发有关的信息： （1）公司研发的会计政策，包括研究阶段和开发阶段的划分标准、开发阶段有关支出资本化的具体条件，以及与研发相关的无形资产确认、计量的具体会计政策。 （2）公司研发投入情况，包括研发投入总额、研发投入费用化和资本化的金额，相关金额同比变化达 30% 以上的，应当说明发生变化的原因。 （3）报告期内公司研发投入费用化金额、资本化金额分别占公司最近一期经审计的营业收入、净资产的比例。 （4）与同行业平均研发投入或同行业代表性公司进行比较，说明公司研发投入的合理性，以及能否满足公司未来发展和参与市场竞争的需求。（上交所）
经营模式经营模式	上市公司从事医疗器械生产的，应当披露下列与公司生产模式有关的信息： （1）公司产品生产模式、主要原材料采购模式。 （2）公司主要产品采用外协加工生产模式的，应当披露相关产品名称、报告期内采购金额及占相应产品成本的比重。（上交所）

续表

要点	具体内容
经营模式经营模式	上市公司从事医疗器械生产的,应当披露下列与公司销售模式有关的信息: (1) 按照医院、药店等销售终端,分类披露公司采取的销售模式以及相应的销售收入、成本及变动情况。 (2) 上市公司采取与医院合作共建大型医疗设备、销售产品同时提供融资租赁服务、设备投放耗材盈利等特定商业模式的,应当披露涉及产品类别、具体盈利模式、收入确认会计政策、业务开展情况等信息。 (3) 上市公司存在境外出口业务的,应当披露出口销售结算模式、收入确认会计政策及境外营业收入,境外营业收入占比10%以上的,应当按照医疗器械产品应用领域或销售区域,分别披露报告期内境外营业收入、营业成本、毛利率及同比增减情况。(上交所)
	上市公司应当披露公司采取的特定商业模式,以及不同模式下的销售收入及毛利率。 上市公司采取特定商业模式的,包括但不限于与医院合作共建大型医疗设备、体外诊断试剂与仪器闭环销售、设备投放耗材盈利、销售产品同时提供融资租赁服务、与医院收费分成等,应当详细说明该商业模式的特征。(深交所)
风险因素	上市公司应当结合行业特点和自身经营模式,披露可能对公司未来发展战略和经营目标的实现产生不利影响的风险因素,包括医疗器械行业相关的政策调整风险、产品研发风险、产品质量与责任风险、海外销售风险、汇率波动风险等。 上市公司披露的风险因素应当充分、准确、具体,并进行实质分析,说明对公司当期及未来经营业绩的影响,以及公司已经或计划采取的措施及效果。 报告期内上市公司经营模式或市场环境发生重大变化的,上市公司应当对新增风险因素及其产生的原因、对公司的影响、拟采取的应对措施等进行分析。(上交所)
具体会计政策	上市公司应当在年度报告、半年度报告中明确对医疗器械研发、临床试验和注册过程中所产生费用的会计政策并予以披露,明确在不同销售模式下对销售收入的会计确认政策并予以披露。(深交所)

【例】上市公司年报披露节选

序号	项目名称	注册分类	临床用途	注册所处阶段	进展情况
1	微调式注射笔	二类医疗器械	用于胰岛素、多肽制剂注射	注册阶段	已获批
2	急救笔	二类医疗器械	肾上腺素、阿托品等急救类用药	注册阶段	注册样品提交中
3	新型溶药器	二类医疗器械	粉针剂溶药转移	研究设计阶段	注册样品制作中

【提示】

医疗器械行业是一个多学科交叉、知识密集、资金密集的技术产业,因其产品应用于医疗服务，因此在研发、生产、销售环节也均受到严格的政策和市场监管。上市公司在研项目申请注册进展、注册分类、临床用途将对其未来发展产生影响，在年报中应做好披露。

二十三、

（一）适用的指引

上交所《上市公司行业信息披露指引第二十四号——食品制造》

（二）年报披露要求

食品制造行业上市公司年报一般要求披露行业宏观、客户市场、关键资源、关键流程等相关内容，具体如表 3-3-102 至表 3-3-105 所示。

表 3-3-102　行业宏观

要点	具体内容
宏观经济政策	上市公司应当披露报告期内对所在食品制造业细分行业具有重大影响的宏观经济政策形势、产业规范、行业政策、国家及地方税收政策、进出口政策、食品安全政策、环保政策等外部因素的变化情况，并说明对公司当期和未来发展的具体影响，以及公司已经或计划采取的应对措施。
行业发展状况	上市公司应当结合宏观经济数据与行业指标，披露所在细分行业的发展状况、行业周期特点、市场竞争格局等信息。

表 3-3-103　客户市场

要点	具体内容
行业地位	上市公司应当结合业务规模、经营区域、产品类别和特点、供求关系等情况，披露公司市场地位、所占市场份额、竞争优势和劣势，分析报告期内公司经营情况与所在细分行业发展状况是否匹配。 上市公司引用第三方数据的，应当保证引用内容充分可靠、客观权威，并披露数据来源。
产品状况	上市公司应当披露以下产品情况： (1) 产品类别及其划分标准、主要代表品牌。 (2) 公司品牌运营情况，包括品牌定位、目标客户群体、行业竞争格局、营销网络和主要销售区域。 (3) 主要细分产品的产量、销量、库存量、销售收入及同比变动情况，前述数据同比变动 30% 以上的，应当披露具体原因、产生的影响及公司拟采取的应对措施。

续表

要点	具体内容
主营业务构成情况	上市公司应当结合行业特点和自身经营模式,披露报告期内以下主营业务构成情况: (1) 按照产品分项披露的营业收入、营业成本、毛利率及同比变动情况,毛利率同比变动5个百分点以上的,应当披露变化原因。 (2) 按照销售渠道分项披露的营业收入、营业成本、毛利率及同比变动情况,毛利率同比变动5个百分点以上的,应当披露变化原因。 (3) 按照地区分部分项披露的营业收入、营业成本、毛利率及同比变动情况,毛利率同比变动5个百分点以上的,应当披露变化原因。 (4) 公司应当披露原材料成本、人工成本和制造费用等成本构成情况。成本构成因素同比变动20%以上的,公司应当披露具体原因、影响程度和应对措施。 上市公司可以结合自身经营特点,采用其他分类标准分析披露主营业务收入构成的经营信息,并保持披露的持续性和一致性。
销售费用情况	上市公司应当结合行业特点、自身经营销售模式、渠道管理特点,披露报告期内以下销售费用情况: (1) 销售费用的具体构成和比重、销售费用总额和占当期营业收入比例。销售费用同比变动30%以上的,应当披露变化原因。 (2) 广告宣传费用同比变动30%以上的,应当披露具体构成和各项费用比重,包括全国性、地区性广告费用金额及比重。 (3) 营销或促销费用同比变动30%以上的,应当披露促销政策变化原因。 (4) 运输或仓储费用同比变动30%以上的,应当披露具体原因。

表 3-3-104　关键资源

要点	具体内容
产能状况	上市公司应当披露产能与开工情况,包括设计产能、实际产能、在建产能及投资建设等情况。公司还应当结合市场供求变化,披露产能实现对公司的影响。

表 3-3-105　关键流程

要点	具体内容
研发投入信息	上市公司应当披露报告期内公司下列研发投入信息: (1) 公司研发的会计政策,研究阶段和开发阶段的划分标准,开发阶段有关支出资本化的具体条件,以及与研发相关的无形资产确认、计量的具体会计政策。 (2) 公司研发投入情况,包括研发投入总额、研发投入费用化与资本化金额。 (3) 研发人员数量及学历结构。 (4) 主要专利及其生产应用情况。

续表

要点	具体内容
经营模式	上市公司应当披露公司经营模式,重点分析公司主要产品、生产模式、采购模式、销售模式等要素,并披露公司在原材料采购、生产工艺流程、品牌经营、渠道管理及促销等方面的运作策略和方式。公司存在多种经营模式的,应当分别披露相应信息。 报告期内发生调整的,上市公司应当披露调整的原因,并分析新模式的特点、优劣势和风险。
采购模式	上市公司应当披露采购模式的具体内容,包括但不限于自产供应模式、市场采购模式等,并披露不同模式下的采购金额与占比,以及同比变动情况。同比变动30%以上的,应当披露变化原因。 报告期内主要原材料价格同比变动30%以上的,上市公司应当披露具体原因,并量化分析对公司营业成本的影响,以及拟采取的应对措施。
销售模式	上市公司应当披露销售模式的具体内容,包括直销模式、分销模式等,并披露不同模式下的营业收入、营业成本、毛利率及同比变动情况。同比变动30%以上的,还应当披露变化原因。 上市公司涉及经销商销售的,应当按照不同管理片区分类披露报告期内经销商数量、结算方式及存续情况,包括增加和减少的经销商个数、增加和减少的经销商当年度及上一会计年度销售收入。经销商数量同比变动30%以上的,应当披露变化原因。公司可以披露经销商管理情况,包括销售目标管理、库存管理、销售价格管理、渠道管理、培训管理、考核管理等。 上市公司涉及实体门店销售终端的,应当按照直营店、加盟店以及其他更为符合公司实际经营特点的门店类型,分类披露门店分布、变动和店效情况,包括报告期内各品牌门店的数量、类型及所占比例、报告期内门店增减情况、报告期内连续开业12个月以上门店的平均营业收入增长情况及开关店计划等。实体门店销售营业收入占当期营业收入总额10%以下的,可以免于披露上述信息。 上市公司有线上销售渠道的,应当披露主要线上销售平台以及报告期内线上销售产品的产品类别、营业收入、毛利率及同比变动情况,并披露公司未来线上经营战略。 线上销售渠道的营业收入占当期营业收入总额10%以下的上市公司,可以免于披露上述信息。
食品安全情况	上市公司应当披露以下食品安全情况: (1) 公司根据国家相关法律法规、部门规章或其他规范性文件所建立的食品安全管理制度。 (2) 与食品安全相关的人员配置、资金投入及其使用情况。 (3) 报告期内发生的特别重大食品安全事故、重大食品安全事故或其他影响正常生产经营的食品安全事件,具体分析并披露对公司当期及未来发展的影响,以及公司已采取或拟采取的整改措施。
具体会计政策	上市公司应当在企业会计准则原则性规定的基础上,披露以下行业具体会计政策和财务信息: (1) 依据公司自身经营特点,在财务报表附注中披露不同销售模式下的收入确认会计政策。 (2) 应收账款的账龄结构、应收账款金额前五名的合计金额及比例。 (3) 主要存货的期末余额和各库龄跌价准备的计提情况。

续表

要点	具体内容
风险因素	上市公司应当结合行业特点和自身经营模式,披露可能对公司未来发展战略和经营目标的实现产生不利影响的风险因素,包括食品安全风险、行业竞争风险、原材料价格波动风险、安全生产与环保风险等。 上市公司披露的风险因素应当充分、准确、具体,并进行实质分析,说明对公司当期及未来经营业绩的影响,以及公司已经或计划采取的措施及效果。 报告期内上市公司经营模式或市场环境发生重大变化的,上市公司应当对新增风险因素及其产生的原因、对公司的影响、拟采取的应对措施等进行分析。

【例】上市公司年报披露节选

食品行业经营性信息分析

报告期内主营业务构成情况

单位:元　币种:人民币

报告期内主营业务按产品分项分						
产品分项	营业收入	营业成本	毛利率	营业收入比上年增减	营业成本比上年增减	毛利率比上年增减
液体乳	65 678 886 360.81	42 552 518 344.81	35.21%	17.78%	17.69%	0.04%
奶粉及奶制品	8 044 611 247.27	3 638 129 996.17	54.78%	25.14%	22.91%	0.83%
冷饮产品	4 997 062 521.88	2 745 225 347.72	45.06%	8.49%	4.71%	1.98%
小计	78 720 560 129.96	48 935 873 688.70	37.84%	17.84%	17.25%	0.32%

单位:元　币种:人民币

报告期内主营业务按销售模式分						
销售模式	营业收入	营业成本	毛利率	营业收入比上年增减	营业成本比上年增减	毛利率比上年增减
经销	76 102 621 923.22	47 525 821 418.05	37.55%	17.83%	17.38%	0.24%
直营	2 617 938 206.74	1 410 052 270.65	46.14%	18.35%	13.08%	2.51%
小计	78 720 560 129.96	48 935 873 688.70	37.84%	17.84%	17.25%	0.32%

单位:元 币种:人民币

报告期内主营业务按地区分部分						
地区分部	营业收入	营业成本	毛利率	营业收入比上年增减	营业成本比上年增减	毛利率比上年增减
华北	23 850 999 901.97	15 080 985 683.58	36.77%	18.58%	21.35%	-1.44%
华南	21 274 457 522.29	13 417 024 521.90	36.93%	15.01%	14.39%	0.34%
其他	33 595 102 705.70	20 437 863 483.22	39.16%	19.18%	16.26%	1.52%
小计	78 720 560 129.96	48 935 873 688.70	37.84%	17.84%	17.25%	0.32%

【提示】

根据格式指引的要求,上市公司应当结合行业特点和自身经营模式,按照产品类型、销售模式、销售区域等其他分类标准分析披露主营业务收入构成的经营信息,并保持披露的持续性和一致性。在本例中,该公司按照格式指引的要求按照分产品、分渠道、分地区,披露了营业收入、营业成本、毛利率及同比变动情况,形式清晰,符合行业指引的要求,有助于投资者更好地了解上市公司业务信息。

二十四、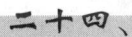

(一)适用的指引

上交所《上市公司行业信息披露指引第二十五号——黄金珠宝饰品》(黄金珠宝饰品相关业务是指从事贵金属、珠宝饰品的设计、研发、采购、生产及销售业务)

深交所《行业信息披露指引第11号——上市公司从事珠宝相关业务》

(二)年报披露要求

黄金珠宝饰品行业上市公司年报一般要求披露行业宏观、客户市场、关键资源、关键流程等相关内容,具体如表3-3-106至表3-3-109所示。

表 3-3-106 行业宏观

要点	具体内容
宏观经济政策	上市公司应当披露报告期内对黄金珠宝业具有重大影响的宏观经济政策形势、产业规范、行业政策、国家及地方税收政策等外部因素的变化情况,并说明对公司当期和未来发展的具体影响,以及公司已经或计划采取的应对措施。(上交所)
行业发展状况	上市公司应当结合宏观经济数据与行业指标说明行业发展状况。(上交所、深交所)

表 3-3-107　客户市场

要点	具体内容
行业地位	上市公司应当结合宏观经济数据与行业指标披露公司经营情况与行业发展是否匹配，公司经营情况与行业发展存在较大差异的，应当分析原因。 上市公司应当披露公司所在细分行业或地区的市场竞争状况、公司的市场地位及竞争优劣势等情况。（上交所、深交所）
实体经营门店的经营情况	在披露报告期内实体经营门店的经营情况时，上市公司应当详细披露以下内容： （1）营业收入前十名的直营、专营门店的地址、开业日期、建筑面积、物业权属、营业收入、客单价及营业收入和客单价的上年同期可比数据，同比变化30%以上的，应说明变化原因。 （2）上市公司从事黄金珠宝饰品零售业务的，应当按地区披露报告期内新增及关闭门店的数量。鼓励上市公司披露下一年度的新增及关闭门店的计划。（上交所）
	在披露报告期内实体经营门店的经营情况时，上市公司应当详细披露以下内容： （1）营业收入排名前10名的直营门店的名称、地址、营业收入、营业成本、营业利润等。 （2）按地区披露，报告期内上市公司新增及关闭门店的概况，包括新增及关闭门店的数量，新增直营门店的应披露报告期内营业收入金额，关闭直营门店的应披露最近一年又一期营业收入金额。鼓励上市公司披露下一年度的新增及关闭门店的计划。（深交所）
线上销售的经营情况	在披露报告期内线上销售的经营情况时，上市公司应当详细披露以下内容： （1）主要线上销售平台以及报告期内线上销售产品的产品类别、交易额、营业收入、毛利率、退货金额及同比变化情况，并说明退货的主要原因。上市公司自建线上销售平台的，还应当披露注册用户数量、注册用户人均消费金额。 （2）线上销售渠道的营业收入占当期营业收入总额10%以下的，可以免于披露上述信息。（上交所）
	在披露报告期内线上销售的经营情况时，上市公司应当详细披露以下内容： （1）报告期内，线上销售的概况，包括自建销售平台及第三方销售平台的交易额、营业收入；自建销售平台的注册用户数量、注册用户人均消费金额。 （2）线上销售占公司营业收入5%以下的，可只披露自建销售平台及第三方销售平台的营业收入与占比。 鼓励上市公司披露线上销售的退回情况。（深交所）
品牌运营模式	上市公司应当披露自身品牌运营模式相关的以下内容： （1）公司品牌定位、目标客户群体、行业竞争格局、营销网络和主要销售区域。 （2）公司市场推广费、广告费、销售渠道费用等销售费用的开支及比重情况，各项销售费用同比变化30%以上的，应当披露变化原因。（上交所）

表 3-3-108　关键资源

要点	具体内容
存货情况	在披露黄金珠宝饰品存货情况时，上市公司应当披露以下内容： （1）报告期末，原材料、在产品、库存商品、在途物资等存货项目中，黄金珠宝饰品存货金额、库龄分布及变化。 （2）报告期内，各黄金珠宝饰品品种数量情况，包括采购量、生产量、销售量及同比变化情况，同比变化30%以上的，应当披露变化原因。 （3）报告期末，存货余额增长率与销售收入及产品成本增长率是否匹配，上述匹配关系发生重大变化的，应当结合生产模式、销售模式、销售周期等因素，分析说明存货余额变动的具体原因。 （4）报告期内，公司进行商品期货套期保值、远期协议等以规避商品价格风险为目的的金融衍生品交易的，应当披露交易的具体情况，包括初始投资成本、资金来源、购入或售出、投资收益及公允价值变动，以及对当期损益的影响等。（上交所）
	在披露报告期内的存货情况时，上市公司应当详细披露以下内容： （1）报告期内，原材料、在产品、库存商品、在途物资等存货项目中，各存货类型的分布情况，包括但不限于黄金（产品）、铂金（产品）、K金（产品）、白银（产品）、钻石（产品）等。 （2）报告期内，如公司进行以规避商品价格风险为目的的金融衍生品交易，包括但不限于商品期货套期保值、远期协议等，应当披露交易的具体情况，包括初始投资成本、资金来源、报告期内购入或售出及投资收益情况、公允价值变动情况等。（深交所）

表 3-3-109　关键流程

要点	具体内容
经营模式	上市公司在披露报告期内主要经营情况时，上市公司应当披露以下内容： （1）主要销售模式的相关信息，包括经销、直营、专营、联营、加盟、批发等，不同模式下的门店分布、营业收入、营业成本、毛利率、客单价及同比变化情况。 （2）主要生产模式的相关信息，包括自产、委托加工、外购半成品等，公司采用其中两种及以上生产模式的，应当披露每种模式的生产量、占比及同比变化情况。 （3）主要采购模式的相关信息，包括现货交易、延期交易、租赁业务等，不同模式下的采购量、采购金额、占比及同比变化情况。 报告期内公司经营模式发生重大调整的，上市公司应当披露调整的原因，并分析新模式的特点、优劣势和风险。（上交所）
	在披露报告期内主要经营情况时，上市公司应当详细披露以下内容： （1）主要销售模式的具体内容，包括但不限于经销、直营、专营、联营、加盟、批发等，不同模式下的营业收入、营业成本与毛利率，以及特有风险和模式变化情况。 （2）主要生产模式的具体内容，包括但不限于自产、委托加工、外购半成品等，如公司采用其中两种及以上生产模式的，应当披露每种模式的生产量与占比，以及特有风险和模式变化情况。 （3）主要采购模式的具体内容，包括但不限于现货交易、延期交易、租赁业务等，不同模式下的采购量、采购金额与占比，以及特有风险和模式变化情况。（深交所）

续表

要点	具体内容
风险因素	上市公司应当结合行业特点和自身经营模式,披露可能对公司未来发展战略和经营目标的实现产生不利影响的风险因素,包括黄金珠宝饰品业务相关的委外生产风险、供应商和渠道依赖风险、价格波动风险、上下游占款风险等。 报告期内上市公司经营模式或市场环境发生重大变化的,上市公司应当对新增风险因素及其产生的原因、对公司的影响、拟采取的应对措施等进行分析。(上交所) 上市公司应当结合公司业务特点,具体分析并披露对公司有重大影响的各类风险,如原材料价格波动、黄金交易业务风险、存货余额较大的风险等,以及已经或计划采取的应对措施。(深交所)
财务信息	上市公司根据《公开发行证券的公司信息披露编报规则第 15 号——财务报告的一般规定》披露财务报告附注时,应当同时按照下列要求履行信息披露义务: (1)依据公司自身经营特点,在财务报表附注中细化披露不同销售模式下的收入结算方式、确认时点和确认方式等会计政策,以及退货、以旧换新等特殊业务的会计处理。 (2)依据公司自身经营特点,披露存货计价方法、存货成本结转方法、存货跌价准备的计提情况,以及进行金融衍生品交易的会计政策与会计估计。(上交所、深交所)
研发投入信息	上市公司应当披露报告期内研发设计情况: (1)公司研发的会计政策,研究阶段和开发阶段的划分标准,开发阶段有关支出资本化的具体条件,以及与研发相关的无形资产确认、计量的具体会计政策等。 (2)公司研发投入情况,包括研发投入总额、主要研发项目、研发投入费用化和资本化的金额。(上交所)

【例】上市公司年报披露节选

黄金珠宝饰品行业经营性信息分析

1. 报告期内不同销售模式相关信息

单位:元 币种:人民币

销售模式	本年度				上年度			
	营业收入	营业成本	毛利率	客单价	营业收入	营业成本	毛利率	客单价
直营	3 524 893 149.30	2 782 515 640.94	21.06%	3 297.11	3 178 251 006.29	2 510 686 158.05	21.00%	2 866.66
批发	30 278 257 001.55	27 586 069 850.85	8.89%	—	26 422 056 458.56	23 950 603 344.12	9.35%	—
合计	33 803 150 150.85	30 368 585 491.81	10.16%	—	29 600 307 464.85	26 461 289 502.17	10.60%	—

2. 报告期内不同生产模式相关信息

(1) 黄金。

生产模式	本年度		上年度	
	生产量(克)	占比	生产量(克)	占比
自产	42 916 873.41	35.09%	35 385 971.69	37.14%
委托加工	79 394 462.62	64.91%	59 889 934.80	62.86%
合计	122 311 336.03	100.00%	95 275 906.49	100.00%

(2) 镶嵌。

生产模式	本年度		上年度	
	生产量(件)	占比	生产量(件)	占比
自产	567 896.00	52.47%	433 503.00	44.92%
委托加工	514 519.00	47.53%	531 484.00	55.08%
外购半成品				
合计	1 082 415.00	100.00%	964 987.00	100.00%

(3) 报告期内不同采购模式相关信息。

单位:元 币种:人民币

采购模式	本年度			上年度		
	采购量(克)	采购金额	占比	采购量(克)	采购金额	占比
现货交易	151 543 474.44	35 599 345 200.02	95.45%	124 776 480.56	29 707 854 605.21	95.20%
延期交易	0.00	0.00	0.00	0.00	0.00	0.00
租赁业务	7 314 000.00	1 697 014 150.36	4.55%	6 329 000.00	1 498 592 431.21	4.80%
合计	158 857 474.44	37 296 359 350.38	100.00%	131 105 480.56	31 206 447 036.42	100.00%

【提示】

黄金种类有多样性,黄金行业上市公司在销售、生产、采购等环节都有各自的特点。因此,按照信息披露指引,上市公司需要详细披露公司不同销售模式、生产模式以及不同采购模式的相关数据,以使投资者更好地了解公司的经营效率和盈利能力。

二十五、

（一）适用的指引

上交所《上市公司行业信息披露指引第二十六号——影视》（影视相关业务是指从事电影、电视剧及其他类型影视作品制作、电影发行、电影放映业务。）

深交所《创业板行业信息披露指引第 1 号——上市公司从事影视业务》

（二）年报披露要求

影视行业上市公司年报一般要求披露行业宏观、客户市场、关键资源、战略规划、关键流程等相关内容，具体如表 3-3-110 至表 3-3-114 所示。

表 3-3-110 行业宏观

要点	具体内容
宏观经济环境	上市公司应当披露报告期内对影视行业具有重大影响的宏观经济政策形势、产业规范、行业政策、国家及地方税收政策、新兴业态等外部因素的变化情况，并说明其对公司当期和未来发展的具体影响，以及公司已经或计划采取的应对措施。（上交所）
行业发展状况	上市公司应当按照主营业务所属细分行业，披露行业发展状况： (1) 从事电影制作或发行业务的，应当披露报告期内国内电影市场票房、国产片票房、进口片票房、国内电影观影人次。 (2) 从事电视剧及其他类型影视作品制作业务的，应当披露报告期内电视剧行业总制作部数和集数。 (3) 从事电影放映业务的，应当披露报告期内国内电影市场票房、国内电影观影人次、国内影院数量、国内银幕数量。（上交所）

表 3-3-111 客户市场

要点	具体内容
行业地位	上市公司应当按照主营业务所属细分行业，披露公司的地位以及公司竞争优劣等信息： (1) 从事电影制作或发行业务的，应当披露报告期内公司制作或发行电影的票房及其市场占有率。 (2) 从事电视剧及其他类型影视作品制作业务的，应当披露报告期内公司制作电视剧部数和集数及市场占有率。 (3) 从事电影放映业务的，应当披露报告期内公司影院实现票房、公司影院实现观影人次、公司票房市场占有率。（上交所）

续表

要点	具体内容
各业务收入情况	上市公司应当按照电影、电视剧及其他类型影视作品制作、电影发行、电影放映等主要业务分类，披露各业务收入： （1）从事电影、电视剧及其他类型影视作品制作业务的，应当披露报告期内公司主营业务收入前五名的电影、电视剧及其他类型影视作品的名称、发行或上映档期、主要合作方、合作方式（主投主控或参投）、主要演职人员、电视剧播放电视台及新媒体渠道，以及前述作品的合计制作收入金额，包括票房分账收入、网络播放权许可收入、版权销售收入、相关衍生收入。 （2）从事电影发行业务的，应当披露报告期内公司主营业务收入前五名的电影作品的名称、发行或者上映档期、发行模式（主发行方或协助发行方）、主要演职人员，以及前述作品的合计发行收入金额。 （3）从事电影放映业务的，应当披露报告期内院线发行收入和影院放映收入，并分别披露直营影院与加盟影院的数量、荧幕数量、票房、观影人次及放映收入等。（上交所）
	在年度报告中披露报告期内收入情况时，上市公司应当按所处产业链环节详细披露： （1）从事电影、电视剧及其他类型影视作品制作或发行业务且收入占公司同期主营业务收入10%以上的，上市公司应当披露制作或发行收入占公司主营业务收入前五名的电影、电视剧及其他类型影视作品的名称、合作方、合作方式（主投或参投/主发行或联合发行等）、主要演职人员、放映渠道、合计收入金额及占公司同期主营业务收入的比例。前述合计收入包括票房分账收入、发行收入、网络播放权许可收入、版权销售收入、相关衍生收入等。 （2）从事电影放映业务且收入占公司同期主营业务收入10%以上的，上市公司应当披露影院放映收入、直营影院与加盟影院数量及其变动、屏幕数量及其变动、观影人次等。（深交所）
经营情况	上市公司应当披露公司报告期内经营情况，并回顾前一年度经营计划在报告期内的进展，对未达计划目标的情况，应当说明原因： （1）从事电影、电视剧及其他类型影视作品制作业务的，应当披露报告期内公司拍摄电影、电视剧及其他类型影视作品的实际情况和许可资质的取得情况，与上一年度计划存在显著差异的，应当说明原因。 （2）从事电影发行业务的，应当披露报告期内公司发行电影的实际情况。 （3）从事电影放映业务的，应当披露报告期内公司实际新建和关停影院及银幕的数量、新建和关停影院的区域分布等，实施情况与上一年度计划存在显著差异的，应当说明原因。（上交所）
	在披露报告期内主要经营情况时，上市公司应当详细披露报告期内拍摄电影、电视剧及其他类型影视作品的名称、实际进展情况、发行或放映档期、放映渠道和许可资质的取得情况，如与计划情况存在重大差异的，应当说明原因。（深交所）

续表

要点	具体内容
影院放映相关的卖品业务、广告业务	从事与影院放映相关的卖品业务、广告业务的,上市公司应当披露相关业务经营模式、营业收入、单人次卖品收入贡献、单人次广告收入贡献,与上一年度存在重大变化的,应当说明原因。 与影院放映相关的卖品业务和广告业务收入合计占当期营业收入总额10%以下的上市公司,可免于披露上述信息。(上交所)

表 3-3-112 关键资源

要点	具体内容
业务成本情况	上市公司应当按照电影、电视剧及其他类型影视作品制作、电影发行、电影放映等主要业务分类,披露各业务成本: (1)从事电影、电视剧及其他类型影视作品制作业务的,应当披露报告期内公司主营业务收入前五名的电影、电视剧及其他类型影视作品的合计制作成本金额。 (2)从事电影发行业务的,应当披露报告期内公司主营业务收入前五名的电影作品的合计发行成本金额,鼓励按照人员成本、材料成本、营销成本等进行分项披露。 (3)从事电影放映业务的,应当披露报告期内院线发行成本和影院放映成本,鼓励披露分账成本、租赁成本、人力成本、折旧与摊销等。(上交所)
应收账款	上市公司从事电影、电视剧及其他类型影视作品制作业务的,应当披露应收账款前五名项目的作品名称、前述作品的合计应收账款金额等。(上交所)
存货情况	上市公司从事电影、电视剧及其他类型影视作品制作业务的,应当披露存货前五名项目的作品名称、开机时间、项目状态、存货金额,并披露已关机满6个月的电影、电视剧及其他类型影视作品的名称、存货金额及未实现销售原因。(上交所)
	在披露公司财务报表项目附注时,上市公司应当详细披露报告期末存货余额前五名的电影、电视剧及其他类型影视作品的名称、开机时间、拍摄或者制作进度、合计账面余额及其占公司全部存货余额的比例。(深交所)
竞争能力	在年度报告中分析公司竞争能力时,上市公司应当详细披露对公司核心竞争能力有重大影响的演职人员(包括制片人、导演、演员)的变动情况,以及前述变动对公司经营的影响。(深交所)
许可资质	在披露报告期内主要经营情况时,上市公司应当详细披露报告期内拍摄电影、电视剧及其他类型影视作品的名称、实际进展情况、发行或放映档期、放映渠道和许可资质的取得情况,如与计划情况存在重大差异的,应当说明原因。(深交所)

表 3-3-113　战略规划

要点	具体内容
经营计划	上市公司应当披露公司经营计划及其相较本年度的变化情况： (1) 从事电影、电视剧及其他类型影视作品制作业务的，上市公司应当披露下一年度公司新增和取消的电影、电视剧及其他类型影视作品的拍摄计划，包括开拍时间（如确定）、预计发行或者上映档期（如确定）、合作方及合作方式（如确定）、拍摄或制作进度、主要演职人员（如签约）及许可资质取得情况。 (2) 从事电影放映业务的，上市公司应当披露下一年度公司预计新建和关停影院及银幕的数量、新建和关停影院的区域分布等。 上市公司应当对公司经营计划不构成业务承诺进行说明，并充分提示风险。（上交所）
	在定期报告中披露未来经营计划时，上市公司应当详细披露下一季度公司新增和取消的电影、电视剧及其他类型影视作品的拍摄计划，包括开拍时间（如确定）、预计发行或者上映档期（如确定）、合作方及合作方式（如确定）、拍摄或者制作进度、主要演职人员（如签约）。（深交所）

表 3-3-114　关键流程

要点	具体内容
经营模式	上市公司应当披露公司经营模式，重点分析公司所在的产业链位置、业务范围、盈利模式等要素，并结合产业链各环节的特点，具体分析公司经营模式的核心竞争力、可能存在的风险及其防范措施。（上交所）
风险因素	上市公司应当结合行业特点和自身经营模式，披露可能对公司未来发展战略和经营目标的实现产生不利影响的风险因素，包括政策监管风险、市场竞争风险、作品适销性风险、影院物业租赁风险、人才流动风险等。 上市公司披露的风险因素应当充分、准确、具体，并进行实质分析，说明对公司当期及未来经营业绩的影响，以及公司已经或计划采取的措施及效果。 报告期内上市公司经营模式或市场环境发生重大变化的，上市公司应当对新增风险因素及其产生的原因、对公司的影响、拟采取的应对措施等进行分析。（上交所）
会计政策	上市公司应当披露收入和成本确认的具体方法，采用计划收入比例法的，应当说明具体的计算原则和方法。（上交所）
	在披露财务报告附注时，上市公司应当同时按照下列要求履行信息披露义务： 在披露公司主要会计政策和会计估计时，应当详细披露公司电影、电视剧及其他类型影视作品制作、发行和分销业务收入确认和成本结转的具体方法，如果采用"计划收入比例法"的，应当说明具体的计算原则和方法。（深交所）

【例】上市公司年报披露节选

1. 影视作品制作情况

(1) 报告期内，公司制片制作主营业务收入前五名的电影、电视剧及其他类型影视作品情况如下：

单位：万元　币种：人民币

序号	作品名称	发行或上映档期	主要合作方	合作方式	主要演职人员	播放渠道
1	西游记女儿国	2018.2.16~2018.3.16	星皓影业有限公司	参投出品	导演：郑保瑞 主演：冯绍峰、小沈阳	全国影院
2	厉害了，我的国	2018.3.2~2018.6.3	中央电视台	主投出品	导演：卫铁	全国影院、部分视频平台
3	欧洲攻略	2018.8.17~2018.9.17	上海银润传媒广告有限公司、见天地电影工作室有限公司（英国）	参投出品	导演：马楚成 主演：梁朝伟、吴亦凡	全国影院、部分视频平台
4	长城	2016.12.16~2017.2.28	乐视影业（北京）有限公司、环球影城制片公司传奇影业公司、传奇影业公司	参投出品	导演：张艺谋 主演：马特·达蒙、景甜、佩德罗·帕斯卡、威廉·达福、张涵予、鹿晗、彭于晏、林更新、王俊凯等	海内外影院、部分视频平台
5	唐人街探案2	2018.2.16~2018.4.18	万达影视传媒有限公司、霍尔果斯骋亚影视文化传媒有限公司	参投出品	导演：陈思诚 主演：王宝强、刘昊然	全国影院、部分视频平台
	合计收入		34 302.11			
	合计成本		17 641.29			

注：影片《长城》为公司与乐视影业、传奇影业、环球影业四家公司共同投资拍摄。按照合同规定，该影片的收入结算是全球结算统一分账，即中国大陆地区和海外地区的收入确认后再进行统一结算。根据公司的会计政策，因该影片上映6个月后大陆地区已出具结算表，而海外发行收入回款周期较长，公司2017年依据该片在国内取得的票房收入及海外地区提供的预结算表按比例预估取得收入并确认影片成本。2018年，根据取得四方确认的最新全球分账结算表，公司确认并调整了该片的相关收入。

（2）截至报告期末，公司应收账款前五名的项目为《唐人街探案2》《战神纪》《极致追击》《王牌逗王牌》《空天猎》，上述五个项目的应收账款合计金额为11 954.20万元。

（3）截至报告期末，公司主导或参与出品的影视作品存货前5名情况如下：

单位:万元　币种:人民币

序号	作品名称	作品类型	开机时间	关机时间	项目状态
1	上海堡垒	电影	2017年9月	2017年12月	待上映
2	征途	电影	2018年5月	2018年8月	制作中
3	流浪地球	电影	2017年5月	—	2019年春节档已上映
4	百万雄师	电影	2018年7月	2018年10月	制作中
5	美人鱼2	电影	2018年3月	2018年6月	制作中
合计金额					30 793.47

注:影片《流浪地球》为2019年春节档上映,截至本报告期末(2018年12月31日)尚未上映,列为影视作品存货。

2. 影视作品发行情况

报告期内,公司发行业务收入前5名的影视作品情况如下:

单位:万元　币种:人民币

序号	作品名称	发行或上映档期	发行模式	主要演职人员
1	复仇者联盟3:无限战争	2018.5.11~2018.7.9	联合发行	导演:安东尼·罗素·乔·罗素 主演:小罗伯特·唐尼、克里斯·海姆斯沃斯、克里斯·埃文斯、乔什·布洛林、查德维克·博斯曼、马克·鲁法洛、汤姆·赫兰德、斯嘉丽·约翰逊、本尼迪克特·康伯巴奇、汤姆·希德勒斯顿等
2	侏罗纪世界2	2018.6.15~2018.8.14	联合发行	导演:胡安·安东尼奥·巴亚纳 主演:克里斯·帕拉特、布莱丝·达拉斯·霍华德、杰夫·高布伦
3	毒液:致命守护者	2018.11.9~2019.1.9	联合发行	导演:鲁本·弗雷斯彻 主演:汤姆·哈迪、米歇尔·威廉姆斯、里兹·阿迈德
4	碟中谍6:全面瓦解	2018.8.31~2018.9.30	联合发行	导演:克里斯托夫·迈考利 主演:汤姆·克鲁斯、丽贝卡·弗格森、亨利·卡维尔、西蒙·佩吉
5	海王	2018.12.7~2019.1.6	联合发行	导演:温子仁 主演:杰森·莫玛、艾梅柏·希尔德、帕特里克·威尔森、妮可·基德曼
合计收入				157 890.97
合计成本				129 271.29

3. 影院放映情况

单位:万元　币种:人民币

影院类型	影院数量	荧幕数量	票房	观影人次	放映收入
直营	131	952	158 904.05	4 864.78	150 314.19
加盟	2 702	16 406	1 500 847.52	42 918.66	—

【提示】

在本例中,该上市公司的业务范围包括影视影片制作、电影发行营销、电影放映以及影视服务,影视作品是该上市公司主要收入和利润来源。因此,公司按照格式指引详细披露了影视作品制作和影视作品发行占收入前五名的作品,同时公司也披露了前五名存货的数据,可以让投资者更全面的了解公司当前的业务资源。

二十六、

(一) 适用的指引

上交所《上市公司行业信息披露指引第二十七号——家具制造》

(二) 年报披露要求

家具制造行业上市公司年报一般要求披露行业宏观、客户市场、关键资源、关键流程等相关内容,具体如表3-3-115至表3-3-118所示。

表 3-3-115　行业宏观

要点	具体内容
宏观经济政策	上市公司应当披露报告期内对所属细分行业具有重大影响的宏观经济政策形势、产业规范、行业政策、居民收入水平、房地产行业景气度、进出口政策、汇率、境内外市场环境等外部因素的变化情况,并说明对公司当期和未来发展的具体影响,以及公司已经或计划采取的应对措施。
行业发展状况	上市公司应当披露家具制造业的发展状况,并结合业务规模、经营区域、产品类别和特点、竞争对手情况,披露所在细分行业或区域的市场竞争格局、发展趋势。

表 3-3-116　客户市场

要点	具体内容
行业地位	上市公司应当结合行业发展状况分析报告期内公司经营情况与行业发展是否一致。上市公司应当结合业务规模、经营区域、产品类别和特点、竞争对手情况,披露公司市场地位、竞争优势及劣势等。

续表

要点	具体内容
收入利润情况	上市公司应当按行业特点和自身经营模式,披露报告期内以下主营业务收入和主营业务利润的构成情况: (1) 按主要产品类别披露营业收入、营业成本、毛利率及同比增减情况,毛利率同比变动5个百分点以上的,应当披露变化原因。 (2) 按主要品牌和非品牌披露营业收入、营业成本、毛利率及同比增减情况,毛利率同比变动5个百分点以上的,应当披露变化原因。 (3) 按销售渠道披露营业收入、营业成本、毛利率及同比增减情况,毛利率同比变动5个百分点以上的,应当披露变化原因。 (4) 按主要区域和城市层级披露营业收入、同比增减、所占比例情况,境外营业收入占比10%以上的,应当按大洲分项披露。 上市公司可以根据自身经营特点,采用其他分类标准披露主营业务收入构成的经营信息,并保持信息披露的持续性和一致性。
品牌建设情况	上市公司销售品牌家具产品的,应当披露以下品牌建设情况: (1) 公司销售自有品牌的,应当披露核心品牌及其他品牌名称、商标名称、各品牌的主要产品类型、特点、目标客户群、主要产品价格带、主要销售区域和城市层级等。 (2) 公司销售合作品牌的,除按照本条第(1)项要求进行披露外,还应当披露品牌及商标权权属、合作方名称、合作方式和合作期限等。 (3) 公司销售被授权品牌的,除按照本条第(1)项要求进行披露外,还应当披露授权方、授权期限、是否为独家授权等情况。 (4) 公司从事品牌营销的,应当披露各品牌的销售模式、营销战略、报告期内的主要市场推广活动等。 品牌家具的营业收入占当期营业总收入10%以下的上市公司,可免于披露上述信息。
实体经营门店的经营情况	上市公司有实体门店销售终端的,应当按照直营店、经销店以及其他更为符合公司实际经营特点的门店类型,分类披露以下情况: (1) 实体门店分布情况,包括按主要区域和城市层级披露的报告期内各品牌门店的数量和类型,公司按照其他更为符合公司实际经营特点的类别进行披露的,应当明确类别划分标准,并保持披露的持续性和一致性。 (2) 门店增减情况,包括报告期末各类型门店的数量与上年同期相比的增减情况、各类型门店总面积与上年同期相比的增减情况、报告期内新开门店的数量和类型、报告期末关闭门店的数量、类型和关闭原因。 (3) 开关店计划,包括门店开设、调整、优化计划和实施进展等。 (4) 门店渠道建设费用,包括直营门店租金、经销商补贴、人员培训及其他公司认为的费用。 门店渠道的营业收入占当期营业总收入10%以下的上市公司,可免于披露上述信息。

表 3-3-117 关键资源

要点	具体内容
成本情况	上市公司应当按行业特点和自身经营模式披露成本信息： （1）按照自产产品、外包生产、外购成品及其他来源等类别，披露产量或采购量、销量、营业成本。 （2）披露自产产品的原材料成本、人工成本和制造费用等成本构成情况，成本构成因素较上年变动30%以上的，公司应当结合宏观经济、行业发展和自身经营等情况，披露具体原因、影响程度、相应风险以及公司已经或计划采取的应对措施。 （3）披露自产产品原材料成本的具体构成情况，以及原材料采购模式、原材料存货安排等，对于成本占比最高的三项原材料，单个供应商的采购金额达到单项材料采购金额50%的，披露供应商集中的风险。
研发设计情况	上市公司应当披露公司的研发设计情况，包括研发设计人员数量、研发费用、专利技术、设计获奖情况等。
产能情况	上市公司应当披露公司的生产制造情况： （1）主要生产工厂及其建筑面积，并按产品类别披露实际产量、设计产能、产能利用率。 （2）在建产能及投资建设情况，并结合市场供求变化，披露产能实现的影响和调整计划。 （3）生产效率，包括人均产量、主要原材料利用率等，上市公司主要经营定制化整体家具的，还应当按产品类别披露从店面设计下单到生产发货的平均周期。
存货情况	上市公司主要经营成品家具的，应当披露以下存货相关情况： （1）报告期末的存货余额、存货周转天数及同比变化。 （2）按门店展示商品、门店存货、仓库存货、清仓存货等分类别披露存货余额。 （3）库存商品的库龄情况及相应的存货减值准备计提情况。

表 3-3-118 关键流程

要点	具体内容
经营模式	上市公司经营定制化整体家具或成品家具的，应当披露主要产品和经营模式，包括设计模式、采购模式、生产模式、销售模式等相关经营信息，重点分析公司所在的产业链位置、盈利模式、产品特色等要素。 公司定制化整体家具或成品家具的营业收入占当期营业总收入均为20%以上的，上市公司应当分别披露相应信息。 公司在报告期内调整经营模式的，上市公司应当披露调整的原因，并分析新模式的特点、优势和风险。
大宗业务	上市公司应当披露以下大宗业务相关情况： （1）主要销售模式及结算方式。 （2）客户拓展及维护情况。 （3）报告期内订单签订金额及同比变动。 （4）报告期内大宗业务相关应收账款余额、应收账款周转天数及同比变化，并说明信用政策是否发生重大变化。 大宗业务的营业收入占当期营业总收入10%以下的上市公司，可免于披露上述信息。

续表

要点	具体内容
重大外币业务	上市公司应当披露重大外币业务情况,包括外币业务种类、规模、当期汇率波动对公司汇兑损益的影响金额,以及应对措施。 境外业务的营业收入占当期营业总收入10%以下的上市公司,可免于披露上述信息。
具体会计政策	上市公司应当在企业会计准则原则性规定的基础上,依据公司自身经营特点,在财务报表附注中细化披露不同销售渠道下的销售结算方式和收入确认会计政策。
风险因素	上市公司应当结合行业特点和自身经营模式,披露可能对公司未来发展战略和经营目标的实现产生不利影响的风险因素,包括原材料价格波动风险、市场竞争加剧风险、人民币汇率波动风险等。 上市公司披露的风险因素应当充分、准确、具体,并进行实质分析,说明对公司当期及未来经营业绩的影响,以及公司已经或计划采取的措施及效果。 报告期内上市公司经营模式或市场环境发生重大变化的,上市公司应当对新增风险因素及其产生的原因、对公司的影响、拟采取的应对措施等进行分析。

【例】上市公司年报节选

家具制造行业经营性信息分析

1. 报告期内实体门店情况

单位:家

门店类型	上年末数量	本年度新开	本年度关闭	本年末数量
××橱柜	2 150	252	126	2 276
××衣柜	1 842	315	44	2 113
××卫浴	443	130	14	559
×××木门	634	216	25	825
×××家居定制	839	202	106	935

(1) 报告期店面及经销商信息情况。

单位:家

品类	2018年末经销商数量	2017年期末经销商数量	2018年末店面数量	2017年期末店面数量
××橱柜(含橱衣综合)	1 618	1 556	2 276	2 150
××衣柜(独立衣柜)	973	843	2 113	1 872
×××家居定制	892	808	935	839
××卫浴(独立卫浴)	488	368	559	443
×××木门	808	683	825	634

(2) 分级别店面及经销商信息情况。

单位：家

市场级别	××橱柜(含橱衣)		××衣柜(衣柜独立)		×××木门	
	经销商	门店	经销商	门店	经销商	门店
A	36	309	13	291	33	85
B	310	645	188	623	238	249
C	1 272	1 322	772	1 199	537	491
合计	1 618	2 276	973	2 113	808	825

单位：家

市场级别	××卫浴		×××家居定制	
	经销商	门店	经销商	门店
A	39	69	36	101
B	204	232	288	309
C	245	258	568	525
合计	488	559	892	935

(3) 分区域店面及经销商信息情况。

单位：家

区域	××橱柜(含橱衣)		××衣柜(衣柜独立)		×××木门	
	经销商	门店	经销商	门店	经销商	门店
华东	374	583	252	542	237	231
华中	330	415	223	386	171	164
华南	184	272	110	271	60	66
华北	212	321	109	271	117	132
西北	135	179	79	191	72	75
西南	258	338	151	317	90	94
东北	125	168	49	135	61	63
合计	1 618	2 276	973	2 113	808	825

单位:家

区域	××卫浴		×××家居定制	
	经销商	门店	经销商	门店
华东	132	154	228	245
华中	104	111	177	163
华南	46	53	104	107
华北	68	74	104	116
西北	31	33	58	57
西南	74	90	161	170
东北	33	44	60	77
合计	488	559	892	935

【提示】

行业指引要求有实体门店销售终端的上市公司,应当按照直营店、经销店以及其他更为符合公司实际经营特点的门店类型分类披露实体门店的分布、增减、开关店计划、门店渠道建设费用等情况。在本例中,该上市公司详细地披露了实体门店的分布情况,但未对未来的开关店计划、门店渠道建设费用进行说明。

二十七、

(一)适用的指引

上交所《上市公司行业信息披露指引第二十八号——有色金属》

(二)年报披露要求

有色金属行业上市公司年报一般要求披露行业宏观、客户市场、关键资源、战略规划、关键流程等相关内容,具体如表3-3-119至表3-3-123所示。

表3-3-119 行业宏观

要点	具体内容
宏观经济政策	上市公司应当披露报告期内对有色金属采选、冶炼及压延加工行业具有重大影响的宏观经济政策形势、生产者物价指数(PPI)、进出口政策、汇率波动、行业政策、产能调整政策、收储政策、环保政策、税费制度、下游需求以及新兴运营模式等外部因素的变化情况,并说明其对公司当期和未来发展的具体影响,以及公司已经或计划采取的应对措施。

表 3-3-120 客户市场

要点	具体内容
行业地位	上市公司应当结合行业发展状况和相关行业指标，披露公司或主要产品在行业或主要经营地区的所处地位、竞争优势，以及行业景气度对公司发展的影响。 上市公司应当结合自身业务经营模式，选取有针对性的相关行业指标，包括有色金属产量、资源储量与增长量、全球有色金属价格指数、产能利用率、三废循环利用率、矿产资源综合利用率、环保投入及占销售收入的比例、研发投入、市场或区域市场占有率及需求情况等。
经营信息	上市公司应当披露有色金属产品的产量及销售情况： （1）根据公司业务经营特点，分产品或分板块、分区域披露有色金属的产量、销量、平均销售价格、营业收入、营业成本、毛利率等主要经营数据，及其较前一年度的重大变动情况和变动原因等整体经营情况。 （2）披露公司独有产品、领先产品、新材料等优势品种的品名、用途、产量、销量、核心竞争力、主要客户群体、主要销售区域、营业收入及占比、毛利率（额）及其对应的下游行业发展状况等重要信息。 （3）对于具有投资属性的有色金属品种，披露政治因素与需求因素导致的市场价格波动情况，以及对保有资源储量价值的影响。 公司单一有色金属品种的营业收入或毛利额占公司营业总收入或总毛利额 10% 以下的上市公司，可免于披露上述信息。
电子商务业务	上市公司从事有色金属电子商务业务的，应当分别披露自建线上销售平台与外部线上销售平台的订单数、交易量、交易金额、营业收入、营业利润及各自在整体业务中的占比等情况。 线上营业收入或营业利润占公司营业收入或营业利润 10% 以下的上市公司，可免于披露交易金额、营业收入以外的其他信息。
有色金属贸易或贸易融资、供应链金融、保理或黄金租赁业务	上市公司从事有色金属贸易或贸易融资业务、供应链金融、保理或黄金租赁业务，且业务营业收入或营业利润占公司营业收入或营业利润 10% 以上或者该业务对公司日常经营产生重大影响的，应当结合主要经营模式，披露营业收入、毛利率、财务费用、票据承兑和贴现风险及抵押融资风险等情况。
有色金属期货业务	上市公司参与有色金属期货业务，且营业收入或营业利润占公司营业收入或营业利润 10% 以上或者对公司日常经营产生重大影响的，应当按照有色金属品种，分别披露公司报告期内参与有色金属期货套期保值的业务情况，包括套期保值总额与执行效果、保证金规模、主要业务风险及采取的风险控制措施等对公司套期保值效果产生重大影响的因素。

表 3-3-121　关键资源

要点	具体内容
矿山资源情况	上市公司拥有自有矿山的,应当披露矿山资源情况,包括公司矿产资源总量及主要矿区和主要品种有色金属的可采储量、品位、年产量、资源剩余可开采年限、许可证/采矿权有效期、复垦投入等,并披露相关资源储量的计算标准。
成本情况	上市公司应当披露下列因素变动对成本的影响: (1) 自有矿山、境内采购、境外进口矿石的总量占比,并结合运输费用、仓储情况、外汇波动等因素的变动情况,披露外购矿石对公司成本的影响。 (2) 结合节能降耗与资源再生利用,披露直供电政策、电价调整、煤炭价格波动等因素对能源消耗成本总量的影响。 (3) 披露开展低效产能调整退出、循环经济对公司成本的影响。
产能状况	上市公司应当披露有色金属的下列产能状况: (1) 主要工厂的设计产能、实际产能、在建产能,并披露产能计算方法。 (2) 受市场供求情况和国家产业政策等因素影响,计划下一年度释放或压缩产能的调整方案。
重大项目建设进展情况	上市公司应当披露重大有色金属项目的建设进展情况,包括报告期内的建设规模、截至报告期末的投资额与完工进度、预计建成时间与建成后投产时间,以及在建项目可能存在的主要风险、实施障碍及其应对措施。
科研项目	上市公司应当披露报告期内科研开发与技术创新的主要项目、人员与资金投入、取得的主要成果、转化情况及对公司生产经营的影响。
库存情况	上市公司应当从下列方面分析披露库存情况: (1) 分别披露原材料、半成品及产成品的库存总量及金额,以及主要原材料与产成品品种的库存量及金额。 (2) 结合宏观经济、上下游影响、产量、销量、价格等因素,披露主要原材料、半成品、产成品的库存总量变动情况。 (3) 结合报告期末原材料或产成品价格情况,披露库存减值情况并分析其合理性。

表 3-3-122　战略规划

要点	具体内容
发展战略和经营计划	上市公司应当披露发展战略和经营计划,包括下一年度的有色金属产销计划、固定资产投资预算,以及前述数据较本年度的增减情况与设定依据。
重大投资计划	上市公司应当披露重大投资情况,包括报告期内投资情况及下一年度投资计划,以及相应的股权、债权或其他方式的融资安排。

表 3-3-123　关键流程

要点	具体内容
主要经营模式、风险因素	上市公司应当披露主要经营模式和业务板块以及可能对公司未来发展战略和经营目标产生不利影响的风险因素。公司应当结合业务产业链与业务涵盖情况，披露各业务板块之间的协同效应及影响： （1）公司从事勘探、开采、冶炼、压延加工、销售等业务板块的，应当结合产业链上中下游的供应、生产、销售等影响因素和情况，披露所从事的各板块间协同效应以及可能存在的进出口政策变化、原材料供应不足、汇率波动、节能环保政策变动、税费制度调整等风险。 （2）公司从事多品种有色金属产品业务的，应当结合公司矿产资源综合利用情况分别披露产品间协同效应及产品多元化可能给公司带来的市场风险。 （3）公司从事金、银、铂族金属等贵金属业务板块的，应当结合该类产品的金融属性披露市场经营情况及可能存在的价格波动风险。 （4）公司从事有色金属电子商务、供应链金融、保理、黄金租赁、新材料等延伸产业链新业务的，应当同时披露新业务的主要经营模式、与现有业务的协同效应及可能存在的市场开发与运营风险。 （5）上市公司披露的风险因素应当充分、准确、具体，并进行实质分析，说明对公司当期及未来经营业绩的影响，以及公司已经或计划采取的措施及效果。报告期内上市公司经营模式或市场环境发生重大变化的，应当对新增风险因素及其产生的原因、对公司的影响、拟采取的应对措施等进行分析。
重大安全事故	上市公司应当披露报告期内发生的重大安全事故、整改措施及对公司的影响。
节能环保	上市公司应当披露报告期内单项节能环保投入超过当期节能环保投入总额10%的项目及对公司生产经营产生重要影响的主要节能环保投入和为保持水土、复垦绿化、尾气处理、降低耗能等采取的制度建设与主要措施。
资源、环境保护税	上市公司应当披露报告期内资源税和环境保护税的应缴税额及缴纳情况，列明各主要矿区主要有色金属品种所适用的资源税税率及税收优惠政策。
汇兑损益	上市公司涉及境外业务的，应当披露重大外币业务情况，包括外币业务种类、规模、当期汇率波动对公司汇兑损益的影响金额以及应对措施。

【例】上市公司年报及监管函回复节选

问：你公司子公司 YMKY 于 2019 年 2 月 23 日发生重大安全运输事故，请你公司结合事故调查进展说明 YMKY 目前的状况，是否有明确的复产时间。如否，请说明对你公司生产经营以及重大资产重组业绩完成情况的影响并充分提示风险。

答：截至目前，YMKY"2·23"重大运输安全事故仍在调查中，YMKY 尚未收到事故调查组出具的事故调查报告及相关处理意见，一直处于停产停业整顿状态。停产停业整顿的期限取决于事故调查及安全生产整顿的验收情况，能够恢复正常生产的具体时间暂不能确定。

YMKY 主营银、锡、锌、铜等有色金属采选、销售。生产规模:采选矿石 165 万吨/年;2018 年度,YMKY 实现营业收入 131 869.██████████████,收入总额的 54.07%,实现净利润 60 302.80 万元。如 YMKY 长期无法正常生产,将会对公司经营业绩产生重大不利影响。

公司分别按以下预计复产时间对重大资产重组业绩完成情况进行了测算,具体测算结果如下:

项目	2019年预计扣除财务费用后的净利润(万元)	累计预计净利润(万元)	累计业绩承诺金额(万元)	预计应补偿金额(万元)	预计应补偿股份数(万股)
预计 2019 年 10 月复产	1 941.89	101 405.27	129 347.21	52 145.21	8 604.82
预计 2019 年 11 月复产	−2 230.66	97 232.72	129 347.21	59 932.03	9 889.77
预计 2019 年 12 月复产	−5 362.24	94 101.14	129 347.21	65 776.17	10 854.15
预计 2019 年 不能复产	−8 423.06	91 040.32	129 347.21	71 488.27	11 796.74

注:YMKY100%股权的交易价格为 241 387.60 万元,发行价格为 6.06 元/股。

应补偿金额=[(截至当期期末累积预测利润数−截至当期期末累积实际利润数)÷补偿期限内各年的预测利润数总和]×本次交易中 YMKY100%股权的交易价格−已补偿金额。

各补偿义务主体应补偿股份数的计算公式如下:补偿股份数=(补偿义务主体当年应补偿金额×各补偿义务主体承担比例)÷发行价格。

在确定 XYJT、JW、JX、JZ 各自应承担的补偿金额时,XYJT 承担其中的 51.59%,JW 承担其中的 19.76%,JX 承担其中的 19.76%,JZ 承担其中的 8.89%。

公司将根据该事故的进展情况及相关披露规则及时履行后续信息披露义务,敬请广大投资者关注公司公告并注意投资风险,谨慎投资。

【提示】

在本例中,YMKY 是上市公司的重要子公司,同时也是前次重组的标的资产,因重大运输安全事故处于停业停产状态,对公司业绩和重组业绩承诺的完成均产生不利影响。虽然重大事故发生在报告期后,但公司也应在年报中按照行业指引的要求充分披露影响和风险。

二十八、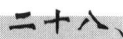

(一) 适用的指引

深交所《行业信息披露指引第 5 号——上市公司从事工程机械相关业务》(工程机械相关业务是指广泛应用于土石方工程、流动起重装卸工程、人货升降输送工程、市政和环卫及各种建设工程、综合机械化施工等的工程机械设备的研发、生产、销售、运营及服务等相关业务活动,工程机械设备的范畴包括但不限于挖掘、起重、压实、掘进、桩工、凿岩与钻采、铲土运输、混凝土、高空作业、水利与环卫、路面及轨道交通的施工与养护等机械设备)

(二) 年报披露要求

工程机械行业上市公司年报一般要求披露行业宏观、客户市场、关键资源、战略规划、关键流程等相关内容,具体如表 3-3-124 至表 3-3-128 所示。

表 3-3-124 行业宏观

要点	具体内容
宏观经济政策	上市公司应当披露报告期内对所处行业有重要影响的政策的变化情况(如有),包括但不限于宏观经济政策、财政税收政策、行业监管政策、资质及招投标管理政策、政府补助政策等,以及行业政策变化对公司的影响。 报告期内相关国家(或地区)有关投资政策、进出口政策、贸易政策、贸易摩擦处理机制等对公司海外业务(含进出口业务)造成较大影响的,上市公司应当披露受影响的具体情况,公司已经或拟采取的应对措施。涉及重大风险的,上市公司应当进行相应的风险提示。
行业发展状况	上市公司应当披露工程机械行业的基本情况和报告期的变化情况(如有),包括但不限于行业壁垒、行业周期性、行业发展阶段、其他行业特征(如规模经济、资本密集性、资产周转)等。
市场供求特点	上市公司应当披露鼓励上市公司结合报告期上下游行业(如上游材料、下游工程应用领域)的发展情况,对报告期市场供求特点、市场份额变化情况、利润水平的变动趋势等进行有针对性的讨论与分析。

【例】上市公司年报披露节选

公司行业发展情况

(1) 行业发展情况。

随着中国经济"走出去"步伐继续加快,"一带一路"战略带动资源配置的全球化拓展。"中国制造2025"、税收减免、长江经济带、京津冀一体化、粤港澳大湾区、雄安新区等国家发展战略的实施将给工程机械行业带来发展机遇,有利于公司的持续健康发展。工程机械行业是国家装备制造业的重点产业之一,行业的发展与国民经济现代化发展和基础设施水平息息相关,同时离不开国家政策的支持及基建投资的刺激。根据《中长期铁路网规划》《交通基础设施重大工程建设三年行动计划》等国家规划,我国将重点推进交通基础设施项目建设。2018年,中国铁路总公司贯彻落实党中央关于加大基础设施等领域补短板力度的决策部署,充分发挥铁路投资对稳投资、稳就业、稳预期的促进作用,持续加大铁路建设特别是中西部铁路建设力度,铁路建设取得丰硕成果。2018年全国铁路固定资产投资完成8 028亿元;新开工项目26个,新增投资规模3 382亿元。2018年四季度,国家发展改革委陆续批复一系列基础设施投资项目,涉及城市轨道、铁路、机场工程等领域,建设项目总投资规模逾1.2万亿元。2019年投资补短板力度将进一步加大,基础设施投资在补短板和稳增长中将扮演更加重要的角色。

(2) 行业的周期性。

公司所属行业处于装备制造业中专用设备制造业,周期性与国家宏观经济周期密切相关,在一定程度上受到国家固定资产和基础建设投资规模的影响。

(3) 公司所处行业上下游情况。

上游行业主要是钢材、零部件供应行业,下游主要是路桥建设类施工行业。公司所处行业与上游的关系体现两个方面。首先,钢材、零部件的价格直接影响专用设备的采购成本;其次,零部件行业跨度广、制造难度不一,整机厂商不可能全部自己制造,零部件供应商的技术、工艺水平和生产能力对本行业有一定影响。

公司所处行业与下游的关系主要体现在三个方面:首先,铁路基建投资受国家产业政策影响较大,其投资规模和投资方向直接影响行业的市场需求;其次,下游行业管理水平的提高会对本行业的产品设计水平、工作效率、作业环境、安全防范等提出更高的要求,进而影响本行业产品的需求及需求结构,同时也有利于本行业加大研发力度,推广先进技术,实现产业整体升级;再次,下游行业所处的生命周期直接决定行业规模、行业集约化、专业化程度,每个周期对本行业产品的需求量和需求结构会有一定程度的差异。

【提示】

工程机械产品服务应用于工程基建行业,也是受宏观经济周期影响较大的行业。在本例中,该公司没有就工程机械行业进行宽泛描述,而是结合自身的业务,披露了公司所属行业的情况、行业的周期性以及公司所处的上下游情况,更加具有针对性。

表 3-3-125 客户市场

要点	具体内容
行业地位	上市公司应当结合自身的机械产品类别、经营区域、竞争对手等情况说明行业竞争格局和公司的行业地位或区域市场地位,报告期行业地位或市场地位发生变化的,应当说明发生变化的具体情况。 鼓励上市公司披露所在工程机械行业产业链或价值链情况(例如从零部件制造、系统总成到整机制造)以及公司在行业产业链中的定位。
经营信息	鼓励上市公司披露产品设计、产能规划、生产制造、销售政策、信用政策、售后政策等经营环节的相关信息。
海外业务情况	海外业务营业收入占公司最近一期经审计营业收入、营业利润占公司最近一期经审计营业利润、投资额占公司最近一期经审计净资产 10% 以上的,上市公司应当对公司海外业务开展的具体情况进行披露。

表 3-3-126 关键资源

要点	具体内容
核心竞争力	上市公司应当对公司核心竞争力情况进行披露,如从行业标准制定、研发能力、产品设计、产品性能、成本控制、专有设备或技术、营销和服务能力、品牌优势等方面分析公司的核心竞争优势,报告期公司核心竞争力发生较大变化的,应当披露变化的具体情况和原因。 鼓励上市公司披露下列信息:反映工程机械产品竞争力的信息,如简要介绍整机、系统或零部件的主要性能、可靠性、节能和智能化等基本情况。同时鼓励结合主要机型核心零部件的自主知识产权情况和自主配套能力等进一步分析技术实力情况。
产能情况	鼓励上市公司以列表方式披露公司主要产品的设计产能、产能利用率、在建产能及其投资建设情况等。

表 3-3-127 战略规划

要点	具体内容
重大投资计划	上市公司应当披露已披露的产能扩张、资产收购等重大投资计划等相关信息,在报告期发生较大变化的,应当披露变化的具体情况和原因。

表 3-3-128 关键流程

要点	具体内容
经营模式	上市公司应当披露报告期内从事的工程机械业务的运营模式、相关产品的生产销售模式、物流管理和应用领域的变化情况（如有）及其原因，以及上述变化对公司经营效率的影响。 报告期内主要业务、主要产品、经营模式发生较大变化的，上市公司应当披露变化的具体情况和原因。
销售模式	上市公司的工程机械相关产品采用按揭销售、融资租赁、先租后售等模式的销售金额占营业收入比重达到10%以上的，上市公司应当披露其业务模式、各类销售模式报告期内的销售金额及占营业收入的比例、期初应收或存在风险敞口的余额、前期款项回收的进展情况（如报告期收取租金或收到对方还款的总金额、款项逾期金额及占比）、期末应收或存在风险敞口的余额、审议程序和信息披露义务的履行等情况。 相关合同中存在的回购、垫付保证金义务或合同存在其他风险条款的，上市公司应当披露风险条款的设置情况，并结合条款内容说明公司销售收入的确认政策、计量标准及其合理性，说明可能发生风险损失的情形、会计处理等。 报告期内触发上述风险条款相关义务且对当期扣除非经常性损益后净利润的影响达到10%以上的，上市公司应当披露风险触发的具体情况，包括但不限于触发情形和原因、涉及回购、追偿或垫付的金额、相关会计处理，对当期主要财务指标的影响等，同时对未来报告期的风险情况进行充分评估和预判，披露公司的风险应对措施并作出相应风险提示。
偿债能力	上市公司报告期内偿债能力发生较大变化的，上市公司应当披露变化的具体情况、原因及对公司的影响。鼓励上市公司结合市场发展、行业竞争状况、投融资情况、相关财务指标等，对偿债能力进行详细分析。

二十九、

（一）适用的指引

深交所《行业信息披露指引第9号——上市公司从事快递服务业务》（快递服务是指快速收寄、运输、投递单独封装的、有名址的快件或其他不需要储存的物品，按承诺时限递送到收件人或指定地点，并获得签收的寄递服务）

（二）年报披露要求

快递服务行业上市公司年报一般要求披露行业宏观、客户市场、关键资源、战略规划、关键流程等相关内容，具体如表3-3-129至表3-3-133所示。

表 3-3-129　行业宏观

要点	具体内容
宏观经济政策	上市公司应当披露与快递服务行业相关的宏观经济形势、行业政策环境等外部因素的变化情况，并说明相关情况对公司当期及未来发展的具体影响，以及公司已经或计划采取的应对措施。
行业发展状况	上市公司应当披露快递服务行业的发展情况。

表 3-3-130　客户市场

要点	具体内容
行业地位	上市公司应当结合公司业务特点，披露公司所处行业的市场竞争格局、公司的市场地位；公司在品牌、专业技术、运输网络、信息管理等方面的竞争优势及劣势等。
经营信息	上市公司应当分业务类型（如快递服务、物料销售等）披露营业收入、营业成本和毛利率等财务数据；应当分季度披露营业收入、营业成本和毛利率等财务数据。 营业收入、营业成本的构成因素较上年变动30%以上的，上市公司应当结合宏观经济、行业发展和自身经营情况，披露具体原因、影响程度、风险和应对措施；毛利率变动5个百分点以上的，应当详细披露变化原因；境外营业收入占比30%以上的，应当按主要国家和地区披露营业收入情况。 上市公司应当区分服务产品类型（如国内时效产品、仓储配送业务、重货运输业务、国际快递业务等）、收入类型（如面单收入、中转收入、物料收入等）等分类披露公司快递服务业务收入及其变动情况，区分经营模式（如加盟和直营）分类披露年度快递发件量及其变动情况，区分收入类型披露单票业务收入及其变动情况，并分析上述快递服务业务收入、快递发件量和单票业务收入变动的原因及合理性。 上市公司应当披露快递服务业务的电子面单和纸质面单使用比例、各收入类型的定价机制及公司主要客户情况等。
快递服务质量	上市公司应当披露关于公司快递服务质量的相关指标（如延误率、遗失率、申诉率等）和客户申诉的处理机制。报告期内存在重大消费者投诉事件的，上市公司应当披露相关事件对公司的影响及采取的措施。

表 3-3-131　关键资源

要点	具体内容
快递服务网络节点	上市公司应当披露快递服务网络节点的数量及区域分布情况，例如加盟商、网点及门店、转运中心、航空部等，并披露相关快递服务网络节点的加盟、直营或外包的比例。
加盟商	上市公司应当披露加盟商的管理制度的变化情况，包括但不限于加盟商准入标准及流程、培训制度、日常管理、考核与淘汰的相关变化情况。

续表

要点	具体内容
加盟商	上市公司应当披露占公司销售金额前十名加盟商的名称（如涉及商业秘密，可用指代标识代替）、所属城市、发件量、快递服务业务量、员工数量等，并披露前十名加盟商的变化情况及主要原因。 上市公司应当披露报告期内加盟商的流失情况，并说明相关原因及风险应急的措施。 鼓励上市公司披露加盟商的实际名称。
运输网络	上市公司应当披露主要运输网络的建设情况（包括陆路运输、航空运输等），以及陆路运输、航空运输等运输方式的快递业务完成量及其占当年总业务完成量的比重。其中，关于陆路运输，公司应当区分运营模式（如自营、租赁、第三方运输、卡班车、网点车等）披露公司使用的陆路运输工具的数量；公司应当披露与关联第三方运输公司签订长期运输合同的总金额及合同期限范围。关于航空运输，公司应当按照运营方式（如自营保有、融资租赁、经营租赁等）披露公司使用的飞机型号、数量、平均机龄，并披露报告期内飞机的保养政策及成本、报告期内飞机的折旧成本等，鼓励披露飞机及相关设备的引进和融资计划。
快递员	上市公司应当披露全快递服务网络管理的快递员总数，鼓励公司区分管理层级（如公司、加盟商和外包）披露全快递服务网络管理的快递员总数及比例。

【例】上市公司年报披露节选

加盟商

2018年公司销售金额前10名加盟商

序号	名称	城市	揽件量（万票）	快件服务量（万票）	员工数量（人）
1	深圳市××速递有限公司	深圳	37 201.12	58 245.25	4 164
2	中山市××速递有限公司	中山	8 711.84	12 812.20	893
3	河南××快递服务有限公司	郑州	8 529.76	16 584.19	1 594
4	石家庄××快递有限公司	石家庄	4 275.81	8 701.26	985
5	汕头市××快递有限公司	汕头	6 394.14	7 846.14	220
6	常熟市××快运有限公司	苏州	5 757.56	7 948.10	125
7	北京××货物运输有限公司	北京	4 509.15	4 747.78	156
8	桐乡市××快递有限责任公司	嘉兴	4 256.96	5 270.23	229
9	湖州××快递有限公司	湖州	3 895.40	5 089.99	275
10	普宁市××快递有限公司	揭阳	7 893.89	8 587.26	82

报告期,公司销售金额前 10 名的部分加盟商发生了变化,其中:汕头市××快递有限公司、北京××货物运输有限公司、桐乡市××快递有限责任公司、普宁市××快递有限公司为新晋前 10 名的加盟商,上述变化产生的主要原因是市场竞争及网络颗粒度细化。

【提示】

从事快递服务业务的公司需要披露占公司销售金额前 10 名的加盟商情况。在本例中,该公司披露了前 10 名加盟商的名称、所属城市、发件量、快递服务业务量、员工数量、变化情况及主要原因,但并未披露报告期内加盟商是否存在流失情况、相关原因及应急风险的措施。

表 3-3-132 战略规划

要点	具体内容
新业务	上市公司应当披露国际包裹业务、同城包裹业务、零担运输业务、冷链运输业务、供应链服务业务等新业务领域的发展情况及有关发展战略。

表 3-3-133 关键流程

要点	具体内容
风险因素	上市公司应当结合公司业务特点,在"风险因素"部分具体分析并披露对公司有重大影响的各类风险,如燃油价格大幅波动的风险、安全运营的风险、人力成本上涨的风险和信息系统的风险等。其中,关于燃油价格大幅波动风险,公司应当披露燃油成本占营业成本总额的比例、燃油成本波动对营业成本总额的敏感性分析等。关于安全运营风险,公司应当披露报告期内关于安全运营的内控管理制度及其执行情况,包括但不限于快件安全、运输安全、仓储安全、现金收支安全等方面;公司发生重大安全事故的,应当披露相关事件对公司的影响及采取的应对措施。关于信息系统风险,公司应当披露报告期内公司信息系统建设情况,针对信息系统风险的防范及补救措施;公司应当及时披露对公司日常经营活动的正常开展或对业务开展带来重大不利影响的信息系统故障、无法正常运行或数据泄露的情形。
财务信息	上市公司根据《公开发行证券的公司信息披露编报规则第 15 号——财务报告的一般规定》披露财务报告附注时,应当同时按照下列要求履行信息披露义务: (1)依据自身业务模式和结算方式对收入确认会计政策进行详细披露,并披露行业特殊的收入确认条件、确认时点、核算依据等。 (2)结合公司自身经营特点和发展战略,在财务报表附注中细化披露固定资产折旧政策;报告期内公司处置飞机、发动机、高价周转件等重要固定资产的情况。 (3)若存在账龄超过三年的单项金额重大的应收账款,应当在应收账款附注中详细披露该应收账款较高的原因并提示回款风险等。

续表

要点	具体内容
财务信息	(4) 公司应当披露报告期内资本支出细分项目情况,包括土地、仓库、分拣中心、飞机、车辆、IT 设备及服务等。公司也可根据实际情况划分资本支出细分项目,但应说明具体划分情况及标准,并保持划分标准的连贯性。

三十、

(一) 适用的指引

深交所《深圳证券交易所行业信息披露指引第 10 号——上市公司从事民用爆破相关业务》(民用爆破相关业务是指用于非军事目的的各类火药、炸药及其制品和雷管、导火索等点火、起爆器材的研发、生产、销售、购买、进出口、运输、储存及爆破服务等相关业务活动)

(二) 年报披露要求

民用爆破行业上市公司年报一般要求披露行业宏观、客户市场、关键资源、关键流程等相关内容,具体如表 3-3-134 至表 3-3-137 所示。

表 3-3-134 行业宏观

要点	具体内容
宏观经济政策	上市公司应披露报告期内产业政策和行业监管法律法规相关情况,相关政策和法律法规发生重大变化的,应说明相关事项对公司的影响,并说明公司已经或计划采取的应对措施。
行业供求情况	上市公司应结合报告期内宏观经济情况和民用爆破行业的上下游行业情况,分析民用爆破行业的总体供求趋势。

【例】上市公司年报披露节选

公司所属行业的政策法规

安全是民爆行业永恒的主题。民爆产品易燃、易爆,高度危险,其生产、销售、购买、运输、爆破、储存所有流程都由政府部门严格监管,行业实行严格的生产许可、销售许可以及工程资质认证许可证制度。

工信部和公安部管理我国民爆行业从生产到销售、储运以及工程施工使用的全周期。工信部负责民用爆炸物品生产、销售的安全监督管理,核发《民用爆炸物品生产许可证》《民用爆炸物品销售许可证》,省、自治区、直辖市人民政府民用爆炸物品行业主管部门负责民用爆炸物品生产企业安全生产许可的审批和监督管理。

公安机关负责民用爆炸物品公共安全管理和民用爆炸物品购买、运输、爆破作业的安全监督管理，监控民用爆炸物品流向，核发《民用爆炸物品购买许可证》《民用爆炸物品运输许可证》《爆破作业单位许可证》《爆破作业人员许可证》。民爆行业需遵循的相关法律、法规主要有：《中华人民共和国安全生产法》《安全生产许可证条例》《民用爆炸物品安全管理条例》《民用爆炸物品生产许可实施办法》《民用爆炸物品销售许可实施办法》《爆破作业人员资格条件和管理要求》《爆破作业单位资质条件和管理要求》《爆破作业项目管理要求》等。

【提示】

高危性是民用爆破行业的典型特点，因此，国家对其监管严格，相关政策变化对上市公司的业务影响较大，遂其为民爆行业信息披露的重点内容之一。在本例中，该公司基于自身特点，详细列示了公司所需遵循的各类法律法规，同时还清晰写明了民爆行业所需的各类许可证照，披露充分。

表3-3-135 客户市场

要点	具体内容
经营情况	上市公司应区分不同产品和服务类型（如工业炸药、起爆器材、爆破服务等）披露营业收入、营业成本、毛利率，分不同区域（国内主要销售省份和境外销售区域等）披露营业收入及其较前一年度的变动情况。 上市公司应当对报告期内公司主要销售区域市场份额变化情况、利润水平的变动趋势及其原因等进行有针对性的讨论与分析，并说明对公司当期及未来发展的具体影响，以及公司已经或计划采取的应对措施。
运输业务	上市公司利用自有车辆从事民用爆炸产品运输业务的，应结合危险品货物运输车辆的数量、规格等说明运输能力的主要情况。
海外业务	上市公司在海外开展民用爆破业务涉及营业收入占公司最近一个会计年度经审计营业收入，或涉及净利润占公司最近一个会计年度经审计净利润，或涉及投资额占公司最近一个会计年度经审计净资产10%以上的，或从事其他对公司存在较大影响的海外业务的，应当对公司海外业务开展的具体情况进行披露。报告期内，上市公司开展海外业务所在国家或地区的经营环境和行业政策发生重大变化的，应当披露具体影响和应对措施。

表 3-3-136　关键资源

要点	具体内容
产能情况	上市公司应分别披露各类民用爆炸产品的许可产能、产能利用率、在建产能及其投资建设情况等。鼓励公司结合市场供求情况,披露下一年度的产能调整方案。
资质许可	上市公司应披露在报告期内取得的民用爆炸产品生产、储存、运输及爆破作业相关资质及许可的类型、适用区域和有效期。 报告期内相关资质与许可发生重大变化的,上市公司应当说明影响及应对措施。下一报告期内相关资质与许可有效期限届满的,公司应当披露续期条件的达成情况。

表 3-3-137　关键流程

要点	具体内容
内控制度	上市公司应当披露报告期内安全管理相关内部控制制度的建设及运行情况,包括但不限于公司安全生产监管体系、安全生产标准化建设、安全生产工艺、安全生产投入、安全生产教育与培训和报告期内接受主管单位安全检查的情况等。报告期内公司发生重大安全事故的,还应当披露影响及应对措施。
会计政策	上市公司根据《公开发行证券的公司信息披露编报规则第 15 号财务报告的一般规定》披露财务报告附注时,应披露与行业相关的具体会计政策,并按照下列要求履行信息披露义务: (1) 依据自身业务模式和结算方式对收入确认会计政策进行详细披露,并披露行业特殊的收入确认条件、确认时点、核算依据等。如按完工百分比法确认的,还应当详细披露确定完工进度的方法。 (2) 按照不同业务模式对应收款项的确认、信用政策、坏账计提政策进行详细披露。 (3) 披露主要会计政策和会计估计时,应结合公司的具体情况分主要产品披露存货盘点制度和具体盘点方法。 (4) 披露报告期内安全专项储备的核算情况,包括计提比例、计提金额和安全专项储备在报告期内的使用情况。

三十一、

（一）适用的指引

深交所《深圳证券交易所行业信息披露指引第 12 号——上市公司从事软件与信息技术服务业务》(软件与信息技术服务业务是指为政府、企事业单位等客户提供软件开发、信息系统集成服务、信息技术咨询服务、数据处理和运营服务等业务)

（二）年报披露要求

软件与信息技术服务行业上市公司年报一般要求披露行业宏观、客户市场、关键流程等相关内容,具体如表 3-3-138 至表 3-3-140 所示。

表 3-3-138　行业宏观

要点	具体内容
宏观经济政策	上市公司应当说明客户所处行业相关的宏观经济形势、行业政策环境和信息化投资需求等外部因素的变化情况，并说明对公司当期及未来发展的影响，以及公司已经或计划采取的应对措施。

【例】上市公司年报披露节选

宏观政策形势

（1）主要客户所处行业相关的宏观经济形式等外部因素的变化情况。

2018年，在4G完全普及、用户转网红利削弱的背景下，运营商4G网络建设投入也逐步减少。与此同时，提速降费政策继续推进，电信行业改革进一步深化，美国制裁中兴公司，铁塔公司上市、武汉邮科院与电信科研院合并等行业事件深刻改变着行业经营环境。而随着5G非独立组网NR标准和独立组网NR标准的先后冻结并发布，意味着5G网络的规模试验网即将实施。

（2）对公司的影响及公司采取的措施。

随着用户转网红利的下降，4G业务增长逐渐由超高速过渡到较快平稳阶段，各大运营商对4G业务的投入呈减少趋势，直接影响4G网络新建规模。在此工程建设中歇期，公司一方面从工程优化业务调配资源投入到需求旺盛的存量网络日常优化维护业务中；另一方面积极进行NB-IOT、5G相关技术的培训，为下一阶段5G业务积蓄技术力量。

针对美国制裁中兴事件，公司积极与中兴沟通，在配合中兴合规开展工作的基础上，在中兴业务停摆期间，将富余的人力设备资源调配支援运营商业务，减少由此可能带来的损失。

公司调整公司内部管理结构，调整业务规模，应对5G业务需求的变化，尽可能地利用公司平台优势，争取更强的盈利能力；同时，公司时刻关注5G业务的发展，个别地区已经开展小范围的5G配套前期工作。

【提示】

在本例中，该公司一方面介绍了产品所处行业发展阶段（4G完全普及、用户转网红利削弱）；另一方面结合报告期内相关重大事件对行业经营环境的影响，介绍了外部情况的变化以及行业发展趋势，并提出了相应的应对策略，条理清晰，重点突出。

表 3-3-139 客户市场

要点	具体内容
经营情况	上市公司应当结合客户所处行业和自身实际情况,对于占公司营业收入或营业利润 10% 以上的行业,分项列示该行业营业收入、营业成本、毛利率,并分析其变动情况。
合同进展情况	上市公司应当详细披露报告期内单一销售合同金额占公司最近一个会计年度经审计营业收入 30% 以上且金额超过 5 000 万元的正在履行的合同情况,包括项目名称、合同金额、业务类型、项目执行进度、本期确认收入、累计确认收入、回款情况等内容,项目进展未达到计划进度或预期的,应当披露原因。
经营季节性	上市公司经营存在季节性或周期性特征的,应当结合公司经营模式说明经营季节性(或周期性)发生的原因,结合最近两个年度内各季度的经营情况(如营业收入、净利润等)量化说明经营的季节性(或周期性),并提示经营季节性(或周期性)波动风险。
SaaS 服务	上市公司为政府、企事业单位等客户提供 SaaS(Software as a Service,软件即服务)服务的,若实现收入金额达到公司报告期内营业收入 10% 或者实现营业利润达到公司报告期内营业利润 10% 的,应当披露企业客户数量、最终用户数量和续费率。

表 3-3-140 关键流程

要点	具体内容
研发费用资本化	上市公司存在研发投入资本化情形的,应披露研发资本化的金额、相关项目的基本情况、实施进度,研发投入资本化的依据及相关内控制度的内容和执行情况。
职工薪酬	上市公司应当披露报告期内职工薪酬总额(计入成本部分)及占公司成本总额的比重,分析公司利润对职工薪酬总额变化的敏感性;同时,披露报告期内核心技术人员数量占比和薪酬占比,以及变动情况。
股权激励	报告期内存在已授予股权激励的,上市公司应当披露实施股权激励计提的费用及对上市公司净利润的影响。上市公司应当披露核心技术人员的股权激励费用及占公司当期股权激励费用的比重。
会计处理	上市公司根据《公开发行证券的公司信息披露编报规则第 15 号——财务报告的一般规定》披露财务报告附注时,应当同时按照下列要求履行信息披露义务: (1) 依据自身业务模式和结算方式对收入确认会计政策进行详细披露,并披露行业特殊的收入确认条件、确认时点、核算依据等。如按完工百分比法确认的,还应当详细披露确定完工进度的方法。 (2) 存在账龄超过三年的单项金额重大的应收账款的,应当在应收账款附注中详细披露该应收账款金额较大的原因并提示回款风险等。 (3) 根据不同业务模式,分类披露成本构成情况,如原材料、人工成本、设备折旧、无形资产摊销等项目的金额和占比。 (4) 披露报告期内公司享受的税收优惠政策,如软件增值税退税等,以及相关税收优惠对公司当期损益的影响。

三十二、█████

（一）适用的指引

深交所《行业信息披露指引第 13 号——上市公司从事非金属建材相关业务》（非金属建材相关业务主要是指工程建筑非金属材料的生产、制造和销售等业务。非金属建材包括但不限于水泥、建筑石材、建筑陶瓷、玻璃、玻璃纤维、砖、瓦、石灰、石膏、混凝土及其制品，以及相关防水、耐火、保温、塑料管材、装饰板材、涂料材料和其他材料）

（二）年报披露要求

非金属建材行业上市公司年报一般要求披露行业宏观、客户市场、关键资源、关键流程等相关内容，具体如表 3-3-141 至表 3-3-144 所示。

表 3-3-141　行业宏观

要点	具体内容
国家宏观政策	上市公司应当披露报告期内对行业或公司具体生产经营有重大影响的国家行业管理体制、产业政策及主要法规等变动情况及其具体影响，并说明已经或计划采取的应对措施。
行业发展状况	上市公司应当结合宏观经济数据与行业指标（如行业总产能、总产销量、总能耗、总排放量等）变化说明行业发展状况、公司经营情况与行业发展是否匹配，如公司情况与行业情况存在较大差异，应当分析原因。

【例】上市公司年报披露节选

2018 年，建筑建材行业经济运行总体保持平稳，表现为稳中有变的运行特征。由于近年来建筑建材行业以推动供给侧结构性改革为重点，在环保、质量、错峰生产等综合手段共同作用下，致力于产业结构调整和控制产能释放，维护市场供需动态平衡。受此影响，报告期内建筑材料产品出厂价格维持在较高水平，导致行业经济效益回升显著。

建筑材料行业与固定资产投资密切相关，从全国固定资产投资增速上看，2018 年全国固定资产投资（不含农户）同比增长 5.9%，增速比上年回落了 1.3 个百分点。随着国家对楼市的宏观调控以及全国基建投资的下降，市场对水泥、混凝土、钢材、钢化玻璃等建筑材料的需求略有下调，下游整体需求明显不足。加之近几年国家环保政策不断加码、产能严重过剩等结构性矛盾还没有得到有效缓解，建筑材料行业依然没有摆脱周期性波动的规律，仅仅依赖于行业自律、错峰生产难以维持整个行业的持续高速发展。虽然市场对建筑材料有效性需求不足,但热点地区如基础设施比较薄弱的地区及雄安所在的京津冀地区仍有拉动作用,而且随着环保限产力度不断加大,供给端将进一步呈现收缩态势,建筑材料价格有望维持在较高水平。根据宏观运行情况及相关政策性因素变化情况来看,2019年建筑材料行业总体将保持平稳的发展格局。

【提示】

在本例中,该公司从事商品混凝土及水泥业务,年报中以行业宏观运行情况及政策性因素为起点,分别从需求端和供给端介绍了2018年建材行业的行业发展阶段和周期性特点,并对2019年的行业发展格局做了预判,思路清晰,条理清楚,值得借鉴。

表 3-3-142 客户市场

要点	具体内容
行业地位、竞争优劣势	针对周期性非金属建材产品(主要指水泥、建筑石材、石灰、石膏及相关制品、玻璃、混凝土等产品),上市公司应当披露所在细分行业或主要产品区域的市场竞争状况、公司的市场地位及竞争优势与劣势等情况。
行业特征	上市公司应当结合披露的宏观环境、行业特性、消费需求及原材料等信息,详细说明公司生产经营所处行业的周期性、季节性和区域性等特征。
经营性指标	上市公司应当列表说明不同销售区域或者细分产品的生产量、销售量、库存量等经营性指标情况,并披露该等指标的同比变动情况,以及在主要销售区域或者细分产品的毛利率变动趋势及其原因。

表 3-3-143 关键资源

要点	具体内容
产能情况	上市公司应当针对周期性非金属建材产品,应当披露相关产品的产能、产能利用率、成品率(如适用),以及在建产能及其投资建设情况等。鼓励公司结合市场供求情况,在年度报告中披露下一年度的产能利用率调整计划。
原材料和能源及供应情况	上市公司应当披露主要产品的原材料和能源及其供应情况,报告期内主要原材料和能源的价格出现大幅波动的,应当披露其对公司生产经营的影响及应对措施。

表 3-3-144 关键流程

要点	具体内容
主要经营模式	上市公司应当披露公司的主要产销模式。

续表

要点	具体内容
环保信息	上市公司应当按照行业指引要求披露下列信息： （1）自身生产经营过程中需遵守的与环境保护相关的法律法规和行业标准。 （2）相关的环境保护行政许可情况，如现有排污许可证的申领时间、有效期等。 （3）有关行业排放标准，以及生产经营活动中涉及的污染物排放的具体情况，包括但不限于污染物的种类和名称、排放方式、主要排放口数量和分布情况、排放浓度/强度和总量、超标排放情况、执行的排放标准、核定的排放总量等。 （4）对污染物的处理技术和处理方式，污染防治设施的建设、运行情况和实施成果（例如排放浓度/强度或排放总量的降幅）。 （5）环境自行监测方案和执行情况，包括但不限于监测指标、执行标准及其限值、监测频次、质量保证与质量控制等。 （6）针对突发环境事件的风险评估、预防相关风险的管理措施和针对突发环境事件的应急预案。 （7）环境治理和保护的投入情况，以及缴纳环境保护税的相关情况。 （8）受到环境保护部门行政处罚的情况，包括但不限于处罚原因、违规情形、处罚结果、对上市公司生产经营的影响以及公司的整改措施。 （9）其他应当公开的环境信息。
环境事故	上市公司应当持续披露环境事故的后续处理情况，并核查公司环境监测方案和风险管理措施是否存在重大缺陷；如是，应当披露相关解决或整改方案。
重大安全事故	上市公司应当持续披露重大安全生产事故的处理进展情况。
财务信息	上市公司根据《公开发行证券的公司信息披露编报规则第 15 号——财务报告的一般规定》披露财务报告附注时，应当同时按照以下要求披露相关信息： （1）结合上市公司的经营特点，披露不同销售模式下的收入结算方式、确认时点和确认方法。 （2）区分产品类型披露存货盘点制度和具体盘点方法，以及结合公司具体业务分主要产品披露存货成本结转制度和具体结转方法。 （3）在披露存货科目注释时，上市公司应披露原材料、在产品、库存商品、在途物资等存货项目中，各存货类型的分布情况，并按存货类型披露确定可变现净值的具体依据及本期转回或转销存货跌价准备的具体原因。 （4）披露应收账款科目注释时，若单个客户应收账款余额占应收账款总额比例超过 10% 且账龄超过一年的，上市公司应当详细披露该客户应收账款较高的原因并提示回款风险等。

三十三、

（一）适用的指引

深交所《创业板行业信息披露指引第 5 号——上市公司从事互联网游戏业

务》(互联网游戏业务包括互联网游戏的研发、发行和运营等业务活动)

深交所《创业板行业信息披露指引第 6 号——上市公司从事互联网视频业务》(互联网视频业务是指通过互联网向用户提供有偿或无偿视频播放、下载服务等业务活动)

深交所《创业板行业信息披露指引第 7 号——上市公司从事电子商务业务》(电子商务业务是指通过互联网等信息网络销售商品或者提供服务的经营活动,包括电子商务平台经营以及通过自建网站、其他网络服务销售商品或者提供服务的经营活动)

深交所《创业板行业信息披露指引第 8 号——上市公司从事互联网营销及数据服务相关业务》(互联网营销及数据服务是指以互联网为基础,利用数字化的信息和网络媒体来实现营销目标的市场营销方式,以及技术推送、用户画像等垂直领域相关数据服务)

(二) 年报披露要求

互联网游戏、互联网视频、电子商务、互联网营销及数据服务行业上市公司年报一般要求披露客户市场、关键流程等相关内容,具体如表 3-3-145 和表 3-3-146 所示。

表 3-3-145 客户市场

要点	具体内容
经营情况	从事互联网游戏业务的上市公司在披露公司经营情况时,应当结合公司所处的产业链环节、盈利模式和经营特点,充分披露各项业务的经营情况: (1) 上市公司应当披露报告期内主要游戏(指研发、发行及运营收入在游戏业务中排名前五的游戏,下同)的详细信息,包括主要游戏的名称、版号、所属游戏类型(端游、页游、手游等)、运营模式(自主运营、联合运营、第三方运营等)及对应的运营商名称、游戏分发渠道、收费方式(时间收费、道具收费等)、报告期内主要游戏收入及其占公司游戏业务收入的比例。 (2) 上市公司应当按季度统计并披露主要游戏的运营数据,包括主要游戏的用户数量、活跃用户数、付费用户数量、ARPU 值、充值流水等。 (3) 上市公司从事游戏运营业务的,应当披露报告期内游戏平台新增运营的游戏数量、报告期末运营的游戏数量、季度总用户数量、季度总活跃用户数量、季度游戏类型情况等。 (4) 上市公司应当披露报告期内主要游戏推广方式,投入的推广营销费用总额及占公司游戏推广营销费用总额、主要游戏收入总额的比例。 (5) 上市公司游戏业务涉及境外市场,且境外收入占游戏收入 30% 以上的,应当参考第(1)、(2)、第(3)项规定披露报告期内境外主要游戏的相关运营数据。

续表

要点	具体内容
经营情况	从事互联网视频业务的上市公司应当结合互联网视频业务的盈利模式和经营特点，充分披露各项业务的经营情况： （1）对于采用包月（年）等方式付费的业务，上市公司应当披露报告期内付费用户数量和付费用户的平均付费金额等，并说明该业务收入的占比和同比变化情况。 （2）对于付费点播业务，上市公司应当披露付费点播总次数和平均付费金额等，并说明该业务收入的占比和同比变化情况。 （3）对于广告业务，上市公司应当披露广告主数量和平均广告收入金额，前五大客户的合计收入等，并说明该业务收入的占比和同比变化情况。 （4）对于版权分销业务，上市公司应当披露主要销售对象、渠道、数量和平均销售金额等，并说明该业务收入的占比和同比变化情况。
	从事电子商务平台经营业务的上市公司应当结合其平台的盈利模式和经营特点，对其报告期内的运营情况进行披露： （1）上市公司应按电子商务行业通用指标，披露其主要电子商务平台、网站的运营数据，包括但不限于主要平台的浏览量、注册用户数量、平台商家数量、买家数量、活跃用户数量（MAU）、总成交金额（GMV）等。 （2）电子商务平台存在广告投放服务的，上市公司应当披露其广告收入金额，广告客户总量及变化情况。 （3）电子商务平台存在佣金收入的，上市公司应当披露其佣金收入金额，不同佣金的分类标准及报告期内客户数量变化情况。 （4）电子商务平台存在会员或其他增值服务收费的，上市公司应当披露各类业务的收入金额、付费用户数量、平均付费金额及报告期内变动情况。
	从事互联网营销业务的上市公司在披露公司经营情况时，应披露下列能反映公司业务构成、盈利能力、经营趋势的信息： （1）对于面向广告主的业务类型（包括需求方平台、广告交易平台、互联网营销方案策划、内容制作、投放代理等），说明广告主所处的主要行业领域，列示收入占比在10%以上的行业名称、收入金额及占比。 （2）按照直接类客户和代理类客户分别披露客户数量、收入金额及客户留存率（如适用）。 （3）对于各类主要业务，结合公司实际情况，分别按照媒介成本、数据成本、流量成本、人工成本等针对性披露营业成本构成。如媒介成本占该项业务比例在50%以上，应当说明不同采购计费模式（如包断计费、流量计费）下的采购金额。 （4）公司在单一平台交易金额占交易总额50%以上的，上市公司应当披露其名称和交易金额所占比例。
运营情况	从事互联网视频业务的上市公司应当披露报告期内互联网视频业务的关键业务指标，包括累计注册用户数、新增注册用户数、日均活跃用户数、付费用户数、ARPU值等。公司应当按照不同终端类型（如PC客户端、网页端、移动端、其他终端）分别披露前述通用指标，及其与同行业公司相应指标的对比（如能获得相关数据），说明公司在行业中的竞争地位。

要点	具体内容
运营情况	从事电子商务业务的上市公司通过互联网等信息网络销售商品或者提供服务的（包括自有平台、第三方平台、其他网络渠道等），上市公司应当结合自身业务的盈利模式和经营特点，充分披露各项业务的经营情况： （1）公司通过自有平台、第三方平台等不同渠道的销售收入占比，对于收入占比在10%以上的平台，列示其具体名称、销售金额及同比变动情况、销售模式、特殊销售政策等。 （2）公司核心产品品类的经营数据，包括但不限于总交易金额、总订单数、人均消费频次等。
	从事互联网营销业务的上市公司应当结合所处的产业链环节及从事的具体业务类型，披露下列能够反映公司业务特点、核心竞争力及经营风险的信息，并进行针对性分析及讨论： （1）对于需求方平台（DSP）、供应方平台（SSP）、广告交易平台（ADX）业务，应当重点披露公司广告业务的主要投放渠道，与主要媒介资源的合作情况或签订合同情况，包括门户网站、搜索平台、视频、电商、社交、直播等各类网站、应用开发商、手机厂商、自媒体等。 （2）对于互联网营销服务类业务（包括方案策划、内容制作、投放代理等），应当重点披露报告期内主要客户情况、服务的具体内容、广告主要投放渠道等。 （3）对于数据管理平台（DMP）业务，应当重点披露公司在用户数据及流量方面的竞争优势，包括数据及流量获取入口及方式、数据挖掘及处理能力、拥有的流量情况等（如覆盖群体、活跃用户、日均流量）。 上市公司还应当结合具体业务类型及经营管理活动中使用的关键业绩指标，披露可以反映广告投放效果及业务竞争力的指标，包括展示率、投放点击率、注册量、下载量、客户转化率、日均活跃用户、日均成交笔数等（如适用），以及核心技术优势情况等信息。

表3-3-146 关键流程

要点	具体内容
商业模式	从事互联网视频业务的上市公司应当对公司目前和即将从事业务的商业模式进行充分、易读、可理解的披露，包括商业模式说明、可能面临的风险等。
	从事互联网营销业务的上市公司应当充分披露公司所处的产业链环节、商业模式、价值实现过程、服务计费方式等，并结合业务模式重点披露相关业务指标、财务及非财务信息、核心竞争力等，便于投资者阅读和理解。
风险因素	从事互联网游戏业务的上市公司应当结合游戏行业发展情况、公司游戏业务和产品运营情况，充分披露可能对公司未来发展战略和经营目标实现产生重大不利影响的风险因素，包括行业政策变动风险、知识产权风险、单一游戏依赖风险、游戏产品生命周期风险、新游戏开发和运营失败风险、游戏平台吸引力下降风险等。
	从事互联网营销业务的上市公司应当结合行业发展情况、公司业务运营情况，充分披露可能对公司未来发展战略和经营目标实现产生重大不利影响的风险因素，如客户变动风险、媒体合作风险、数据来源及使用合法合规性风险、数据安全风险、商业道德风险、个人隐私保护法规变化风险等。

续表

要点	具体内容
风险因素	从事电子商务业务的上市公司存在多平台经营或多渠道销售,且平台、渠道收入占比在10%以上的,若其中一个或多个平台、销售渠道的主要经营数据同比下滑50%以上的,应详细披露原因并提示风险。 上市公司应当结合电子商务业务的发展情况及行业变化趋势,充分披露可能对公司未来发展战略和经营目标实现产生重大不利影响的风险因素,并披露公司在网络及数据信息安全、个人信息保护、消费者权益保护、商业道德风险等领域所实施的保障措施。
会计处理	从事互联网游戏业务的上市公司披露财务报告附注时,应当同时按照下列要求履行信息披露义务: (1)在披露主要会计政策和会计估计时,上市公司应当结合业务的盈利模式、产品特点、收费方式以及公司承担的义务和风险详细披露公司游戏开发和运营业务的收入确认、成本结转的具体方法。 (2)上市公司应当详细披露报告期末存货及无形资产余额前五名游戏的合计账面余额及其占公司全部存货、无形资产余额的比例,以及存货结转和无形资产摊销的方法(如适用)。
	从事互联网视频业务的上市公司在编制财务报表附注时,应当同时披露报告期内公司自制、外购和通过版权互换等方式所取得的视频版权成本金额及占比,计入存货或无形资产的金额,并对其成本结转或摊销方式进行说明,披露当年结转或摊销金额及余额变动情况,同时说明相关会计处理是否与同行业公司存在明显差异,如是,请说明原因。
	从事电子商务业务的上市公司应当结合电子商务业务的盈利模式、收费方式、结算时点以及公司承担的义务与风险,充分披露电子商务业务收入确认及成本结转的具体方法。
	从事互联网营销业务的上市公司在披露公司主要会计政策和会计估计时,应当结合具体的盈利模式、收费方式、结算时点以及公司承担的义务和风险,详细披露收入确认和成本结转的具体方法。

【例】上市公司年报披露节选

会计处理

本公司的营业收入主要包括网络游戏收入、云服务收入、提供劳务收入和让渡资产使用权收入。收入确认政策如下:

第一,网络游戏收入主要包括游戏运营和游戏著作权、运营权转让,游戏运营模式主要包括官方运营(包括公司自主运营、与游戏平台联合运营)和分服运营。

1. 官方运营收入的确认原则、方式和流程

(1)公司自主运营收入的确认原则、方式和流程。

公司是通过游戏玩家在网络游戏中购买虚拟游戏装备、某些特殊游戏功能模块或为游戏在线时间支付费用的方式取得在线网络游戏运营收入。游戏玩家可

以从公司的游戏点卡经销商处购得游戏点卡,也可以从公司的官方运营网站上通过银行借记卡、信用卡、手机支付以及银行转账等方式购得游戏点卡。游戏玩家可以使用上述游戏点卡进入公司的运营网络游戏中进行消费(如购买游戏虚拟装备及其他特殊游戏功能体验或购买游戏在线时间等)。

公司在道具收费模式下,游戏玩家可以免费体验公司在线运营的网络游戏的基本功能,只有游戏玩家购买游戏中的虚拟道具时才需要支付费用。销售游戏虚拟道具所取得的收入在游戏玩家实际使用虚拟货币购买道具时予以确认。其收入确认流程如下:

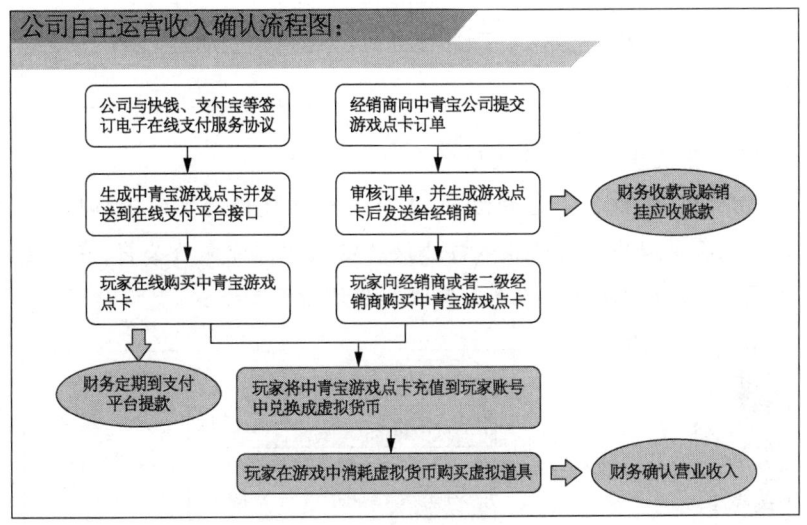

(2)与游戏平台联合运营收入的确认原则、方式和流程。

公司与多家大型网络游戏平台签订合作运营网络游戏协议,其玩家通过平台的宣传了解公司游戏产品,直接通过平台提供的游戏链接下载游戏客户端,注册后进入游戏。游戏用户通过购买平台发行的点卡充值到账户中兑换成虚拟货币,在游戏中购买道具等虚拟物品。虽然游戏玩家购买的是平台发行的点卡,并通过平台的链接进入到游戏,但是游戏的服务器由公司提供,游戏的维护、升级、客户服务等仍由公司负责。网络游戏平台将其在合作运营游戏中取得的收入按协议约定的比例分成给公司,在双方核对数据确认无误后,公司确认营业收入。其收入确认流程如下:

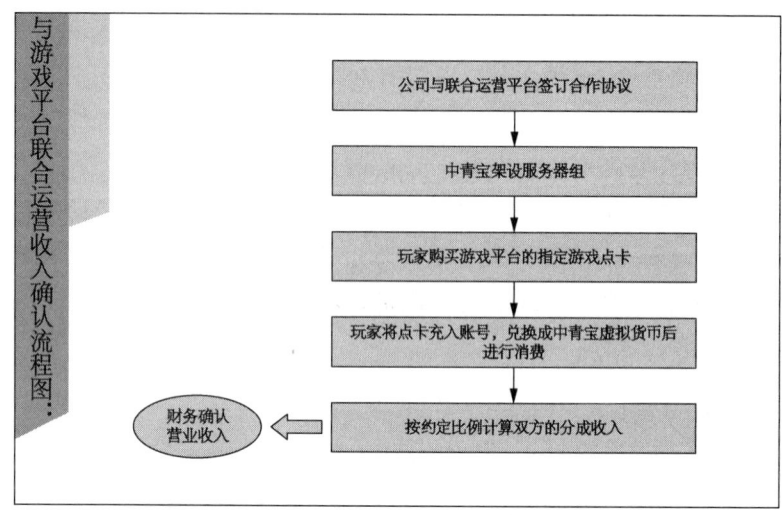

2. 分服运营服务收入的确认原则、方式和流程

公司与分服商签订合作运营协议，由公司为其提供约定的后续服务，分服商将其在合作运营游戏中取得的收入按协议约定的比例分成给公司，在双方核对数据确认无误后，公司确认营业收入。其收入确认流程如下：

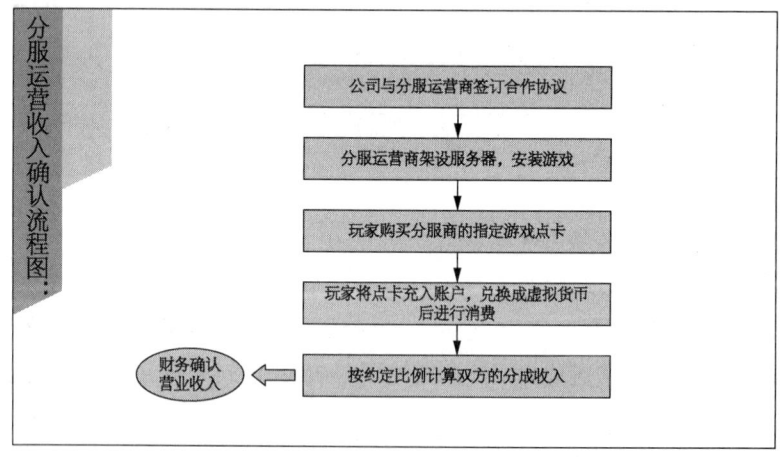

公司与分服运营商签订合作运营网络游戏协议，由于公司需后续不断提供服务，将一次性收取的版权金予以递延并列为其他流动负债项下的递延收益，分别于协议约定的受益期间内对其按直线法摊销确认营业收入。

3. 游戏产品著作权、运营权转让收入的确认原则、方式和流程

公司按照合同条款将游戏产品交付对方后，由于公司不再提供与该款游戏相关的任何服务，同时也不再享有该游戏相关的权益，于对方验收合格后一次性确认营业收入。

第二，云服务收入主要包括数据中心机房出租收入、提供相关维护服务及相关增值服务收入。

云服务收入的确认原则为：相关资产已经由承租人使用，根据合同约定的方法确认租金收入。

具体的收入确认方法为：合同约定██████████████约定，按月与客户确认《数据中心月度结算表》，并根据月度结算表开具发票，确认收入。合同约定机柜租赁及带宽租赁分成的，按合同约定分成比例，同时取得由运营商确认的结算清单时确认收入。

第三，提供劳务收入。

对在提供劳务交易的结果能够可靠估计的情况下，本公司于资产负债表日按完工百分比法确认收入。

劳务交易的完工进度按已提供的劳务占应提供的劳务总量的比例确定。本公司具体按照客户对成果的验收，同时取得验收确认单时确认收入。

提供劳务交易的结果能够可靠估计是指同时满足：①收入的金额能够可靠地计量。②相关的经济利益很可能流入企业。③交易的完工程度能够可靠地确定。④交易中已发生和将发生的成本能够可靠地计量。

如果提供劳务交易的结果不能够可靠估计，则按已经发生并预计能够得到补偿的劳务成本金额确认提供的劳务收入，并将已发生的劳务成本作为当期费用。已经发生的劳务成本如预计不能得到补偿的，则不确认收入。

第四，让渡资产使用权收入。

与交易相关的经济利益很可能流入企业，收入的金额能够可靠地计量时，分别按下列情况确定让渡资产使用权收入金额：

（1）利息收入金额，按照他人使用本公司货币资金的时间和实际利率计算确定。

（2）使用费收入金额，按照有关合同或协议约定的收费时间和方法计算确定。

【提示】

对于从事游戏业务的公司,在对年报进行披露时,应根据游戏业务和产品特点,结合不同的收费方式以及公司承担的义务和风险,详细披露公司游戏开发和运营业务收入确认的具体方法。在本例中,该上市公司按照不同的运营模式和业务模式,分别介绍了网络游戏收入、云服务收入、提供劳务收入和让渡资产使用权收入的确认方法,并且通过图示的方式对收入确认的流程进行阐释,表达清晰,能够更加准确地帮助年报阅读者获取信息。

三十四、███

(一) 适用的指引

深交所《创业板行业信息披露指引第 9 号——上市公司从事 LED 产业链相关业务》[LED(英文名称为 light emitting diode、中文名称为发光二极管)产业链相关业务是指 LED 产业链相关核心产品的研发、生产、销售等业务活动,主要包括上游的 LED 芯片衬底材料、外延片及芯片领域,中游的 LED 封装领域,下游的 LED 照明、显示、背光等应用领域,以及 LED 产业链的其他关键产品或设备]

(二) 年报披露要求

LED 产业链相关行业上市公司年报一般要求披露行业宏观、客户市场、关键资源、关键流程等相关内容,具体如表 3-3-147 至表 3-3-150 所示。

表 3-3-147 行业宏观

要点	具体内容
行业发展状况	上市公司应当披露行业现状及未来发展趋势。

【例】上市公司年报披露节选

公司所处行业的基本情况

(1) LED 驱动电源行业基本情况。

① LED 驱动电源是影响 LED 照明灯具可靠性的重要部件。

LED 驱动电源是影响 LED 照明灯具可靠性的重要部件。作为 LED 照明灯具不可或缺的一部分,LED 驱动电源对 LED 照明灯具的可靠性具有重要影响,驱动电源的质量稳定性是 LED 照明灯具寿命的短板。LED 驱动电源已成为 LED 照明大规模推广的瓶颈,也是制约 LED 照明产业发展的关键因素之一。并且,LED 驱动电源在 LED 整灯成本中占比达到 20%~30%，如何提高驱动电源的品质和性价比，成为电源企业的研发重心。

② LED 驱动电源市场规模将保持较快增长速度。

LED 驱动电源市场规模受到 LED 照明市场的直接影响。随着 LED 照明市场规模的持续较快增长，LED 驱动电源市场需求将进一步被释放出来，预计未来几年全球 LED 驱动电源销售规模仍将保持稳步的上行增速，市场容量持续扩大，至 2020 年，全球 LED 驱动电源市场规模预计将超过 60 亿美元。

全球 LED 驱动电源市场规模增长情况

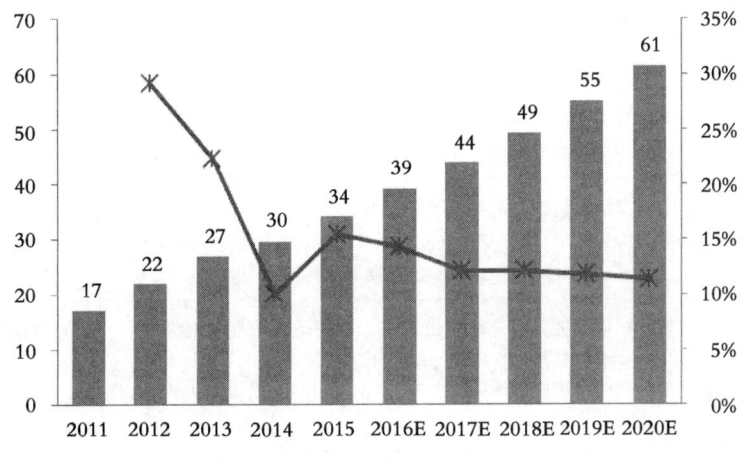

数据来源：灼识咨询。

③ LED 驱动电源的主要生产基地和主要销售市场。

中国大陆（特别是珠三角和长三角地区）由于电子配套产业链完善，并且劳动力成本（包括研发人员成本）相对较低，已成为全球 LED 驱动电源行业的主要集聚地。LED 驱动电源的销售市场主要集中在中国、欧洲、美国和日本市场等区域。

(2) 行业的周期性和季节性。

① 周期性。

LED 行业属于国家鼓励发展的节能环保行业，在未来较长时期内将保持稳步增长，LED 驱动电源行业因此也迎来较长的行业景气周期。

② 季节性。

LED 驱动电源行业整体季节性特征并不明显,但由于春节假期的影响,每年一季度产销量相对较低。

【提示】

LED 被称为第四代照明光源或绿色光源,具有节能、环保、寿命长、体积小等特点,可以广泛应用于各种指示、显示、装饰、背光源、普通照明和城市景观照明等领域,但其可能涉及上游、中游、下游的不同领域。在本例中,该公司结合自身情况,披露了所处的 LED 驱动电源细分行业的基本情况及行业特点。

表 3-3-148 客户市场

要点	具体内容
竞争对手情况	上市公司应当披露同行业公司(含非上市公司)的名称、基本情况。
行业地位	上市公司应当披露公司目前所处 LED 产业链的环节、业务模式、市场地位及变化情况、核心竞争力分析、公司具备的重要业务资质、报告期内行业的重大技术创新、公司的重大研发成果及其对公司生产经营和未来发展的具体影响等。
经营信息	上市公司应当披露报告期内销售收入占公司营业收入 10% 以上产品的销售量、销售收入、销售毛利率,并进行同比变动分析。 上市公司应当按照销售模式类别(直销、代销、经销等)披露报告期内及去年同期的销售收入构成。
海外市场	若报告期内公司产品海外销售收入占同期营业收入 30% 以上的,上市公司还应当披露主要收入来源地(大洲或国家、地区等)的名称、销售的产品、销售数量、销售收入、报告期内当地行业政策、汇率或贸易政策发生的重大不利变化及其对公司当期和未来经营业绩的影响情况。

表 3-3-149 关键资源

要点	具体内容
关键技术指标	上市公司应当披露报告期内占公司营业收入 10% 以上产品的关键技术指标。LED 产业链各环节主要产品相关的关键技术或性能指标如下: (1) 从事 LED 芯片衬底材料业务的,披露衬底的材料类别(蓝宝石、碳化硅、硅等)、长晶方法、长晶尺寸、综合良率等。 (2) 从事 LED 外延片业务的,披露 MOCVD(英文名称为 metal-organic chemical vapor deposition,中文名称为金属有机化合物化学气相沉淀)设备各机型(2 英寸、4 英寸、6 英寸等)的数量、外延片产品的综合良率等。

续表

要点	具体内容
关键技术指标	(3) 从事 LED 芯片业务的,披露芯片产品的发光波长、发光颜色、结构类型(正装、倒装等)、综合良率等。 (4) 从事 LED 封装业务的,披露封装产品的封装类型、产品用途(照明、显示、背光等)、综合良率等。 (5) 从事 LED 照明业务的,披露照明产品的具体应用领域(室内照明、汽车照明、景观照明)、综合良率等。 (6) 从事 LED 显示业务的,披露显示技术情况(小间距 LED、mini LED、micro LED 等)、显示屏产品的像素间距分类构成、应用领域等。 (7) 从事 LED 背光业务的,披露背光产品类型、综合良率、应用领域等。 (8) 从事 LED 重要设备、材料、组件及其他产品研发、生产、销售业务的,披露相关产品的应用领域、重要性能指标等。 上市公司应详细披露指标含义、指标变化情况及其反映的技术水平变化情况,重点分析指标变化的原因及其对公司当期和未来经营业绩的影响情况,并保持指标的合理性、一致性、可比性。
产能情况	上市公司应当披露报告期内销售收入占公司营业收入 10% 以上产品的产能、产量、产能利用率、在建产能等。

表 3-3-150 关键流程

要点	具体内容
重大风险	日常生产经营过程中出现下列情形之一的,上市公司应当在定期报告中进行风险提示: (1) 占公司最近一个会计年度销售收入 30% 以上产品的销售均价出现大幅下跌,下跌幅度较年初超过 30%。 (2) 市场出现新的产品或者技术路线,可能对公司核心竞争力造成重大不利影响。 (3) 报告期内公司业绩严重依赖政府补助,当期政府补助确认损益金额达当期利润总额绝对值 30% 以上,并详细说明政府补助未来期间的可持续性。 (4) 被有关方提起对公司有重大影响的专利侵权诉讼。 (5) 相关行业政策、贸易政策等发生重大变化。

三十五、

(一) 适用的指引

深交所《创业板行业信息披露指引第 11 号——上市公司从事工业机器人产业链相关业务》[工业机器人是指面向工业领域的集机械、电子、控制、计算机、传感器、人工智能等多学科先进技术于一体的自动化装备。上市公司从事工业机器人产业链相关业务是指进行工业机器人产业链相关核心产品的研发、生产、销售等业务活动。其中,核心产品主要是指机器人核心零部件(如减速器、伺服电机、控制器等)、工业机器人本体、工业机器人系统集成装备或解决方案等]。

(二) 年报披露要求

工业机器人产业链相关行业上市公司年报一般要求披露行业宏观、客户市场、关键资料等相关内容,具体如表3-3-151至表3-3-153所示。

表 3-3-151 行业宏观

要点	具体内容
行业发展状况	上市公司应当充分披露所处行业的基本情况,包括但不限于主要同行业公司(含外资企业、国内上市公司、非上市公司等)的简要情况、行业内国产产品的市场份额及其变化情况,以及公司产品的市场地位、技术水平及竞争优势与劣势等。 上市公司可结合自身产品情况划分所属细分行业或大行业并选择统计口径,从定性或定量角度分析行业内国产产品的市场份额变化情况及其呈现的趋势。在产品结构未发生较大调整情况下,不同年度对所属细分行业或大行业的划分应当保持口径一致。

表 3-3-152 客户市场

要点	具体内容
生产经营情况	上市公司应当按照行业指引要求披露下列相关信息: (1) 报告期内所销售产品(项目)的产能(包括名义产能和实际产能)、产量、销量等;如相关产品的产销量难以用台(套)等统计单位准确核算的,可采用金额进行披露。 (2) 报告期内所销售产品(项目)的主要客户名称及其所属行业。 (3) 报告期内所销售产品(项目)新增订单、确认收入订单及期末在手订单的数量和金额。 (4) 报告期内分类别的产品销售收入、毛利率及其变化情况。从事工业机器人本体业务的,按产品类别和产品来源类别(包括自制、组装和贸易等,其中自制是指自主生产的核心部件成本占50%以上情形,组装是指自主生产的核心部件成本低于50%情形,贸易为核心部件全部外购)披露;从事工业机器人系统集成业务的,按终端应用市场披露。上市公司可结合实际情况对产品类别或终端应用市场进行分类披露。
工业机器人系统集成装备或解决方案业务	上市公司应当按照行业指引要求披露下列相关信息: (1) 产品的主要功能、主要应用领域及其发展阶段、市场规模等,公司可以按产品的应用领域进行归集,选择营　　　　　　　　　　　　　　场规模。 (2) 核心零部件的自　　　　　　　　　　　 (3) 按终端应用市场分类别披露应收账款期末余额情况。 (4) 报告期内研发投入情况、新产品投入情况及主要储备技术研发进展情况。
工业机器人核心零部件或本体相关业务	本季度公司产品整体市场销售均价较去年同期变动30%以上的,应在定期报告中详细说明变动原因及未来的价格变动趋势,并结合价格和销量变化说明对公司生产经营的影响。

表 3-3-153 关键资源

要点	具体内容
关键技术或性能指标	上市公司应当按照行业指引要求披露下列相关信息： （1）减速器的技术类型、一致性水平、精度等。 （2）伺服电机主要驱动方式、功率质量比等。 （3）工业机器人本体的类别、应用领域、负载、重复性精度等。 （4）工业机器人系统集成装备或解决方案的应用功能、工艺及性能要求。 上市公司可结合实际情况选择其他能够反映产品核心竞争力的关键技术或性能指标，在披露所销售产品的关键技术或性能指标时，应当详细披露指标含义、指标变化情况及其反映的技术水平变化情况，并重点讨论与分析指标变化的原因及其对公司当期和未来经营业绩的影响情况。
工业机器人系统集成装备或解决方案业务	本季度核心零部件采购价格较去年同期变动30%以上的，上市公司应在定期报告说明价格变化对公司当期和未来经营业绩的影响。

三十六、

（一）适用的指引

深交所《创业板行业信息披露指引第 13 号——上市公司从事锂离子电池产业链相关业务》[锂离子电池产业链相关业务包括从事正极材料及其前驱体、负极材料、隔膜、电解液（含电解质）、单体电池、电池组及电池管理系统、相关制造设备、回收利用等业务]

（二）年报披露要求

锂离子电池产业链相关行业上市公司年报一般要求披露行业宏观、客户市场、关键资源、战略规划、关键流程等相关内容，具体如表 3-3-154 至表 3-3-158 所示。

表 3-3-154 行业宏观

要点	具体内容
行业发展状况	上市公司应当披露所处锂离子电池产业链的位置、所处细分行业发展现状及未来发展趋势、公司经营情况与行业发展是否匹配，如公司情况与行业情况存在较大差异，应当分析原因。

【例】上市公司年报披露节选

报告期内，锂离子电池化学品市场竞争日趋激烈，未来国内仍将会有新增产能不断投入进来,竞争将会更加激烈,行业整合与洗牌态势不可避免。受新能源汽车行业政策调整和出口形势等影响,动力锂电池电解液市场需求和销售增速可能放缓,但整个行业发展趋势良好,新能源汽车短期补贴政策调整不会影响新能源汽车行业长期发展步伐。

报告期内,锂离子电池化学品业务实现营业收入 107 249.82 万元,同比增长 11.79%。锂电池化学品业务的增长得益于国家新能源汽车市场的蓬勃发展所带来的销售增长。但 2018 年市场环境竞争异常激烈,上游原材料价格持续波动,电解液行业价格总体承压且处于低位。报告期内,公司注重通过技术的提升为客户带来长期价值,以质取胜,追求锂电化学品业绩长期高质量增长。

【提示】

创业板锂离子电池产业链相关业务指引是于 2019 年 11 月最新发布的,对比本例中的公司在 2018 年年度报告中披露的锂离子电池行业发展状况及锂离子电池化学品业务等信息,可以发现,该公司较好地介绍了公司产品所处细分行业发展现状及未来发展趋势,也说████████████████████████因素,具有较高的借鉴意义。

表 3 3-155　客户市场

要点	具体内容
公司行业地位	上市公司应当披露细分行业的市场竞争状况、公司的市场地位以及是否发生较大变化、核心竞争力,报告期内行业或者公司重大技术创新变化、同行业主要可比公司简要情况等。
产品销售情况	上市公司应当披露报告期内及去年同期销售收入占公司营业收入 10% 以上产品或业务的销售量、销售收入、销售毛利率及其变化情况。
销售价格	占公司最近一个会计年度销售收入 30% 以上产品的销售均价较期初变动幅度超过 30% 的,上市公司应详细说明波动原因及未来的价格变动趋势,并结合价格和销量变化说明对公司生产经营的影响。
海外收入	报告期内上市公司从事锂离子电池产业链相关业务的海外销售收入占同期营业收入 30% 以上的,上市公司应当披露主要收入来源地、产品名称、销售量、销售收入、回款情况,报告期内当地行业政策、汇率或贸易政策是否发生重大不利变化,如是,上市公司应当披露对公司当期和未来经营业绩的影响情况。

第四章 上市公司年度报告制作软件及系统

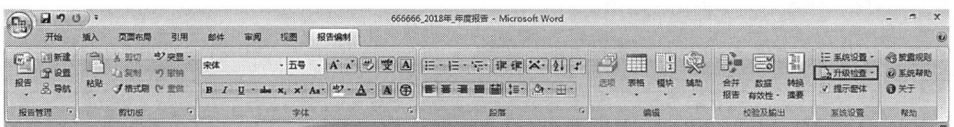

图 4-1-3 "升级检查"项

三、编制软件报告编制功能介绍

在报告编制过程中主要使用到的系统功能,集中在"报告编制"菜单中的以下项目,如表 4-1-1 所示。

表 4-1-1 报告编制过程中主要使用的系统功能

项目	图标	功能
报告管理		新建报告、打开报告文档、导入数据、查看或修改内容选项、升级报告、备份报告;设置报告基本属性;查看文档结构图
剪贴板		剪切、复制、粘贴及格式编辑功能
编辑		实现对报告中模块及表格的编辑功能
校验及输出		合并报告;数据有效性校验;转换报告摘要
系统设置		设置公司信息及报告一般设置;进行升级检查;选择是否显示提示窗体
帮助		查看披露规则;查看系统帮助

四、创建年度报告文件

(1) 启动编制软件。

(2) 在"报告管理"项中,单击"新建"按钮或者单击"报告"下拉框中的"新建报告"按钮。

(3) 在弹出的对话框中,选择"定期报告"选项,选择合适的报告属性,并确定保存。选择时请确认关键信息:报告年度、报告周期、公司类型、披露日期、公司代码、所在板块等信息,如图 4-1-4 所示。

根据上市公司选择的一般企业、商业银行、证券公司或保险公司的公司类型,编制软件将自动生成相应的报告模板。

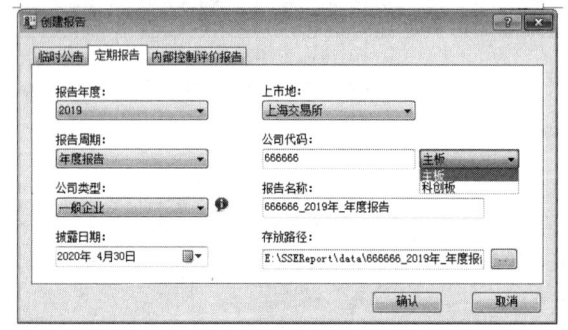

图 4-1-4 "定期报告"选项

新建报告默认保存在软件安装路径下的"data"文件夹下,一份报告为一个子目录。上市公司可根据需要,修改存放路径。

(4) 对于首次创建报告文件的公司,系统将自动提示进行公司信息的系统设置。对于已创建过报告文件的公司,按照报告编制新建向导的提示,进行公司信息确认。

新建报告后,如发现公司信息填写有误,可在"报告管理"项中,单击"设置"修改报告属性。注意,界面中的灰色信息无法修改,如图 4-1-5 所示。

图 4-1-5 "报告设置"项

(5)根据"上市公司行业信息披露指引"选择适用的行业,年度报告"经营情况讨论与分析"章节中将自动增加相应的行业经营性信息分析的内容,如图4-1-6所示。

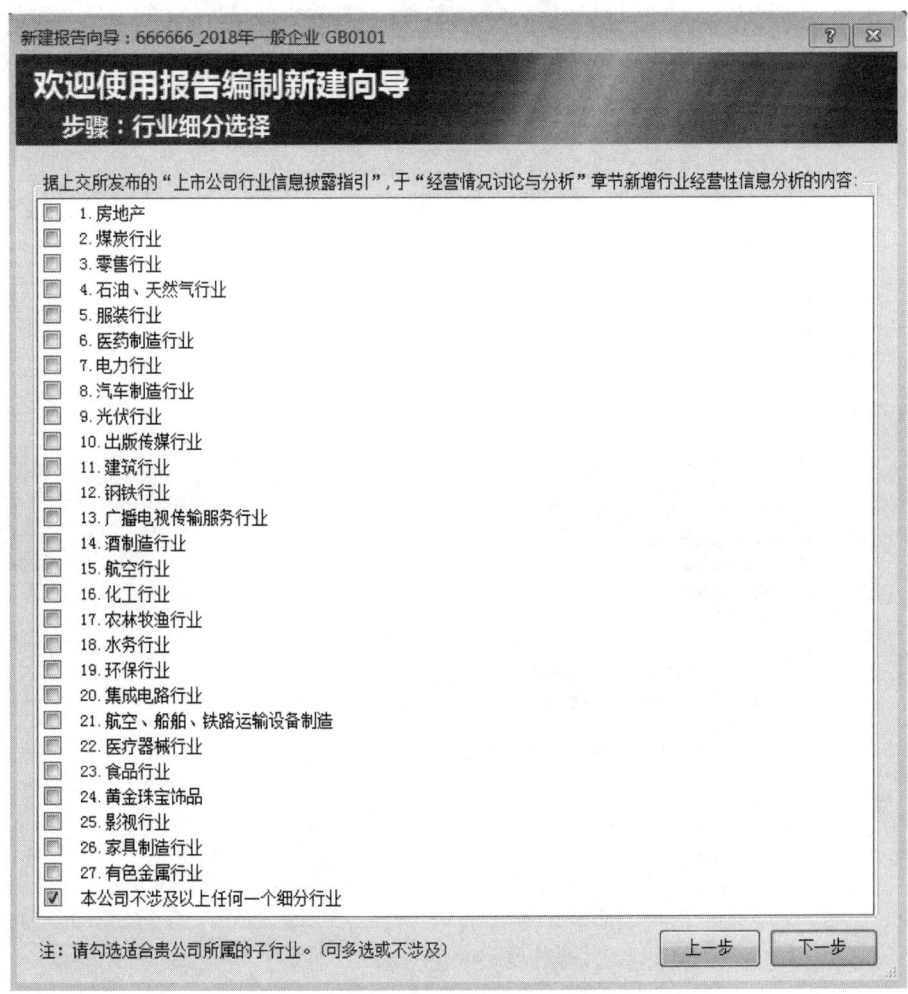

图4-1-6 行业细分选择

（6）进行报告选项设置，如图4-1-7所示。

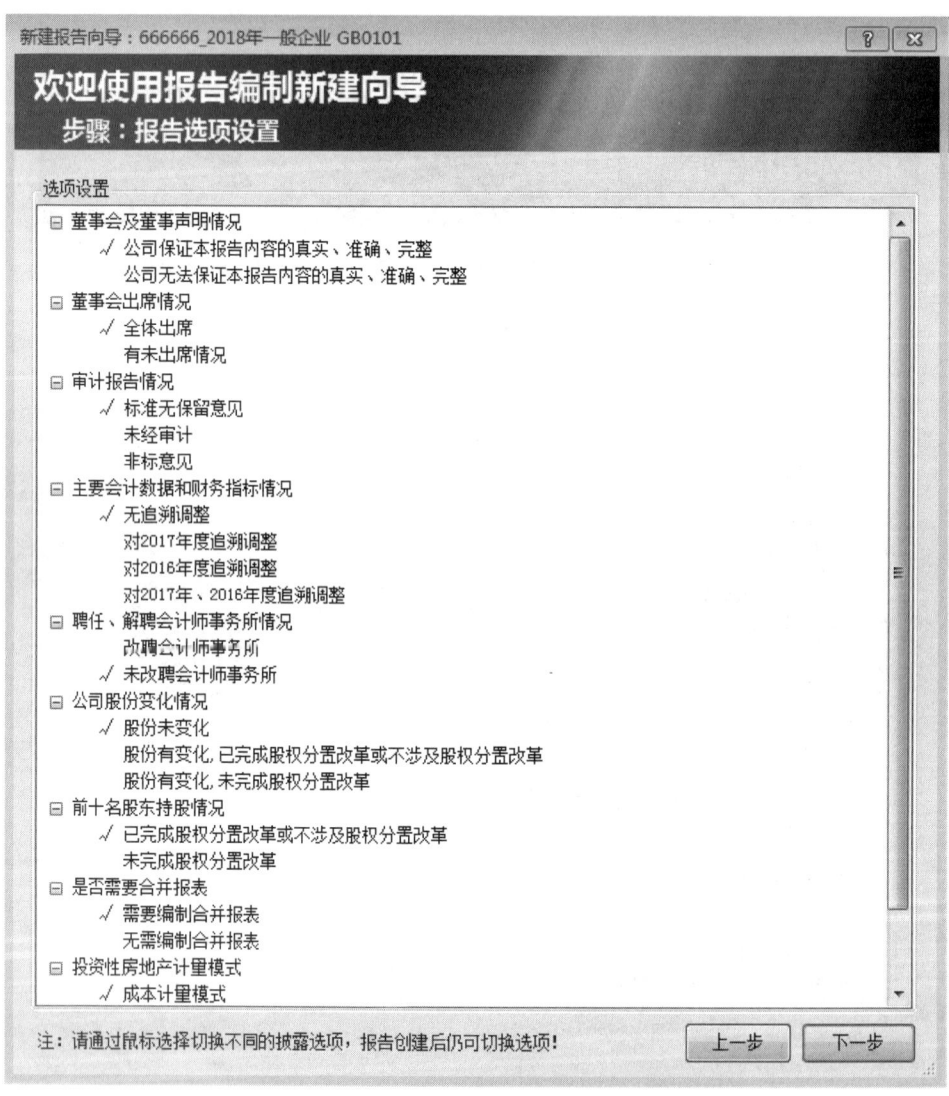

图4-1-7　报告选项设置

新建报告后，如发现报告选项发生变化或者设置有误，可在"报告管理"—"报告"下拉框中，单击"显示选项"来进行修改，如图4-1-8所示。

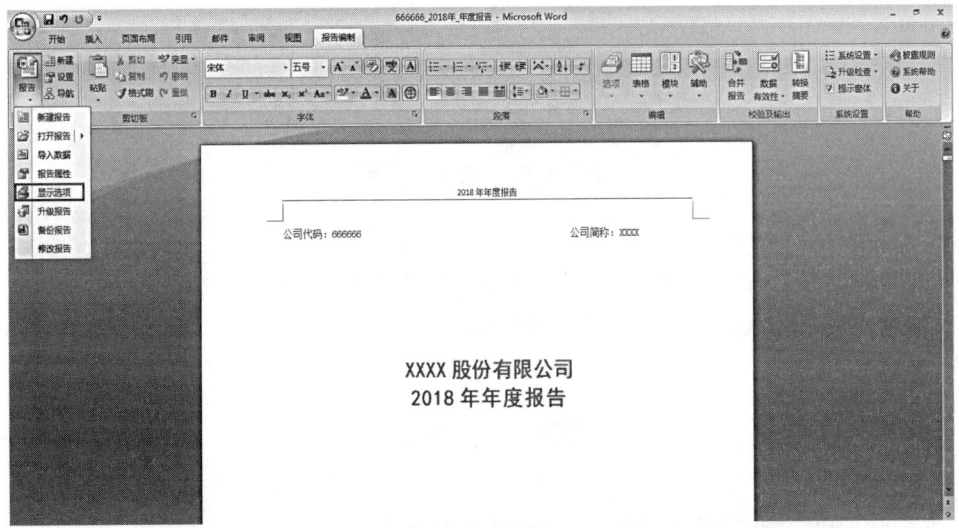

图 4-1-8 修改报告

（7）完成年度报告文件创建。系统将自动创建年报全文提纲，供上市公司填入相关信息，进行年报编制。

五、编制年度报告

（一）术语解释

内容控件：借助开发工具，嵌入普通 Word 文本中的，以蓝色边框围成的区域。狭义上的内容控件是指用于录入单个数据的元素控件。

模块：将一份 Word 报告，按照业务相关性，划分成一个个小的逻辑单元，称为"模块"。一个模块，由一个最外层的内容控件所包围。

（二）查阅披露规则

编制软件中已预先嵌入了"披露规则"，供上市公司在年报编制过程中查阅。获取"披露规则"帮助有两种途径：

（1）将光标置于 Word 报告相关章节，按下"F1"键获取"披露规则"帮助。

（2）将光标置于 Word 报告相关章节，单击"帮助"—"披露规则"项获取帮助，如图 4-1-9 所示。

图 4-1-9 "披露规则"项

(三) 录入数据

报告新建打开后,开始进行录入数据。单击需要填写的内容控件,控件处于选中状态即可输入内容,如图 4-1-10 所示。

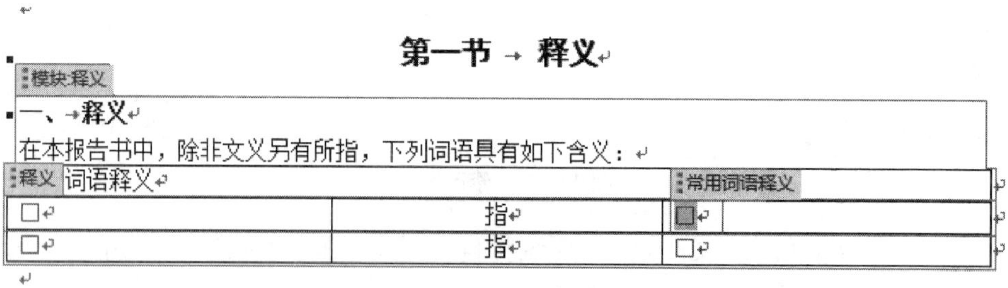

图 4-1-10 输入内容

报告中的数据,可以通过粘贴来录入。表格支持单个数据粘贴、单行/列或多行/列数据粘贴和整表粘贴。

粘贴时,先在数据源的文档中选中并复制需要拷贝的数据,然后将光标放在粘贴区域的第一个单元格上,使用"报告编制"—"粘贴"—"粘贴表格"功能进行粘贴。如多行/列数据粘贴,在粘贴之前,请先完成表格内行/列的扩展。

注意,数据及文字内容一定要填入相应的控件内。目前,编制软件只支持插入图片、超链接、网址及邮箱链接,暂时不支持图文框、SmartArt1、艺术字和图标。

(四) 导入数据

上市公司在报告编制过程中,可以通过单击"报告管理"—"导入数据"项来进行数据导入,如图 4-1-11 所示。

第四章　上市公司年度报告制作软件及系统 | 371

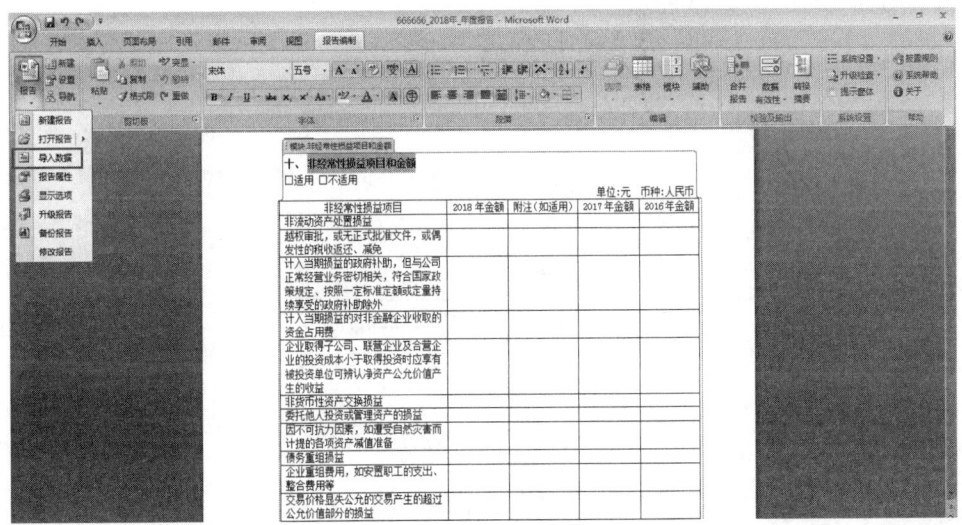

图 4-1-11　导入数据

导入数据分三种情况：导入至当前表格、导入至当前模块和导入所有数据，如图 4-1-12 所示。

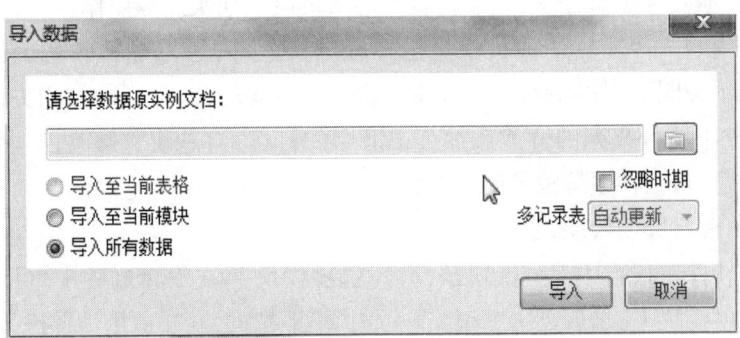

图 4-1-12　导入数据的三种情况

选择的数据源实例文档为一份带有内容控件的 Word 文档，手动勾选忽略时期，然后选择导入数据情景导入数据。系统会自动匹配相同元素名，将数据准确导入报告。

（五）添加删除行、列

以添加行为例，将光标定位于某行内部，选择"编辑"—"表格"下拉框中的添加行按钮,如图 4-1-13 所示。

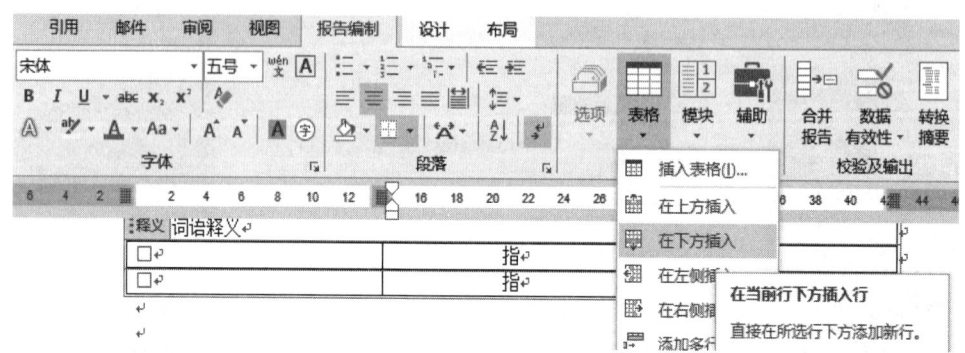

图 4-1-13 添加行

如果公司使用"布局"中"行和列"组中的选项,或者右键显示的"插入"中的选项,也可以达到同样的效果。添加方式与添加行相似。通常如果需要在既定表格中添加自定义科目,可以通过添加行的方式进行。

【提示】

(1) 在表格编辑过程中,一定要注意通过"报告编制"菜单下的表格编辑功能来操作,而不要直接通过 Word 软件自带的菜单或其他快捷键操作。

(2) 编制软件提供的模板信息已经固定,每个内容控件都和特定数据项关联。如果系统既定表格中的个别行或列的科目不适用公司,可以将相关行或列删除,再通过添加行或列的方式添加公司适用的科目,但是切勿修改控件里表格的行和列标题,否则在系统校验时将会报错。

(六) 填写选项模块

编制软件对报告中部分模块预设为"选项模块",在编辑过程中,可以将光标定位在选项模块上,之后点击"编辑"—"选项"下拉框,选择适用情形进行切换,系统将自动调整相应的填报内容。如:"主要会计数据",默认状态为"无追溯调整",填报表格如图 4-1-14 所示。

第四章　上市公司年度报告制作软件及系统 | **373**

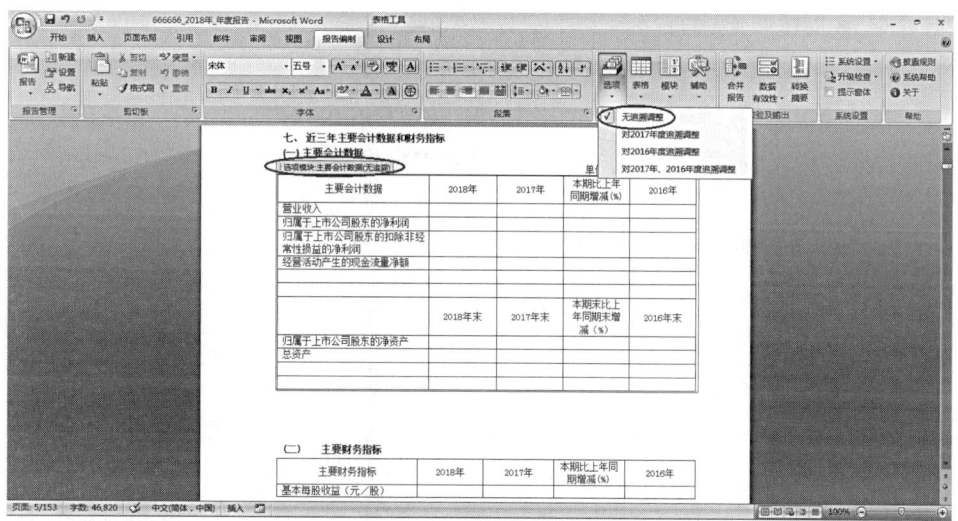

图 4-1-14　"主要会计数据"填报表格（无追溯调整）

将"无追溯调整"切换至"对 2017 年度追溯调整"之后，填报表格增加了 2017 年度调整前后的数据填报列，如图 4-1-15 所示。

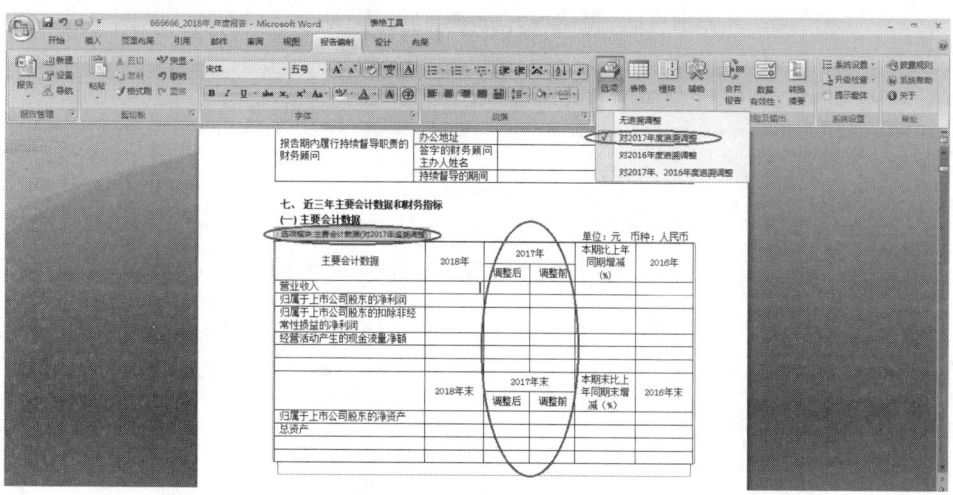

图 4-1-15　"主要会计数据"填报表格（对 2017 年度追溯调整）

【提示】

对设置为选项模块的内容填报，一定要根据公司的实际情况选择适用情形后再填报相关内容，而不能自行对表格进行删减修改，否则将导致填报内容与选项不对应,数据校验无法通过。

(七)不适用情形处理及删除模块

在编制报告的过程中,遇到不适用的情形,可以在模块内双击选择“不适用”项。以报告期内优先股回购情况为例,系统默认需要填报的信息如图 4-1-16 所示。

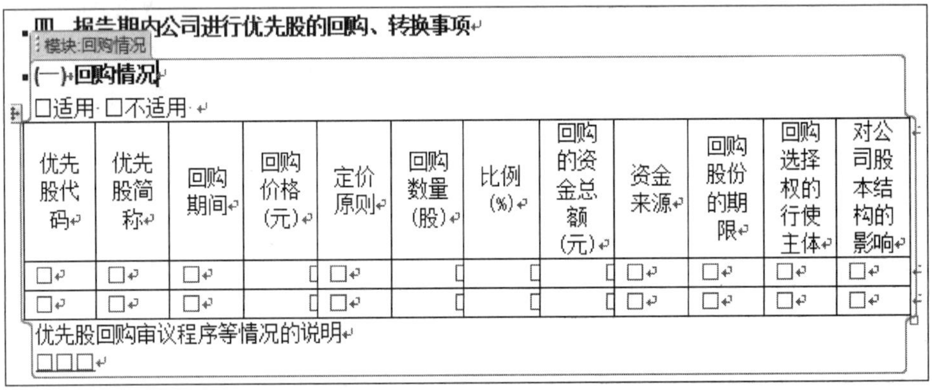

四、报告期内公司进行优先股的回购、转换事项

模块:回购情况

(一)回购情况

□适用 □不适用

优先股代码	优先股简称	回购期间	回购价格(元)	定价原则	回购数量(股)	比例(%)	回购的资金总额(元)	资金来源	回购股份的期限	回购选择权的行使主体	对公司股本结构的影响
□	□	□	□	□	□	□	□	□	□	□	□
□	□	□	□	□	□	□	□	□	□	□	□

优先股回购审议程序等情况的说明

□□□

图 4-1-16 “回购情况”编辑模块

当双击勾选“不适用”后,报告显示如图 4-1-17 所示。

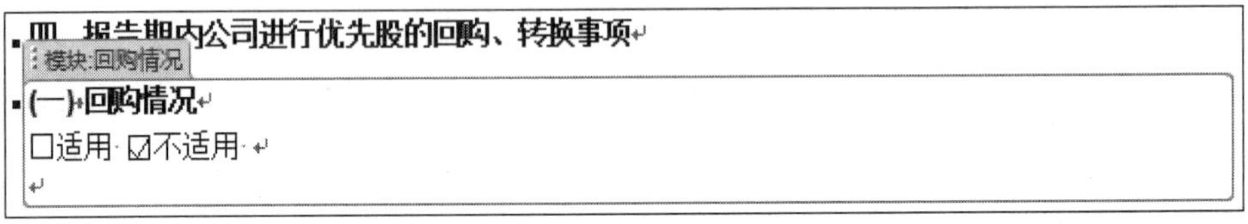

四、报告期内公司进行优先股的回购、转换事项

模块:回购情况

(一)回购情况

□适用 ☑不适用

图 4-1-17 “回购情况”编辑模块(勾选不适用后)

但通过选择“不适用”项,报告中还是会留有该模块的标题。如果公司想删除整个模块,则需将光标放在模块内,通过“编辑”—“模块”下拉框,点击“删除模块”进行操作,如图 4-1-18 所示。

【提示】

(1)设置了必填项的模块无法删除模块。

(2)通过“编辑”—“模块”下拉框,点击“查询模块”—“显示删除模块”,报告右侧即可显示出“模块列表”,列明已删除的模块。

(八)恢复模块

如对模块进行了误操作,可通过恢复模块来恢复。

图 4-1-18 删除模块

（1）单模块恢复。将光标定位在要恢复的模块内，通过"编辑"—"模块"下拉框，点击"恢复模块"进行操作，如图 4-1-19 所示。点击后，系统会提示"恢复模块：是否需要保留数据？"，如图 4-1-20 所示，然后点击"是"或者"否"即可恢复当前模块。

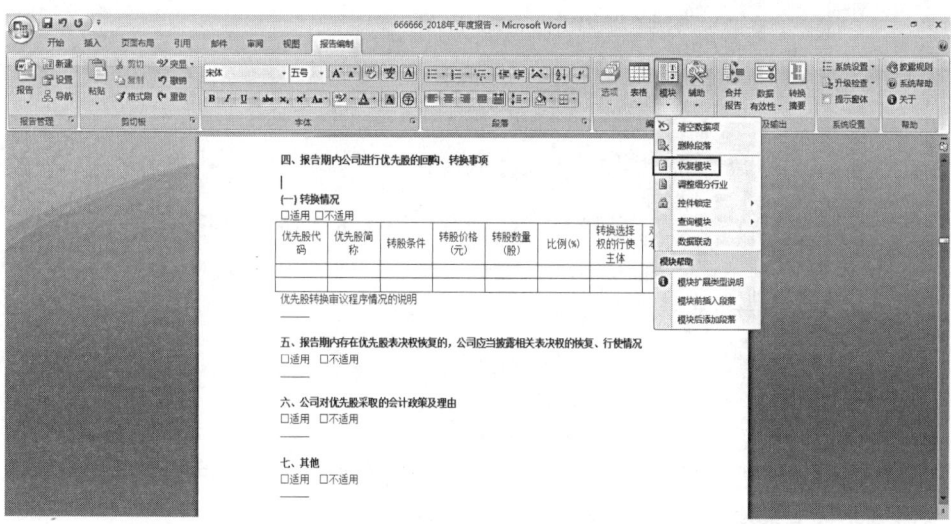

图 4-1-19 恢复模块

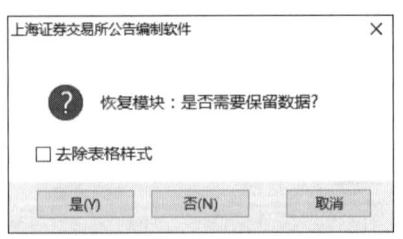

图 4-1-20 恢复模块提示框

（2）选择恢复范围恢复。如误删除一个或多个模块，可以通过选择恢复范围进行恢复。

将光标放在要恢复的章节节点中（请勿放在某模块内），通过"编辑"—"模块"下拉框，点击"恢复模块"，系统弹出"恢复模块选择"窗口，如图 4-1-21 所示，右击选择要恢复的开始及结束位置或按"shift"键加鼠标设置恢复范围，如图中操作说明，然后点击"恢复"，即可恢复所选章节。

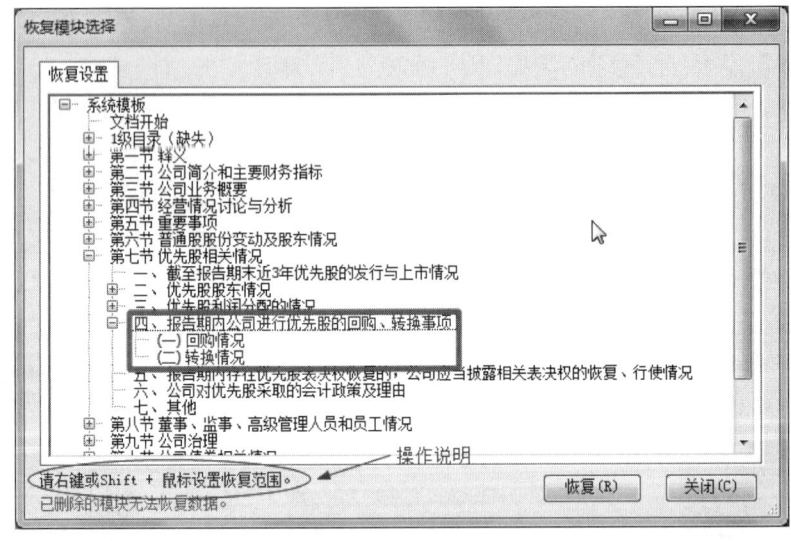

图 4-1-21 完成恢复

（3）公司还可通过"编辑"—"模块"下拉框，点击"查询模块"—"显示删除模块"，在拟恢复的模块上通过右键选择"恢复模块"。

（九）定制模块

当公司所要披露的内容与系统模块预制模板差异很大时，编制软件允许公司定制模块。在定制模块之前,公司应该尽可能在系统模板中填入数据内容;然后通过单击"编辑"—"模块"下拉框,点击"定制模块"后,将公司自定义内容输入或粘贴到定制模块内。

如需修改系统模板数据,可以将光标定位在模块内,通过"编辑"—"模块"下拉框,点击"显示系统模板",进行内容修改,完成后再切换回定制模板状态(点击"编辑"—"模块"—"显示自定义内容")。

(十)报告合并

常见的报告合并情况是每个人在自己电脑上新建一份报告,分工编制,最后通过单击"校验及输出"—"合并报告"项进行合并,如图4-1-22所示。

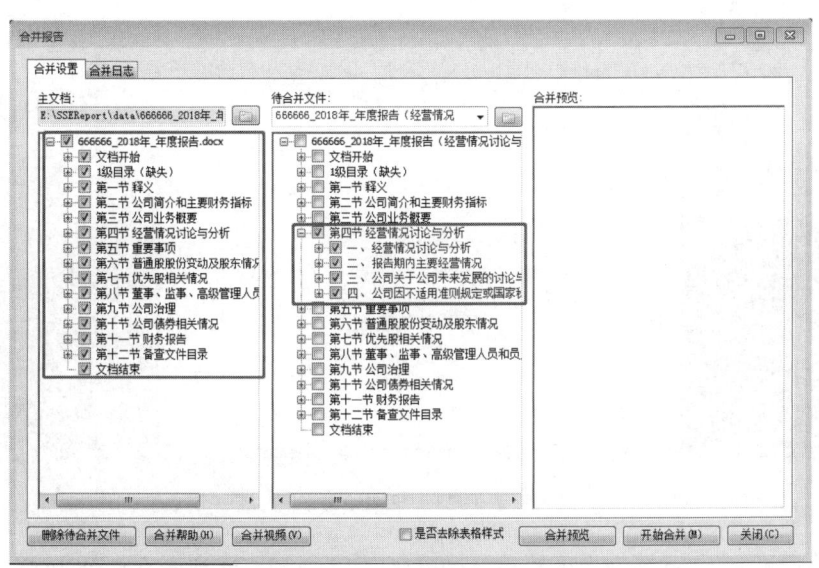

图4-1-22 "合并报告"项

合并报告时,主文档所有章节默认全部勾选,待合并文档仅勾选需要并入主文档的章节或模块。合并后,待合并文档中被勾选的部分模块内容,将覆盖主文档相应模块内容。在实际操作时,可以点击合并预览查看文档结构是否正确,如需调整,可以在合并预览中直接拖动进行修改。

如果合并报告时,提示待合并文档加载大纲失败,公司可以检查一下报告中是否有非法超链接存在,如有,使用报告编制下的"辅助"—"修复报告文档"—"修复超链接"功能,取消超链接,再进行合并即可。

有时公司合并报告后会发现章节序号不正常,往往是因为合并前的文档章节有所调整,格式异常导致。因此,公司需要先通过 Word 导航功能查看主文档与待合并文档的章节序号是否整齐,确保无误后,再行合并。同样的,删除内容等对文档结构有改变的操作也建议在合并完成后进行,以免在合并时发生错误。

(十一) 数据有效性校验

在报告编制过程中和编制完成后,公司可以通过单击"校验及输出"—"数据有效性"下拉框,点击"数据校验"进行所有模块数据校验,或点击"单模块校验"进行单模块校验,如图 4-1-23 所示。

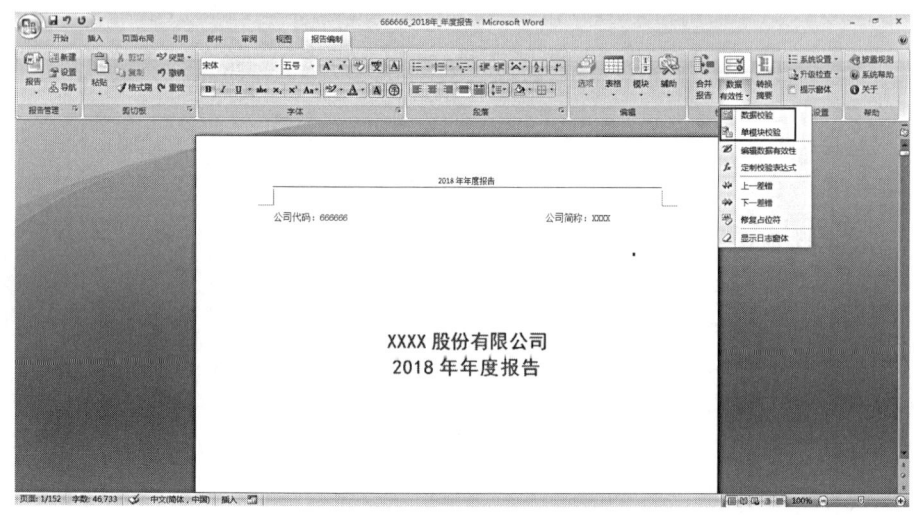

图 4-1-23 单模块校验

数据校验后,系统会弹出校验结果窗口,如图 4-1-24 所示。然后点击"是",即可弹出"日志窗体"对话框,通过双击各子项,即可定位到相关错误信息,如图 4-1-25 所示。

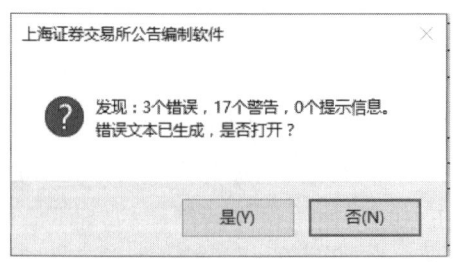

图 4-1-24 校验结果提示框

第四章　上市公司年度报告制作软件及系统 | **379**

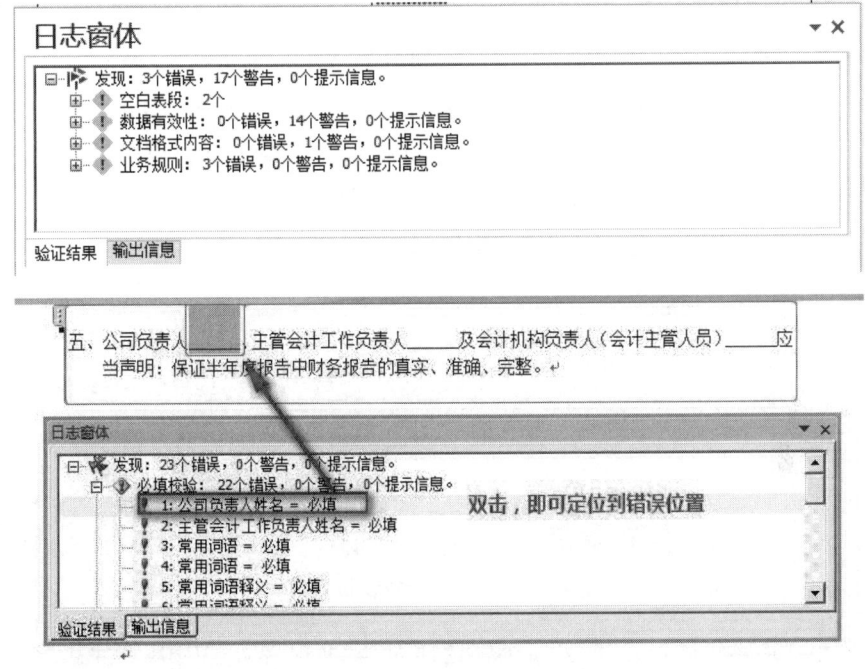

图 4-1-25　"日志窗体"对话框

【提示】

当单模块校验不通过,全文校验通过时,以全文校验结果为准。

校验时需注意以下几种情形:

(1) 数据错误或未填写完整导致公式报错,需检查并修改。

(2) 插入行为非数据行,导致公式报错,需检查并修改。

(3) 比例报错,一般误差值非常小,可忽略不改。

(4) 报表中自定义科目,即插入行导致公式不平,可忽略不改。

(十二) 转换年报摘要

完成年报编制后,上市公司可以通过"校验及输出"—"转换摘要"项,创建对应的摘要文档,如图 4-1-26 所示。摘要文档为普通 Word 文档,不带有内容控件。

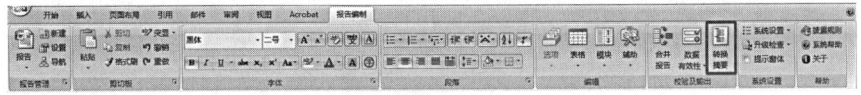

图 4-1-26　"转换摘要"项

六、提交年度报告

使用编制软件编制的年报 Word 文档,即可直接作为提交披露的文件。上市公司在提交年度报告时,应通过上交所公司业务管理系统"信息披露"栏目下的"公告提交""非公告上网"创建信息披露申请,或者通过点击快捷入口(如图 4-1-27 所示)提交公告文件及仅上网披露的文件。

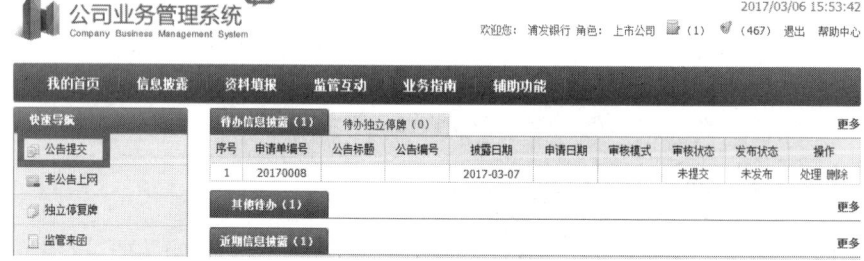

图 4-1-27　公告提交快捷入口

公司在披露年度报告时,公告类别选择为"定期报告"—"0101""年报",将编制软件生成的年报摘要作为公告正文上传,并将编制软件生成的年报全文作为附件上传。年度报告为事后审核公告,公司应按要求上传附件后提交并发布。

注意:公司与定期报告同时披露的审计报告、会计师专项意见、社会责任报告等只需以定期报告附件的形式上网披露即可,无需单独提交。

公司提交年度报告后,上交所 XBRL 校验小组将会对报告进行校验,并将结果反馈公司。对于校验中发现的问题,公司应及时修改,并通过上交所公司业务管理系统中"资料填报"下的"定期报告 XBRL 实例文档报送"通道再次上传修改后的报告文件。实例文档的再次报送不会自动形成公司年度报告的更正或补充披露文件。

七、使用编制软件编制年度报告的技巧

(1)在编制开始前,提前根据公司的年报风格设置好每一级标题及正文的"样式",后续直接选"样式"或者统一修改"样式"会比较省事。在多人编辑报告时,可以节约后续合并报告之后调整格式的精力。

(2)每次对年报内容的修改,都必须首先确认已打开编制软件,否则将会导致编制内容未填入控件、模块中的表格无法进行行列操作等问题。

（3）在编制过程中，注意打开"报告编制"菜单下"系统设置"中的"提示窗体"项，如图4-1-28所示。在编制至相应模块时，系统将自动显示涉及的"选项模块"内容及相关提示信息，公司可以及时进行关注。

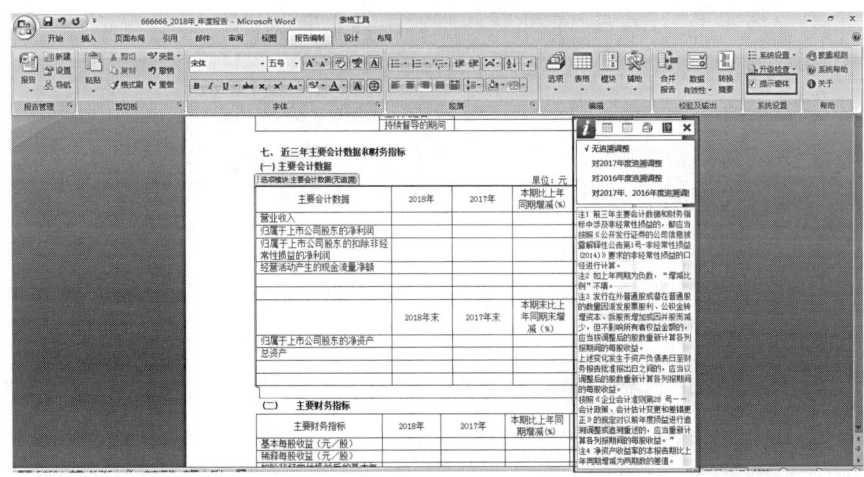

图4-1-28　"提示窗体"项

（4）上市公司在填报报表时，可以直接点击"币种"对应的下拉菜单，选择所需的相应币种，如图4-1-29所示。

主要会计数据	2016年	2015年	本期比上年同期增减(%)	2014
营业收入	13,416,913,528.56	716,010,442.89	1,773.84	1,623,050,
归属于上市公司股东的净利润	47,981,520.13	-146,460,194.76	不适用	16,892,

图4-1-29　币种选择

当币种下拉选项中缺少某种常用币种，可以通过"系统设置"下拉框中的"自定义下拉框"添加币种，如图4-1-30所示。

图4-1-30　币种添加

填报报表中存在多个币种的,可参照以下处理方案编辑:

A. 币种在前。

a. 若数据有单位,例如"美元 12 万",则不使用表头单位。

b. 若数据无单位,例如"美元 12",则使用表头单位。

B. 币种在后。

a. 若数据有单位,例如"12 万美元",则不使用表头单位。

b. 若数据无单位,例如"12 美元",则不使用表头单位。

C. 多个数据项,使用逗号(支持中文逗号,不支持英文逗号)、分号、空格分隔。

例如:美元 12 万,人民币 13 万;港币 14 万 日元 15 万。

(5) 公司可在编制软件预制的模块之外,根据公司实际情况,自行增加相关自愿性披露的内容。

(6) 慎用 Word 自带的"修订"功能。在现有编制软件下,使用 Word 自带的"修订"功能,可能导致系统自动重复修订、部分修订无法消除或者报告合并不成功等问题。

(7) 利用好"合并报告"功能。在设置好报告基本信息后,可以按年报分工计划将报告文档分送给相关的编制人员,同时进行不同模块的年报内容填报与校审。在年报内容汇总整合阶段,再利用合并报告功能,分模块将相应内容添加到报告主文档中。在多人分工编制年度报告时,务必保证所有参与人员的编制软件均为最新版本。

(8) 巧用"编辑"—"辅助"下拉框中的"标识控件底色"功能。在年度报告全部编辑合并完成后,可以利用"标识控件底色"功能对报告进行通篇检查,一是检查内容是否正确填到控件中;二是标识百分比数据,避免数据位数出错,如图 4-1-31 所示。

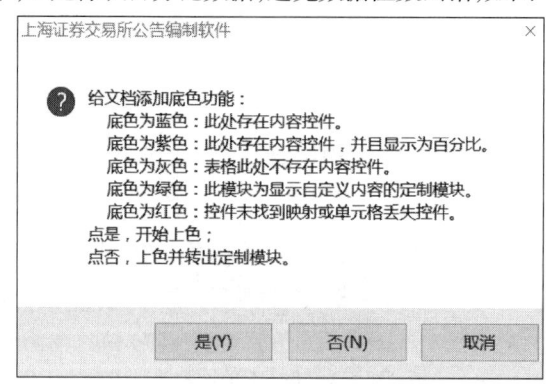

图 4-1-31　标识控件底色

(9)年度报告披露文件提交前,上市公司一定要先行利用"数据校验"功能进行校验,并逐条修改、确认、消除错误项。

(10)在年报全部完成并校验数据后,再转换年报摘要,避免反复修改,以保证年报摘要与年报全文内容的一致性。

第二节 ▇▇▇▇▇▇▇▇

一、深交所上市公司定期报告制作系统介绍

深交所于2011年推行上市公司定期报告制作系统(以下简称"填报系统"),结束了原始填写报送方式,并逐步加入了校验、规则查询、自定义章节、支持多人协同编制等功能模块。目前,深交所上市公司的定期报告全文及摘要均需通过填报系统编制、校验并生成指定数据文件后与披露文档一并报送。

二、填报系统安装、升级

(一)操作系统要求

(1)软件环境:Windows 7 及以上操作系统[1]、Microsoft Office 2003 及以上版本、Microsoft .NET Framework 4。

(2)硬件环境:建议配置处理机的型号:Core 2 以上;内存容量:2G 以上。

(二)填报系统安装包下载

对于首次安装的公司,下载填报系统安装包步骤如下:

(1)请登录深圳证券交易所网站(www.szse.cn),选择"上市公司"业务专区[2],如图 4-2-1 所示。

(2)进入业务专区后,选择"信息披露业务"中"报送软件下载"[3]进行操作,如图 4-2-2 所示。

---

[1] 实践中,Windows XP 系统也可正常运行,不建议使用 Windows 10、Windows 2003、Windows 2008 和 Windows 2008 R2 等系统。填报系统对硬件要求不高,主流笔记本、台式机电脑均可运行。

[2] 文中操作说明以深交所主板为例,下同。

[3] 中小板选择"业务指南"中的"定期报告制作系统下载";创业板选择"业务指南"中的"报送软件下载"。

图 4-2-1 登录网站

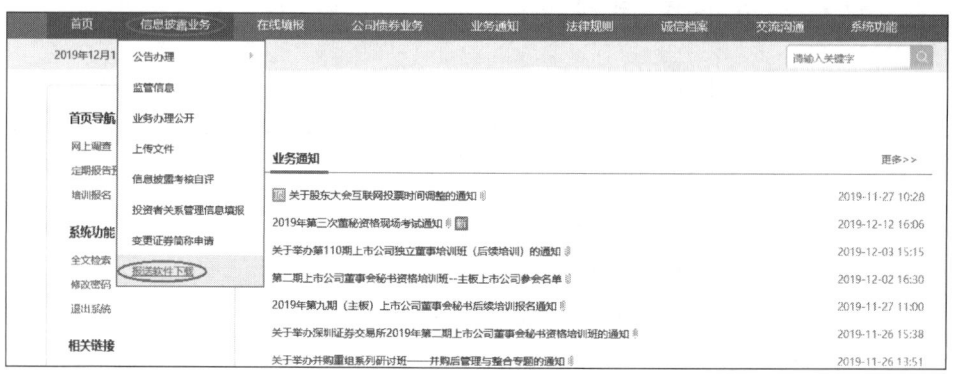

图 4-2-2 报送软件下载

(3) 进入下载界面,选择"上市公司定期报告制作系统全文版",下载填报系统①,如图 4-2-3 所示。

(4) 直接运行该文件,根据向导进行安装即可。若安装时发生错误,请确认数据

---

① 可将 https://biz.szse.cn/pub/bsxt/nmk/收藏,可直接核对版本,下载软件。下载安装后,后续使用过程中如果软件版本有更新,可以直接在线更新,无需再重新下载。

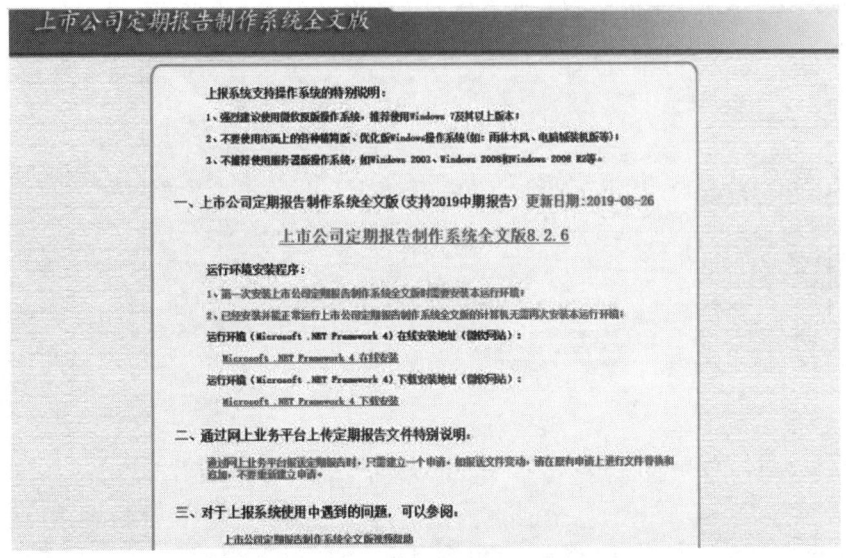

图 4-2-3　上市公司定期报告制作系统全文版

包下载完整,如果电脑中有安全防护类软件,安装过程中会提示有程序在修改 office 插件,请允许操作,并完成安装。填报系统安装包下载完成后,电脑桌面上会出现如图 4-2-4(a)所示的图标。安装完成后,桌面上会出现如图 4-2-4(b)所示的图标,表示安装成功。

图 4-2-4(a)　填报系统安装包　　图 4-2-4(b)　系统安装完成

(三) 填报系统升级

填报系统会于每次定期报告期间进行升级[①],主要升级方法如下。

(1) 下载最新的填报系统安装包,具体方法请见本章节"二、填报系统安装、升级"之"(二)填报系统安装包下载"。

(2) 启动填报系统,其自动检测版本状态,若出现如图 4-2-5 所示的提示信

---

① 升级日期具有不确定性,若公司预约披露日期较早,可用往期 Word 模板先行撰写。

息，选择"是"即可下载升级包。此方法为实践中最为常见的升级方式。

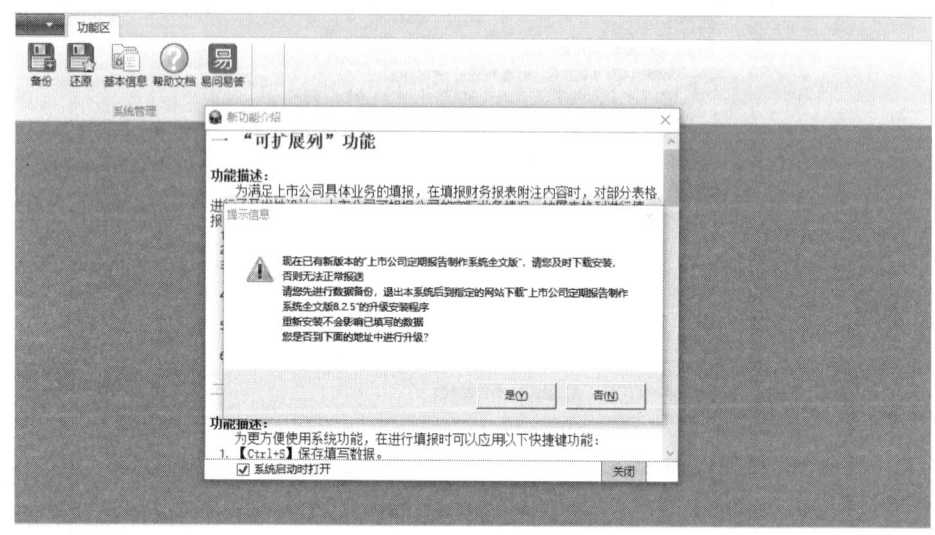

图 4-2-5　填报系统升级

（3）进入填报系统主界面，打开左上角下拉菜单，选择"检查更新"，核实系统版本，如图 4-2-6 所示。深交所有时会在定期报告编制期间更新系统版本，请公司使用此方法不定期检查更新。

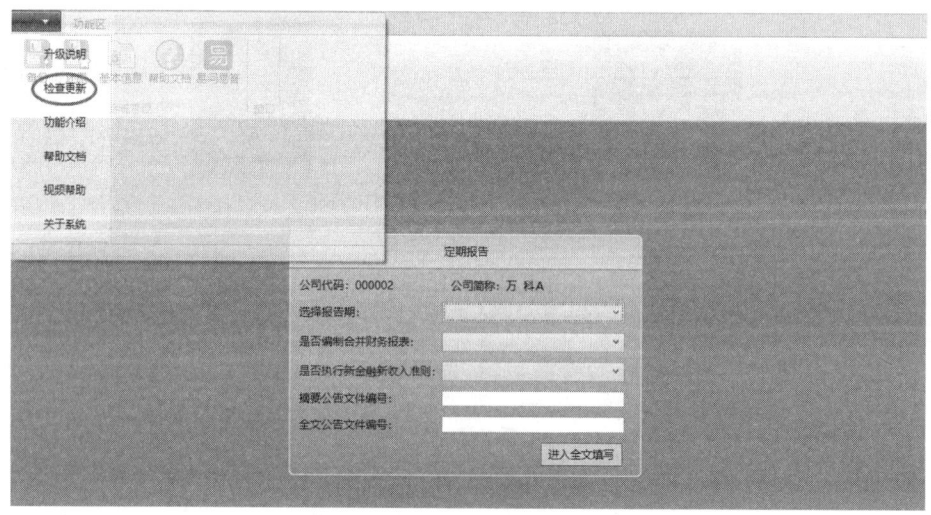

图 4-2-6　检查更新

三、填报系统窗口功能介绍

填报系统窗口包括主窗口和系统下拉菜单。

（一）填报系统主窗口

系统主窗口功能主要包括：备份还原，基本信息，帮助文档和易问易答。其中，"备份"是将填录的数据生成备份文件，"还原"是将备份文件还原到系统，在多人协同编制情况下，建议在导入他人数据文件前，做好已有数据的备份工作，以防意外情形的发生；帮助文档中对快捷操作、表格操作说明较为详细，但略显冗余，建议首次使用本系统的公司酌情阅读；易问易答是协助上市公司信息披露的辅助工具，提供问题查询、法律法规检索等功能。系统主窗口如图4-2-7所示。

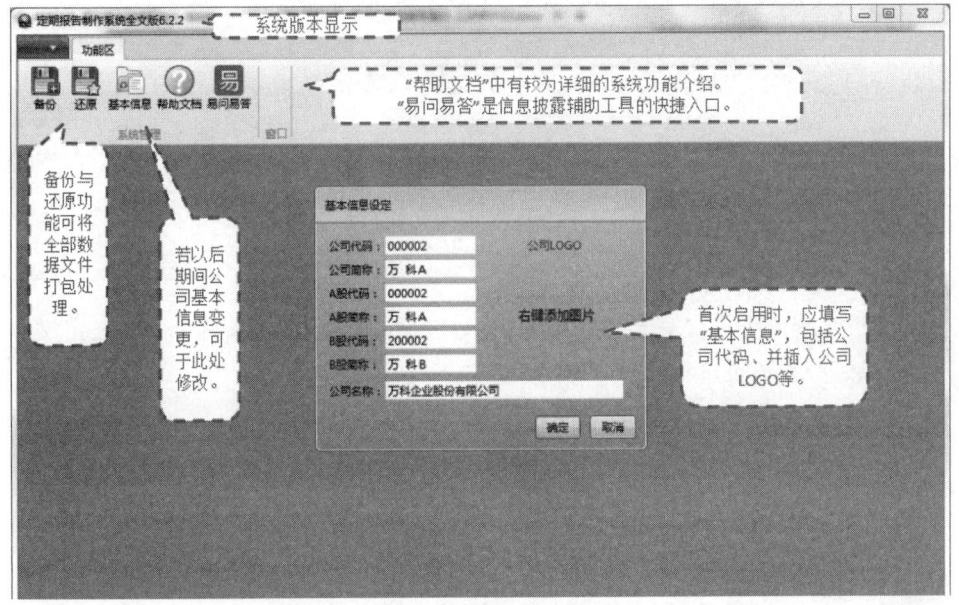

图4-2-7 系统主窗口

（二）系统下拉菜单

系统下拉菜单功能包括升级说明、检查更新、视频帮助等，如图4-2-8所示。

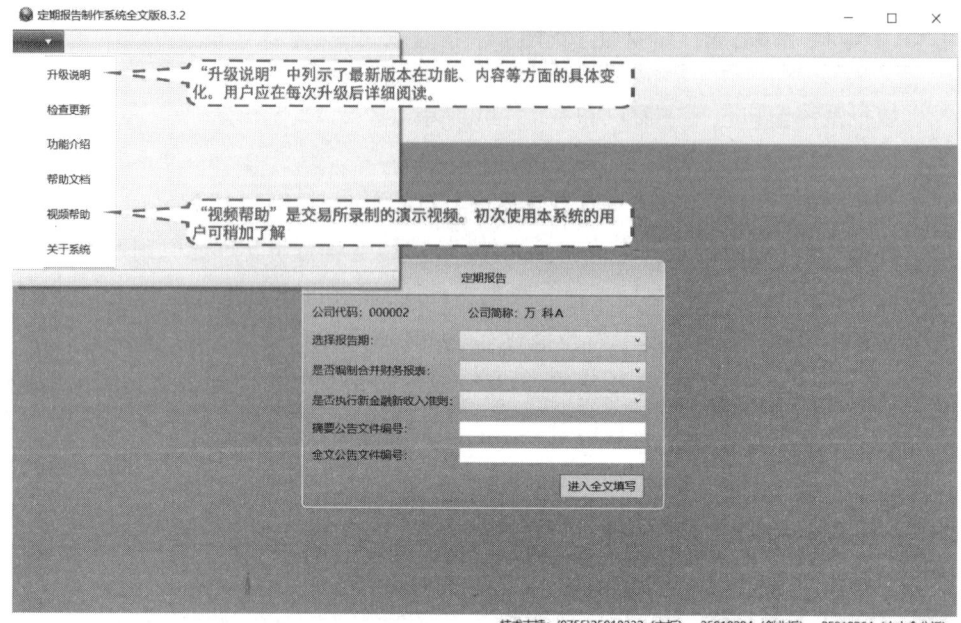

图 4-2-8 系统下拉菜单

四、填报系统主要数据类型介绍

填报系统历经多次完善，主要数据类型包括文本型、数值型和日期型、富文本型、选择框型和下拉选择型。

（一）文本型

财务报告前的各章节中文本型数据较多，填写框中可直接输入文字和数值，如图 4-2-9 所示。

股票简称		股票代码	
变更后的股票简称（如有）			
股票上市证券交易所	深圳证券交易所		
公司的中文名称	万科企业股份有限公司		
公司的中文简称			
公司的外文名称（如有）			
公司的外文名称缩写（如有）			
公司的法定代表人			

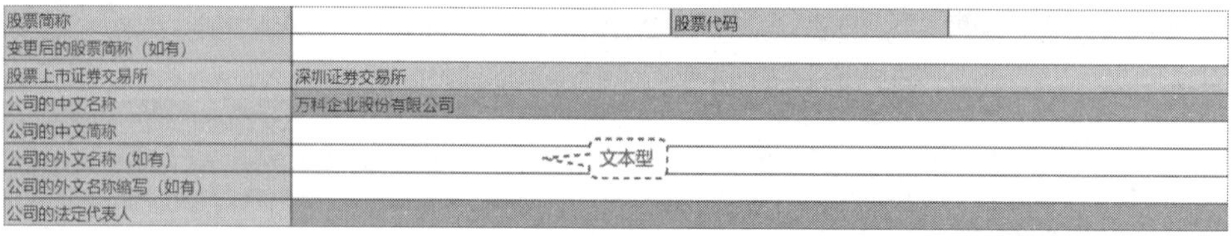

图 4-2-9 文本型

（二）数值型和日期型

日期型和数值型填写框中必须按照既定格式：数值型中无法填写文本信息；日期型可使用展开菜单选取，或按照既定格式手动输入，如在方框中键入"2020年4月16日"，如图4-2-10所示。

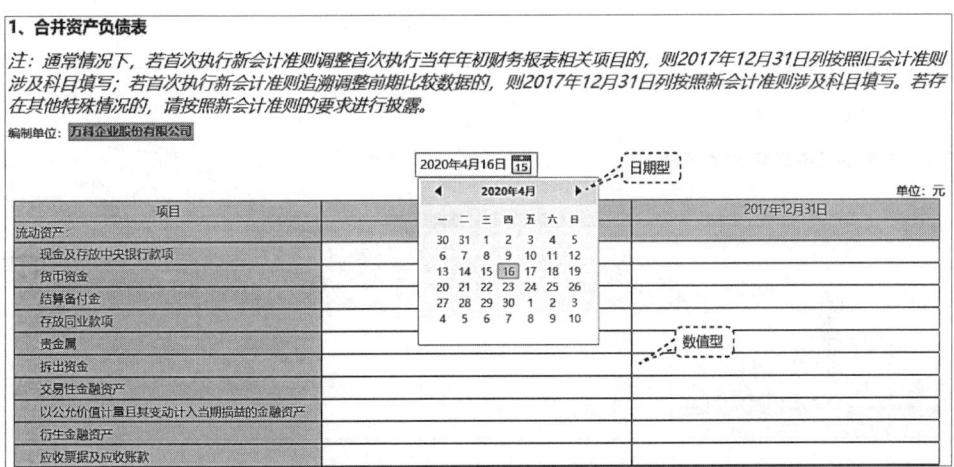

图 4-2-10　数值型和日期型

（三）富文本型

近年来，深交所鼓励公司结合政策、行业和自身经营特点实行个性化披露，文字、数值、表格和图片等常见的数据均可填写在文本框中，形成富文本型财务报告。富文本数据有时会因格式等问题在生成Word时出现乱码，建议先在Word文件中编辑撰写，成稿后复制进填报系统中。富文本型如图4-2-11所示。

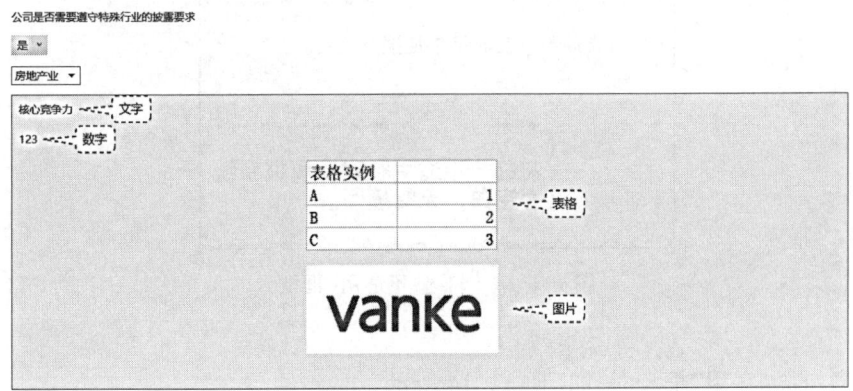

图 4-2-11　富文本型

（四）选择框型和下拉选择型

填报系统中有众多选择框型数据，多为勾选"适用/不适用"，如图4-2-12所示。不同选择会导致填写、披露的内容发生变化，公司应根据实际情况谨慎勾选。

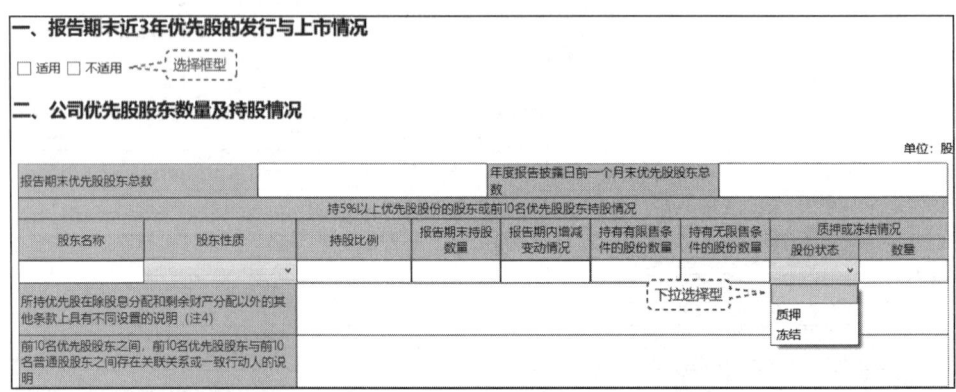

图 4-2-12　选择框型数据

以"非经常性损益项目及金额"为例，当勾选"不适用"框型时，如图4-2-13所示。

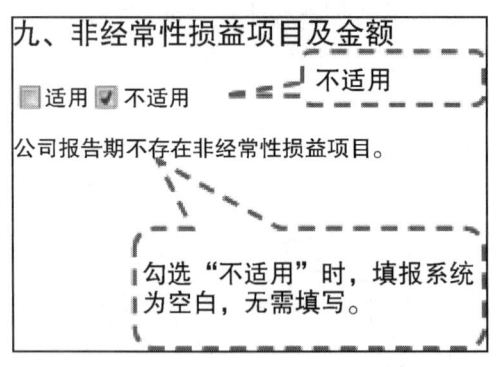

图 4-2-13　勾选"不适用"框型

当勾选"适用"框型时，如图4-2-14所示。

九、非经常性损益项目及金额

☑ 适用 ☐ 不适用 ← 勾选"适用"

项目	2016年金额	2015年金额
非流动资产处置损益（包括已计提资产减值准备的冲销部分）		
越权审批或无正式批准文件的税收返还、减免		
计入当期损益的政府补助（与企业业务密切相关，按照国家统一标准定额或定量享受的政府补助除外）		
计入当期损益的对非金融企业收取的资金占用费		
企业取得子公司、联营企业及合营企业的投资成本小于取得投资时应享有被投资单位可辨认净资产公允价值产生的收益		
非货币性资产交换损益		
委托他人投资或管理资产的损益		
因不可抗力因素，如遭受自然灾害而计提的各项资产减值准备		
债务重组损益		

（勾选"适用"时，填报系统则自动弹出表格，需填写数值型、文本型数据。）

图 4-2-14　勾选"适用"框型

五、编制年度报告

1. 填写基本信息

填写基本信息，如图 4-2-15 所示。

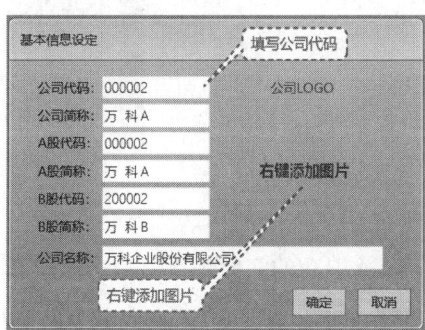

图 4-2-15　填写基本信息

进入填报系统后，可于对话框中填写公司基本信息。在填写公司代码后，其他内容会自动生成。公司在添加图片时应尽量使用分辨率较高的公司 logo 图片。

下一步,公司应填写报告期间、合并报表选项等,全文及摘要编号可在后期填写①,如图4-2-16所示。

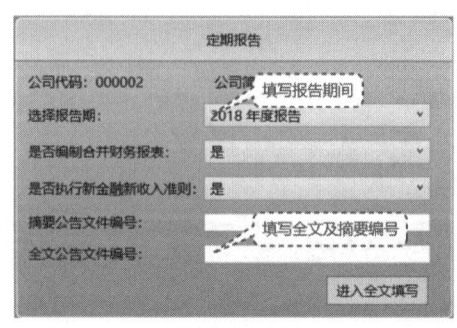

图4-2-16 填写公司具体信息

2. 浏览目录

基本信息填写完成后,则进入报告编辑界面并浏览目录,如图4-2-17所示。操作人员可将鼠标置于系统左上方"导航目录"(如圆圈所示)处浏览全部章节。此外,三角标志(如方框所示)表示该项有二级目录可继续展开;右上角黄色标志可将导航目录栏锁定。

浏览目录的主要作用包括分工协作和进度安排等。

(1)分工协作。年度报告的编制是公司内部跨部门、外部联系中介的系统工程。上市公司证券部无法独立掌握编制所需的全部信息,可在编制前根据导航目录将全部内容

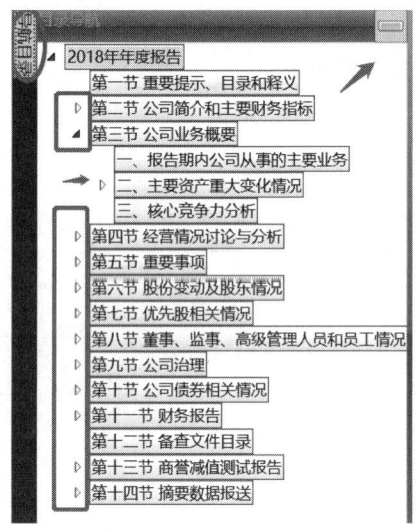

图4-2-17 目录导航

详细浏览,并结合公司部门及中介的实际情况进行分工并指定汇总者。

(2)进度安排。在分工完成后,公司可根据实际工作量安排时间表,并定期汇总进度情况和所遇问题。

---

① 实践中,公告编号很难在年度报告编制初期确定,公司应在披露前再次核实编号是否填写。

3. 查阅规则和校验关系

填报系统提供了即时规则、校验关系查询功能。可在导航目录中将鼠标置于相关章节上方，点击鼠标右键，选择"查看相关法律法规"或"查看校验关系"，如图 4-2-18 所示。此处应注意，并非所有的章节都可查阅相关规则和校验关系[①]。

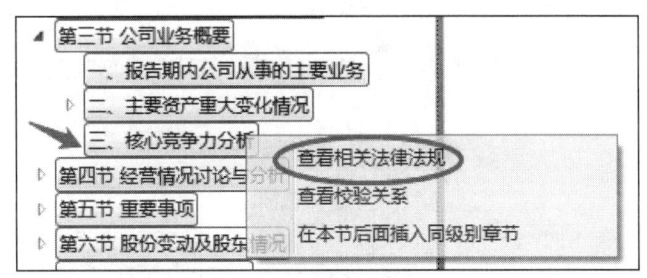

图 4-2-18　查看相关法律法规和校验关系

4. 分工协作录入数据

年度报告作为一项系统工程需多部门协作。此时，公司需将填报系统内容拆分并实现导入/导出功能（使用导入/导出功能时，需要将双方的填报系统都升级到相同的最新版本）。主要方式包括数据交换文件（exc 文件）和 Word 文件。

（1）数据交换文件（exc 文件）。首先汇总者应帮助协作者按照系统填报，并指导其基本操作方法。当协作者完成信息录入工作后，在编辑界面上面选择"导出数据文件"，如图 4-2-19 所示，导出后系统会自动生成 exc 格式的数据文件。

图 4-2-19　数据交换文件

下一步，汇总者将已生成的数据文件进行导入，如图 4-2-20 所示。

然后，在编辑界面上方选择"导入数据文件"，可以选择协作者提供的 exc 文件，如图 4-2-21 所示。

[①] 填报系统集成了大多数内容与格式准则。若系统未提供规则检索，公司需就具体问题查阅相关规则或询问监管员。

图 4-2-20　导入数据文件按钮

图 4-2-21　导入数据文件按钮

在勾选相关章节时应特别注意，导入的文件将覆盖系统内现有内容。导入前应反复确认章节，谨慎勾选全部章节。实践中曾出现章节勾选错误导致有效内容被覆盖，致使延期披露的情况。在导入前做好原有文件的备份工作，可有效避免该情况的发生。

（2）Word 文件。填报系统提供了 Word 文件导出功能。首先在导航目录中选中相关章节，选中后该标题呈绿色。此处应注意，Word 文件导出功能仅可导出最底层的单独章节，即该标题前没有三角标志，如图 4-2-22 所示。

下一步，在编辑界面上方选择"当前章节"，将导出的 Word 文件存储至指定位置，如图 4-2-23 所示。

数据交换文件（exc 文件）的优点是在协作者完成信息录入后，汇总者可直接使用，但必须在协作者电脑安装调试填报系统并指导协作者基本操作。Word 文件

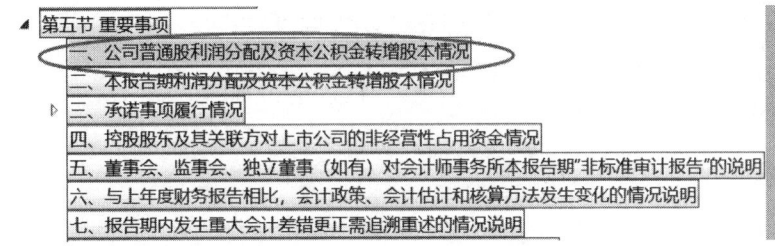

图 4-2-22　Word 文件导航目录

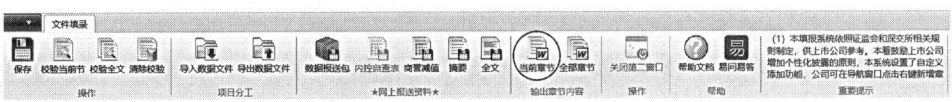

图 4-2-23　选择"当前章节"

的优点是协作者无须安装、掌握填报系统，但汇总者需要重新录入相关数据。

5. 多单元格粘贴

填报系统中有众多表格，需在其中填写数值型数据。填报系统本身未提供类似 Microsoft Office Excel 这种较为灵活易用的编辑软件功能，操作人员可在其他文件（如 Word 文件、Excel 文件）中将相关数据按填报系统格式编辑完成，用"多单元格粘贴"一次完成录入。

以"分季度主要财务指标"为例，如图 4-2-24 所示。

八、分季度主要财务指标

单位：元

	第一季度	第二季度	第三季度	第四季度
营业收入				
归属于上市公司股东的净利润				
归属于上市公司股东的扣除非经常性损益的净利润				
经营活动产生的现金流量净额				

图 4-2-24　"分季度主要财务指标"多单元格

该表格为 4 行 4 列，若需填写数值型数据，操作人员可在 Excel 文件中将填好的数据直接拷贝，如图 4-2-25 所示。然后在填报系统的 1 行 1 列处点击鼠标右键，选择"多单元格粘贴"，如图 4-2-26 所示。完成后，效果如图 4-2-27 所示。

"多单元格粘贴"将编辑、计算工作前置于专业软件，可提高效率。但在实际操作中应仔细核对相关科目/标题，避免错误。

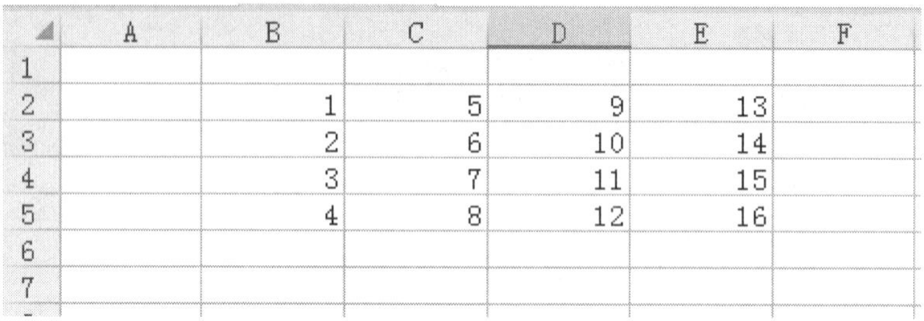

	A	B	C	D	E	F
1						
2		1	5	9	13	
3		2	6	10	14	
4		3	7	11	15	
5		4	8	12	16	
6						
7						

图 4-2-25　直接拷贝数据

八、分季度主要财务指标

单位：元

	第一季度	第二季度	第三季度	第四季度
营业收入				
归属于上市公司股东的净利润				
归属于上市公司股东的扣除非经常性损益的净利润				
经营活动产生的现金流量净额				

上述财务指标或其加总数是否与公司已披露季度报告、半年度报告相关财务

图 4-2-26　多单元格粘贴具体操作

八、分季度主要财务指标

单位：元

	第一季度	第二季度	第三季度	第四季度
营业收入	1.00	5.00	9.00	13.00
归属于上市公司股东的净利润	2.00	6.00	10.00	14.00
归属于上市公司股东的扣除非经常性损益的净利润	3.00	7.00	11.00	15.00
经营活动产生的现金流量净额	4.00	8.00	12.00	16

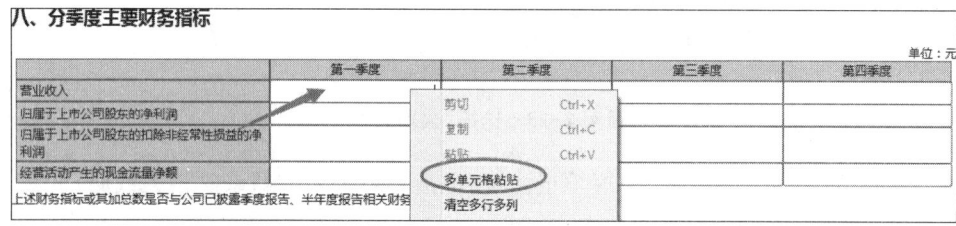

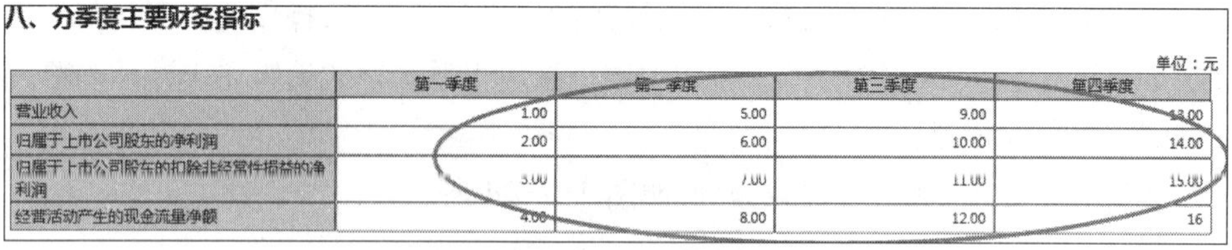

图 4-2-27　“多单元格粘贴”完成

6. 匹配粘贴

在财务报告部分，填报系统将多单元粘贴功能进行升级，匹配粘贴可自动识别同名的会计科目，自动填报至对应单元。

以资产负债表科目为例，可在其他专业软件中将已编制的财务报表中相关科目名称和数值同时拷贝，如图 4-2-28 所示。然后，在填报系统中将鼠标置于任意科目名称上点击鼠标右键，选择“匹配粘贴”，如图 4-2-29 所示。完成后，效果如图 4-2-30 所示。

应注意，在使用“匹配粘贴”时应同时拷贝科目名称与数值。并且，若拷贝的科目名称与系统中科目名称不一致，将导致无法使用。

货币资金	1.00
结算备付金	2.00
存放同业款项	3.00
拆出资金	4.00
衍生金融资产	5.00

图 4-2-28 科目拷贝

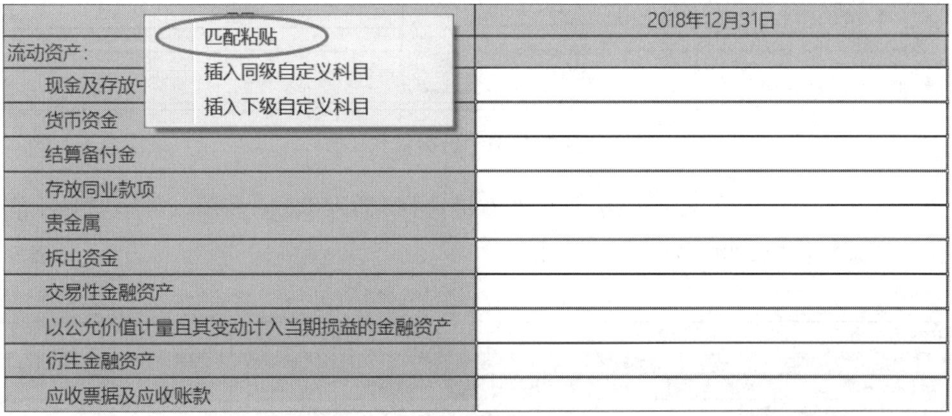

项目	2018年12月31日
流动资产:	
现金及存放中央银行款项	
货币资金	
结算备付金	
存放同业款项	
贵金属	
拆出资金	
交易性金融资产	
以公允价值计量且其变动计入当期损益的金融资产	
衍生金融资产	
应收票据及应收账款	

（弹出菜单：匹配粘贴 / 插入同级自定义科目 / 插入下级自定义科目）

图 4-2-29 选择"匹配粘贴"

项目	2018年12月31日
流动资产:	
现金及存放中央银行款项	
货币资金	1.00
结算备付金	2.00
存放同业款项	3.00
贵金属	
拆出资金	4.00
交易性金融资产	
以公允价值计量且其变动计入当期损益的金融资产	
衍生金融资产	5.00

图 4-2-30 科目"匹配粘贴"完成

7. 行列操作

（1）Tuple[①] 行。填报系统中一些表格允许公司根据实际情况自行添加、删除行的数量。例如在承诺事项履行情况章节中，操作如图 4-2-31 所示。

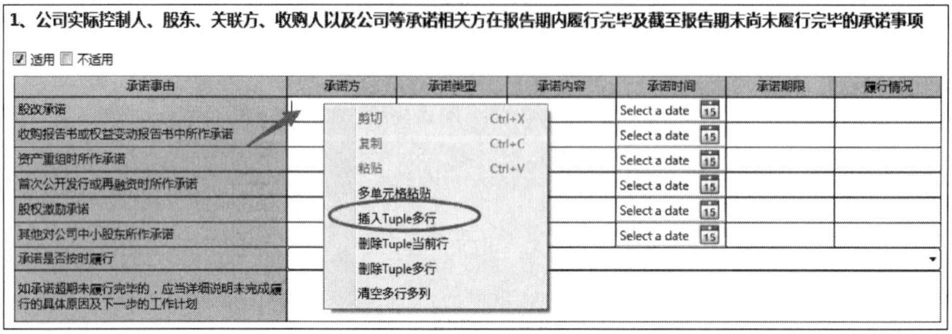

图 4-2-31　行列操作

若某一事项存在多个承诺方，可在右键选择"插入 Tuple 多行"，并根据实际情况选择添加行数，如图 4-2-32 所示。

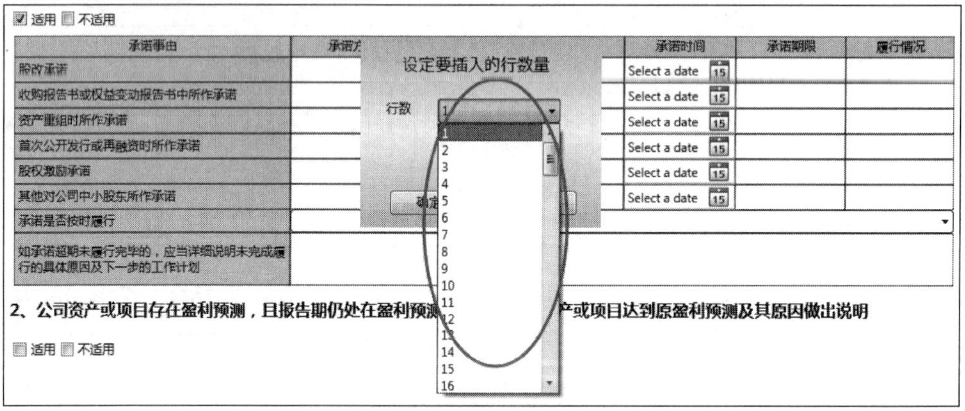

图 4-2-32　添加行数

同时，可利用"删除 Tuple 当前行"和"删除 Tuple 多行"将自行添加的 Tuple 行进行删除，如图 4-2-33 所示。

---

① Tuple 为数组、元组之意，在 Python 等编程语言中有所应用。

第四章 上市公司年度报告制作软件及系统 | **399**

图 4-2-33 删除 Tuple 行操作

在表格信息填列处点击鼠标右键出现"表格信息填列"字样的，均可实现上述操作。Tuple 行操作实现了自定义功能，减少了后期披露文件的编辑工作量。

（2）无限制行列。上市公司因所处地区行业不同、会计师事务编制报告习惯不同等原因，需对系统模板进行较大调整，填报系统提供了无限制添加行列功能。在表格有淡绿色标识处，均可进行操作。

以"无形资产情况"为例，可在淡绿色处点击鼠标右键，自行插入、删除行列，如图 4-2-34 所示。自行插入行、列后的效果如图 4-2-35 所示。

至于填报系统未提供上述功能且公司需要修改行列的，可在 Word 文件中手动填写修改。

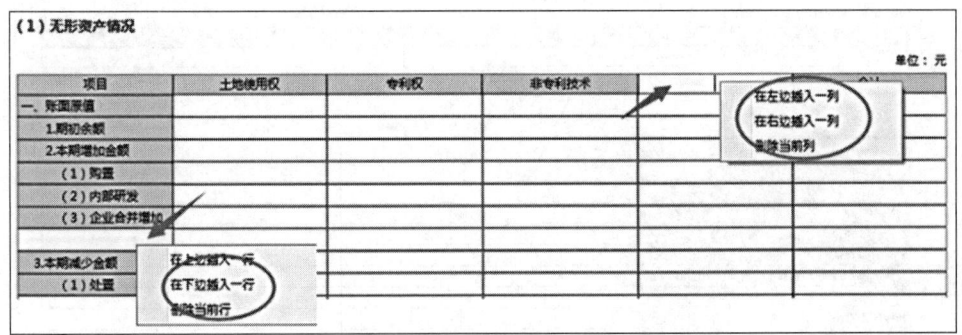

图 4-2-34 无限制添加行列

(1) 无形资产情况

单位：元

项目	土地使用权	专利权	非专利技术			合计
一、账面原值						
1.期初余额						
2.本期增加金额						
（1）购置						
（2）内部研发						
（3）企业合并增加						

图 4-2-35　自行插入行、列后效果

8. 同一数据一次录入

在年度报告中，同一数据信息可能在多处出现。为减少重复录入，提高效率，填报系统提供了一次录入功能。该功能在系统中有淡蓝色标识处均可使用。

以"重要提示、目录和释义"为例，用鼠标选中蓝色区域，使用快捷键"Ctrl+G"，操作后，系统下方会弹出与蓝色区域相关联的数据填报处，并用红色方框显示，如图 4-2-36 所示。在红框处填写完成后，蓝色区域自动获取显示同一信息，如图 4-2-37 所示。

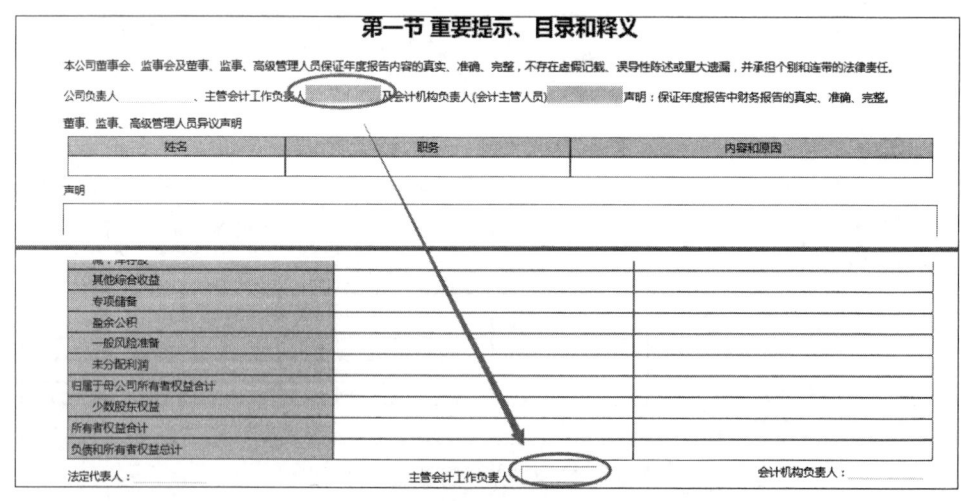

图 4-2-36　关联数据

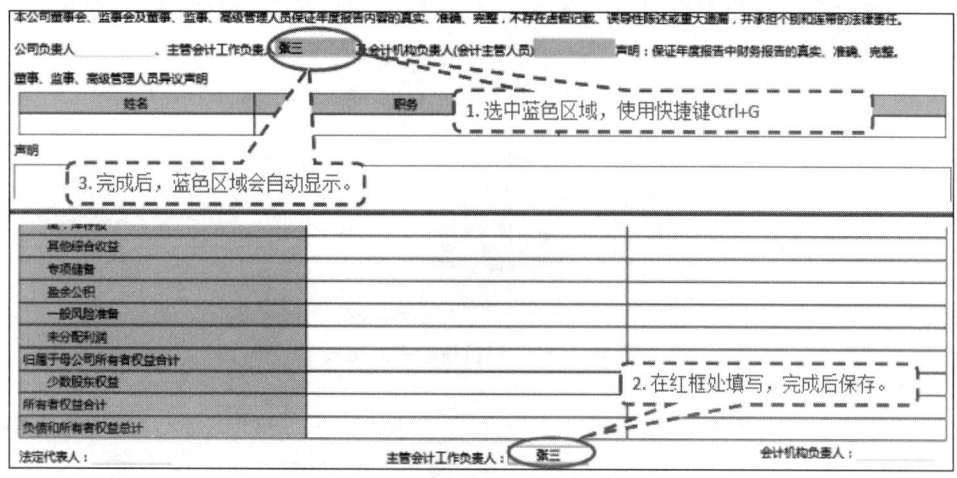

图 4-2-37　蓝色区域自动获取同一信息

9. 章节操作

该系统模板并不适用所有公司。公司可将与本公司无关的章节进行"不适用"处理,同时可自行添加模板中未设定的章节。

（1）"不适用"处理。以"合并财务报表项目注释"章节为例,若报告期内并不存在"交易性金融资产",可在导航目录中,将鼠标置于该标题上右键,选择"本章节不适用",如图 4-2-38 所示。

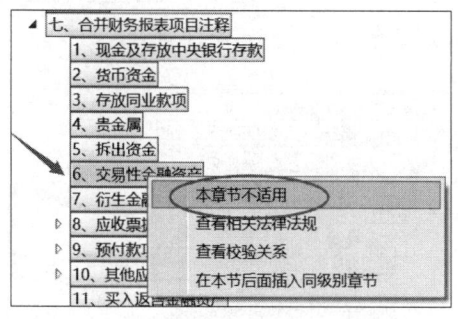

图 4-2-38　"不适用"处理

完成后,该科目则被隐去处理,后续科目编号相应改变,如图4-2-39所示。

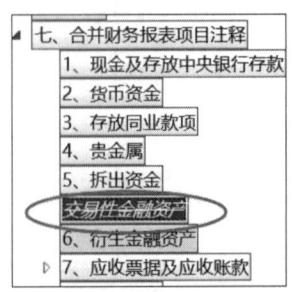

图 4-2-39 科目被隐去后结果

同样,公司可将某一科目中的子项进行"不适用"处理,如图4-2-40所示。

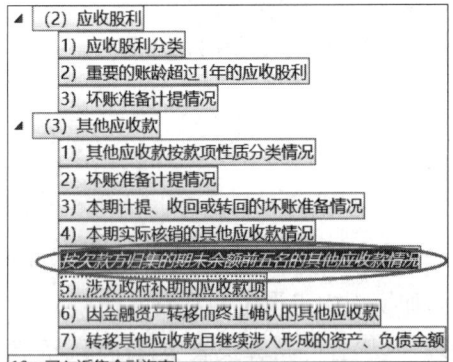

图 4-2-40 对某一科目的子项作"不适用处理"后结果

(2)添加章节。公司可结合公司实际情况自行添加章节。以在"核心竞争力分析"后添加为例,首先在导航目录中选中"核心竞争力分析",单击鼠标右键,选择"在本节后插入同级别章节",如图4-2-41所示。

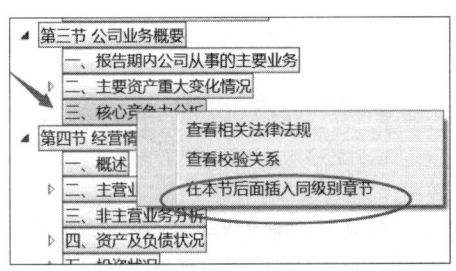

图 4-2-41 添加章节

完成后，公司可修改章节名称，并于富文本框中录入数值、文字、表格和图片等信息，如图 4-2-42 所示。

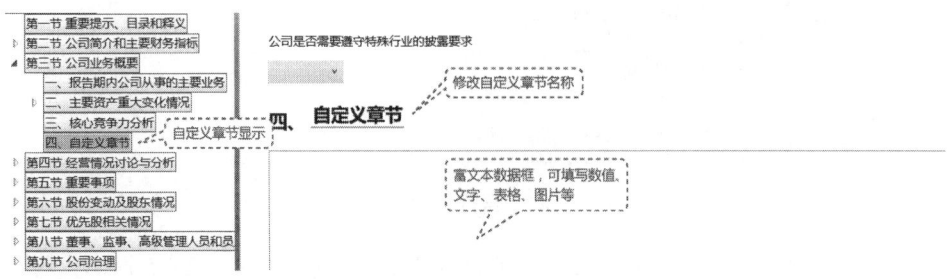

图 4-2-42　富文本框操作

10. 添加科目[1]

填报系统模板为满足不同行业要求，在财务报表等章节设置了"添加科目"功能。

以在资产负债表中的"货币资金"科目下添加为例。将鼠标置于"货币资金"上方，点击鼠标右键，选择"插入同级自定义科目"或"插入下级自定义科目"，如图 4-2-43 所示。其中"下级科目"可以无限制添加[2]。

图 4-2-43　添加科目

添加完成后，公司可自行设定科目名称，如图 4-2-44 所示。

---

[1] 自定义科目功能只适用于资产负债表、利润表、现金流量表。
[2] 自定义科目的科目级别上限为三级。

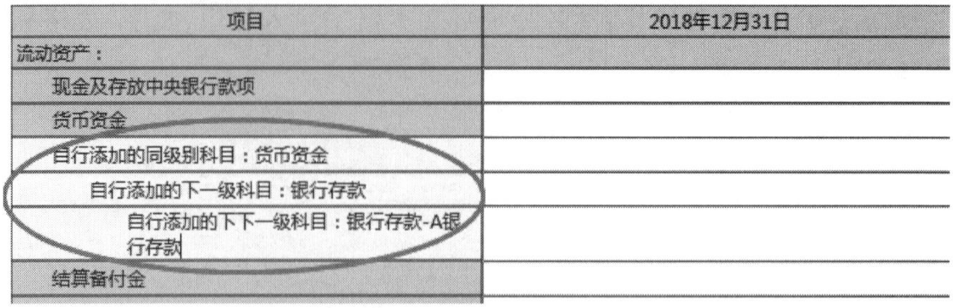

项目
2018年12月31日
流动资产：
现金及存放中央银行款项
货币资金
自行添加的同级别科目：货币资金
自行添加的下一级科目：银行存款
自行添加的下下一级科目：银行存款-A银行存款
结算备付金

图 4-2-44　自行设定科目名称

同时,系统提供了“调整自定义科目校验关系”功能,如图 4-2-45 所示。操作人员可于添加科目点击鼠标右键选择调整校验关系,结果如图 4-2-46 所示。

项目
2018年12月31日
流动资产：
现金及存放中央银行款项
货币资金
自行添加的同级别科目：货币资金
自行添加的下一级科目：银行存款
自行添加的下下一级科目：银行存款-A银行存款
结算备付金
存放同业款项
贵金属
拆出资金
交易性金融资产
匹配粘贴
插入同级自定义科目
插入下级自定义科目
删除当前自定义科目
调整自定义科目校验关系

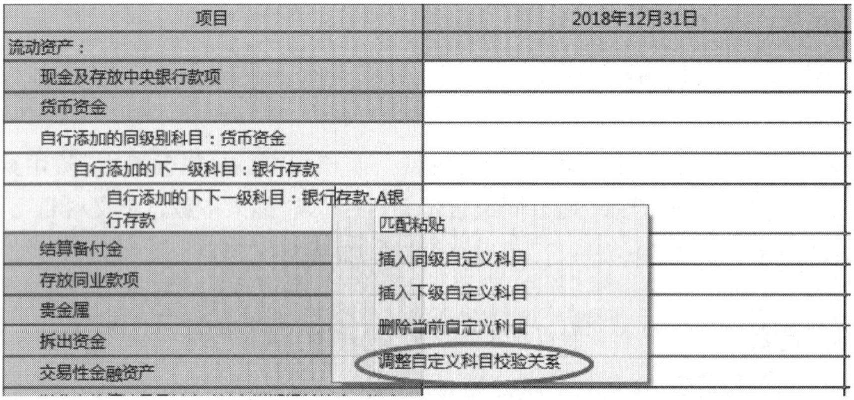

图 4-2-45　调整自定义科目校验关系

二、财务报表
人民币元
1、合并资产负债表
调整自定义科目校验关系
流动资产
非流动资产
资产
流动负债
负债
所有者权益
负债和所有者权益
加
减
不参与
确定
用户可自行调整相关科目的校验关系
项目
货币资金
自行添加的下一级科目：银行存款
结算备付金

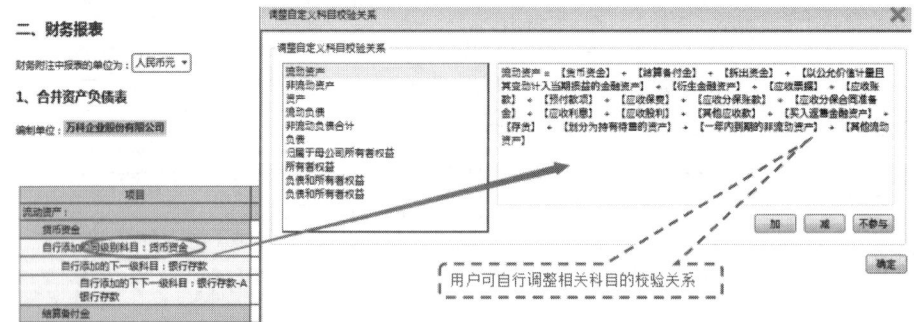

图 4-2-46　调整自定义科目校验关系的结果

建议公司谨慎使用自行添加科目及调整校验功能。

11. 数据有效性校验

为保证报告质量,填报系统引入了数据校验功能。该功能可帮助公司查找未填写、勾稽关系有误、计算有误之处①。

(1) 当前章节校验。以"主要会计数据和财务指标"为例,公司填写完当前章节数据后,可选择编辑界面上方的"校验当前节",系统下方会提示关于本章节的错误和警告,如图 4-2-47 所示。

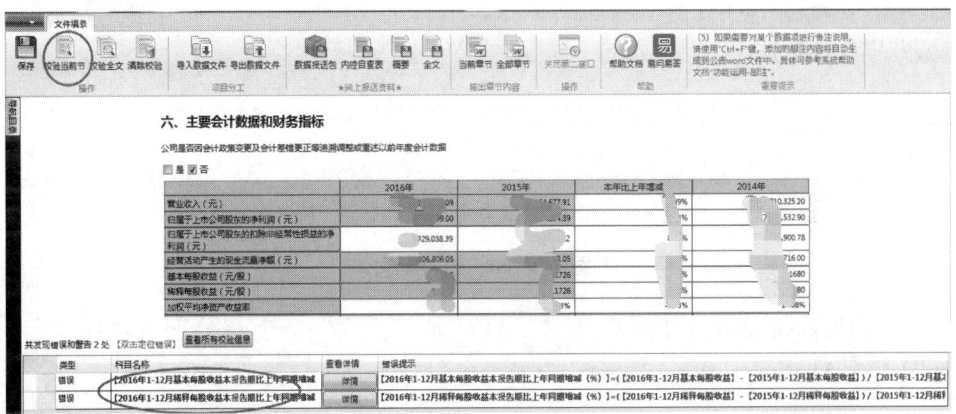

图 4-2-47　当前章节校验

下一步,可单击每个错误右侧的"详情"按键,查看填报系统内嵌的公式以及系统计算结果和自行填报结果差额,如图 4-2-48 所示。

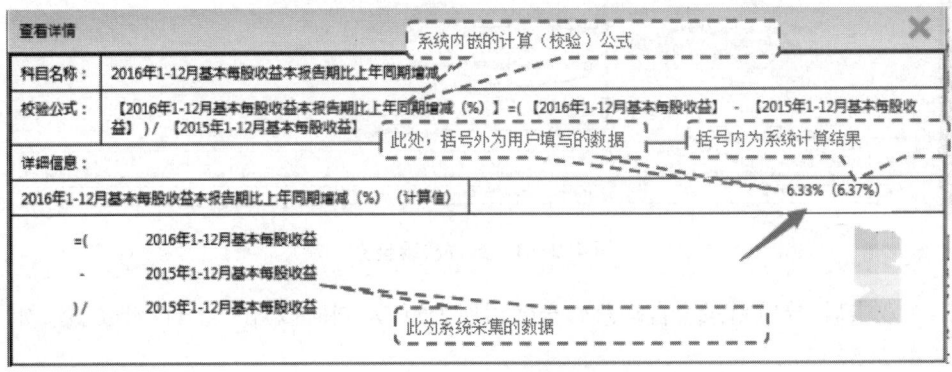

图 4-2-48　查看详情

---

① 填报系统的校验功能只对部分关键章节、数据进行检验。

修改完成后,再次校验当前节,系统弹出"未发现错误"提示框,如图 4-2-49 所示。

(2)全文校验。公司可在完成全部信息录入后选择"校验全文"功能①,如图 4-2-50 所示。

与校验当前章节相似,系统下方会出现错误提示。而全文校验的错误可能散落在各个不同章节,可鼠标双击该错误的科目名称,编辑界面则会自动跳转至该错误处,并以红框标注。

图 4-2-49 "未发现错误"提示框

图 4-2-50 校验全文

以董监高持股数合计为例,首先,选择"校验全文",查看屏幕下方错误提示,如图 4-2-51 所示。然后双击科目名称"××××年 1 月 1 日持股数合计"。

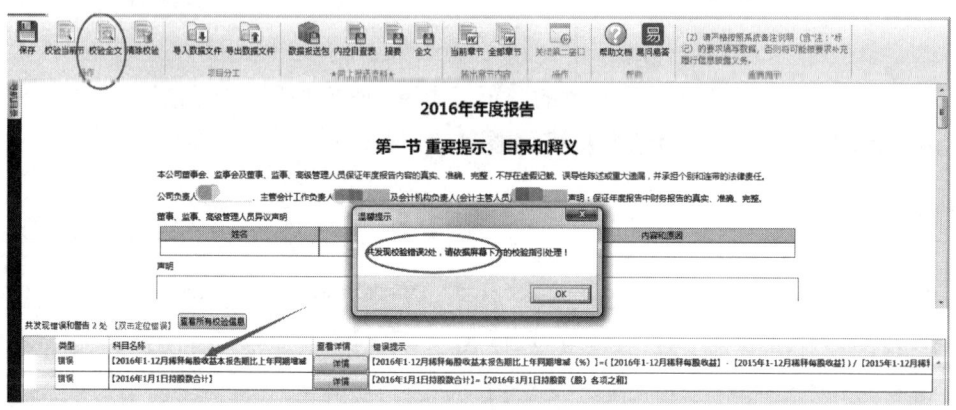

图 4-2-51 选择校验全文

双击后,导航目录会自动跳转至错误所处章节,同时以红框标明错误位置,如图 4-2-52 所示。

---

① 当全文校验通过而章节校验不通过时,以全文校验为主。

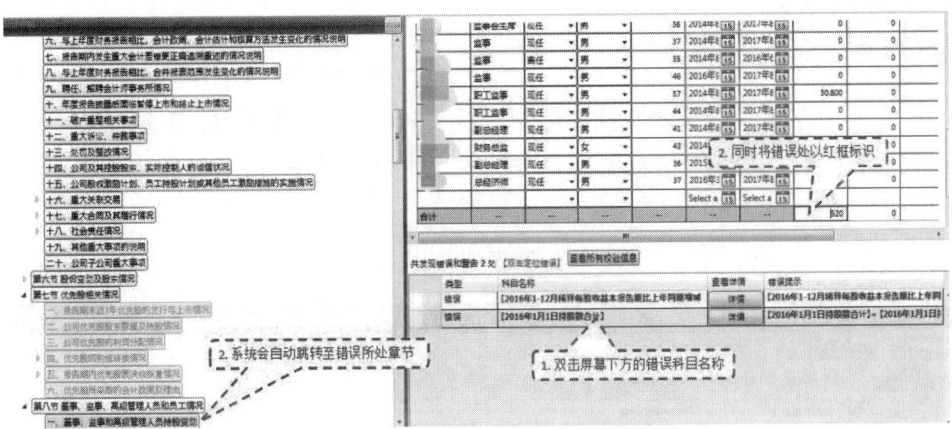

图 4-2-52　自动跳转至错误章节

12. 生成数据报送文件（rd 文件）

在全文校验通过后，选择编辑界面上方的"数据报送包"，如图 4-2-53 所示，并存储至指定位置。生成的 rd 文件是报送交易所的必要文件。

图 4-2-53　数据报送包

13. 生成全文和摘要

在全文校验无误后，可选择编辑界面上方的"摘要"和"全文"，如图 4-2-54 所示，系统将自动生成年度报告的全文和摘要 Word 文件。实践中，全文生成会有乱码，可参考本节"七、填报系统使用技巧及常见问题"中的"（三）应对乱码"。

图 4-2-54　自动生成年度报告的全文和摘要文件

六、提交年度报告

在完成年度报告全文及摘要编制、数据报送文件生成后,公司应登录"上市公司"业务专区,选择"信息披露业务"—"公告办理"—"信息披露申请",如图 4-2-55 所示。

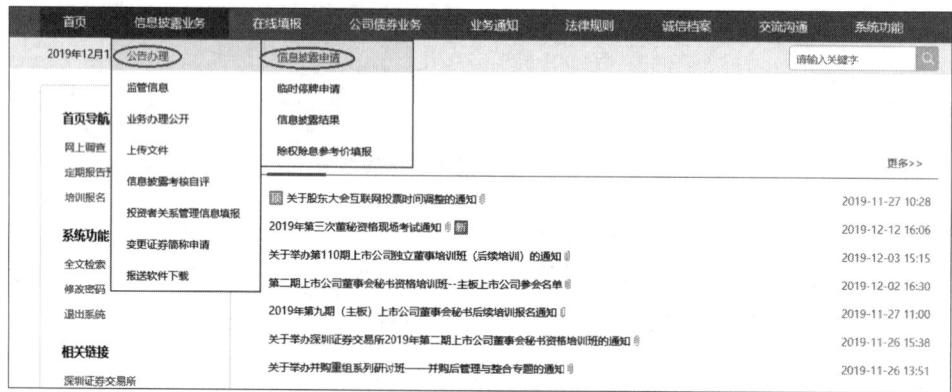

图 4-2-55　登录上市公司业务专业

选择"新建披露申请",如图 4-2-56 所示。

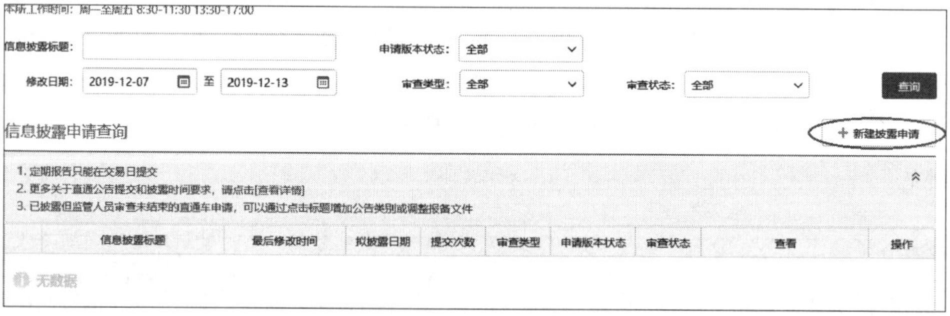

图 4-2-56　新建披露申请

第四章　上市公司年度报告制作软件及系统 | **409**

填写完成经办人、电话、披露媒体等基本信息后，选择"新增公告类别"，如图 4-2-57 所示。

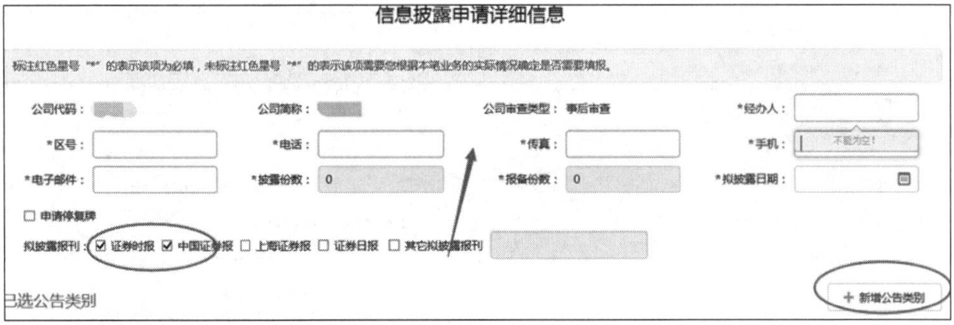

图 4-2-57　新增公告类别

然后，选择"010101 年度报告"①，如图 4-2-58 所示。

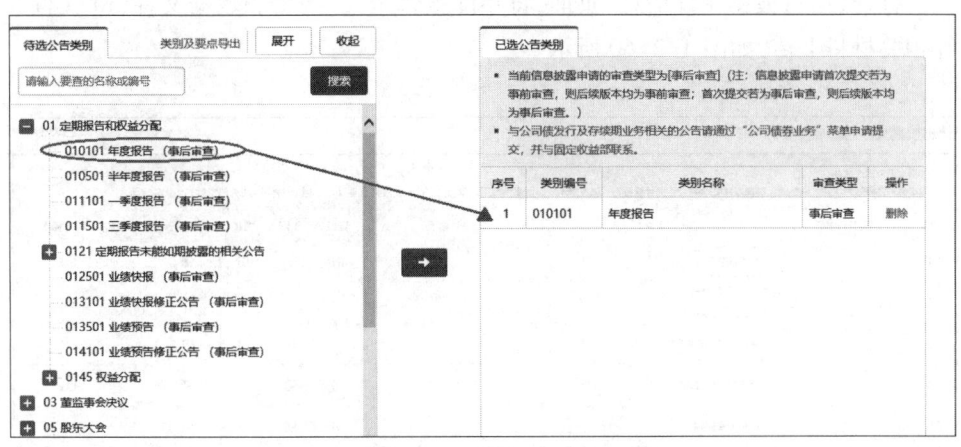

图 4-2-58　选择"010101 年度报告"

---

① 实践中，年度报告的报送披露往往与财务审计报告、董监事决议、股东大会通知、内控审计报告等等众多文件同时进行，本文仅以年度报告全文、摘要及数据包为例进行说明。

打开“公告填报数据项”页面，填写披露要点和主要财务指标、审计报告意见类型等信息，如图 4-2-59 所示。

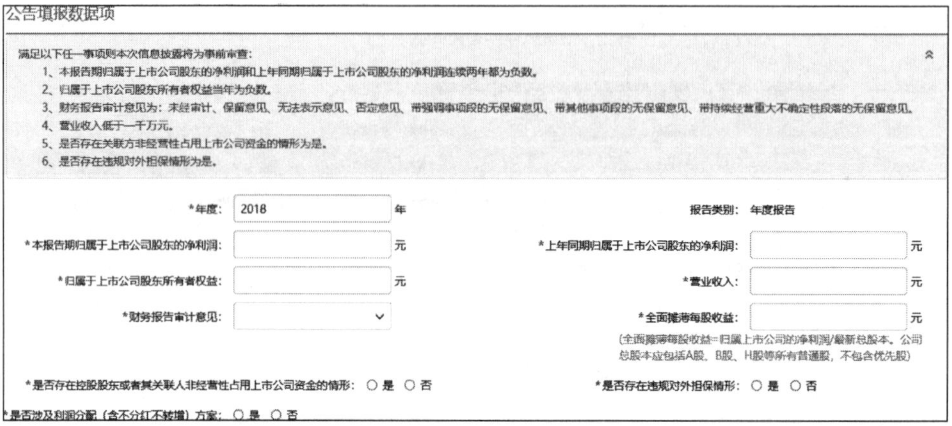

图 4-2-59　公告填报数据项

打开“信息披露文件信息”页面，将年度报告全文、摘要和数据文件（rd 文件）等相关材料上传，如图 4-2-60 所示。

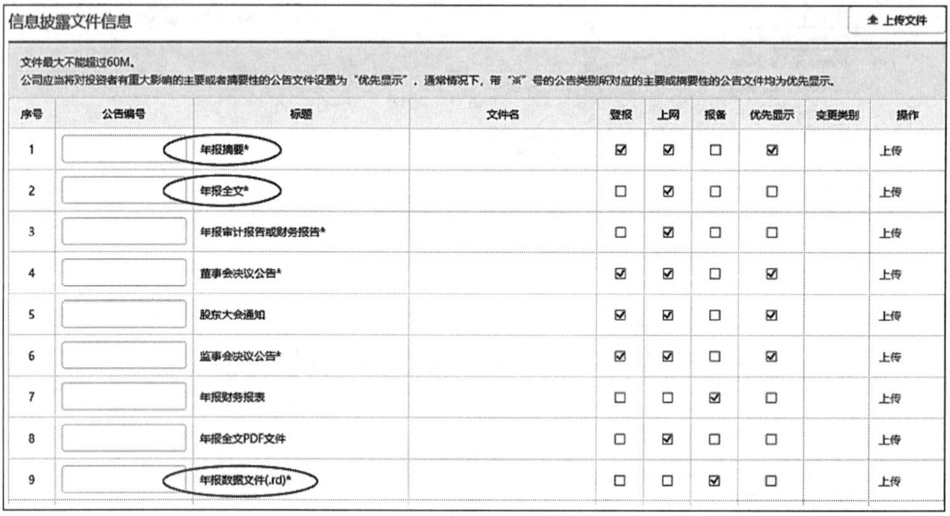
信息披露文件信息　　上传文件

文件最大不能超过60M。
公司应当将对投资者有重大影响的主要或者摘要性的公告文件设置为“优先显示”。通常情况下，带“※”号的公告类别所对应的主要或摘要性的公告文件均为优先显示。

序号	公告编号	标题	文件名	登报	上网	报备	优先显示	变更类别	操作
1		年报摘要*		☑	☑	☐	☑		上传
2		年报全文*		☐	☑	☐	☐		上传
3		年报审计报告或财务报告*		☐	☑	☐	☐		上传
4		董事会决议公告*		☑	☑	☐	☑		上传
5		股东大会通知		☑	☑	☐	☑		上传
6		监事会决议公告*		☑	☑	☐	☑		上传
7		年报财务报表		☐	☐	☑	☐		上传
8		年报全文PDF文件		☐	☑	☐	☐		上传
9		年报数据文件(.rd)*		☐	☐	☑	☐		上传

图 4-2-60　上传相关资料

七、填报系统使用技巧及常见问题

（一）灵活使用脚注

有时，公司需要在对年度报告中某些数据进行进一步说明，而系统模板并未提供富文本框空间，可以利用脚注。以"分季度主要财务指标"为例，若公司想对第一季度营业收入说明，可在该数据单元格处使用快捷键"Ctrl+F"打开绿色脚注窗口，进行脚注内容的添加，如图 4-2-61 所示。

图 4-2-61　添加脚注内容

添加完成后，添加脚注位置的数据会变为红色，将光标悬浮在该位置时会弹出注释信息。生成 Word 文件后，该脚注信息会在表格下以注释的形式输出，如图 4-2-62 所示。

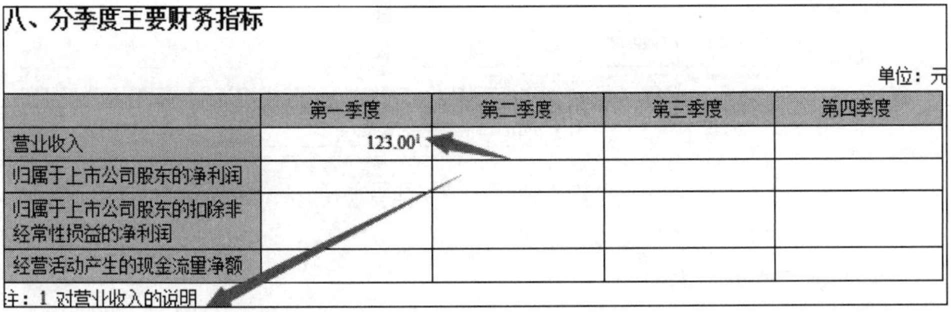

图 4-2-62　以注释形式输出脚注信息

（二）灵活使用快捷键

（1）保存：Ctrl+S，与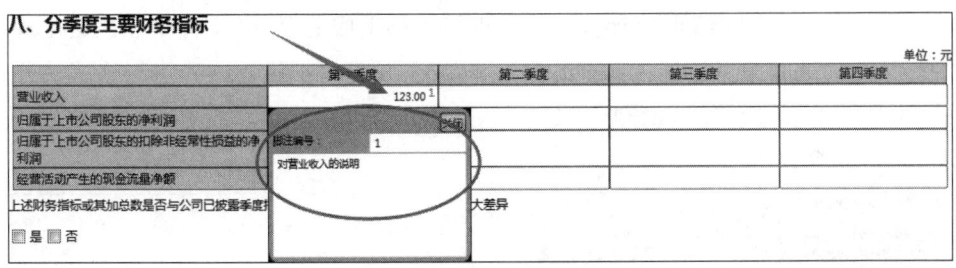功能一致。

（2）清除校验：Ctrl+Q，与 [清除校验] 功能一致。

（3）关闭系统下方窗口：Ctrl+W。

（4）查找同一数据源：Ctrl+G，具体见"同一数据一次录入"①。

（5）添加脚注：Ctrl+F，具体见"灵活使用脚注"。

快捷键的使用可减少鼠标移动时间，提高编辑效率，建议培养快捷键使用习惯。

（三）应对乱码

实践中，证券部会汇总收集公司内各部门、中介机构的各类文件。由于软件版本不同，编辑习惯不同，直接复制粘贴进系统再生成的 Word 文件中往往会出现乱码情况。可利用 Windows 系统的记事本功能，预先对拟填写内容进行格式清除后，再粘贴进填报系统，如图 4-2-63 所示。

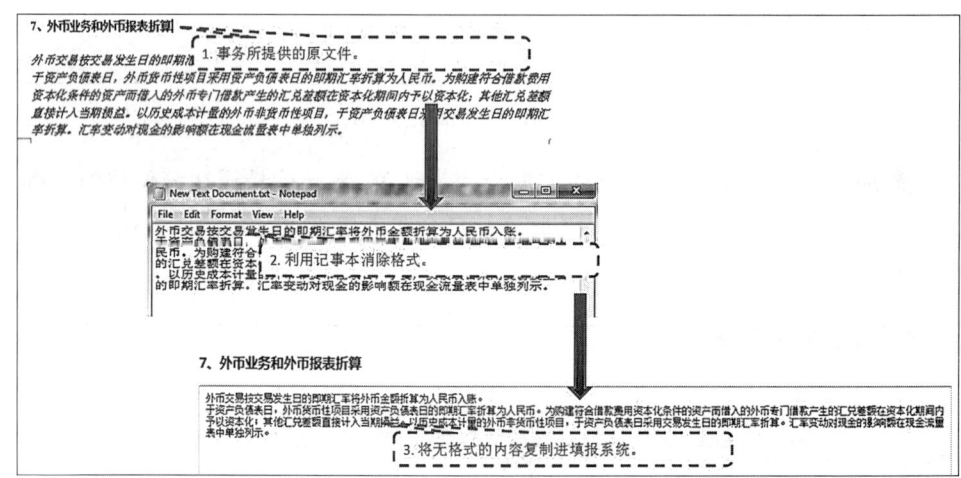

图 4-2-63　清除乱码

（四）数据文件命名

年度报告的编制是系统工程。建议在每完成一个阶段后选择"导出数据文件"，对该数据文件进行单独保存，并在数据文件加以后缀说明。如导出"已完成公司业务概要"，导出后如图 4-2-64 所示。

---

① 查找蓝底科目原始可填写的地方。

图 4-2-64　导出数据文件

同时,协作者应对自己负责的并导出的数据文件加以后缀说明。如"完成合并报表注释 1-25 科目",以便汇总者明确应导入合并的章节,如图 4-2-65 所示。

图 4-2-65　对数据文件加以后缀说明

(五) 添加标识

实践中,在年度报告编制初期某些数据尚无法取得,而填报系统对该数据又无校验,可在该数据填报处写入"尚需填写"或其他说明引起自己注意,避免遗忘。

(六) 培养保存备份习惯

实践中,由于年度报告中的财务报告必须经过审计,与财务数据有关的章节内容可能会反复修改。建议每天对 Word 文件和数据文件进行保存备份,如图 4-2-66 所示。在避免误删除的同时,也可反复利用前次编辑内容。

图 4-2-66　对文档的数据文件保存备份

(七) 关注红字注释

大多数章节中均有系统内嵌的红字注释,如图4-2-67所示,此为该章节最基本的披露和填报要求。建议在录入信息前对红字内容进行阅读,避免遗漏。

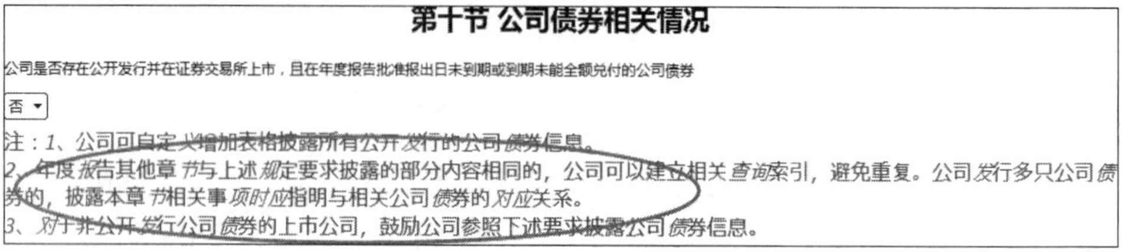

```
第十节 公司债券相关情况
公司是否存在公开发行并在证券交易所上市,且在年度报告批准报出日未到期或到期未能全额兑付的公司债券
否
注:1、公司可自定义增加表格披露所有公开发行的公司债券信息。
2、年度报告其他章节与上述规定要求披露的部分内容相同的,公司可以建立相关查询索引,避免重复。公司发行多只公司债券的,披露本章节相关事项时应指明与相关公司债券的对应关系。
3、对于非公开发行公司债券的上市公司,鼓励公司参照上述要求披露公司债券信息。
```

图 4-2-67　注意红字注释

(八) 其他常见问题

1. 添加章节数量

在同一位置只能自行添加一个章节,不能连续添加自定义章节。若想添加多个章节,可在富文本框内自行分割,或在导出的 Word 文件手动修改。

2. 导出"全部章节"和"全文"区别

导出全文不包括选择"不适用"的内容,不会含有红字注释;导出全部章节更像填报模板,会将红字注释和选择"不适用"内容全部导出。

3. 小数点问题

实践中,保留2位或4位小数点均可。处理原则为:填报系统以校验关系为准,Word 文件中以审计报告或公司习惯为准。

4. 数据无误而系统校验不通过

有些情况填报系统无法将自行添加的行列进行合计,导致内嵌的校验关系无法通过。此时,公司有两种处理方法:

(1) 联系交易所或填报系统软件公司说明情况并尝试修复。

(2) 若无法修复,在取得监管员认可的前提下,在该处将报表轧平,在 Word 文件中正确填写。

5. 有无检索功能

填报系统尚未提供检索功能。

6. 能否插入表格

系统暂时不能插入表格,可以将表格做成图片在富文本框中录入。

7. 定期报告已披露,但后续需要修订

可以用当时报送的系统版本对需要修订的内容进行更改,然后导出相关数据报送给交易所。

8. 表格导出为什么不完整?

在编制系统的表格相应行中如果没有填写数据,此时使用导出"全文"功能,则该数据行不会被导出。

若想导出系统中的完整表格,可使用导出"全部章节"或"当前章节"功能[①]。

以"股份变动及股东情况"为例,使用导出"全文"功能的导出效果如图4-2-68所示。

第六节 股份变动及股东情况

一、股份变动情况

1、股份变动情况

单位:股

	本次变动前		本次变动增减（+，-）					本次变动后	
	数量	比例	发行新股	送股	公积金转股	其他	小计	数量	比例
一、有限售条件股份	300,000	30.00%				-300,000	-300,000	0	0.00%
2、国有法人持股	300,000	30.00%				-300,000	-300,000	0	0.00%
二、无限售条件股份	700,000	70.00%				300,000	300,000	1,000,000	100.00%
1、人民币普通股	700,000	70.00%				300,000	300,000	1,000,000	100.00%
三、股份总数	1,000,000	1.00%				0	0	1,000,000	100.00%

图4-2-68 导出效果图(一)

[①] 公司编报采用 Word 文档进行分工时,可用此种方式导出。

使用导出"全部章节"或"当前章节"功能的导出效果如图4-2-69所示。

第六节 股份变动及股东情况

一、股份变动情况

1、股份变动情况

单位：股

	本次变动前		本次变动增减（＋，－）					本次变动后	
	数量	比例	发行新股	送股	公积金转股	其他	小计	数量	比例
一、有限售条件股份	300,000	30.00%				-300,000	-300,000	0	0.00%
1、国家持股									
2、国有法人持股	300,000	30.00%				-300,000	-300,000	0	0.00%
3、其他内资持股									
其中：境内法人持股									
境内自然人持股									
4、外资持股									
其中：境外法人持股									
境外自然人持股									
二、无限售条件股份	700,000	70.00%				300,000	300,000	1,000,000	100.00%
1、人民币普通股	700,000	70.00%				300,000	300,000	1,000,000	100.00%
2、境内上市的外资股									
3、境外上市的外资股									
4、其他									
三、股份总数	1,000,000	1.00%					0	1,000,000	100.00%

图4-2-69 导出效果图（二）

图书在版编目(CIP)数据

上市公司年报编制与披露指南：2020年版／史多丽主编. —上海：立信会计出版社，2020.1
ISBN 978－7－5429－6384－0

Ⅰ.①上… Ⅱ.①史… Ⅲ.①上市公司—年报—编制—中国—指南②上市公司—年报—信息公开—中国—指南 Ⅳ.①F279.246-62

中国版本图书馆CIP数据核字(2019)第290863号

策划编辑	窦瀚修
责任编辑	徐小霞
封面设计	南房间

上市公司年报编制与披露指南（2020年版）

出版发行	立信会计出版社		
地　　址	上海市中山西路2230号	邮政编码	200235
电　　话	(021)64411389	传　　真	(021)64411325
网　　址	www.lixinaph.com	电子邮箱	lixinaph2019@126.com
网上书店	http://lixin.jd.com		http://lxkjcbs.tmall.com
经　　销	各地新华书店		
印　　刷	上海天地海设计印刷有限公司		
开　　本	710毫米×960毫米　1/16		
印　　张	26.75	插　　页	2
字　　数	450千字		
版　　次	2020年1月第1版		
印　　次	2020年1月第1次		
印　　数	1—5000		
书　　号	ISBN 978－7－5429－6384－0/F		
定　　价	76.00元		

如有印订差错，请与本社联系调换